# Dans met mij

Eveneens van Jojo Moyes:

*Verboden vruchten*
*Passie en parelmoer*
*Zee van verlangen*
*Walvisbaai*
*Nachtmuziek*
*De laatste liefdesbrief*
*Voor jou*
*Vier plus één*
*Portret van een vrouw*
*Een week in Parijs*
*Een leven na jou*

Jojo Moyes

# Dans met mij

De Fontein

MIX
Papier van verantwoorde herkomst
FSC® C014496
FSC www.fsc.org

Eerste druk oktober 2016

Oorspronkelijke titel *The Horse Dancer*
Oorspronkelijke uitgever Hodder & Stoughton, an Hachette UK company

Vertaling Anna Livestro
Omslagontwerp Villa Grafica, Jochem Bolleman
Omslagillustratie Villa Grafica, Jochem Bolleman
Auteursfoto omslag © Stine Heilmann
Opmaak binnenwerk ZetSpiegel, Best
ISBN 978 90 261 4138 6
ISBN e-book 978 90 261 4140 9
NUR 302

www.uitgeverijdefontein.nl

Alle personen in dit boek zijn door de auteur bedacht. Enige gelijkenis met bestaande – overleden of nog in leven zijnde – personen berust op puur toeval.

Voor C, S, H en L
En voor Mecca Harris

*Toon mij je paard en ik vertel je wat je bent*
oud Engels spreekwoord

# Proloog

Haar gele jurk, oplichtend in de schemering, zag hij eerder dan haar; een baken aan het eind van de stallen. Hij bleef even staan want hij wist niet of hij zijn ogen wel kon vertrouwen. Toen ging haar bleke arm omhoog en boog Gerontius zijn elegante hoofd over de staldeur om het lekkers dat ze hem voorhield aan te nemen, en met ferme passen, half rennend, liep hij op haar af. De stalen neuzen van zijn laarzen tikten tegen de natte keien.

'Je bent er!'

'Henri!'

Toen ze zich omdraaide, had hij zijn armen al om haar heen geslagen; hij kuste haar en snoof de heerlijke geur van haar haar op. De zucht die hij daarbij slaakte leek wel vanuit zijn laarzen te komen.

'We zijn vanmiddag aangekomen,' zei ze met haar hoofd tegen zijn schouder. 'Ik heb nog helemaal geen tijd gehad om me om te kleden. Ik zie er vast vreselijk uit... maar ik zat in het publiek en ik zag je even tussen de gordijnen door. Ik wilde je even succes wensen.'

Haar woorden tuimelden uit haar mond, maar hij hoorde haar toch nauwelijks. Hij was geschokt dat het meisje er überhaupt was; dat hij haar na al die maanden afwezigheid weer in zijn armen voelde. 'En moet je jou eens zien!' Ze deed een stap naar achteren en liet haar blik van zijn zwarte pet over zijn onberispelijke uniform glijden, om vervolgens een denkbeeldig stofje van een van zijn gouden epauletten te vegen. Dankbaar merkte hij op dat ze haar vingers met tegenzin terugtrok. Hij verwonderde zich erover dat ze zich helemaal niet ongemakkelijk voelde, zelfs niet na al die maanden. Geen koketterie. Ze was volkomen argeloos; het meisje uit zijn verbeelding was weer tot leven gekomen.

'Je ziet er prachtig uit,' zei ze.

'Ik… moet gaan,' zei hij. 'We gaan over tien minuten rijden.'

'Ik weet het… Le Carrousel is zo geweldig. We hebben de motorrijders gezien, en de tankparade. Maar jij, Henri, jij en de paarden zijn absoluut de grootste attractie.' Ze keek achterom naar de arena. 'Volgens mij is heel Frankrijk uitgelopen om je te zien.'

'Heb je… *les billets* ontvangen?'

Ze keken elkaar fronsend aan. De taal was nog altijd een probleem, al deden ze nog zo hun best.

'*Billets*…' Hij schudde zijn hoofd, geërgerd om zichzelf. 'Kaartje. Kaartjes. Beste kaartjes.'

Ze keek hem stralend aan en zijn kortstondige ontevredenheid verdampte. 'O, ja. Ik zit met Edith en haar moeder op de eerste rij. Ze kunnen gewoon niet wachten om je te zien rijden. Ik heb ze alles over je verteld. We logeren op het Château de Verrières.' Ook al was er verder niemand in de buurt, ze vervolgde op fluistertoon: 'Het is er ontzettend chic. De Wilkinsons hebben héél veel geld. Veel meer dan wij. Het was heel aardig van ze om me mee te nemen.'

Hij keek naar hoe ze praatte – werd afgeleid door de contouren van haar bovenlip. Ze was er. Hij legde zijn in witleren handschoenen gestoken handen om haar gezicht. 'Florence…' Hij haalde diep adem en kuste haar nog eens. Haar huid rook naar de zon, ook al was die al ondergegaan. Het was bedwelmend, alsof ze op de wereld was gezet om warmte uit te stralen. 'Ik mis je elke dag. Eerst was er niets anders dan le Cadre noir. Maar nu… nu is niets meer goed als jij er niet bent.'

'Henri…' Ze streelde zijn wang, haar lichaam tegen het zijne. Hij voelde zich bijna licht in het hoofd.

'Lachapelle!'

Met een ruk draaide hij zich om. Didier Picart stond bij het hoofd van zijn paard, met naast hem een staljongen die zijn zadel in orde maakte. Hij trok zijn handschoenen aan. 'Als je je net zo veel bezig zou houden met paardrijden als met die Engelse hoer van je, dan kwamen we nog eens ergens!'

Florence kende niet zo veel Frans, maar ze zag de blik op Picarts gezicht en Henri zag dat ze wel kon raden dat wat de andere Fransman zei niet zo complimenteus was.

De vertrouwde woede stak de kop op, en hij verbeet zich. Hij keek Florence hoofdschuddend aan in een poging om haar duidelijk te maken hoe dom hij Picart vond, en hoe onbeduidend. Picart gedroeg zich al zo – beledigend, provocerend – sinds de reis naar Engeland, toen zij en Henri elkaar hadden leren kennen. Engelse meisjes hadden geen klasse, had Picart later in de mess uitgeroepen; Henri wist dat het voor hem bedoeld was. Ze wisten zich niet te kleden. Ze aten als varkens aan een trog. Voor een paar francs, of wat zo'n glas van dat smerige bier daar ook maar kostte, gingen ze met iedereen naar bed.

Pas weken later drong het tot hem door dat Picarts gal niet zo veel te maken had met Florence, maar alles met het feit dat hij binnen le Cadre noir aan de kant geschoven was voor een boerenzoon. Niet dat het daarom prettig was om aan te horen.

Picarts stem galmde over het terrein: 'Volgens mij zijn er kamers te huur bij de Quai Lucien Gautier. Dat is toch iets netter dan een stal, *n'est-ce pas*?'

Henri greep Florences hand nog steviger vast. 'Al was je de laatste man op aarde, dan nog was ze te goed voor jou, Picart.'

'Weet je dan niet dat je elke hoer kan krijgen als je maar genoeg betaalt, boerenpummel?' Picart trok een grimas, plaatste een perfect gepoetste laars in zijn stijgbeugel en sprong op zijn paard.

Henri wilde een stap naar voren doen, maar Florence hield hem tegen. 'Liefste... ik moet nu naar mijn plaats,' zei ze, en ze liep achteruit. 'Jij moet je klaarmaken.' Ze aarzelde, legde toen haar slanke, blanke hand in zijn hals, trok hem naar zich toe en kuste hem nog eens. Hij wist wat ze probeerde te doen: zijn gedachten bij Picarts gif wegtrekken. En ze had gelijk; met Florences lippen op de zijne kon hij onmogelijk iets anders voelen dan vreugde. Ze glimlachte. '*Bonne chance, écuyer.*'

'*Écuyer*!' zei hij haar na, geamuseerd en geroerd omdat ze in zijn afwezigheid het juiste woord voor 'ruiter' had geleerd.

'Ik ben het aan het leren!' Met een ondeugende, beloftevolle blik wierp ze hem een handkus toe en toen was ze weg, zijn Engelse meisje. Ze holde terug door de lange stallen, haar hakken klikkend op de keien.

Le Carrousel, het jaarlijkse militaire festijn, markeerde traditiegetrouw het eind van een opleidingsjaar van de jonge cavalerieofficieren van Saumur. Zoals gewoonlijk zag het middeleeuwse stadje dat weekend in juli zwart van de mensen, die niet alleen kwamen om de promotie van de jonge cavaleristen te zien maar ook de traditionele demonstraties van rijkunst, acrobatische kunsten met motorfietsen en de tankparade, hun enorme rompen nog gehavend door de oorlog.

Het was 1960. De oude garde was aan het wankelen gebracht door de opkomst van de popcultuur, de veranderende moraal en Johnny Hallyday, maar in Saumur had men niet veel trek in verandering. Het jaarlijkse optreden van de elite van tweeëntwintig Franse ruiters, een aantal van hen militairen, een aantal burgers, die samen le Cadre noir vormden, het hoogtepunt van het weekend van le Carrousel, was gegarandeerd binnen een paar dagen uitverkocht – aan de plaatselijke bevolking, aan hen die een sterk gevoel voor Franse historie hadden en, iets minder verheven, aan hen die geïntrigeerd waren door de posters die overal in de Loirestreek hingen en die ALLURE, MYSTERIE EN PAARDEN DIE DE ZWAARTEKRACHT TROTSEREN beloofden.

Le Cadre noir was bijna tweehonderdvijftig jaar eerder ontstaan, na de decimering van de Franse cavalerie tijdens de napoleontische oorlogen. In een poging om wat ooit als een eersteklas groep ruiters werd gezien opnieuw op te bouwen, werd er een school opgericht in Saumur, een stad waar al sinds de zestiende eeuw een ruiteracademie was gevestigd. Vanuit de allerbeste rijscholen in Versailles, de Tuileries en Saint-Germain werd hier een groep instructeurs samengebracht om de grootse tradities van de hogeschooldressuur over te brengen op een nieuwe generatie officieren, en dit was altijd zo gebleven.

Met de komst van tanks en gemechaniseerde oorlogvoering werd le Cadre noir geconfronteerd met de vraag of zo'n mysterieuze organisatie nog wel nut had. Maar decennialang was geen enkele regering bereid geweest om op te heffen wat inmiddels tot het Franse erfgoed was gaan behoren. De ruiters met hun zwarte uniforms waren iconisch en Frankrijk, met zijn tradities van de Académie française, de *haute cuisine* en *couture*, begreep ook het belang van deze traditie. De ruiters zelf, misschien omdat ze inzagen dat ze een betere kans hadden om te overleven als ze een nieuwe rol voor zichzelf zouden claimen, verbreedden hun taakopvatting: naast het opleiden van cavaleristen opende de school ook haar deuren om haar uitmuntende vaardigheden en schitterende paarden te tonen aan het publiek, in Frankrijk en daarbuiten.

Dit was het Cadre noir waar Henri Lachapelle lid van was, en het optreden van deze avond was symbolisch gezien het belangrijkste optreden van het jaar, de thuiswedstrijd van le Cadre noir, een kans om de zwaarbevochten vaardigheden aan vrienden en familie te laten zien. In de lucht hing de geur van karamel, wijn en vuurwerk, en de warmte van duizenden rondslenterende mensen. De Place du Chardonnet, in het hart van de École de cavalerie met haar elegante, honingkleurige gebouwen vulde zich met steeds meer mensen. De feestelijke sfeer werd versterkt door de julihitte, de bladstilte van de avond, de aanzwellende verwachting. Kinderen holden heen en weer met ballonnen en suikerspinnen terwijl hun ouders opgingen in de menigte die stond te kijken bij kraampjes waar men papieren windmolentjes en bubbelwijn verkocht, of gewoon in lachende groepjes over de grote brug naar de terrasjes aan de noordzijde van het stadje liepen. En steeds was er dat gegons van opwinding dat opsteeg uit het publiek dat zijn plaatsen rondom de *grand manège* al had ingenomen, de enorme zandarena waar het optreden zou plaatsvinden, en waar de mensen zich ongeduldig koelte toewuifden, transpirerend in de schemering.

'*Attends!*'

Toen Henri deze roep om aandacht hoorde, controleerde hij zijn zadel en hoofdstel, vroeg de *dresseur* voor de vijftiende keer of zijn uniform recht zat en wreef toen over de neus van Gerontius, zijn paard, en bewonderde de lintjes die de stalknecht in diens manen had gevlochten terwijl hij prijzende en bemoedigende woordjes in de elegant getrimde oren fluisterde. Gerontius was zeventien, wat binnen de academie gold als bejaard, en hij zou binnenkort met pensioen gaan. Sinds Henri drie jaar geleden bij le Cadre noir kwam was Gerontius al zijn paard en ze hadden meteen een hartstochtelijke band. Binnen de eeuwenoude muren van de school was het niet ongebruikelijk om jonge mannen hun paarden op de neus te zien kussen, en ze lieve woordjes te zien influisteren. Als het geen paard maar een vrouw was geweest zouden ze zich ervoor schamen.

'*Vous êtes prêts?*' De *grand dieu*, de meesterruiter, beende naar het midden van de oefenarena, gevolgd door een coterie van *écuyers*, en zijn uniform met verguldsel en driehoekige muts toonden dat hij de hoogste in rang was onder de mannen van de school. Hij ging voor de jonge ruiters en hun onrustige paarden staan. 'Zoals jullie weten is dit het hoogtepunt van het jaar. De ceremonie is al ruim honderddertig jaar oud, en de tradities van onze school nog vele jaren ouder. Die gaan zelfs terug tot Xenophon en de tijd van de Grieken.

'In onze huidige wereld gaat het zo vaak over de behoefte aan verandering, over het afdanken van oude gewoonten ten gunste van gemak. Le Cadre noir gelooft dat er nog altijd ruimte is voor een elite, en vooral voor het streven naar uitmuntendheid. Vanavond zijn jullie ambassadeurs en zullen jullie laten zien dat waarachtige gratie, waarachtige schoonheid alleen mogelijk is als gevolg van discipline, van geduld, van mededogen en zelfopoffering.'

Hij keek om zich heen. 'Onze kunst is er een die sterft zodra ze wordt geschapen. Laten we ervoor zorgen dat de mensen van Saumur het als een voorrecht ervaren om van zo'n spektakel getuige te mogen zijn.'

Er werd instemmend gemompeld, en toen begonnen de mannen hun paarden te bestijgen, frunnikten wat aan hun petten, wreven over niet-bestaande vlekjes op hun laarzen. Kleine gebaren om de spanning de kop in te drukken.

'Ben je er klaar voor, Lachapelle? Niet te gespannen?'

'Nee, meneer.' Henri stond kaarsrecht en voelde dat de oudere man zijn uniform inspecteerde, op zoek naar onvolkomenheden. Hij wist dat zijn bestudeerde kalmte verraden werd door het zweet dat via zijn slapen in zijn stijve opstaande kraag drupte.

'Het is geen schande om een beetje adrenaline te voelen bij je eerste Carrousel,' zei hij terwijl hij Gerontius' hals aaide. 'Deze oude rot sleept je er wel doorheen. Dus jij doet de *capriole* tijdens het tweede groepsoptreden. En dan de *croupade* op Phantasme. *D'accord?*'

'Ja, meneer.'

Hij wist dat de *maîtres écuyers* verdeeld waren geweest over de vraag of ze hem wel zo'n zichtbare rol moesten geven bij dit jaarlijkse optreden, gezien zijn gedrag van de afgelopen maanden, de ruzies, zijn volgens sommigen dramatische gebrek aan discipline... Zijn stalknecht had hem doorgespeeld wat er in de zadelkamer werd gezegd: dat zijn opstandigheid hem bijna zijn plek binnen le Cadre noir had gekost.

Hij had niet de moeite genomen zich te verdedigen. Hoe had hij hun duidelijk kunnen maken wat voor enorme verandering hij vanbinnen had gevoeld? Hoe kon hij hun zeggen dat voor een man die nog nooit een liefhebbend woord had gehoord, nog nooit een tedere aanraking had gevoeld, haar stem, haar vriendelijkheid, haar borsten, haar geur en haar haren niet alleen een afleiding waren, maar een obsessie die veel sterker was dan een intellectuele verhandeling over de finesses van het ruiterschap?

Henri Lachapelles jeugd was een door zijn vader gedomineerde wereld van chaos en wanorde. Voor hem bestond verfijning uit een fles wijn van twee franc en elke poging om iets te leren werd bespot. De cavalerie was zijn redding, en hij had zich opgewerkt tot hij werd voorgedragen voor een van de zeldzame plekken bij le Cadre noir, iets wat voor elke man het toppunt van zijn leven zou zijn. Op zijn vijfentwintigste had hij zich eindelijk ergens thuis gevoeld.

Hij was een natuurtalent. Dankzij zijn jaren op de boerderij wist hij wat hard werken was. Hij kon goed met lastige paarden omgaan. Er was sprake van dat hij het uiteindelijk tot *maître écuyer* zou kunnen schoppen – en soms viel zelfs de titel van *grand dieu*.

Hij was er zeker van dat de ontberingen, de discipline, het pure plezier en de beloning van het leren genoeg voor hem zouden zijn voor de rest van zijn leven.

En toen had Florence Jacobs uit Clerkenwell, die niet eens van paarden hield maar die een vrijkaartje had gekregen om te komen kijken naar een optreden van de Franse rijschool in Engeland, alles verpest – zijn gemoedsrust, zijn vastberadenheid, zijn geduld. Later in het leven, met het perspectief dat je krijgt op basis van ervaring, zou hij zijn jongere ik kunnen vertellen dat zulke hartstocht alleen te verwachten viel bij een eerste liefde, en dat zulke verpletterende gevoelens wel weer tot bedaren kwamen, en zelfs konden verdwijnen. Maar Henri – een eenzelvige jongen met weinig vrienden die hem zulke wijze raad zouden kunnen geven – wist alleen dat hij vanaf het moment dat hij dat donkerharige meisje zag dat drie avonden achtereen zo verbaasd had zitten kijken langs de rand van de ring, nergens anders meer aan kon denken. Hij had zich aan haar voorgesteld, al wist hij zelf ook niet precies waarom hij op haar af gestapt was na zijn optreden, en elke minuut die hij niet bij haar was voelde als een ergernis, of erger nog, als een eindeloze, zinloze afgrond. En wat betekende dat voor al het andere in zijn leven?

Zijn concentratievermogen leek in één klap verdwenen. Toen hij terugkwam in Frankrijk begon hij vragen te stellen bij de leer, vond hij al die kleine details irritant en zinloos. Hij beschuldigde Devaux, een van de oudere *maîtres écuyers*, ervan dat hij was 'vastgeroest in het verleden'. Maar pas toen hij voor de derde keer op rij een training miste, en zijn stalknecht hem waarschuwde dat hij zou worden ontslagen, drong het tot hem door dat hij zichzelf in de hand moest zien te krijgen. Hij bestudeerde Xenophon en boog zich over diens beproevingen. Hij zorgde dat hij niet op enig manier opviel. Florences steeds frequentere brieven en haar belofte dat ze hem die zomer zou bezoeken stelden hem gerust. En een paar maanden later kreeg hij, misschien als beloning, de hoofdrol in le Carrousel: de *croupade* – een van de moeilijkste schoolsprongen die je als ruiter kon doen – waarmee hij Picart verdrong en deze jongeman uit de gegoede kringen nog verder beledigde.

De *grand dieu* besteeg zijn paard, een robuuste Portugese hengst, en zette twee elegante passen in zijn richting. 'Stel me niet teleur, Lachapelle. Laten we deze avond beschouwen als een nieuwe start.'

Henri knikte en kon door een plotselinge aanval van zenuwen geen woord uitbrengen. Hij besteeg zijn eigen paard, pakte de teugels vast, controleerde of de zwarte pet recht op zijn geschoren hoofd stond. Hij hoorde het geroezemoes van het publiek, het verwachtingsvolle *sst* toen het orkest een paar aarzelende noten begon te spelen. Hij was zich vaag bewust van zijn maten die elkaar succes wensten, en toen leidde hij Gerontius naar zijn plek, halverwege de rij van met militaire precisie opgestelde glanzende, met linten getooide paarden. Zijn rijdier wachtte gretig zijn eerste opdracht af terwijl het zware rode gordijn opengetrokken werd en hen uitnodigde de felverlichte ring in te stappen.

Ondanks het kalme, ordelijke uiterlijk van de tweeëntwintig ruiters en de gracieuze aard van hun publieke optredens, was het leven binnen le Cadre noir een beproeving, zowel fysiek als intellectueel. Dag in, dag uit voelde Henri Lachapelle zich uitgeput, was hij bijna in tranen van frustratie door de eindeloze correcties van de *maîtres écuyers*, zijn kennelijke onvermogen om de enorme, nerveuze paarden de hogeschoolsprongen volgens de hoge eisen te laten uitvoeren. Al kon hij het niet bewijzen, toch had hij gemerkt dat er een vooroordeel heerste jegens mannen die vanuit het leger bij de eliteschool waren gekomen, zoals hij, in plaats van via de ruiterwedstrijden waar de leden van de Franse bovenklasse aan deelnamen, die zich zowel de luxe van topklasse paarden kon veroorloven als de tijd om aan hun vaardigheden te werken. In theorie was iedereen gelijk binnen le Cadre noir, en was er alleen onderscheid wat betreft rijkunst. Maar Henri wist maar al te goed dat deze gelijkheid niet dieper ging dan het kamgaren van hun uniform.

En toch, langzaam maar zeker, door van zes uur 's ochtends tot laat in de avond te werken, had de boerenknecht uit Tours zich een reputatie verworven om zijn harde werk en zijn vermogen zelfs met de lastigste paarden te communiceren. Henri Lachapelle, zo merkten de *maîtres écuyers* op vanonder hun zwarte petten, had een stille zit. Hij was *sympathique*. Dat was de reden waarom ze hem naast zijn geliefde Gerontius ook Phantasme toegewezen hadden, een explosieve jonge grijze ruin die nauwelijks een excuus nodig had om zich te misdragen. Hij had nogal in de rats gezeten over de beslissing om Phantasme de hele week zo'n rol te laten spelen. Maar nu, met de ogen van het publiek op hem gericht, de prachtige vioolmuziek in zijn oren, het gelijkmatige tempo van Gerontius' passen onder hem, voelde hij ineens dat hij, in de woorden van Xenophon, inderdaad *een man op vleugels* was. Hij voelde Florences bewonderende blik en wist dat zijn lippen straks haar huid zouden voelen, en hij reed dieper, eleganter en met een lichte toets waarbij hij zijn oude paard liet schitteren. De oren van het dier sprongen even naar voren van plezier. *Hier ben ik voor gemaakt. Alles wat ik nodig heb is hier.* Hij zag de vlammen van de toortsen aan de eeuwenoude muren hangen, hoorde het ritmische geklop van de paardenhoeven terwijl ze keurig aaneengesloten om hem heen liepen. In handgalop reed hij de grote manege door en ging op in het moment. Hij was zich alleen bewust van het paard dat zo prachtig bewoog, en zijn hoeven uitschopte op een manier waar Henri stiekem om moest lachen. Het oude dier liep zich uit te sloven.

'Rechtop, Lachapelle. Je rijdt als een boerenkinkel.'

Hij knipperde met zijn ogen, wierp een blik op Picart, die naast hem kwam rijden, schouder aan schouder.

'Wat zit je te wiebelen? Heb je jeuk gekregen van die hoer van je?' siste hij zachtjes.

Henri wilde iets terugzeggen, maar hield zich in toen de *grand dieu* '*Levade!*' riep, en de ruiters op een rij onder luid applaus hun paarden op hun achterbenen omhoog lieten komen.

Toen de paardenhoeven de grond weer raakten, reed Picart van hem weg. Maar zijn stem was nog duidelijk verstaanbaar: 'Neukt ze ook als een boerin?'

Henri beet op de binnenkant van zijn lip en dwong zichzelf om rustig te blijven, en zijn woede niet tot in de teugels te laten doordringen, zodat het zijn zachtaardige paard zou aansteken. Hij hoorde de spreekstalmeester wat technische aspecten uitleggen van de schoolsprongen die de ruiters deden en probeerde zijn gedachten in bedwang te houden, om de woorden weg te laten stromen.

Zachtjes prevelde hij de woorden van Xenophon voor zich uit: '*Elke menselijke emotie ondermijnt de effectieve communicatie met het paard.*' Hij zou zijn avond niet door Picart laten vergallen. '*Mesdames et messieurs*, in het midden van de ring ziet u nu monsieur De Cordon een *levade* uitvoeren. Zie hoe het paard balanceert op de achterbenen, in een hoek van precies vijfendertig graden.' Henri was zich vaag bewust van het zwarte paard dat achter hem omhoogkwam, en van het plotselinge applaus. Hij dwong zichzelf om zich te concentreren, om de aandacht van Gerontius erbij te houden. Maar hij dacht steeds maar aan het gezicht van Florence toen Picart die obscene dingen over haar had geroepen, en aan de spanning die even zichtbaar was geweest. Wat nu als ze meer Frans verstond dan ze zei?

'En nu ziet u Gerontius, een van onze oudere paarden. Hij zal een *capriole* uitvoeren. Dit is een van de meest veeleisende bewegingen, zowel voor het paard als voor de ruiter. Het paard springt in de lucht, en schopt met alle vier de benen tegelijk in de lucht.'

Henri hield Gerontius in met zijn teugels en gaf tegelijk een snelle aansporing met zijn voeten. Hij voelde dat het paard onder hem begon te schommelen, de *terre à terre*, de stationaire hobbelpaardbeweging waarmee hij de kracht opbouwde. Ik zal ze eens wat laten zien, dacht hij, en toen: Ik zal hem eens wat laten zien.

Al het andere viel weg. Hij was alleen met zijn paard, en de aanzwellende kracht. En toen, na het roepen van: '*Derrière!*', bracht hij zijn zweep naar het achterste van het paard, zijn sporen tegen de buik, en Gerontius sprong op, de lucht in, en zijn achterbenen schoten horizontaal naar achteren. Henri werd ineens verblind door een muur van cameraflitsen, verrukte uitroepen van alle kanten, applaus, en toen liep hij weer in de richting van het rode gordijn na nog een glimp van Florence te hebben opgevangen, die was opgestaan om voor hem te klappen, haar gezicht een grote trotse glimlach.

'*Bon! C'était bon!*' Hij gleed al van Gerontius af, en wreef met zijn hand over de schouder van het paard terwijl de *dresseur* hem wegleidde. Hij was zich vaag bewust van de goedkeurende kreten, en toen van de tempoverandering van de muziek in de ring. Door een kier in het rode gordijn zag hij twee andere *écuyers* te voet hun eigen kunsten uitvoeren, terwijl ze hun paarden met twee lange teugels in bedwang hielden.

'Phantasme is gespannen.' De stalknecht was naast hem komen staan. Hij had zijn dikke zwarte wenkbrauwen bezorgd samengeknepen. Hij riep het grijze dier dat om hem heen cirkelde tot de orde. 'Houd hem in de gaten, Henri.'

'Komt goed,' zei Henri afwezig, en hij tilde zijn pet op om het zweet van zijn voorhoofd te wissen. De stalknecht gaf de teugels over aan de ruiter die naast hem stond te wachten en draaide zich toen weer om naar Henri om voorzichtig zijn pet weer af te nemen. Deze schoolsprong werd blootshoofds uitgevoerd om te voorkomen dat de ruiter werd afgeleid door een schuivende pet, maar Henri voelde zich altijd wonderlijk kwetsbaar.

Hij keek naar het staalgrijze paard dat voor hem uit de ring in reed, de hals al donker van het zweet, met aan elke schouder een ruiter.

'Ga. Nu. Ga.' De *dresseur* borstelde de achterkant van zijn jasje even snel en duwde hem toen de ring in. Drie *écuyers* stonden om het paard heen, aan elke kant van het hoofd eentje, en een bij zijn achterkant.

Henri beende het licht in en dacht dat hij op dat moment ook liever een paard vast zou willen hebben. Dat gaf vaste grond onder de voeten.

'*Bonne chance!*' hoorde hij zijn stalknecht nog zeggen voor diens stem door applaus werd verzwolgen.

'*Mesdames et messieurs, voilà la croupade*, die stamt uit de cavalerie van de zeventiende eeuw, toen het werd beschouwd als een proeve van zadelbekwaamheid voor de cavalerist. Het kost vier tot vijf jaar voor men deze bewegingen onder de knie heeft. Monsieur Lachapelle zal Phantasme zonder teugels over stijgbeugels berijden. Deze schoolsprong, die nog dateert uit de tijd van de Grieken, is voor de berijder nog zwaarder dan voor het paard. Het is een elegantere versie van de rodeo, om het zo te zeggen.'

De mensen lachten. Henri, half verblind door het voetlicht, wierp een blik op Phantasme, wiens oog rolde door een mengeling van zenuwen en nauwelijks verholen woede. Het was van nature een acrobatisch paard en hij vond het niet prettig als men hem zo stevig bij het hoofd vasthield, en het lawaai, de geluiden en geuren van le Carrousel leken zijn toch al zo aangebrande stemming nog verder aan te wakkeren.

Henri raakte de gespannen schouder van het paard aan. 'Ssst,' mompelde hij. 'Het is al goed. Het is al goed.' Hij zag dat Duchamp en Varjus, de twee mannen die bij Phantasmes hoofd stonden, een glimlach wisselden. Beiden waren bekwame ruiters die snel konden reageren op de plotselinge omslag van het humeur van een paard.

'Diep zitten, hè?' zei Varjus grijnzend terwijl hij hem in het zadel hielp. '*Un, deux, trois*... hop.'

Het paard was één bonk spanning. Goed zo, dacht Henri, terwijl hij rechtop in het zadel ging zitten. *De adrenaline geeft hem meer hoogte. Dat ziet er beter uit voor het publiek, voor de* grand dieu. Hij dwong zichzelf om rustig adem te halen. En toen, terwijl hij zijn handen achter zijn rug in elkaar vouwde in de traditionele rusthouding die hem altijd het gevoel gaf dat hij erbij zat als een gevangene, keek Henri pas naar achteren, en drong het tot hem door wie er bij Phantasmes achterkant stond.

'Zullen we eens kijken wat voor ruiter jij eigenlijk precies bent, Lachapelle?' zei Picart.

Hij had geen tijd om te reageren. Hij strekte zijn benen zo lang mogelijk uit en zijn gehandschoende handen grepen elkaar achter zijn rug vast. Hij hoorde de spreekstalmeester iets zeggen, en voelde de gespannen verwachtingen van het publiek.

'*Attends.*'

Varjus keek achter zich. Hij voelde de *terre à terre* onder zich opbouwen. '*Un, deux, derrière!*'

Hij voelde de drang van het paard en hoorde de plotselinge knal van Picarts rake zweepslag. Phantasme bokte, zijn achterkant schoot omhoog, en Henri werd voorovergegooid. Dat gebeurde met zo'n klap dat hij zijn handen nog maar net achter zijn rug kon houden. Het paard kwam tot bedaren en er volgde een golf van applaus.

'Niet slecht, Lachapelle,' hoorde hij Varjus mompelen terwijl die zich tegen Phantasmes borst schrap zette.

En toen, ineens, voor hij tijd had zich erop voor te bereiden, klonk er nogmaals '*Derrière!*' en Phantasmes achterbenen schoten omhoog en naar voren, zodat Henri's armen dit keer opzij vlogen terwijl hij probeerde om in balans te blijven.

'Niet zo snel, Picart. Zo gooi je hem uit het zadel.'

Gedesoriënteerd hoorde Henri Varjus' geïrriteerde stem en het nauwelijks ingehouden gejammer van het paard, wiens rug hij onder zich voelde verstrammen. 'Twee tellen. Geef me twee tellen,' zei hij zachtjes, terwijl hij probeerde rechtop te gaan zitten. Maar voor hem dat gelukt was, hoorde hij nog een *pets*. Hij kwam hard en van bovenaf, en dit keer bokte het paard ongelofelijk. Henri voelde dat hij weer gelanceerd werd, en hij voelde een plotselinge, verontrustende afstand tussen zijn billen en zijn zadel.

Phantasme begon nu ook woedend zijwaarts te trekken en het kostte de mannen moeite om het hoofd van het paard vast te blijven houden. Varjus siste iets wat Henri niet kon verstaan. Ze waren bijna bij het rode gordijn. Hij ving een glimp op van Florence in haar gele jurk, en zag haar verwarring en bezorgdheid. En toen: '*Enfin! Derrière!*' Voor hij rechtop kon gaan zitten, klonk er achter hem nog een luide knal. Weer werd hij naar voren geworpen. Zijn rug maakte een draai en Phantasme, woedend om dit roekeloze gebruik van de zweep, maakte een sprong voorwaarts en toen opzij, net op het moment dat Henri uiteindelijk toch uit balans raakte. Hij schoot over de ingevlochten manen van het paard en zakte toen ondersteboven. Hij probeerde Phantasme nog bij de nek te grijpen, maar het dier begon weer te bokken, waardoor Henri – met een hoorbaar *oef* – op de grond terechtkwam.

Daar lag Henri dan, zich vaag bewust van de commotie in de ring: de vloekende Varjus, de protesterende Picart, de lachende spreekstalmeester. Terwijl hij zijn hoofd optilde van het zand hoorde hij de laatste zeggen: 'Zoals ik al zei: een bijzonder lastige schoolsprong om bij in het zadel te blijven. Volgend jaar beter, of niet, meneer Lachapelle? U ziet, *mesdames et messieurs*, er zijn soms jaren training voor nodig voor men aan de hoge eisen van de *maîtres écuyers* kan voldoen.'

Hij hoorde het *un, deux, trois*, en Varjus stond bij hem en siste dat hij weer in het zadel moest klimmen. Hij keek omlaag en zag dat zijn eerst zo smetteloze uniform onder het zand zat. Maar toen sprong hij weer op het paard, legde zijn handen op zijn benen, en ze verlieten de ring onder een meelevend applaus. Het was het pijnlijkste geluid dat hij ooit had gehoord.

Hij was verdoofd van de schok. Hij hoorde voor zich de ruzie tussen Varjus en Picart, maar hij kon hen nauwelijks verstaan vanwege het oorverdovende gegons van zijn kokende bloed.

'Waar sloeg dat op?' vroeg Varjus hoofdschuddend. 'Er is nog nooit iemand van zijn paard gevallen tijdens *la croupade*. Je hebt ons allemaal voor schut gezet.' Het duurde even voor het tot Henri doordrong dat Varjus het tegen Picart had.

'Het is toch niet mijn schuld dat Lachapelle hooguit dat paard van een Engelse kan berijden, en verder niet?'

Henri gleed van Phantasme af en liep naar Picart toe. Hij was zich niet eens bewust van de eerste vuistslag, alleen van het luide gekraak toen zijn knokkels de tanden van Picart raakten en hoe lekker het voelde, de wetenschap dat er iets gebroken was, lang voordat de pijn hem zei dat het weleens zijn eigen hand kon zijn. De paarden hinnikten verschrikt en sprongen weg. De mannen schreeuwden. Picart lag languit in het zand met zijn hand tegen zijn gezicht gedrukt, zijn ogen groot van schrik. Toen kwam hij overeind en ramde Henri met zijn hoofd tegen de borst, waardoor Henri geen lucht meer kreeg. Een grotere man zou hierdoor geveld zijn, maar Henri was maar 1 meter 75 en had het voordeel dat hij in zijn jeugd voortdurend slaag had gekregen, en bovendien ook nog eens zes jaar bij de Nationale Garde had gezeten. Binnen een paar seconden zat hij boven op Picart, en begon het gezicht, de wangen en borst van zijn jonge collega met zijn vuisten te bewerken, gedreven door alle woede die hij de afgelopen maanden onderdrukt had.

Zijn knokkels vonden iets hards en versplinterden. Zijn linkeroog ging dicht toen er een rake klap op landde. Zijn mond zat vol zand. En toen werd hij door handen weggesleurd, afgeklopt. Er klonken woedende stemmen, die oversloegen van ongeloof.

'Picart! Lachapelle!'

Terwijl zijn blik vervaagde en weer scherp stelde, en hij opstond, spugend en zwaaiend op zijn benen, de handen zijn armen vastgrepen en zijn oren zich vulden met het adagio van de strijkers aan de andere kant van het gordijn, kwam de *grand dieu* voor hem staan, zijn gezicht vuurrood van woede. 'Wat. Is. Dit. In. Godsnaam?'

Henri schudde zijn hoofd en zag de bloeddruppels die hij daarbij verspreidde. 'Meneer...' Hij hijgde, en was zich nu pas bewust van zijn kapitale fout.

'Le Carrousel!' siste de *grand dieu*. 'Het toppunt van elegantie en waardigheid. Van disciplíne. Waar is je zelfbeheersing gebleven? Jullie twee hebben ons te schande gemaakt. Ga terug naar de stallen. Ik moet dit optreden afmaken.'

Hij besteeg zijn paard terwijl Picart langs hem strompelde, met een zakdoek tegen zijn asgrauwe gezicht gedrukt. Henri keek hem na. Langzaam drong het tot hem door dat het in de ring achter het gordijn vreemd stil was. Ze hadden het gezien, besefte hij ontzet. Ze wisten het.

'Twee paden.' De *grand dieu* keek op hem neer vanaf de Portugese hengst. 'Twee paden, Lachapelle. Dat heb ik je de vorige keer gezegd. Je had de keuze.'

'Ik kan niet –'

Maar de *grand dieu* was al weggereden, het spotlicht in.

# 1

*'Het steigeren van een paard is zoiets wonderbaarlijks dat niemand, jong noch oud, zijn ogen ervan af kan houden.'*
Xenophon, *Over de rijkunst*, circa 350 voor Christus

AUGUSTUS

De trein van 06.47 naar Liverpool Street was afgeladen. Belachelijk dat een trein zo vroeg in de ochtend al zo vol zat. Natasha Macauley ging zitten, nu al oververhit, ondanks de koelte van de ochtend, en mompelde een verontschuldiging tegen de vrouw die haar jas onder haar uit moest trekken. De man in pak die achter haar de trein in kwam wrong zich in een gat tussen de passagiers tegenover haar, en vouwde meteen zijn krant open, zonder te merken dat hij daardoor het boek van de vrouw naast hem deels afdekte.

Het was een ongebruikelijke route naar haar werk: ze had die nacht in een hotel in Cambridge geslapen na een juridisch seminar. In haar jaszak zat een bevredigend aantal visitekaartjes van advocaten; ze hadden haar gecomplimenteerd met haar speech, om vervolgens te zeggen dat ze in de toekomst eens moesten afspreken over mogelijk werk. Maar de goedkope witte wijn die zo rijkelijk had gevloeid had haar maagpijn bezorgd, en ze dacht: had ik maar wat ontbijt genomen. Ze dronk anders nooit, maar op zulke bijeenkomsten, waar je glas werd bijgevuld terwijl je afgeleid was door het gesprek, kon ze nooit bijhouden hoeveel ze precies achteroversloeg.

Natasha hield haar plastic bekertje met koffie stevig vast en wierp een blik in haar agenda. Ze nam zich heilig voor om ergens een dik halfuur te vinden om even haar hoofd leeg te maken. In de agenda stond een uurtje sportschool. Ze zou een uur uittrekken voor de lunch. Ze zou, zoals haar moeder haar altijd aanspoorde te doen, 'voor zichzelf zorgen'.

Maar voorlopig stond er:

- 09.00 LA vs. Santos, Court 7
  Percey-echtscheidingszaak. Kind evaluatie psycholoog?
  Honorarium! Check bij Linda die pro-Deotoestand
  Fielding – Waar is de getuigenverklaring? VANDAAG STUREN!

De komende twee weken stond elke bladzijde vol met een genadeloze, eindeloos herschreven reeks lijstjes. Haar collega's bij Davison Briscoe waren bijna allemaal overgestapt op elektronische agenda's waarmee ze zich door het leven laveerden, maar zij gaf de voorkeur aan de eenvoud van pen en papier, ook al klaagde Linda dat haar agenda onleesbaar was.

Natasha nam een slokje van haar koffie, zag de datum en schrok. Ze noteerde:

- Bloemen/verontsch. mama's verjaardag

De trein boemelde richting Londen, en het vlakke land van Cambridgeshire ging over in de grauwe industriële buitenwijken van de stad. Natasha staarde naar haar paperassen en moest moeite doen om zich te concentreren. Ze zat tegenover een vrouw die het kennelijk geen punt vond om te ontbijten met een hamburger met extra kaas, en een puber wiens uitgestreken gezicht een wonderlijk contrast vormde met de keiharde bassen die uit zijn koptelefoon kwamen. Het zou een gruwelijk warme dag worden: de hitte dreef de overvolle coupé in, en leek zich te vermenigvuldigen door al die lijven.

Ze sloot haar ogen en wenste dat ze kon slapen in de trein. Toen opende ze ze weer omdat haar telefoon geluid maakte. Ze rommelde wat in haar tas, en vond hem tussen haar make-uptasje en haar portemonnee. Ze had een bericht:

> Zaak gemeente Watson verplaatst. Geen hoorzitting om 9 uur.
> Ben

Natasha was nu vier jaar de enige advocaat die gespecialiseerd was in jeugdrecht bij Davison Briscoe. Kinderen vonden het minder erg om naast een vrouw voor de rechter te verschijnen. Natasha vond het prettig om een relatie op te bouwen met haar cliënten en de lastige aspecten van hun verdediging spraken haar nog altijd erg aan.

> Dank. Ben over halfuur op kantoor

stuurde ze terug, en ze slaakte een zucht van verlichting. Toen vloekte ze zachtjes; dan had ze dus net zo goed kunnen ontbijten.

Ze wilde haar telefoon net wegstoppen toen hij overging. Het was Ben, haar stagiair: 'Ik wilde je er alleen even aan herinneren dat we – eh – dat Pakistaanse meisje hebben verzet naar halfelf.'

'Het meisje van wie de ouders de zorgprocedure aanvechten?' Naast haar begon een vrouw nadrukkelijk te hoesten. Natasha keek op, zag dat er GEEN MOBIELE TELEFOONS in het raam geëtst was, boog haar hoofd en bladerde door haar agenda. 'Om twee uur hebben we ook de ouders van die ontvoeringszaak. Kan jij daar de papieren van bij elkaar zoeken?'

'Al gedaan. En ik heb croissants gehaald,' voegde Ben eraan toe. 'Ik neem aan dat je nog niks hebt gegeten.'

Dat had ze nooit. Als David Briscoe de stagiairs ooit de deur uit zou doen, zou ze vermoedelijk omkomen van de honger.

'Het zijn amandelcroissants. Je lievelingsbroodjes.'

‘Ben, met dat slaafse geslijm zul je het nog ver schoppen.’

Natasha hing op en klapte haar koffertje dicht. Ze had net de papieren over het meisje opengeslagen toen er weer gebeld werd. Dit keer een hoorbaar ‘tss’. Ze mompelde verontschuldigend zonder verder iemand aan te kijken. ‘Natasha Macauley.’

‘Met Linda. Ben net gebeld door Michael Harrington. Hij wil wel voor je aan de slag in de echtscheidingszaak van de Perceys.’

‘Geweldig.’ Het was een scheiding waar veel geld mee gemoeid was, en complexe voogdijregelingen. Ze had een juridisch zwaargewicht nodig die de financiële kant van de zaak zou afwikkelen.

‘Hij wilde vanmiddag een paar dingen met je bespreken. Kan je om twee uur?’

Ze dacht hier even over na en merkte dat de vrouw naast haar op onvriendelijke toon aan het mompelen was.

‘Dat kan vast wel.’ Ze herinnerde zich dat ze haar agenda weer in haar koffertje had gestopt. ‘Nee, wacht. Er komt iemand langs om twee uur.’

De vrouw tikte op haar schouder. Natasha legde haar hand om de telefoon. ‘Nog twee tellen,’ zei ze feller dan bedoeld. ‘Ik weet dat dit een stiltecoupé is en het spijt me, maar ik moet dit telefoontje nog even afhandelen.’

Ze stak de telefoon tussen haar oor en schouder, viste haar agenda weer uit haar koffertje en draaide geërgerd haar hoofd om toen de vrouw weer begon te tikken.

‘Nog twee tellen, zei ik.’

‘Uw koffie staat op mijn jas,’

Ze keek omlaag. Ze zag dat het bekertje gevaarlijk balanceerde op de zoom van het crèmekleurige jasje. ‘Ah. Sorry.’ Ze pakte hem op. ‘Linda, kan het een andere keer? Ik heb vast wel ergens een gaatje.’

‘Haha!’

De klaterlach van haar secretaresse galmde nog na in haar oren toen ze ophing. Ze streepte de hoorzitting door en voegde de afspraak toe en wilde de agenda net weer wegstoppen toen ze iets zag op de krant tegenover zich.

Ze leunde voorover en keek of ze de naam in de eerste alinea wel goed gelezen had. Ze kwam zo ver naar voren dat de man die de krant vasthad hem omlaagsloeg en haar fronsend aankeek. 'Neem me niet kwalijk,' zei ze, nog steeds met haar blik op het artikel. 'Zou ik... zou ik heel even naar uw krant mogen kijken?'

Hij was te ontzet om te weigeren. Ze nam de krant over, keerde hem om en las het artikel twee keer. Toen ze hem weer teruggaf, zag ze lijkbleek. 'Dank u,' zei ze zachtjes. De puber naast haar trok een gezicht alsof hij niet kon geloven dat ze de treinetiquette zo had geschonden.

Sarah sneed het tweede stapeltje boterhammen twee keer diagonaal door, en verpakte beide stapeltjes toen voorzichtig in papier. Eentje legde ze op de ijskast, het andere stopte ze behoedzaam in haar tas, samen met twee appels. Ze veegde het aanrecht af met een vochtige vaatdoek en keek of er verder nog kruimels in het keukentje lagen voor ze de radio uitzette.

Ver onder haar gaf het gejammer van de melkwagen aan dat hij weer van het terrein reed. De melkman wilde niet meer aan de deur leveren sinds iemand er met zijn wagen vandoor was gegaan toen hij op de vijfde verdieping was. Hij leverde nog wel steeds melk aan de oude vrouwtjes die aan de overkant in aanleunwoningen woonden, maar verder moest iedereen naar de supermarkt om hun literpakken in overvolle bussen naar huis te slepen. Of ze moesten te voet, met hun uitpuilende boodschappentassen. Als ze naar beneden zou hollen, verkocht hij haar wel eentje; de meeste ochtenden haalde ze het.

Ze keek op haar horloge en controleerde toen het filter om te zien of het bruine vocht al doorgelopen was. Ze zei elke week tegen *grand-père* dat echte koffie veel meer kostte dan oploskoffie, maar dan haalde hij zijn schouders op en zei dat sommige besparingen valse besparingen waren. Ze veegde de onderkant van de beker af en liep toen het smalle gangetje in, waar ze voor zijn deur bleef staan.

'*Grand-père*?'

Ze duwde de deur open met haar schouder. Het kleine kamertje gloeide van de ochtendzon en heel even kon je doen alsof je ergens buiten was, waar het heel mooi was, een strand of een tuin, in plaats van in een aftandse jarenzestigflat in Oost-Londen. Aan de andere kant van zijn bed glom een bureautje met onder de foto van oma een keurig rijtje haar- en kledingborstels. Sinds haar dood had hij geen tweepersoonsbed meer; met een eenpersoonsbed was er meer ruimte in de kamer, zei hij. Ze wist dat hij de leegte van een groot bed zonder haar oma erin niet aankon.

'Koffie.'

De oude man duwde zich op uit het kussen en tastte op zijn nachtkastje naar zijn bril. 'Ga je nu? Hoe laat is het?'

'Iets na zessen.'

Hij pakte zijn horloge op en keek ernaar met samengeknepen ogen. Hij leek zo wonderlijk kwetsbaar in zijn pyjama, deze man die zijn kleren droeg als een uniform. *Grand-père* zag er altijd keurig uit. 'Haal je die van tien over?'

'Als ik hard loop. Je boterhammen liggen op de ijskast.'

'Zeg maar tegen die boze cowboy dat ik hem vanmiddag betaal.'

'Dat heb ik gisteren al tegen hem gezegd, *grand-père*. Hij vond het geen punt.'

'En laat hem er wat eieren bij doen. Dan eten we die morgen.'

Ze haalde de bus, maar alleen omdat die een minuut te laat was. Hijgend hees ze zich aan boord, haar tas slingerde wild achter haar aan. Ze liet haar abonnement zien en ging toen zitten, knikte naar de Indiase vrouw die elke ochtend op dezelfde plek tegenover haar zat, met haar mop en emmer in de hand. 'Prachtig,' zei de vrouw toen de bus langs het wedkantoor reed.

Sarah keek achterom naar de smoezelige straten die verlicht werden door een waterig ochtendzonnetje. 'Het wordt inderdaad mooi weer,' gaf ze toe.

'Je zult het nog warm krijgen in die laarzen,' zei de vrouw.

Sarah klopte op haar tas. 'Mijn schoolschoenen zitten hierin,' zei ze. Ze glimlachten ongemakkelijk naar elkaar, alsof ze zich na maanden zwijgen schaamden zo veel te hebben gezegd en Sarah zakte achterover en keek naar buiten.

De rit naar Cowboy John duurde zo vroeg op de ochtend zeventien minuten; een uur later, als de wegen aan de oostkant van de stad volgelopen waren met verkeer, duurde het bijna drie keer zo lang. Ze was er meestal eerder dan hij, en ze was de enige aan wie hij een set reservesleutels wilde geven. Meestal was ze net bezig de kippen naar buiten te laten tegen de tijd dat hij met stijve benen de weg af kwam slenteren. Je kon hem bijna altijd horen zingen.

Sheba, de Duitse herder, blafte zodra Sarah aan het hangslot bij het hek begon te frunniken, en toen ze zich realiseerde wie het was, ging ze zitten wachten terwijl ze met haar staart afwachtend de maat sloeg. Sarah haalde iets lekkers voor haar uit haar zak en liep het kleine erf op, nadat ze het hek zachtjes achter zich dichtgetrokken had.

De paarden hadden de brouwerswagens voortgetrokken, de kolen- en voddenkarren, op zaterdagmiddag was het niet ongewoon om een geliefde boerenknol of een stel fraaie dravers een rondje door het park te zien lopen. Cowboy John was een van de weinigen die nog overgebleven was. Hij had zijn stallen onder vier spoorbogen, met drie of vier stallen en hokken onder elke boog, aan het eind van een laan die uitkwam op de hoofdstraat. Voor de bogen was een ommuurd erf met keien op de grond, en daar stonden pallets opgestapeld en er waren kippenrennen, een stuk of wat containers en wat voor oude auto Cowboy John maar in de verkoop had, plus een buitenkachel die nooit uitging. Om de twintig minuten ratelde er een trein met forenzen bovenlangs, maar de mensen en de dieren sloegen er geen acht op. De kippen pikten, een geit nam voorzichtig een hap uit iets waar hij niet van mocht eten, en Sheba's amberkleurige ogen staarden waakzaam naar de wereld achter het hek, klaar om uit te vallen naar iedereen die niet op haar lijst stond.

Op dat moment waren er twaalf paarden, waaronder de twee Clydesdales van Tony, de gepensioneerde brouwersknecht, de dravers met de smalle halzen en wilde ogen van Sal de Maltees en zijn wedmakkers, en een zwik armzalige pony's van kinderen uit de buurt. Sarah wist nooit precies hoeveel mensen wisten dat ze daar zaten – de parkopzichter, die hen regelmatig van de meent verjoeg, wist het, en af en toe ontvingen ze brieven geadresseerd aan 'De Paardeneigenaren, Sparepenny Lane Arches', waarin gedreigd werd met rechtszaken als ze op verboden terrein zouden blijven rijden. Cowboy John moest dan altijd lachen en gooide ze in de kachel. 'Voor zover ik weet waren de paarden hier als eerste,' zei hij dan met zijn lijzige stem.

Hij beweerde dat hij een van de oorspronkelijke leden van de Philadelphia Black Cowboys was. Dat waren geen echte cowboys – tenminste, niet van die veedrijvers. In Amerika, vertelde hij, had je ook zulke stadsmaneges, maar dan groter, waar de mannen hun dieren hielden en ermee raceten, en jonge kinderen kwamen er om te leren rijden en om te ontsnappen aan het leven in de getto's. Hij was in de jaren zestig naar Londen gekomen, een vrouw achterna die 'veel, maar dan ook veel te veel moeite' bleek te kosten. Hij vond het prettig in de stad, maar hij miste zijn paarden zo erg dat hij een volbloed met een gebroken knie had gekocht op de markt van Southall en een paar vervallen victoriaanse stallen overnam van de gemeente. Daar had de gemeente nog steeds spijt van.

Cowboy John was inmiddels een instituut, of een luis in de pels, het was maar aan wiens kant je stond. De ambtenaren vonden het niet prettig om hem altijd maar waarschuwingen te moeten sturen over gevaren voor de volksgezondheid en ongediertebestrijding, ook al zei John dat ze hier gerust de hele nacht zouden kunnen zitten, ingesmeerd met kaassaus, en dat ze dan nog geen rat of muis zouden zien – hij had namelijk een troepje valse katten. Vastgoedontwikkelaars vonden het niks omdat ze daar hun hoge flats wilden bouwen en Cowboy John wilde zijn grond niet verkopen. Maar de meeste mensen in de buurt vonden het geen punt: ze kwamen dagelijks langs voor een praatje, of om zijn verse groente te kopen. De restaurants in de buurt waren blij met hem: soms belde Ranjeet of Neela van Raj Palace omdat ze een kip nodig hadden, of eieren, en af en toe een geit. En dan had je nog een handvol kinderen zoals Sarah, die er altijd was als ze niet op school hoefde te zijn. Met zijn keurige victoriaanse stallen en de grote stapels hooi en stro was de manege een plek waar je kon schuilen voor de eindeloze herrie en chaos van de straten eromheen.

'Heb je die domme gans al uit zijn hok gelaten?'

Ze strooide hooi rond voor de pony's toen Cowboy John binnenkwam. Hij droeg zijn stetson – voor het geval dat het de mensen nog niet duidelijk was – en zijn ingevallen wangen waren gekleurd door de inspanning van het lopen en roken in de al warme zon.

'Nee. Hij beet steeds in mijn benen.'

'Doet hij bij mij ook. Ik zal eens zien of dat nieuwe restaurant hem soms wil hebben. Man, mijn enkels zitten onder de striemen.' Ze bleven staan om naar de bovenmaatse vogel te kijken die hij een week ervoor in een opwelling had gekocht op de markt. 'Pruimensaus!' baste hij, en de gans reageerde met geblaas.

Sarah kon zich niet herinneren dat er ooit een tijd was dat ze niet bijna dagelijks in Sparepenny Lane zat. Toen ze nog heel klein was, zette *grand-père* haar op Cowboy Johns aftandse shetlandpony's en oma sputterde zachtjes tegen, alsof *grand-pères* passie voor paarden niet iets was wat hij kon overdragen. Toen haar moeder pas weg was nam *grand-père* haar hier mee naartoe zodat ze oma niet zou zien huilen, of tegen haar moeder zou horen schreeuwen de paar keer dat die nog thuiskwam, of smeken om haar weer op het rechte pad te krijgen.

Hier had *grand-père* haar leren rijden. Hij holde met haar op en neer door de achterafstraatjes tot ze de uitgestrekte draf onder de knie had. *Grand-père* verachtte de manier waarop de meeste eigenaren bij Cowboy John met hun paarden omgingen; het feit dat ze in de stad woonden was geen excuus om ze niet dagelijks te berijden, vond hij. Hij liet haar nooit eten voordat ze haar paard had gevoerd, en ze mocht pas in bad als ze haar laarzen had gepoetst. En toen, nadat oma was overleden, was Baucher gekomen, die ze Boo noemden. Ze hadden iets nodig om zich op te kunnen richten, een reden om de deur uit te komen nu het niet meer als een thuis voelde. En *grand-père*, die overal gevaar zag voor een spontaan meisje dat nog maar net een puber was, had besloten dat ze een uitweg nodig had. Hij begon de koperkleurige jonge hengst en zijn kleindochter te trainen. Hij leerde haar veel meer dan wat de kinderen in de buurt paardrijden noemden: op de rug van een pony springen en ermee door de straten jakkeren tot aan het moerasland, het springen over bankjes in het park, of over fruitkratten of wat voor andere obstakels ze ook maar spannend vonden. *Grand-père* drilde haar eindeloos over dingen die hun niet eens opvielen – de juiste hoek van haar onderbeen, tot op de millimeter nauwkeurig, hoe ze haar handen perfect stil moest houden – en ze moest huilen omdat zij gewoon met de anderen lol wilde maken, maar dat mocht niet van hem. Niet alleen omdat hij Boo's benen wilde beschermen tegen de geasfalteerde wegen, maar ook omdat ze moest leren, zo zei hij, dat je iets magisch alleen kon bereiken met hard werken en discipline.

Zo praatte hij nog steeds, *grand-père*. Daarom noemden John en de anderen hem Captain. Het was als grapje bedoeld, maar ze wist dat ze ook best een beetje bang voor hem waren.

'Wil je thee?' Cowboy John gebaarde naar de waterkoker.

'Nee. Ik heb maar een halfuur om te rijden. Ik moet vandaag vroeg op school zijn.'

'Werk je nog steeds aan je trucjes?'

'Nee,' zei ze overdreven beleefd, 'deze ochtend werken we aan een half *appuyement* met een vliegende galopwissel en wat *piaffe*. Strikte orders van de Captain.' Ze aaide de glanzende hals van het paard.

Cowboy John gnuifde. 'Ik moet het die oude baas van je wel nageven. Als het circus weer in de stad komt, komen ze naar hém kijken in plaats van andersom.'

In Natasha's vakgebied was het niet bepaald ongebruikelijk om erachter te komen dat het kind dat ze net in een rechtszaak had vertegenwoordigd alweer een nieuwe aanklacht of bevel tot inhechtenisneming aan zijn broek had. Soms haalden ze zelfs de krant. Maar deze jongen verbaasde haar, niet alleen vanwege de ernst van zijn misdrijf, maar ook door wie hij was. Dag in, dag uit kwamen de kinderen binnen en vertelden hun verhalen over wanhoop, misbruik en verwaarlozing. Ze kon het meestal aanhoren zonder ineen te krimpen. Na tien jaar had ze zo veel gehoord dat er nog maar weinig kinderen waren die meer bij haar losmaakten dan een mentaal checklistje: voldoet hij aan de criteria? Heeft ze de pro-Deoformulieren al getekend? Heb ik een sterke zaak? Is hij een geloofwaardige getuige? Net als alle anderen had Ali Ahmadi uit haar geheugen moeten verdwijnen, afgehandeld door haar mensen, niet meer dan de zoveelste naam op de rol van de rechtbank, eentje om ook weer snel te vergeten.

Hij was twee maanden eerder bij haar op kantoor geweest, met de alerte, hologige blik vol wantrouwen en wanhoop die zo veel van deze kinderen hadden, zijn voeten in goedkope sneakers van de kringloopwinkel gepropt, een slecht passend shirt om zijn smalle schouders. Hij had met spoed een gerechtelijke uitspraak nodig om te voorkomen dat hij werd uitgezet naar het land waar hij, zoals hij beweerde, bijna kapot was gemaakt.

'Ik doe eigenlijk geen vluchtelingenzaken,' had ze uitgelegd, maar Ravi, die deze zaken deed, had vrij en ze zaten erg omhoog.

'Alsjeblieft,' zei de pleegmoeder, 'ik ken jou, Natasha, en jij kan dit voor ons gedaan krijgen.' Twee jaar eerder had Natasha een van haar andere kinderen bijgestaan.

Ze las vluchtig de papieren door, keek op en glimlachte naar hem en het duurde even, maar hij glimlachte terug. Er sprak geen vertrouwen uit die lach, meer een soort berusting. Alsof dit nu eenmaal van hem werd verwacht. Terwijl ze de notities razendsnel doornam begon hij te praten, steeds dringender. De vrouw vertaalde wat hij zei en zijn handen illustreerden de woorden die ze niet verstond.

Zijn familie stond op de lijst van politieke dissidenten. Zijn vader was verdwenen toen hij op weg naar huis was; zijn moeder was op straat geslagen, en was toen met zijn zusje verdwenen. Ali was zo wanhopig dat hij in dertien dagen naar de grens was gelopen. Hij begon zachtjes te huilen terwijl hij aan het woord was, en hij knipperde zijn tranen weg met puberale gêne. Als hij naar huis ging, zouden ze hem vermoorden. Hij was vijftien.

Het was een vrij gebruikelijk verhaal.

Linda stond in de deuropening. 'Wil jij de griffie even voor me bellen? Of we misschien naar Court 4 kunnen?'

Toen ze vertrokken, legde ze haar hand even op de schouder van de jongen – tot dat moment had ze zich niet gerealiseerd hoe lang hij was. Terwijl hij zijn geschiedenis vertelde leek hij te krimpen, alsof er in het verleden hele stukken van hem afgehakt waren. 'Ik doe mijn best,' zei ze, 'maar ik denk nog steeds dat je beter af zou zijn met iemand anders.'

Ze had de spoedprocedure voor hem gewonnen, en zou anders nooit meer over hem hebben nagedacht, maar toen ze haar papieren in haar koffertje stopte en de rechtszaal uit wilde lopen, zag ze dat hij weer zat te huilen, in een hoekje van de rechtszaal, met diepe, stille snikken. Enigszins geschrokken had ze haar blik afgewend toen ze voorbijliep, maar hij had zich losgemaakt van zijn pleegmoeder, een ketting van zijn hals getrokken en die haar in handen gedrukt. Hij keek haar niet aan, zelfs niet toen ze tegen hem zei dat dit echt niet nodig was. Hij stond daar maar, met gebogen hoofd, zijn lichaam de vorm van een vraagteken, met zijn handen om de hare, ook al was zulk contact tegen de regels van zijn religie. Ze herinnerde zich hoe die handen zich om de hare vouwden, een vreemd volwassen gebaar.

Diezelfde handen hadden zich blijkbaar twee avonden geleden schuldig gemaakt aan 'langdurige en grove mishandeling' op een niet nader genoemde verkoopster van zesentwintig, in haar eigen huis.

Haar telefoon ging weer over. Weer tss-geluiden, weinig verholen dit keer. Natasha zei nog een keer sorry, stond op, pakte haar spullen en wurmde zich door de drukke coupé. Het kostte haar moeite om overeind te blijven toen de trein ineens een bocht naar links maakte. Ze klemde haar koffertje onder haar arm en zocht een plekje bij het raam van de staanplaatsen, zo dicht mogelijk bij de coupé waar wel gebeld mocht worden. Toen de beller opgehangen had, liet ze haar bagage vallen en vloekte. Nu had ze haar stoel voor niets opgegeven. Ze wilde net haar telefoon in haar zak stoppen toen ze het berichtje zag:

> Hoi. Ik moet wat spullen ophalen. En we moeten praten.
> Kan je volgende week ergens? Mac

*Mac*. Ze staarde naar het kleine schermpje en alles om haar heen kwam tot stilstand. Mac.

Ze had geen keus.

> Geen probleem

typte ze terug.

Ooit zat het in deze hoek van de City vol met advocatenkantoren, zij aan zij in gebouwen als uit een Dickens-roman, met borden met daarop in gouden letters de namen van de partners geschilderd, en de specialismen: commercieel recht, belastingrecht, familierecht. De meeste kantoren waren naar nieuwbouw verhuisd, glimmende glazen gebouwen aan de rand van de City, door architecten bedachte ruimtes die naar de smaak van de mensen die er werkten hun eenentwintigste-eeuwse kijk op de wereld goed weergaven. Tot dusverre had Davison Briscoe resoluut geweigerd om aan deze trend mee te doen, en Natasha had een piepkleine kamer vol met boeken in het gammele gebouw dat behalve aan haar aan nog vijf andere advocaten onderdak bood. De kamer had meer weg van die van een professor dan die van een zakenvrouw.

'Hier zijn de papieren waar je om vroeg.' Ben, een lange, slanke, ijverige jongeman, aan wiens bleke, smetteloze wangen je niet kon afzien dat hij al vijfentwintig was, legde de opgerolde papieren met het roze lint erom voor haar op tafel. 'Je hebt nog geen hap van je croissants genomen,' zei hij.

'Sorry.' Ze bladerde door het dossier op haar bureau. 'Ik heb geen trek meer. Ben, doe me een lol. Kan jij het dossier van Ali Ahmadi voor me opduiken? Een spoedzitting van een maand of twee geleden.' Toen wierp ze een blik op de krant die ze op weg van het station had gekocht in een vruchteloze poging om zichzelf ervan te overtuigen dat wat ze had gelezen een hallucinatie was, misschien veroorzaakt door slaapgebrek.

De deur ging open en Conor kwam binnen. Hij droeg het blauwe gestreepte overhemd dat ze voor zijn verjaardag had gekocht. 'Mogguh, Hotshot.' Hij leunde over het bureau en gaf haar een vluchtige kus op haar mond. 'Hoe ging het gisteravond?'

'Prima,' zei ze. 'Heel goed. Je werd gemist.'

'Het was mijn avond met de jongens. Sorry, maar je weet hoe het is. Totdat ik een betere bezoekregeling krijg, durf ik geen avond te missen.'

'Was het gezellig?'

'Het was een dolle boel. *Harry Potter* op dvd, witte bonen met tomatensaus. We hebben er een mooie bende van gemaakt. Was dat enorme hotelbed van je niet te groot zonder mij?'

Ze leunde achterover. 'Conor, ik zit natuurlijk te springen om je bij me te hebben, maar ik zat er gisteravond zo doorheen dat ik nog op een bankje in het park had kunnen slapen.'

Ben kwam weer binnen en met een knikje naar Conor legde hij het dossier op haar bureau. 'Meneer Ahmadi,' zei hij.

Conor keek er even naar. 'Was dat niet die uitzettingszaak van een paar maanden geleden? Wat moet je daar nu nog mee?'

'Ben, haal eens een nieuwe koffie voor me, alsjeblieft. Uit de winkel, niet die bruine drab van Linda.'

Conor gooide een bankbiljet in zijn richting. 'Voor mij ook. Een dubbele espresso. Geen melk.'

'Dat wordt nog eens je dood,' merkte ze op.

'Een efficiënte dood, dat in elk geval. Oké,' zei hij toen hij zag dat ze zat te wachten tot Ben zou vertrekken. 'Wat is er loos?'

'Dit.' Ze gaf hem de krant aan, en wees op het artikel.

Hij las het snel door. 'Aha. Dat is jouw klantje,' zei hij.

'Precies.' Ze rekte haar armen uit en legde haar voorhoofd heel even op het bureau. Toen pakte ze een amandelcroissant. 'Mijn klantje. Moet ik dat tegen Richard zeggen?'

'Meneer de senior partner? Nee, nee, nee. Dat boetekleed hoef jij niet aan te trekken, Hotshot.'

'Het is anders een behoorlijk ernstig misdrijf.'

'En een misdrijf dat jij nooit had kunnen voorspellen. Laat het gaan, Natasha. Hoort allemaal bij het vak, schat. Dat weet je best.'

'Is ook zo. Maar het is gewoon zo… bruut. En hij was…' Ze schudde haar hoofd toen ze eraan terugdacht. 'Ik weet niet. Hij leek me gewoon niet het type voor zoiets.'

'Hij leek je niet het type.' Conor schoot nog in de lach ook.

'Nee, echt niet.' Ze nam een slok koude koffie. 'Ik vind het niet prettig om een rol te hebben gespeeld bij zoiets afschuwelijks. Ik kan er niks aan doen, maar ik voel me verantwoordelijk.'

'Hoezo? Heb jij hem soms gedwongen dat meisje te mishandelen?'

'Je weet best wat ik bedoel. Ik heb ervoor gezorgd dat hij in het land kon blijven. Ik ben ervoor verantwoordelijk dat hij hier nog is.'

'O, want niemand anders had daarvoor kunnen zorgen?'

'Nou ja…'

'Hou erover op, Natasha.' Conor tikte op het dossier. 'Als Ravi er was geweest, had hij die zaak gedaan. Laat het los. Klaar. Ik zie je vanavond, doen we even snel een borrel. Gaat het nog door? Zin om naar de Archery te gaan? Ze doen tegenwoordig ook tapas, wist je dat?'

Natasha was goed in het geven van advies, maar niet in het opvolgen ervan. Dus sloeg ze later die dag Ahmadi's dossier voor de tweede keer open, op zoek naar aanwijzingen; hoe kon deze jongen, die zo had gehuild, die haar handen zo behoedzaam had vastgehouden, in staat zijn tot zo'n vreemde geweldsdaad? Het klopte gewoon niet. 'Ben? Ik heb een atlas nodig.'

'Een atlas?'

Binnen twintig minuten had hij er eentje gevonden. Het was er een met een sleetse stoffen kaft en een rug waar delen van misten. 'Hij is waarschijnlijk volkomen achterhaald. Perzië staat er nog in en Bombay,' zei hij verontschuldigend. 'Ik zou maar op internet zoeken naar wat je ook maar wilt weten. Ik kan het ook wel voor je doen.'

'Ik ben niet zo van de technische vooruitgang, Ben,' zei ze terwijl ze de atlas doorbladerde, 'dat weet je toch. Ik moet het op papier zien.'

In een soort opwelling besloot ze om op te zoeken waar de jongen vandaan kwam; de naam van het stadje was blijven hangen.

En toen, terwijl ze naar de kaart zat te staren, en met haar vinger langs de plaatsnamen ging, drong het tot haar door dat niemand van vluchtelingenwerk, niemand van het juridische team en ook zijn pleegmoeder niet Ali Ahmadi de vraag had gesteld die zo voor de hand lag. Zelf zag ze het nu ook pas: hoe kon iemand vijftienhonderd kilometer lopen in dertien dagen?

Die avond zat Natasha zichzelf in de bar te vervloeken omdat ze zo onzorgvuldig was geweest. Ze vertelde Conor het verhaal, en hij lachte een afgemeten, wrang lachje en haalde toen zijn schouders op. 'Je weet dat die gastjes alles uit de kast halen,' zei hij. 'Ze vertellen je wat ze denken dat jij wilt horen.'

Ze zag ze elke dag, de vluchtelingen, 'probleem'-kinderen, jonge mensen die ontheemd of verwaarloosd waren, tieners die nog nooit een schouderklopje of een arm om hen heen hadden gehad, hun gezicht nu al verhard, hun brein nu al ingesteld op overleven, tegen elke prijs. Ze dacht dat ze het meestal wel doorhad als iemand loog: de meisjes die beweerden dat hun ouders hen mishandelden, omdat ze niet meer thuis wilden wonen; de asielzoekers die je bezwoeren dat ze elf of twaalf waren, ook al hadden ze een volwassen stoppelbaard. Ze was gewend aan de jonge draaideurcrimineeltjes en hun eindeloze cyclus van wangedrag en zogenaamd berouw. Maar Ahmadi had haar echt geróérd.

Conor schonk haar zijn volledige aandacht. 'Oké. Weet je zeker dat je de goede stad had?'

'Dat staat in zijn verklaringen.' Ze vroeg een langslopende ober om een glas mineraalwater.

'En zo'n afstand kan hij echt nooit afgelegd hebben?'

'In minder dan twee weken?' Haar stem klonk sarcastisch. Ze kon er niets aan doen. 'Dat zou honderdvijftien kilometer per dag zijn. Ik heb het uitgerekend.'

'Ik snap niet waarom je hier zo van over je toeren bent. Je bent toch beschermd door je status van advocaat? Je wist hier niks van toen je hem vertegenwoordigde, dus wat maakt het uit? Je hoeft er niks over te zeggen. Je hoeft helemaal niks te dóén. Mens, dit soort dingen heb ik aan de lopende band. Tegen de helft van mijn cliënten moet ik tijdens het eerste gesprek zeggen dat ze hun mond moeten houden voor ze me iets vertellen wat ik niet wil horen.'

Maar als ze zijn verhaal zelf had gecheckt, wilde Natasha zeggen, had ze misschien eerder doorgehad dat Ahmadi loog. Dan had ze haar handen van de zaak kunnen aftrekken – wegens 'schending van het vertrouwen'. Ze had die vrouw kunnen redden, die onbekende verkoopster van zesentwintig. Maar ze had de aantekeningen vluchtig bekeken. En ze had de jongen laten gaan, hem laten verdwijnen in de kieren in het Londense landschap, omdat ze ervan uitging dat hij een van de goeden was, eentje die ze niet binnenkort weer terug zou zien in de rechtszaal.

Als hij had gelogen over hoe hij het land in gekomen was, kon hij overal wel over gelogen hebben.

Conor leunde achterover en nam een flinke teug van zijn wijn. 'Kom op, Natasha, laat het gaan. Het is gewoon zo'n wanhopig kind dat het gelukt is om niet te worden teruggestuurd naar een of ander vreselijk oord waar ziekte en ellende hoogtij vieren. Nou en? Laat het gaan.'

Ook al behandelde hij de belangrijkste zaken, toch had Conor een bedrieglijk koelbloedig air. Buiten de rechtszaal was hij opgewekt, joviaal, alsof het hem geen bal uitmaakte of hij zijn zaak wel of niet won. Hij klopte op zijn zakken. 'Bestel je er nog eentje voor me? Ik moet even naar de geldautomaat.'

Ze zocht in haar tas naar haar portemonnee en raakte ergens in verstrikt met haar vingers. Ze trok het uit haar tas. Het was de kleine amulet, het paard van ruw zilver, die Ahmadi haar die ochtend had gegeven toen ze zijn zaak had gewonnen. Ze was vastbesloten geweest om hem naar zijn huis terug te sturen – hij had te weinig bezittingen om dingen weg te kunnen geven – maar ze was het prompt weer vergeten. En nu was het een souvenir aan haar falen. Ineens herinnerde ze zich het vreemde visioen van die ochtend, een bovenaardse verschijning in de stadse omgeving.

'Conor – ik zag vanochtend zoiets vreemds.'

De trein had een kwartier stilgestaan in een tunnel vlak voor station Liverpool Street, net lang genoeg om de temperatuur zo te doen stijgen dat mensen rusteloos op hun stoelen begonnen te schuiven, en een zacht ontevreden gemompel steeg op. Omdat Natasha geen telefoontjes in de tunnel meer kon ontvangen, staarde ze in het inktzwarte niets en dacht aan haar ex die nog niet haar ex was.

Ze bewoog onrustig toen de trein met het luid knarsende geluid van oververhit metaal in beweging kwam en het daglicht in reed. Ze wilde denken aan Mac. Ze wilde niet denken aan Ali Ahmadi, die zo deprimerend anders bleek dan hoe hij zich had voorgedaan.

En op dat moment zag ze het, zo snel, zo onwaarschijnlijk, dat ze er zelfs toen ze haar nek draaide om achterom te kijken niet zeker van was of ze het wel goed zag. In een flits was het weer verdwenen, opgeslokt door de wazige straten en achtertuinen, smoezelige balkonnetjes en waslijnen.

Maar het beeld was haar de hele dag bijgebleven, lang nadat de trein haar naar het wasemende hart van de City had gebracht. In een stille keienstraat, tussen de hoogbouw in geperst, geflankeerd door parkeerterreinen voor vrachtwagens en auto's, stond een jong meisje, met haar arm omhooggestoken, een lange stok in haar hand – niet dreigend, maar om te instrueren.

Boven haar uit, midden op de weg, perfect balancerend op glanzende, gespierde achterbenen, een steigerend paard.

Natasha liet de zilveren hanger weer in haar tas vallen, en kon een huivering nauwelijks onderdrukken. 'Hoorde je wat ik net zei?'

'Hm?' Hij zat de krant te lezen. Hij was al niet meer geïnteresseerd. *Laat het gaan*, zei hij altijd tegen haar. Alsof hij zélf ooit iets kon laten gaan.

Ze staarde naar hem. 'Laat maar,' zei ze. 'Ik ga drank halen.'

# 2

*'Verzeker je ervan dat de jonge hengst vriendelijk is,*
*gewend aan de hand en dol op mensen...*
*zo wordt hij niet geboren maar gemaakt.'*
Xenophon, *Over de rijkunst*

Boo was niet het soort paard dat je normaal gesproken aantrof in de maneges in de achterafstraatjes van Oost-Londen. Hij was noch een log trekpaard met sokken, noch een volbloed met een hertenhals van het soort dat zich snel in een sulky liet stoppen zodat je er illegale rennen mee kon houden op de snelweg, waar ze stiekeme records liepen, wat leidde tot het heen en weer gaan van dikke stapels wedgeld. Hij was ook niet zo'n welgemanierde maneGeknol uit Hyde Park of een van de vele kleine, dikke pony's – zwart met wit, bruin of grijs – die zich al dan niet goedgemutst over trappetjes, tussen biervaten door of in liften lieten voeren zodat hun eigenaren gierend van het lachen over de galerij van hun flatgebouw konden galopperen.

Boo was een Selle Français, een potige volbloed met steviger benen en een sterkere rug dan je bij dat ras zou verwachten. Hij was atletisch maar had een vaste tred. Zijn korte romp maakte hem geschikt voor springen en hij was tolerant en vriendelijk. Lief zelfs, als een hond. Hij liet zich geen schrik aanjagen door het verkeer, al was het nog zo druk, en hij vond het prettig om onder de mensen te zijn. Hij was ook snel verveeld, en *grand-père* had ballen aan touwen opgehangen in zijn stal, waar hij zich mee kon vermaken. Het waren er zo veel dat Cowboy John weleens mompelde dat de oude baas zeker dacht dat hij een topbasketballer van hem kon maken.

De andere kinderen bij Sarah op school of bij haar in de buurt werden high van dingen in kleine zakjes, en scheurden met gestolen auto's over stukken braakliggend land, voor zover dat er nog was, of waren uren bezig om zich net zo te kleden als celebrity's en bestudeerden hun tijdschriften met meer aandacht dan ze voor hun schoolboeken hadden. Vanaf het moment dat Sarah Boo opzadelde en de vertrouwde geur van warm paard en schoon leer opsnoof, vergat ze al het andere.

Het rijden met Boo deed haar ontsnappen aan alles wat vervelend en naar en deprimerend was. Het hielp haar om te vergeten dat zij het magerste meisje van de klas was, en de enige die geen enkele reden had om een beha te dragen, en dat ze – samen met Renee, het Turkse meisje waar niemand ooit mee praatte – de enige was die geen mobieltje had, en geen computer. Ze vergat dat ze alleen met haar opa was.

Dit was wat ze op hun goede dagen voor haar paard voelde: ontzag voor zijn allure, de ongelofelijke kracht onder haar, en wat hij bereid was voor haar te doen. Hij misdroeg zich alleen als ze hem niet op de juiste manier aanstuurde – als ze nog met haar hoofd bij school was, of dorst had, of moe was. Maar meestal was hij zo lief als ze alles goed deden dat ze er een brok van in haar keel kreeg. Boo was van haar, en hij was heel bijzonder.

*Grand-père* vertelde aan iedereen die geen verstand van paarden had dat hij een Rolls-Royce was in plaats van een tractor: alles was heel precies afgesteld, en elegant. Je communiceerde in stilte met hem en niet door met je armen te maaien en te schreeuwen. Je geest, je wil viel samen met de zijne. Ze vroeg Boo wat ze wilde: hij beheerste zich, zijn benen maakten vaart, zijn machtige hoofd neeg naar zijn borst, en hij gaf. Zijn enige grenzen, zei *grand-père*, waren die van Sarah. Hij zei dat hij nooit een paard had gekend met zo'n groot hart als Boo.

Zo was het niet altijd geweest: Sarah had twee maanvormige littekens op haar arm op de plek waar hij haar had gebeten, en toen ze hem begonnen te dresseren waren er dagen dat hij de dressageteugel afschudde en het park in rende, zijn staart omhoog als een vaandel, terwijl de moeders het uitgilden en alle kanten op schoten met hun kinderwagens en *grand-père* hardop bad in het Frans dat hij geen auto zou raken. *Grand-père* zei altijd dat het haar fout was, zo vaak zelfs dat ze wel kon gillen, maar nu ze er iets meer verstand van had, zag ze in dat hij gelijk had.

Paarden werden door de mens gemaakt, misschien wel meer dan welk schepsel dan ook. Ze mochten dan van nature schrikachtig zijn, of angstig, of koppig, maar hun reacties waren honderd procent het gevolg van wat ze werd aangedaan. Een kind zou jou nog een tweede kans geven omdat het hoopte dat je van hem hield. Een hond zou slaafs bij je terugkomen, zelfs als je hem had geslagen. Maar een paard zou je nooit meer bij hem in de buurt laten – hij zou zelfs niemand meer in de buurt laten. Dus schreeuwde *grand-père* nooit tegen hem. Hij verloor nooit zijn geduld, toonde geen frustratie, zelfs niet als Boo duidelijk ondeugend of ongehoorzaam was, zoals elke andere puber.

En nu was hij acht jaar oud, volwassen. Hij was voldoende getraind om manieren te hebben, slim genoeg om te kunnen zweven, en elegant genoeg, als *grand-père* dit even goed had gezien als al het andere, om Sarah weg te kunnen voeren uit deze chaotische stad, haar toekomst tegemoet.

Cowboy John leunde op zijn bezem en keek door het hek naar het park waar het meisje het paard in de hoek bij de bomen kleine, precieze kringetjes liet draven. Af en toe hield ze in om hem een klopje te geven of om hem zich te laten uitrekken. Ze droeg geen cap – een zeldzaam rebelse daad tegen haar opa, van wie ze niet eens zonder cap op een paard mocht zítten, laat staan rijden – en de zon deed haar haren even fel glanzen als de benen van het paard. Hij zag de postbode langsfietsen. Hij riep iets naar haar in het voorbijgaan en zij stak een hand op om hem te groeten, haar gezicht gericht op waar ze mee bezig was.

Het was een goed kind, niet zoals de rest die hier kwam. Die raceten met hun paarden door de stille straten tot hun hoeven ervan barstten, en gooiden ze weer in de stal, zwetend en afgemat, om meteen weer naar huis te rennen met de belofte dat hun vader of moeder de volgende dag met de stalhuur zou komen. Ze bedonderden hun ouders en gaven het geld dat eigenlijk voor het voer bedoeld was uit aan sigaretten, die hij in beslag nam als ze ermee in de manege kwamen. 'Wat je met je eigen longen doet interesseert me geen bal. Maar ik laat het niet gebeuren dat je hier de boel tot een barbecue maakt,' zei hij altijd. Meestal nam hij daarbij een bedachtzame trek van zijn eigen sigaret. Het laatste pakje dat hij had afgepakt behoorde toe aan een jochie van nauwelijks acht.

Hij waagde te betwijfelen of Sarah Lachapelle ooit in haar leven een sigaret had gerookt. De Captain hield haar even kort als dat paard: niet 's avonds buiten spelen, niet drinken, niet roken, niet rondhangen op straat. Het meisje leek zich er nooit tegen te verzetten. Het was alsof hij haar ook had afgericht.

Geheel in tegenstelling tot haar moeder.

Cowboy John zette zijn hoed af en veegde over zijn voorhoofd, de hitte van de dag was al door het oude leer zijn huid in gedrongen. Sal de Maltees had hem verzekerd dat het paard van de Captain hier veilig zou kunnen blijven staan als hij de huur van John overnam, net als alle paarden voor wie netjes op tijd werd betaald. Het zou hier altijd blijven wat het al veertig jaar was: een paardenmanege.

'Ik heb een vast honk nodig,' zei hij altijd tegen John. 'Dit is dicht bij mijn huis. Mijn paarden zijn hier op hun gemak.' Hij zei het alsof het een uitgemaakte zaak was. En dit bouwvallige terrein kon meteen mooi dienstdoen als façade voor wat je ook maar wilde kopen en verkopen, had John willen zeggen, maar zoiets zei je niet tegen een man als Sal. Vooral niet gezien de bedragen die hij hem bood.

Cowboy John was moe. Hij had eigenlijk best zin om met pensioen te gaan en ergens op het platteland te gaan wonen. Om zijn huis in te ruilen voor een cottage met wat land waar zijn paarden konden grazen. Het stadsleven werd steeds harder en hij werd een dagje ouder, en was het zat om steeds met de gemeente in gevecht te moeten, en om de gebroken flessen op te moeten rapen die de dronkenlappen en dwazen elke avond weer over het hek gooiden, zodat de dieren zich eraan sneden. Hij was het beu om in discussie te moeten met de kinderen die hem niet wilden betalen wat ze hem verschuldigd waren. Hij zag zichzelf steeds vaker ergens op een veranda zitten staren naar een horizon die uit niets anders bestond dan een streep groen.

Sal zou zorgen dat het een manege bleef. En hij had het over een flink bedrag, genoeg om Johns droom mee te realiseren. Maar toch... Ondanks het geld, ondanks de rust en vrede die hem lokten, de kans om zijn ouwe jongens met zwiepende staarten door het hoge gras te zien lopen, wilde hij de boel ergens niet aan die man verkopen. Hij had het donkerbruine vermoeden dat Sals beloften geen fluit waard waren.

'*Bon anniversaire!*'

Sarah moest moeite doen om de sleutel uit het slot te krijgen, stapte de flat in en hoorde haar opa's stem voor ze hem zag. Ze glimlachte. '*Merci!*'

Ze had gedacht dat hij misschien de tafel zou hebben gedekt met een verjaardagstaart, zoals het jaar ervoor, maar in plaats daarvan liep ze de gang door en trof hem staand voor de televisie aan. '*Voilà!* Ga zitten, ga zitten,' droeg hij haar op nadat hij haar op beide wangen had gekust. Hij had zijn mooie stropdas om.

Ze keek even naar hun kleine keukentafeltje. 'Drinken we geen thee?'

'Pizza. Erna. Jij mag kiezen,' zei hij en hij wees naar de menukaart. Afhaalmaaltijden waren een zeldzame traktatie.

'Na wat?'

Ze zette haar tas neer en ging op de bank zitten en vond het ineens heel spannend. *Grand-père* leek zo in zijn nopjes en straalde. Ze kon zich niet eens meer herinneren wanneer hij er voor het laatst zo uitgezien had. Sinds oma vier jaar geleden overleed, had hij zich in zichzelf teruggetrokken. Hij was pas weer uit zijn schulp gekropen toen Boo kwam. Ze wist wel dat hij van haar hield, maar zijn liefde was anders dan wat je op tv zag: hij zei nooit dat hij van haar hield, en vroeg nooit of ze ergens mee zat. Hij zorgde ervoor dat ze te eten had, dat ze zich waste en dat ze haar huiswerk deed. Hij leerde haar praktische dingen, over geld, hoe je dingen moest repareren, en hij leerde haar paardrijden. Samen hadden ze geleerd hoe je de wasmachine moest bedienen, het huishouden moest runnen, en waar je het goedkoopst boodschappen kon doen. Als ze verdrietig was, legde hij een hand op haar schouder en zei hooguit dat ze de dingen in perspectief moest blijven zien. Als ze onrustig van opwinding was, wachtte hij af tot ze weer wat afgekoeld was. Als ze iets verkeerd deed, maakte hij zijn ongenoegen kenbaar door kortaf te doen en haar een afkeurende blik te geven. Kortom, hij behandelde haar ongeveer zoals hij een paard behandelde.

'Eerst gaan we iets bekijken,' zei hij.

Ze volgde zijn blik, en zag de dvd-speler die er nog niet was toen ze die ochtend wegging. 'Heb je een dvd-speler voor me gekocht?' Ze knielde erbij neer en liet haar vinger over het glimmende metaal glijden.

'Hij is niet nieuw,' zei hij verontschuldigend, 'maar hij is *parfait*. En hij is niet gestolen. Ik heb hem gekocht bij een boedelverkoop.'

'Kunnen we al iets kijken?' riep ze uit. Nu zou ze ook films kunnen huren, zoals de andere meisjes op school. Ze liep altijd jaren achter als ze het over films hadden.

'Niet zomaar iets. We gaan *un spectacle* bekijken. Maar eerst...' Hij pakte een fles die achter hem stond, trok hem met een sierlijk gebaar open en schonk de glazen vol. 'Als je veertien bent, ben je oud genoeg om wijn te drinken.' Hij overhandigde haar het glas met een knikje.

Ze nam een slokje en probeerde geen gezicht te trekken vanwege de zure smaak. Ze had liever een cola light gehad, maar ze vond niet dat ze het moment mocht verpesten door erom te vragen.

Tevreden zette hij zijn bril recht, tuurde op de afstandsbediening, en met een flamboyant gebaar waaruit bleek dat hij er eerder die dag op had geoefend, drukte hij op een knop. De televisie kwam flikkerend tot leven en hij ging naast haar op de bank zitten, nog steeds kaarsrecht, ondanks de inzakkende kussens. Hij nam zelf ook een slok wijn. Ze keek even naar zijn tevreden blik en leunde tegen hem aan.

De muziek begon, klassieke muziek, en er reed een trots wit paard door het beeld.

'Is dit...?'

'Le Cadre noir,' beaamde hij. 'Nu kan je zien wat ons doel is.'

Zelfs onder mensen die veel van paarden wisten hadden maar weinigen ooit van le Cadre noir gehoord. Het was een geheimzinnig genootschap van de elite onder de Franse ruiters dat al stamde uit de achttiende eeuw, een academie waar men discussieerde over de juiste hoek van de achterbenen van het paard bij het uitvoeren van schoolsprongen als de *croupade* en *levade*, die al duizenden jaren werden uitgevoerd. De ruiters droegen een ouderwets zwart uniform. Er werden maar een of twee nieuwe leden per jaar toegelaten, en het doel van de academie was niet om geld te verdienen of om kennis en vaardigheden over te dragen op het grote publiek, maar om uit te blinken in dingen die de meeste mensen niet eens zouden zien. Als je dat wist, zou je je misschien afvragen wat überhaupt het nut ervan was, maar als je die paarden zag bewegen onder hun ernstige ruiters, in een perfect symmetrische rij of de zwaartekracht tartend tijdens verbluffende sprongen, als je hun wonderlijke danspassen zou zien, het gespierde opvolgen van de wensen van de ruiters, dan was je diep geroerd door hun gehoorzaamheid, hun schoonheid en hun verbijsterende wendbaarheid. En zelfs al was je niet noodzakelijk dol op paarden, dan nog zou je blij zijn dat er zo'n genootschap bestond.

Sarah bekeek de drie kwartier durende show in stilte. Ze was betoverd. Ze wilde naar Boo toe en nadoen wat ze had gezien. Hij kon dit ook, dat wist ze zeker. Hij was verfijnder, sterker dan sommige van de paarden die ze op de dvd had gezien, maar hij had diezelfde kracht: dat had ze vaak genoeg gevoeld als ze hem bereed. Terwijl ze zat te kijken, bewoog ze haar handen en voeten alsof ze zelf op die paarden zat, en hen aanmoedigde om naar de rand van de piste te lopen, en de bewegingen uit te voeren die al sinds de Grieken werden uitgevoerd.

Haar eigen piste was dan misschien een park vol kale plekken in het gras en zwerfvuil in plaats van een gigantisch paleis in een historisch Frans stadje, en haar outfit bestond dan wel uit een spijkerbroek en een T-shirt in plaats van een officieel zwart jasje, een gouden vlecht en pet, toch wist ze precies hoe die mannen zich voelden: toen de camera even op hun gezichten inzoomde, strak van inspanning en vol sympathie voor het paard, voelde ze een verwantschap die ze nooit had gevoeld met de meisjes op school. Alles wat *grand-père* haar had geleerd begon op zijn plek te vallen. Hij zei dat ze nog jaren werk te gaan hadden. Hij zei dat ze het wel kon probéren, maar dat dat net zoiets zou zijn als dat Cowboy John met een sigaret in zijn hand een marathon zou gaan lopen. En nu zag ze wat hij van plan was, het grote einddoel: de *capriole*. De meest gecompliceerde, veeleisende en mooiste beweging die een paard kon maken. Alle vier de hoeven kwamen van de grond in een balletachtige sprong en het paard ging de lucht in alsof hij gewichtloos was, waarbij hij zijn benen uitschopte alsof er geen zwaartekracht bestond. Schitterend. Ontzagwekkend.

Sarah had nooit in woorden kunnen uitdrukken wat ze voelde als *grand-père* eindeloos doorpraatte over de Franse school, namelijk: wat voor kans maakte ze nou eigenlijk? Want ondanks wat hij beweerde, kon zij zich nooit voorstellen dat haar leven bij Cowboy John en hun trainingen ooit zouden uitmonden in de toekomst die hij had omschreven. En nu ze de aftiteling van de dvd bekeek, besefte ze dat hij juist het omgekeerde effect had van wat hij had willen bereiken. *Grand-père* leefde in een droomwereld. Het maakte helemaal niet uit hoe goed haar paard was. Hoe kon iemand die grootste zwaartekracht trotserende sprong ooit maken: die van een achterbuurt in Londen naar de smetteloze glorie van le Cadre noir?

Ze had het nog niet gedacht of ze voelde zich al schuldig. Ze keek naar hem en vroeg zich af of haar gedachten zo transparant waren als ze vermoedde. Hij zat nog steeds naar het scherm te staren. Pas toen zag ze de tranen over zijn wang rollen.

'*Grand-père*?' zei ze. Zijn kaak vertrok. Het duurde even voor hij zichzelf weer in de hand had en hij zachtjes zei: 'Sarah. Zo kun je ontsnappen.'

Waaraan? Zelf vond ze haar leven nooit zo erg als *grand-père* dat kennelijk vond.

'Dit is wat ik voor jou wil.'

Ze slikte.

Hij stak de hoes van de dvd in de lucht. 'Ik heb een brief van Jacques Varjus, mijn oude vriend uit Saumur. Hij zegt dat ze nu twee vrouwen hebben toegelaten. Honderden jaren lang wilde de academie geen vrouwen aannemen, ze wilden er zelfs niet over nadenken, maar tegenwoordig doen ze het wel. Het moeten alleen wel de allerbeste zijn. Dit is je kans, Sarah.'

Ze schrok een beetje van zijn verbetenheid.

'Jij hebt het in je. Het enige wat je nog nodig hebt is discipline. Ik wil niet dat jij je leven verpest. Ik wil niet dat je hier blijft rondhangen bij die *imbéciles*, dat je daar eindigt achter een kinderwagen.' Hij maakte een gebaar in de richting van het park.

'Maar ik –'

Hij hield een hand op. 'Dit is het enige wat ik je kan geven. Mijn kennis. Mijn toewijding.' Hij glimlachte en probeerde zijn toon wat te verzachten. 'Mijn meisje in het zwart. *La fille du Cadre noir*.'

Ze knikte zwijgend. Haar opa was nooit emotioneel, maar nu leek hij zo kwetsbaar, zo vol spijt, en het beangstigde haar een beetje. Het kwam door de wijn, hield ze zichzelf voor – hij dronk bijna nooit. De wijn had hun emoties uitvergroot. 'Echt een mooi cadeau.'

Hij draaide zich naar haar om en leek zijn gevoelens onder controle te hebben. '*Non! Un demi cadeau*,' zei hij. 'Wil je nu het tweede deel?'

Ze grijnsde opgelucht. 'Pizza?'

'Pff! Pizza! *Non, non – regarde*.' Hij haalde een envelop tevoorschijn en gaf die aan haar.

'Wat is dit?'

Hij knikte ernaar.

Ze maakte hem open, keek snel wat erin zat en haar handen bevroren. Vier kaartjes. Twee voor een overtocht en een busreis. Twee voor een optreden van le Cadre noir.

'Van Varjus. *En novembre*. We gaan op vakantie.'

Ze waren nog nooit naar het buitenland geweest, zelfs niet toen oma nog leefde. 'Gaan we naar Frankrijk?'

'Het is tijd. Tijd dat jij het eens ziet, tijd voor mij om terug te gaan. Mijn vriend Varjus is nu de *grand dieu.* Weet je wat dat is? Dat is de belangrijkste, meest ervaren ruiter van le Cadre noir. Nee – van heel Frankrijk.'

Ze staarde naar de brochure, naar de ruiters in hun donkere kleren, de glanzende paarden.

*Grand-père* leek nieuwe energie te hebben. 'Ik heb de paspoortformulieren al ingevuld. Ik heb alleen nog een foto van je nodig.'

'Maar hoe kon je dit allemaal betalen?'

'Ik heb wat dingen verkocht. *C'est rien.* Ben je blij? Is het een fijne verjaardag?'

Pas toen zag ze dat hij zijn horloge niet meer om had. De Longines was zijn huwelijkscadeau van oma. Het was zo kostbaar dat ze het niet eens mocht aanraken toen ze nog klein was. Ze wilde ernaar vragen, maar de woorden bleven steken in haar keel.

'Sarah?'

Ze stapte in zijn omhelzing, niet in staat een bedankje tegen zijn zachte, sleetse trui te mompelen, want de woorden wilden niet komen.

# 3

*'Zorg dat je bij hem uit de buurt blijft als je heetgebakerd bent. Woede, ongeduld, angst... vrijwel elke menselijke emotie ondermijnt de doeltreffende communicatie met het paard.'*
Xenophon, *Over de rijkunst*

De dagen dat ze er rationeel in zat, bedacht Natasha met een zwartgallig gevoel voor humor dat haar huwelijk met haar linkerhand was begonnen en dat het was geëindigd met haar rechter. Vreemd dat haar vingers zo'n ramp konden bespoedigen, maar toch was het zo.

De ironie was dat zij en Conor pas hadden gekust toen Mac al weg was. Wat niet wil zeggen dat het aan mogelijkheden had ontbroken. Toen haar huwelijk in de problemen kwam, en de lunches met Conor, waarbij ze zo hadden moeten lachen, een welkome afwisseling waren, had hij haar duidelijk gemaakt wat hij voor haar voelde. 'Je ziet er uitgehold uit, dame. Vreselijk,' zei hij dan, charmant als altijd. Dan legde hij zijn hand op de hare, die ze dan altijd wegtrok. 'Je moet de boel eens op een rijtje gaan zetten.'

'En net zo eindigen als jij?' Zijn eigen scheidingsdrama was legendarisch binnen het kantoor.

'Ach joh, het doet hooguit intens, verlammend veel pijn. Daar wen je wel aan.' Maar door zijn situatie begreep hij maar weinig van wat zij doormaakte. En toch was dat al meer dan de anderen ervan begrepen.

In de wereld van haar ouders eindigden huwelijken door iets catastrofaals: een overlijden, rampspoed of herhaaldelijk vreemdgaan. Ze eindigden omdat de pijn niet meer te harden was, en er anderen bij beschadigd raakten. Ze stierven geen stille dood vanwege verwaarlozing, zoals het huwelijk van Natasha. De afgelopen maanden had ze zich vaak afgevraagd of ze überhaupt nog wel getrouwd was. Hij was er bijna nooit, niet alleen in emotionele, maar ook in fysieke zin, omdat hij steeds vaker opdrachten had in het buitenland. Als hij al thuis was, mondden zelfs de onschuldigste gesprekken uit in een verbitterd vliegen afvangen. En inmiddels waren ze allebei zo bang voor de pijn of nog meer afwijzing dat het gemakkelijker was om helemaal niets meer met elkaar te maken te hebben.

'Er ligt hier een gasrekening die betaald moet worden,' zei hij dan.

'Vraag je nu aan mij of ik dat doe, of bedoel je dat jij het zelf doet?'

'Ik dacht gewoon dat je er misschien even naar moest kijken.'

'Hoezo? Omdat jij hier niet meer echt woont? Of wil je soms korting?'

'Doe niet zo allejezus belachelijk.'

'Nou, betaal hem dan gewoon, in plaats van te doen alsof het alleen mijn pakkie-an is. O, en trouwens, Katrina belde weer. Je weet wel, die Katrina van eenentwintig met de neptieten. Die jou "Mackie" noemt.' Ze liet haar stem zakken tot een hijgerige toon om die van het model te imiteren.

En daarop sloeg hij altijd de deur achter zich dicht en verdween naar een ander deel van het huis.

Ze hadden elkaar zeven jaar daarvoor leren kennen op een vlucht naar Barcelona. Ze was met vrienden van haar studie rechten om te vieren dat iemand van hen officieel advocaat was geworden. Hij was op de terugweg van een korte vakantie en was zijn camera vergeten in het appartement van een vriendin. Achteraf realiseerde zij zich wel dat ze dat als een waarschuwing had moeten zien, omdat het symbolisch was voor zijn chaotische manier van leven en zijn gebrek aan gezond verstand (had hij soms nog nooit van DHL gehoord?). Maar op dat moment dacht ze alleen dat ze zo veel geluk had gehad dat ze een stoel had naast die charmante man met het korte haar en het kaki jack, die niet alleen om haar grappen lachte maar ook nog geïnteresseerd leek, oprecht geïnteresseerd in wat ze deed.

'En wat doe je dan precies?'

'Ik ben gespecialiseerd in jeugdrecht, op een advocatenkantoor.'

'Werk je dan voor kleine crimineeltjes?'

'De meeste van die kinderen zitten in de jeugdzorg, en ik doe ook nog wel echtscheidingszaken, en dan probeer ik de rechten van de kinderen te beschermen. Er is nieuwe wetgeving op dat gebied, dus het is een beetje pionieren.'

Ze deed nog steeds haar best om de beste deals te sluiten voor kinderen die murw geslagen waren tijdens een scheiding, en dwong gemeenten en immigratiediensten nog steeds om hun tijdelijke woonruimte te bieden. Maar voor elk wanhopig kind was er ook een cynische poging om asiel aan te vragen, en bij elk kind dat in de pleegzorg terechtkwam hoorde een deprimerende cyclus van mishandeling en wachten tot ze hen weer terug zou zien. Ze probeerde er niet te vaak bij stil te staan. Ze was goed in haar werk en hield zichzelf voor dat de paar kinderen die ze wel echt kon helpen voldoende waren.

Mac vond het mooi aan haar. Hij zei dat ze écht was, in tegenstelling tot de meeste mensen die hij kende via zijn werk. Op het vliegveld van Barcelona werd hij afgehaald door een chagrijnig meisje dat Natasha vuil aankeek toen die beleefd afscheid van hem nam. Binnen zes uur had hij haar gebeld, nadat hij de vriendin ergens geloosd had, om te vragen of ze in Londen een keer met hem uit wilde. Over die vriendin hoefde ze zich niet schuldig te voelen, zei hij doodleuk. Dat was niets serieus. In Macs leven was nooit iets serieus.

Hun bruiloft was haar taak geweest: als het aan hem lag hadden ze tot in de eeuwigheid samengewoond. Tot haar eigen verbazing wilde zij juist graag trouwen. Ze wilde het gevoel hebben dat het iets blijvends was, dat dat vraagteken dat boven hun relatie hing zou verdwijnen. Er was niet echt een aanzoek geweest. 'Als jij het zo graag wilt, dan doe ik het wel,' had hij gezegd toen ze op een middag in bed lagen, met hun benen verstrengeld. 'Maar dan moet jij het wel organiseren.' Hij deed mee, maar niet helemaal. Zo was hun hele huwelijk.

Eerst vond ze het niet zo erg. Ze zag wel in dat ze een beetje een controlfreak was, zoals Mac gekscherend beweerde. Ze wilde dingen gewoon graag op haar manier regelen. Zo hield ze haar verder zo hectische leven in de hand. Dat kreeg je ervan als je opgroeide in een druk, chaotisch huishouden. Zij en Mac begrepen elkaars zwakten, en pestten elkaar daarmee. Maar toen de baby waar ze allebei zonder het te weten naar verlangden tussenbeide kwam, ontstond er een kloof.

Toen ze de miskraam kreeg, wist Natasha pas een week dat ze zwanger was. Ze had het feit dat ze niet ongesteld was geworden toegeschreven aan stress (ze moest twee belangrijke zaken in de lucht houden) en tegen de tijd dat ze eenmaal doorhad hoeveel ze over tijd was, kon ze er niet meer omheen. Mac was aanvankelijk behoorlijk in shock; en dat kon ze hem niet kwalijk nemen, want zelf was ze het ook. 'Wat zullen we doen?' had ze hem gevraagd, in stilte biddend dat ze hem niet zou haten om zijn reactie.

Hij had door zijn haar gewreven. 'Kweenie, Tash,' zei hij. 'Ik steun jou in wat jij wilt.' En toen, voor ze de kans kregen om zelf iets te beslissen, hakte dat kleine hoopje cellen, de baby in wording, de knoop door en vertrok.

Het schokte haar, zo veel verdriet als het haar deed. De opluchting die ze had verwacht wilde maar niet komen.

'Volgend jaar,' spraken ze af, toen ze dit aan hem had opgebiecht. 'Dan gaan we dit jaar nog een paar keer goed op vakantie. En dan gaan we het echt proberen.' Ze waren een beetje giechelig van opwinding. Mac zou een paar flinke opdrachten aannemen, in plaats van hapsnapklusjes. Zij zou op zoek gaan naar een baan bij een goed kantoor, waar ze een fatsoenlijke verlofregeling hadden.

Toen kreeg ze de functie bij Davison Briscoe aangeboden, en ze spraken af dat het beter was om nog een jaar te wachten. En toen nog een, nadat ze het huis in Islington hadden gekocht en Mac was begonnen om dat te verbouwen. In dat jaar gebeurden er twee dingen: het ging niet goed met Macs carrière en die van haar raakte gigantisch in de lift. Ze zagen elkaar maanden nauwelijks. En als ze wel bij elkaar waren, moest zij op eieren lopen en zorgde ze ervoor dat haar succes zijn gebrek daaraan niet onder een vergrootglas legde. En toen – misschien eerder per ongeluk dan omdat ze er hun best voor hadden gedaan – raakte ze weer zwanger.

Later, veel later, beschuldigde hij haar ervan dat zij iets met Conor Briscoe was begonnen. Hoe had ze moeten reageren? Het was zo, maar het was haar goed recht om het er niet over te hebben. En trouwens, wat viel er te vertellen? Drie bijna-baby's in vier jaar, die het allemaal niet verder hadden geschopt dan het kikkervisjesstadium. De dokter vond dat ze in aanmerking kwam voor nader onderzoek. Maar ze wilde geen nader onderzoek. Ze wilde niet aangeraakt worden, en ze wilde niet meer terugdenken aan die zwarte uren. Ze wilde geen hard bewijs van haar bange vermoedens.

En Mac, van wie ze hoopte dat hij door haar woede en tranen heen zou breken, trok zich gewoon terug. Het was alsof hij haar pijn niet aankon, alsof hij niets kon met de snotterige, verdrietige Natasha, die een week in bed bleef liggen en telkens als ze een baby op tv zag in huilen uitbarstte.

Tegen de tijd dat ze zichzelf bij elkaar geraapt had, voelde ze zich verraden. Hij had het laten afweten toen ze hem nodig had. Pas veel later had ze bedacht dat hij misschien zelf óók verdriet had gehad. Maar toen was het al te laat. Op dat moment zag ze alleen maar dat hij liever op reis ging voor weer een opdracht, dat hij tegen haar schreeuwde, dat hij nooit van haar won, dat ze altijd iets te zeuren had. Hun seksleven doofde uit. Ze werd superefficiënt, handelde alles ijzig vastberaden af, en was woedend als dat hem niet lukte.

En al die tijd bleven de meisjes bellen. Kokette stemmetjes met Slavische accenten, arrogante tieners die verontwaardigd deden als hij er niet was. 'Het is maar gewoon werk,' hield hij vol. 'Die portfolio's zijn mijn inkomen. Je weet zelf ook best dat ik het geen leuke klussen vind.'

Vanwege het gebrek aan intimiteit tussen hen wist ze niet meer wat ze ervan moest denken. En ondertussen was Conor er – Conor, de briljante jurist, die begreep hoe rampzalig een huwelijk kon verlopen omdat dat van hem zo spectaculair op de klippen was gelopen. 'Een gevalletje seriële ontrouw van mijn kant,' zei hij altijd. 'Mijn god, wat kunnen vrouwen toch onredelijk zijn.' Ze zag de pijn achter zijn opgewekte masker, en zag haar eigen leven erin weerspiegeld.

Ze waren samen gaan lunchen, zo vaak dat het op kantoor ging opvallen. En toen af en toe een borrel na het werk. Wat voor kwaad kon dat, als Mac er toch nooit was? Soms vond ze dat haar geflirt met Conor gerechtvaardigd was. Mac zat op dat moment waarschijnlijk ook met een ander te flirten, op een of andere glamourlocatie. Maar als Conor in de pub over hun tafeltje leunde en zijn lippen zachtjes tegen de hare drukte, trok ze zich altijd terug. 'Ik ben nog getrouwd, Conor,' zei ze dan, en als ze dat zei vroeg ze zich altijd af waarom ze het woordje 'nog' gebruikte. En ze wenste dat ze de kus niet zo ontzettend graag had willen beantwoorden.

'Ach, je kan het een eenzame ziel niet kwalijk nemen dat hij een poging waagt,' zei hij, en de volgende dag nam hij haar gewoon weer mee uit lunchen.

Al snel begon ze op hem te vertrouwen. Ze voelde zich niet schuldig; het leek Mac niet uit te maken of ze aardig tegen hem deed of niet. Ze maakten niet eens meer ruzie: hun leven samen was een reeks beleefde vragen en antwoorden geworden, met woede die vlak onder de oppervlakte sudderde en die maar heel af en toe uitbarstte, zodat hij weer wegliep en een of andere deur dichtsmeet.

Hun feest, al lang geleden gepland, was oorspronkelijk bedoeld om te vieren dat Mac het huis klaar had, dat ze de stoflakens en gipsplaten hadden overleefd en nu een huis hadden dat niet gewoon mooi was, maar mooi genoeg voor een woontijdschrift. Ze had inmiddels al helemaal geen zin meer in het feest – er viel niets te vieren. Maar om het af te zeggen leek zo'n definitief statement, en dat kon ze niet opbrengen.

Er waren cateraars en een band van vier man in de tuin. Een

buitenstaander zou denken dat zij en Mac een droompaar waren, met Macs kliek, fotografen en gazelleachtige modellen en haar juristenvrienden die gezellig door elkaar liepen, hun gelach uitstijgend boven de hoge stenen omheining. Ze had bedacht dat ze het feest maar moest aangrijpen als een mogelijkheid om te netwerken, en nog altijd een tikje verbaasd dat ze in zo'n groot, mooi huis woonde, wist ze dat het geen kwaad kon om wat juridische kopstukken uit te nodigen. De champagne vloeide, de muziek speelde, de Londense zon werd gefilterd door het doek van de feesttent die ze aan het eind van de tuin hadden neergezet. Het was een geweldige setting.

En ze voelde zich doodongelukkig.

Mac meed haar het grootste deel van de dag. Hij stond bij een groepje mensen dat ze niet kende, met zijn rug naar haar toe, en hij bulderde van het lachen. Alle vrouwen die hij had uitgenodigd waren boven de 1 meter 80, merkte ze zuur op. Ze droegen interessante kleren, die ze kennelijk zomaar bij elkaar gepakt hadden, en waarin ze er chic en sexy uitzagen. Zelf had ze geen tijd gehad om de jurk te strijken die ze had willen dragen, en dus droeg ze een blouse en een rok waar ze tuttig in leek, en niet erg stijlvol. Mac had niet gezegd dat ze er leuk uitzag. Hij zei tegenwoordig bijna nooit meer iets over haar uiterlijk.

Ze stond boven aan de stenen trap naar hem te kijken. Was het te laat om hun relatie te redden? Was er nog iets over om te redden? Terwijl ze daar zo stond, fluisterde hij een lange dame iets in, waardoor die dame hem aankeek met half dichtgeknepen ogen en een ondeugende glimlach. Wat had hij gezegd? Wát had hij gezegd?

'Kom op,' zei een stem naast haar. 'Je bent te doorzichtig. We gaan een borrel halen.'

Conor. Ze liet zich door hem meevoeren naar het eind van de tuin, en wurmde zich door de groepjes mensen, met een vastgebakken glimlach op haar gezicht.

'Alles oké?' vroeg hij toen ze in een hoekje van de tent stonden.

Zwijgend schudde ze haar hoofd.

Conors blik hield de hare vast. Hij maakte geen grapje. 'Margarita,' zei hij. 'Het medicijn voor alle kwalen.' Hij liet er vier maken door de jongen achter de bar en haar protesten negerend, dwong hij haar om er twee achter elkaar achterover te slaan.

'O, wow,' zei ze een paar minuten later, hangend aan zijn arm. 'Wat heb je in vredesnaam gedaan?'

'Ik heb je een beetje losser gemaakt,' zei hij. 'Je wilt toch zeker niet dat iedereen fluistert: "Wat is er met haar?" Je weet wat voor roddelkonten hier rondlopen.'

'Conor, wat heb je gedaan?' Ze giechelde. 'Ik heb het gevoel alsof ik voor zeventig procent uit alcohol besta.'

'Natasha Margarita,' zei hij. 'Dat klinkt wel. Kom, dan gaan we eens met wat mensen kletsen.'

Ze voelde haar hakken in het gras wegzakken en wist niet of ze wel vast genoeg op haar benen stond om ze er weer uit te trekken. Conor zag haar aarzeling en hield zijn arm voor haar uit, die ze dankbaar aanvaarde. Ze liepen naar een groepje advocaten van een kantoor waar ze vaak mee samenwerkten.

'We gaan wel even met hen praten,' mompelde Conor. 'Wist je dat Daniel Hewitson verleden maand in een bordeel is betrapt? Dus zeg alsjeblieft niet: "Zeg, ik hoorde dat je bent betrapt in een bordeel."' Hij wachtte even. 'Hoewel je nu natuurlijk nergens anders meer aan kunt denken, hè?'

'Conor!' zei ze zachtjes, terwijl ze zich aan hem vastklampte.

'Gaat het al wat beter?'

'Als je me maar niet alleen laat. Ik vrees dat ik op je moet blijven leunen.'

'Je zegt het maar, schat.' Met een vrolijke groet ging Conor met haar bij het groepje staan.

Natasha merkte nauwelijks iets van het gesprek om haar heen. Het effect van de margarita leek aan te zwellen terwijl de alcohol door haar heen stroomde. Het kon haar niet schelen – ze was vooral opgelucht dat Conor naast haar stond. Ze weigerde om nog ergens anders aan te denken dan aan zijn aanwezigheid, zorgde dat ze lachte om de juiste grapjes, en knikte en glimlachte naar de mensen om haar heen. Haar hakken zakten weer weg en giebelend zocht ze steun bij hem. Het was zo vol in de tuin dat het niet leek uit te maken; aan deze kant stonden de mensen toch in hun groepjes tegen elkaar aan gedrukt. Toen ze Conors hand achter haar rug langs naar haar schouder voelde gaan, pakte ze zijn pink en hield die vast in een poging om hem te laten voelen hoe dankbaar ze was. Hij had haar gered, ervoor gezorgd dat ze zich niet belachelijk had gemaakt. Het was zo'n gemakkelijke stap, zo'n natuurlijke voortzetting vanaf het punt dat ze hadden bereikt, dat het even duurde voor het tot haar doordrong dat de warmte in haar nek misschien niet door de zon veroorzaakt werd.

Ze luisterde niet meer naar de mensen en draaide haar hoofd, net ver genoeg om te zien dat Mac nog geen halve meter bij hen vandaan stond. Hij staarde naar haar hand. Uit balans en blozend liet ze Conors pink los. Achteraf besefte ze dat dat wel het ergste was wat ze had kunnen doen, omdat het impliceerde dat ze ergens schuld aan had. Maar het kwaad was al geschied.

De uitdrukking op Macs gezicht zei haar dat hij vertrokken was. Waarschijnlijk al een hele poos.

'Een dezer dagen moet je toch echt eens naar een echte kapper,' zei Linda, die achter haar stond. Weerspiegeld in haar screensaver zag Natasha nog net de misprijzende mond van haar secretaresse. De kantoortheedoek hing over Natasha's schouders om de vlokjes donkerblond haar op te vangen die Linda afknipte.

'Geen tijd.' Natasha bladerde weer door het dossier dat ze in handen had, met haar bril op het puntje van haar neus en haar kousenvoeten op het bureau. 'Ik moet deze nog doorwerken. Om twee uur moet ik weer op de rechtbank zijn voor het slotpleidooi.'

'Maar je highlights zijn helemaal uitgegroeid. Je moet ze laten bijwerken.'

'Kan jij dat niet voor me doen?'

'Ik heb al jaren geen highlights meer gezet, en al helemaal niet tijdens mijn lunchpauze. Je verdient genoeg. Je moet het gewoon ergens fatsoenlijk laten doen. Bij een van die celebritykappers.' Ze pakte een haarlok op en liet hem weer vallen.

Natasha snoof. 'Mijn grootste nachtmerrie.'

'Je kan best wat van jezelf maken, als je je best zou doen.'

'Je lijkt mijn ouders wel. Zeg, is er nog ergens thee?'

Ze las de laatste bladzijden van haar pleitnotitie snel door, klapte het dossier dicht en pakte de map die eronder lag. Haar telefoon maakte een geluid. Mac had haar die ochtend al twee berichten gestuurd met de vraag of ze naar het huis zou willen komen. Ze hield hem nu al tien dagen aan het lijntje.

Sorry. Morgen te druk. Misschien donderd. Laat het nog weten.

typte ze. Ze had de telefoon nog niet neergelegd of hij zoemde alweer.

Halfuur. Woensdagavond.

Ze had geen zin om hem te zien. Ze had hier zo veel werk liggen. Hij was een jaar weg geweest; een dag of twee extra konden er ook nog wel bij. Ze typte terug:

Kan hier niet weg. Rechterlijke toetsing.

Maar vandaag was zijn geduld klaarblijkelijk op:

Ik heb mijn spullen nodig. Vrijdag op zijn laatst. Ik kan het wel halen als jij er niet bent. Als je de sloten hebt laten vervangen, laat even weten.

Ze legde de telefoon snel weg. 'En trouwens, Lin,' zei ze, 'waarom zou ik naar een fatsoenlijke kapper gaan? Jij knipt toch ook prima.'

'Pas maar op met al die complimenten, mevrouw Macauley.'

'Juffrouw.'

'O, ja. Ik wilde nog vragen wat je op je postpapier wilt: *Ms* of *Mrs*... Ik moet nieuw papier bestellen.'

'En waarom zou ik *Ms* willen en niet gewoon *Miss*?'

Linda haalde haar schouders op. "Weet ik veel. Zo'n type ben je gewoon.'

Natasha dook weg van de schaar en draaide zich met een ruk om in haar stoel. 'Wat voor type?'

Linda hield zich niet in: 'Iemand die onafhankelijk is en vindt dat iedereen dat moet weten en er ook blij mee is.' Ze dacht even na. '*Ms* is typisch iets voor iemand die al door de molen is geweest.

Niet zoals *Miss*, want dat is meer voor vrouwen die nog bleu hopen op een bruiloft in een mooie witte jurk.' Ze legde haar handen aan weerszijden van Natasha's hoofd en draaide haar zo weer terug.

'Door de molen geweest,' herhaalde Natasha. 'Ik weet niet of je me nu net hebt beledigd of dat je het aardig bedoelde.'

Ben kwam binnen en legde nog een dossier op haar bureau. Ze boog voorover om het te pakken, waardoor Linda even vloekte.

'Linda, heeft die sociaal werker nog teruggebeld over Ahmadi?' Ze wist niet precies wat die zou willen vragen, maar ze wilde aanwijzingen: hoe was het mogelijk dat ze er zó naast gezeten had wat die jongen betrof? Had iemand anders ook gezien dat zijn verhaal niet klopte?

'Ahmadi… Is dat die jongen uit de krant? Die ene die jij nog hebt bijgestaan? Ik dacht al dat ik zijn naam ergens van kende.' Niets ontging Linda. 'Hij heeft iemand mishandeld, toch? Wel verrassend. Hij leek me niet het type.'

Natasha wilde het er niet over hebben waar haar stagiair bij was. 'Dat lijken ze nooit. Kom op, Linda, je bent nu toch wel klaar? Ik moet over twintig minuten op de rechtbank zijn, en ik heb nog geen boterham gehad.'

'Hoe ging het?'

Conor stond buiten de rechtbank op haar te wachten. Ze gaf hem een kus, niet langer bezorgd om de blikken van andere advocaten. Ze waren inmiddels een stel voor de buitenwereld. Twee gescheiden mensen, ouder en wijzer. Niks schandaligs aan. 'Ik had ze te pakken. Wist wel dat het zou lukken. Pennington had een bedroevend slechte advocaat.'

'Zo ken ik je weer.' Conor aaide haar over haar achterhoofd. 'Wat zit je haar leuk. Gaan we eten?'

'God, ik zou dolgraag willen, maar ik heb nog bakken papier door te werken voor morgen.' Ze zag zijn gezicht betrekken en pakte zijn arm. 'Maar een borrel zou lekker zijn. Ik heb je de hele week nog nauwelijks gezien.'

Ze liepen snel door het relatief rustige parkje bij Lincoln's Inn en kwamen in de drukke straat uit. De zon brandde op de stoep, en terwijl ze overstaken naar de pub trok Natasha haar jasje uit.

'Ik kan dit weekend niet,' zei Conor meteen, toen ze bij de bar stonden. 'Ik heb de jongens. Ik dacht, ik zeg het maar alvast.'

Conors twee zoontjes waren vijf en zeven, en kennelijk te veel beschadigd en kwetsbaar om in aanraking te komen met papa's nieuwe vriendin, ook al was hij al ruim een jaar van hun moeder gescheiden. Natasha probeerde haar teleurstelling niet te laten blijken. 'Jammer,' zei ze luchtig. 'Ik had het Wolseley gereserveerd.'

'Dat meen je niet.'

Ze probeerde te glimlachen. 'Dat meen ik wel. We hebben zes maanden verkering, wist je dat niet?'

'En ik maar denken dat jij keihard en wars van romantiek was.'

'Jij hebt geen monopolie op lieve gebaren, hoor,' zei ze koket. 'Nou ja, dan moet ik maar iemand anders zoeken om mee te gaan.'

Deze mogelijkheid leek hem niet te deren. 'Ze gaat het weekend naar Dublin.' Zijn ex was altijd 'ze'. 'Dus ik heb de kinderen van vrijdag tot maandagochtend. God mag weten wat ik met ze aan moet. Ze zullen wel willen schaatsen. Scháátsen, dat geloof je toch niet, terwijl het buiten vijfentwintig graden is.'

Natasha nipte van haar drankje, en vroeg zich af of ze zich zou moeten aanbieden. Als hij haar nu voor de tweede keer zou afwimpelen, zou dat de sfeer absoluut bederven. Dus het was voor iedereen veiliger, gemakkelijker om te doen alsof ze onmogelijk met hem mee kon. 'Je redt je vast wel,' zei ze voorzichtig.

'En maandagavond? Ik zou meteen uit het werk naar jou toe kunnen komen, als je wilt. Dan ga ik vast klaarliggen.'

'Ik kan maar beter pakken wat ik kan krijgen,' zei ze, en ze deed haar best om niet verbitterd te klinken. Waarom mocht ze zijn zoons niet ontmoeten? Hadden ze soms een tussenrelatie, zodat het niet loonde als ze haar zouden leren kennen? Of erger nog, kwam ze zo weinig moederlijk over dat hij bang was om hen aan elkaar voor te stellen?

In de rechtszaal had Natasha de hele dag met conflicten te maken, maar door het afgelopen jaar had ze niet veel trek meer in conflicten in haar eigen leven. 'Maandag dan,' zei ze met een glimlach.

Ze dronken hun wijn, hadden het over werkzaken, en Conor gaf haar advies over een rechter waar ze de week erop voor moest verschijnen. Ze namen afscheid bij de deur van de pub en zij ging nog een uur zitten werken op kantoor. Toen belde ze haar moeder, hoorde een litanie aan over de gezondheidsdingetjes van haar vader en deed net alsof ze een sociaal leven had toen haar moeder haar daarnaar vroeg. Om negen uur sloot ze af, liep de late zomeravond in en hield een taxi staande.

Ze zag de straten van Londen aan haar voorbijschieten en keek naar de stelletjes die de pubs en restaurantjes uit slenterden. De wereld was vergeven van de stelletjes als je alleen was. Misschien had ze toch uit eten moeten gaan met Conor, maar haar werk was de enige constante in haar leven. Als ze dat liet lopen voor een date met hem, dan zou haar hele levensdoel ineens niets waard zijn.

Plotseling werd ze overmand door verdriet en ze zocht in haar tas naar een zakdoekje, waarna ze zichzelf dwong om nog maar eens een blik te werpen in het dossier van morgen. *Kom op, Natasha, doe normaal.* Ze vroeg zich af waarom ze zo uit balans was. Het antwoord lag voor de hand.

Ze klapte de map dicht, en bestudeerde toen de berichtjes die net binnengekomen waren. Ze haalde diep adem en typte:

Slot niet vervangen. Kom maar wanneer je zin hebt. Als je laat komt, laat dan alsjeblieft de lichten aan en trek de gordijnen dicht als je weggaat.

# 4

*'Er zijn geen mooiere woorden dan die van een compliment.'*
Xenophon, *Over de rijkunst*

Toen Sarah aankwam, stond Ralph al bij het hek. Ze keek hem vragend aan en keek toen op haar horloge. Hij was twaalf, en was bijna nooit voor twaalf uur al zijn bed uit. Volgens Ralph was school een keuze. Hij leefde voornamelijk 's avonds en 's nachts. 'Sal de Maltees doet een race,' zei hij met een gebaar naar de vrachtwagen aan de overkant van de straat. Sal was bezig zijn jasje aan te trekken, en keek even op zijn mobieltje. 'Ga je mee?'

'Waarnaartoe?'

'Naar de fly-over. Die ene bij de voetbalvelden. Het duurt hooguit een minuut of twintig. Kom op – we mogen met Vicente mee achter op zijn pick-uptruck.'

Hij keek haar verwachtingsvol aan, een brandende sigaret in zijn mondhoek. 'Ik heb Sal geholpen de merrie klaar te maken. Ze staat te trappelen.'

Nu begreep ze waarom er twee keer zo veel wagens als normaal op Sparepenny Lane geparkeerd stonden. Mannen stapten in, sloegen portieren dicht, en spraken met fluisterstemmen in de stille ochtend. Ze hoorde motoren aanslaan, rook de spanning die in de lucht hing. Sarah keek nog een keer op haar horloge, en twijfelde.

'Cowboy John is daar al,' zei Ralph. 'Kom mee, man. Is toch lachen?'

Ze zou eigenlijk haar paard moeten berijden, maar Ralph stond er zo afwachtend bij. En ze was de enige in de hele manege die nog nooit een race had gezien.

'Kom nou – het is waarschijnlijk de laatste race deze zomer.'

Ze aarzelde maar heel even, en holde toen achter hem aan naar de rode pick-uptruck, waarvan de motor uitlaatgas als paarse pluimen de stille ochtendlucht in blies. Ze slingerde haar tas in de achterbak, pakte Ralphs hand vast en hees zich boven op de stapel touwen en doeken. Vicente zei dat ze zich stevig vast moesten houden en reed toen het stille straatje in, achter vier andere wagens aan, die allemaal vol zaten met donkerharige mannen, die een spoor van sigarettenrook trokken uit de halfgeopende raampjes.

'Hij heeft een flinke weddenschap met een van de zigeuners bij Picketts Lock,' schreeuwde Ralph om boven het geluid van de motor uit te komen. Ze doken even ineen toen er een politieauto langsreed.

'Welke merrie?'

'Hij gaat met de grijze racen.'

'Die de sulky van zich af geschopt heeft?'

'Hij heeft een nieuwe, en hij heeft betere blinkers. Het gaat echt om veel geld, man. Echt héél veel geld.' Hij keek er veelbetekenend bij, met een vette grijns op zijn gezicht.

'Niet tegen *grand-père* zeggen dat ik meegegaan ben,' riep ze. Hij nam een flinke trek van zijn sigaret en gooide die toen op straat. Sommige dingen spraken vanzelf.

In tegenstelling tot hondenraces, of de zondagcompetitie van het betaald voetbal, was het racen met sulky's een sportevenement waar maar weinig ruchtbaarheid aan gegeven werd, ook al was het een vaste waarde in de sportwereld van het oostelijk deel van de stad. Er was geen stadion, geen helverlichte baan waar alleen de allerbeste paarden aan de meet verschenen, geen officiële bookmakers die er klanten wierven met aantrekkelijke wedkansen. In plaats daarvan spraken de deelnemers een paar keer per jaar af op een afgelegen plek, waar een stuk glad asfalt lag.

Het feit dat deze 'baan' altijd bestond uit een stuk openbare weg vormde geen obstakel; ze reden er gewoon heen met een stel pickuptrucks, vlak na zonsopgang. Dan zorgden ze ervoor dat ze beide rijstroken van een tweebaansweg in beslag namen, zetten de auto's stil met knipperende waarschuwingslichten zodat het achteropkomend verkeer gedwongen werd om ook te stoppen. En voordat die andere bestuurders zelfs maar in de gaten hadden wat er aan de hand was, waren de rivaliserende paarden al de weg op, ingespannen voor de lichtgewicht sulky's. De race ging over een stuk weg van een mijl, en vond plaats onder luid geschreeuw, veel gezweet en gevloek, en een waas van benen en zwepen, en mannen in de sulky's die vooroverhingen om hun paarden aan te sporen zo hard mogelijk op de afgesproken finish af te rennen. Die finish was dan iets als een stuk lint dat door twee jongelui werd vastgehouden. Binnen een paar minuten was dat lint aan flarden gereden, de race beslist en de deelnemers verdwenen, zijstraten in, om elkaar te feliciteren, ruzie te maken of de winst te overhandigen. Tegen de tijd dat de politie arriveerde was er nauwelijks nog bewijs dat er überhaupt iets aan de hand was geweest – hooguit hier of daar een paardenvijg of wat sigarettenpeuken.

Ralph vertelde dat dit Sal de Maltees' favoriete racebaan was. 'Nieuw asfalt, weet je wel.' Hij liet zijn schoen goedkeurend over het gladde wegdek glijden.

Ze waren van de truck gesprongen en stonden nu onder de flyover die naar het industrieterrein leidde en keken toe terwijl een paar meter verderop geld van eigenaar wisselde. Mannen met tatoeages, die in de caravans woonden die nog net zichtbaar waren tussen de pilaren door, zaten voor glimmende trucks met gigantische wielen, hun mobieltjes tegen hun oor gedrukt, de eeuwige sigaret tussen smoezelige vingers. Ze haalden een paar briefjes van enorme stapels bankbiljetten, spuugden in hun handen voor ze die schudden. Hun kille, glinsterende ogen verraadden het gebrek aan vertrouwen en vriendschap achter dat gebaar. De Maltezen, kleiner en slanker dan de zigeuners, in minder fraaie wagens, maar onberispelijk gekleed, stonden aan de ene kant van de weg, de zigeuners aan de andere. Cowboy John leunde tegen een bestelbusje en trok meditatief aan een shagje, wijzend naar de paarden en kletsend met iemand die aan de passagierskant van het busje zat. Een jongen die Sarah niet herkende zat in zijn blote bast op een zwart paard, zijn benen vooruitgestoken terwijl hij het dier aan een halster tussen de auto's door leidde.

Een eindje verderop controleerde Sal de Maltees de gespen van zijn paardentuig, en berispte het dier toen het onrustig deed. Zijn brede glimlach toonde een gouden tand en hij had een cap op zijn kortgeknipte haar gedrukt. Hij lachte, sprak laatdunkend over het paard van zijn tegenstander, deed de ongelukkige hoek van zijn benen na en gaf met zijn handen aan hoe smal de borst van het paard volgens hem was.

'Ze haten hem,' zei Ralph terwijl hij nog een sigaret opstak. 'Hij is vorig jaar betrapt met iemands vrouwtje. Dus nu hangt het erom.'

'Hoe bedoel je?'

Ralph keek haar aan alsof ze niet helemaal snugger was. 'Als hij verliest, moet hij de merrie aan hen geven.'

'Is hij dan niet heel kwaad?' vroeg ze.

Ralph spuugde op de grond. 'Welnee. Die zigeuners weten allemaal best dat Sal hier met heel veel mannen is. En ze hebben wapens bij zich, voor de zekerheid. Dus wij kunnen maar beter op Vicentes truck blijven – voor het geval we moeten vluchten.' Hij lachte. Hij vond het altijd leuk als er gemat werd.

De mannen stapten weer in hun wagens en Sarah huiverde, misschien van de zenuwen, of misschien omdat het gewoon spannend was. Boven hen, ondersteund door gigantische pilaren van ruw beton, donderde het verkeer over de fly-over. Het was duidelijk dat het spitsuur op gang kwam.

Iemand floot, een hond blafte, en toen trok Ralph haar de uitvoegstrook op. Drie trucks reden een stukje achteruit, terug in de richting vanwaar ze waren gekomen, en toen stonden alleen de mannen nog op de weg, en de paarden, die stoom uitbliezen door hun neusgaten terwijl ze hun hoeven koket optilden van het wegdek, stevig bij het hoofd vastgehouden door hun begeleiders. Achter de grijze merrie zat Sal ineengedoken in zijn knalrode sulky. Hij had zijn benen schrap gezet, de teugels losjes in één hand, en hij keek een paar keer achterom in afwachting van het teken. Hij had iets magnetisch. Sarah keek naar hem, naar zijn brede lach die zo veel zelfvertrouwen uitstraalde, zijn ogen die alles leken te weten. Naast haar stak Ralph nog maar een sigaret op en mompelde: 'O, ja, o, ja, o, ja...'

Alle ogen waren nu op het verkeer op de fly-over gericht. De mannen mompelden met elkaar. Het verkeer reed door.

'Ik durf te wedden dat ze Donny aangehouden hebben. Hij betaalt nooit wegenbelasting.' Iemand lachte, wat de spanning doorbrak.

En toen klonk er een schreeuw, en boven hen zagen ze een van de pick-uptrucks van de zigeuners, waarvan de waarschuwingslichten door de veiligheidsbarrière knipperden. 'Gaan!' schreeuwde iemand. 'Gaan!' En in een vloeiende beweging renden de paarden de uitvoegstrook op. De wielen van de sulky's raakten elkaar bijna, en de twee jockeys zaten voorovergebogen, met de zwepen omhoog terwijl ze de paarden voortjakkerden over het lege wegdek.

'Hup, Sal!' riep Ralph, zijn stem overslaand van opwinding. 'Hup!' En Sarah voelde dat hij haar bij haar mouw greep, en haar meetrok naar Vicentes pick-uptruck, die al toeren maakte, klaar om achter de racende paarden, die al bijna uit zicht waren, aan te gaan.

Hij duwde haar de auto op, en toen hoorde ze de toeters van de stationair draaiende wagens, het gepiep van rubber, en haar handen grepen zich vast aan de reling bij de achterruit terwijl de wind in haar oren suisde.

'Hij flikt het hem!' riep Ralph. 'Hij ligt voor!' En ze zag de grijze merrie, haar onnatuurlijke draf te snel, een bovennatuurlijk tempo. Ze zag de grimas op het gezicht van de zigeuner, zijn hand in de lucht om zijn paard op te zwepen nog harder te gaan, zijn gevloek toen het paard heel even inhield, wat een storm van gejoel losmaakte bij de Maltezen.

'Kom op, Sal! Pak hem!'

Haar hart bonkte in haar keel, en ze keek strak naar de dappere kleine merrie die al haar pezen aangespannen had om zo hard te kunnen draven. Haar hoeven raakten het wegdek nauwelijks. Toe dan, zei ze in stilte, bang dat de merrie zou verliezen en aan de zigeuners zou worden gegeven, waar ze voor altijd op een stuk braakliggend land vol onkruid zou moeten leven tussen de zwart-witte boerenknollen en de kapotte supermarktkarretjes. Ze voelde een stilzwijgend verbond met het kleine paard dat vocht om te overleven tussen al dat geschreeuw, het zweet en het lawaai. *Toe dan.*

En toen, met een overwinningskreet, was het voorbij en waren de paarden even snel van de fly-over verdwenen als ze hem hadden geclaimd. De trucks achter hen reden langzaam weg, en de auto's kwamen er in chagrijnige verwarring achteraan. Vicentes truck zwenkte naar links de uitrijstrook af, en Sarahs knieën stootten pijnlijk tegen de zijkant van de achterbak toen ze door een kuil reden. Haar schooltas vloog open en haar boeken vlogen omhoog met flapperende bladzijden. Ze tilde haar hoofd op en zag Sal uit zijn sulky springen ook al liep het kleine paard nog door. Hij had zijn hand triomfantelijk opgestoken, en een van zijn maten gaf hem een high five. Zij en Ralph moesten lachen, en omhelsden elkaar, aangestoken door de gekte en door Sals overwinning.

De grijze merrie had haar hachje weer gered voor een paar weken. Ze kon weer veilig terug naar Cowboy Johns manege.

'Ik had er een pond op ingezet!' riep Ralph met een rood gezicht, terwijl hij haar bij haar schoolblazer vastgreep. 'Kom op! Sal zei dat hij ons allemaal op ontbijt zou trakteren als we weer terug op de manege zijn.'

*Grand-père* was er toen ze na school weer naar Boo ging. Hij stond in zijn stal en bewoog op en neer terwijl hij de benen van het paard glanzend poetste. Sarah hoorde zijn zware ademhaling nog voor ze hem zag, en ze zag de T van zweet op zijn zorgvuldig gestreken overhemd voor hij zich omdraaide; *grand-père* deed nooit iets half. Dat kwam door al die jaren militaire training.

Toen ze bij de bogen kwam, stond Cowboy John tegen zijn staldeur geleund en met een kop thee. Hij leek nooit iets uit te voeren, maar toch zag de manege er altijd keurig uit. 'Ah, daar hebben we ons circusmeisje,' zei hij, en Ralph, die tegen het lijf van een zwart-witte knol met een enorm hoofd geleund stond, gaf haar een knipoog.

'De bus was laat,' zei ze, terwijl ze haar tas op een baal hooi neerzette.

'Ze is haar tutu vergeten,' zei Cowboy John.

'Weet je al wat je voor dat wiskundeproefwerk had?' vroeg *grand-père*.

'Een zes.' Sarah zwaaide met haar boek, in de hoop dat het bandenprofiel en de modder hem dan niet zouden opvallen. Ze ving Ralphs blik; hij kreeg ineens een hoestbui.

'Heb ik je al verteld dat Sal de Maltees vandaag dat zwarte paard heeft gekocht en weer verkocht? Dat ene paard van die Italianen bij Northolt?'

Haar opa liet zijn hand op Boo's borst liggen en het paard liep gehoorzaam een stukje naar achteren. 'Die draver?' vroeg hij. Sal de Maltees deed niet anders dan paarden kopen en doorverkopen.

Cowboy John knikte. 'Die vent heeft hem vanmiddag opgehaald.'

'Hij mag van geluk spreken als dat paard überhaupt nog een stukje wil lopen,' zei Ralph. 'Hij loopt als een cowboy met kromme benen op hoge hakken.'

'Zoals hij hem aanprees zou je denken dat het Bucephalus was.' Cowboy John deed na hoe het paard zijn hoofd schudde. 'Hij kwam zijn stal uit lopen alsof hij zich opmaakte voor de Kentucky Derby.'

'Maar hoe –' begon Sarah.

'Dat kwam doordat hij een knikker in zijn oor had gestopt,' viel Ralph haar in de rede.

Cowboy John gaf de jongen een mep met zijn hoed. 'Heb je zitten luistervinken?'

'Dat heb je vanochtend aan iedereen verteld die langskwam,' protesteerde Ralph.

'Dat paard kwam woest met zijn hoofd schuddend naar buiten. Hij heeft voor dat geld meteen twee andere paarden gekocht. Die komen zaterdag. Allebei om mee te racen.'

Sarah wist wel dat *grand-père* de oude handelaarstrucjes afkeurde. Hij deed net alsof hij niet luisterde.

Ralph haalde zijn kauwgum uit zijn mond en plakte het tegen de staldeur. 'Weet je nog dat je die oude palomino aan die Italiaan verkocht daar bij het moeras en dat je die een stuk gember in de kont had gestopt om hem wat levendiger te laten doen?'

Cowboy Johns sloeg weer met zijn hoed. 'Ik heb geen idee hoe het daar kwam!' beweerde hij. 'Er was helemaal niks mis met dat paard. Helemaal niks. Jij kletst maar wat. Je hebt nog mazzel dat je hier mag blijven, als je nagaat wat voor grote mond jij altijd tegen me opzet. Je hoort op school te zitten. Ik snap gewoon niet dat je nooit naar school gaat...' Hij beende naar het hek, in zichzelf mompelend, en stopte even om iets te roepen tegen een roodharige vrouw van middelbare leeftijd: 'Mevrouw Parry! Zag ik u nou gisteravond op tv?' De vrouw liep door. Hij lichtte zijn hoed en zwaaide er even mee om haar aandacht te trekken, terwijl hij voor het hek stond. 'Ja, hè? Ik wist het wel!'

Ze vertraagde haar pas en keek half om, verbluft.

Ralph kreunde.

'Op *Britain's Next Top Model*! Heb ik gelijk of niet? Aha, u glimlacht. Dus ik heb gelijk. Wilt u misschien wat eieren kopen? Ik heb ook schitterende avocado's. Een hele doos vol, desnoods. Nee? Wel snel weer een keer langskomen, hoor! Als u dat modellencontract binnengesleept hebt.'

Grijnzend kwam hij weer terug naar de spoorboog. 'Dat was mevrouw Parry van het postkantoor. Wat een lekker ding, hè?' zei hij goedkeurend. 'Als ik twintig jaar jonger was...'

'... dan kon ze je helpen met je looprek,' zei Ralph.

*Grand-père* zei niets. Hij ging door met borstelen; stevige, korte slagen. Boo moest zich af en toe schrap zetten, zo veel kracht zat erachter.

Cowboy John nam nog een slok van zijn thee.

Sarah genoot van dit soort middagen, als de paarden slaperig in de zon stonden, en de mannen elkaar goedmoedig zaten te pesten. Hier voelde je de afwezigheid van oma niet. Hier voelde ze zich thuis.

'Kind, ik zeg steeds tegen je opa, dit is precies de reden waarom hij nooit meer een nieuwe vriendin krijgt. Moet je dat nou zien!' Ze volgde zijn blik en zag hoe haar opa bezig was Boo's flanken te borstelen. 'Ik zeg het je, Captain, vrouwen houden ervan om záchtjes behandeld te worden.'

*Grand-père* keek hem dreigend aan en ging toen weer door met zijn werkje.

'En ik maar denken dat die fransozen zulke goeie minnaars waren,' zei Cowboy John.

Haar opa haalde zijn schouders op en sloeg het stof uit zijn borstel. 'John, als jij het verschil niet weet tussen liefhebben en afrossen, dan snap ik nu waarom jouw paarden er zo verward bij lopen.'

De jongens schoten in de lach. Sarah trok een gezicht, ook al wist ze best dat ze de grap eigenlijk niet hoorde te begrijpen, maar trok het meteen weer in de plooi toen opa zei dat ze snel haar cap moest gaan halen.

De zon ging onder en hing al laag bij de spoorbrug, en de fly-over erachter. Het spitsuur was in volle gang en om het park stonden de auto's in de file te wachten, de bestuurders even afgeleid door wat ze op het gras zagen gebeuren.

Sarah zag hen niet. *Grand-père* stond naast haar met uitgestrekte armen te helpen om de opgebouwde energie die Boo straks omhoog moest stuwen te beheersen. 'Rechtop zitten,' zei hij zachtjes. 'Het komt allemaal uit de zit, Sarah. Hou je been stil... helemaal stil, beheers hem met de zit, *comme ça*.'

Ze transpireerde, zo inspannend was het. Vanuit haar ooghoek zag ze *grand-pères* zweep – hij raakte Boo's fijne roodbruine vacht nooit – en voelde hoe onder haar kracht werd opgebouwd. Ze zat zo stil mogelijk, met haar benen heel licht tegen zijn flanken, en haar blik recht tussen zijn gespitste oren door. '*Non*,' zei hij weer. 'Naar voren. Laat hem naar voren gaan. Probeer nog eens.'

Ze waren al bijna veertig minuten aan het werken aan de *piaffe*, en haar schoolblouse kleefde aan haar rug van het zweet terwijl de zon op haar warme hoofd brandde. Naar voren in een drafje, dan stilhouden, dan weer een drafje, om te proberen de energie op te bouwen zodat hij passen op de plaats kon maken, de ritmische gang die het uitgangspunt was voor de nog ingewikkelder sprongen – en waar ze, zoals *grand-père* haar al zo vaak had gezegd, nog lang niet goed genoeg in was.

Toen ze het hem een paar maanden geleden had gesmeekt, had hij haar laten zien hoe je Boo kon verleiden tot een *levade*, balancerend op zijn achterbenen, alsof hij steigerde, en ze wilde dolgraag de oefeningen leren waarbij hij van de grond zou komen – de *courbette*, de *capriole*. Maar het mocht niet van *grand-père*. Grondwerk, steeds maar weer dat grondwerk. Zeker geen *levade* in een openbaar park als er mensen bij stonden te kijken. Wat wilde ze eigenlijk? Wilde ze Boo soms het gevoel geven dat hij een circuspaard was? Ze wist best dat hij gelijk had, maar het was gewoon soms zo saai. Alsof ze voor eeuwig bij de starthekken vastzat.

'Kunnen we even pauze nemen? Ik heb het zo warm.'

'Hoe kan je ooit iets bereiken als je niet oefent? Nee. *Continue*. Hij begint het net te snappen.'

Heel even stak ze haar onderlip naar voren in stil protest. Het had geen zin om met *grand-père* in discussie te gaan, maar ze had het gevoel alsof ze al uren met hetzelfde bezig waren. Ze dacht aan de kleine grijze merrie van vanochtend. Die mocht tenminste iets doen.

'*Grand-père* –'

'Concentreren! Mond dicht en focus je op je paard.'

Er kwamen twee kinderen langsrennen. 'Hup, cowboy!' riepen ze. Ze bleef strak naar Boo's oren staren. Het smalle stukje ertussen glom van het zweet.

'En naar voren. Beloon hem.' Ze liet het paard een stukje naar voren gaan en hield toen weer in, en probeerde hem met het verplaatsen van haar gewicht en minimale kracht op de teugels aan te sturen.

'*Non!*' Je helt weer naar voren.'

Ze zakte voorover op de hals van het paard en slaakte een jammerkreet. 'Níét!'

'Je geeft hem tegenstrijdige signalen,' zei *grand-père*, zijn gezicht vertrokken van frustratie. 'Hoe moet hij je nou snappen als jouw benen hem iets opdragen en je zit precies het tegenovergestelde?'

Ze beet op haar lip. *Waarom doen we dit eigenlijk?* wilde ze uitschreeuwen. Ik word toch nooit goed genoeg voor wat jij van me wilt. Dit slaat allemaal nergens op.

'Sarah – concentreer je.'

'Ik concentreer me toch! Hij heeft het gewoon veel te warm. Hij luistert helemaal niet meer naar me.'

'Hij weet dat jij niet naar mij luistert. Daarom luistert hij niet naar jou.'

Het lag altijd aan haar. Nooit aan het paard.

'Als je erbij zit *comme ça*, leer je hem dat hij niet hoeft te luisteren.'

Ze had het te warm. 'Nou goed,' zei ze en ze gooide haar teugels in haar ene hand. 'Als ik het zo slecht doe, doe het dan zelf.'

Ze gleed op de harde grond, verbluft om haar eigen koppigheid. Ze sprak *grand-père* anders nooit tegen.

Hij keek haar boos aan en zijn ogen brandden zo dat ze als een beschaamde hond naar de grond keek.

'*Excusez-moi*,' zei hij kortaf.

Ze wachtte af, want ze wist niet wat hij zou gaan doen. Maar hij liep met een paar ferme passen naar Boo's zijkant, zette met een kreun van inspanning zijn linkervoet in de stijgbeugel, sprong op en ging voorzichtig op de rug van het paard zitten. Boo's oren klapten naar achteren; hij schrok van dit onbekende gewicht. *Grand-père* zei niets tegen haar. Hij legde de stijgbeugels gekruist over het zadel zodat zijn benen lang en los hingen. En toen, met een ongelofelijk rechte rug, en handen die op het oog niets deden, liet hij Boo een keer een grote cirkel rijden, en spoorde hem vervolgens aan tot actie.

Sarah hield haar hand boven haar ogen om ze af te schermen voor de zon en keek toe terwijl haar opa, een man die ze nog nooit op een paard had zien zitten, met bijna onmerkbare bewegingen van Boo vroeg om iets te geven wat hij nog nooit had gedaan, en Boo, zijn mond wit van het schuim, tilde zijn benen steeds hoger op terwijl hij op de plaats bleef lopen. Sarahs adem stokte in haar keel. *Grand-père* was net als die mannen op de dvd. Hij deed van alles terwijl het leek alsof hij niets deed. Ze merkte dat ze haar handen tot vuisten had gebald en stak ze diep in haar zakken. Boo was zo geconcentreerd bezig dat het zweet in glanzende stroompjes over zijn gespierde hals stroomde. Nog altijd leek het alsof haar opa niets deed, terwijl Boo's hoeven ritmisch op de gebarsten grond stampten. Plotseling ging hij over op een schommelende beweging, de stationaire galop van de *terre à terre*. En uiteindelijk hoorde ze ineens 'hup!' en terwijl zij een stap naar achteren deed, kwam Boo op zijn achterbenen overeind, de spieren trillend van inspanning om in balans te blijven. *Levade.*

Vanaf de stoep riep iemand: 'wow!' en achter haar begonnen wat mensen bezorgde geluiden te maken. En toen kwam hij weer omlaag. *Grand-père* slingerde zijn been over de achterkant van het zadel. De donkere vlekken in zijn blauwe overhemd waren het enige wat prijsgaf hoe hij zich had ingespannen.

Met zachte stem zei hij iets tegen het paard, hij liet zijn hand langzaam over diens hals glijden om hem te bedanken, en gaf toen de teugels weer aan haar. Ze wilde hem vragen hoe hij dat had gedaan, en waarom hij nooit meer op een paard zat als hij zo kon rijden.

Maar voor ze had bedacht wat ze precies wilde zeggen, zei hij afkeurend: 'Hij spant zich te veel in. Hij is te nerveus. We moeten een stap terug, zodat hij zich minder druk maakt om zijn balans.'

Op het gras zat een groepje vrouwen van een veilig afstandje toe te kijken. Ze aten een ijsje, hun rok opgetrokken tot boven de knie, zodat je hun door de zon verbrande benen kon zien.

'Doe dat nog eens,' riep er eentje.

Sarah was nog steeds een beetje van haar stuk door wat ze had gezien. 'Moet ik het nog eens proberen?' vroeg ze.

*Grand-père* haalde zijn hand nog eens over Boo's nek. 'Nee,' zei hij zachtjes. Toen wreef hij over zijn eigen gezicht, zodat zijn hand nat werd van het zweet. 'Nee. Hij is moe.' Ze liet de teugels vieren en Boo rekte zijn hals dankbaar.

'Klim er maar op. Dan rijden we hem terug naar huis.'

'Daar staat een ijscowagen,' zei ze hoopvol, maar hij leek haar niet te horen.

'Je moet je er niet rot om voelen,' zei hij terwijl hij naast haar liep. 'Soms... soms vraag ik te veel. Hij is nog jong... jij bent nog jong...' Hij raakte haar hand even aan en Sarah besefte dat hij eigenlijk wilde zeggen dat hij ongelijk had gehad.

Ze liepen een keer het park rond om Boo de kans te geven zijn spieren te strekken en te ontspannen, en liepen toen het voetpad af naar de ingang van het park. *Grand-père* leek in gedachten verzonken, en Sarah wist niet wat ze moest zeggen. Ze zag steeds maar voor zich hoe haar opa had gereden. Het was alsof ze hem nog nooit had gezien. *Grand-père* was een van de jongste ruiters binnen le Cadre noir geweest, wist ze. Haar oma had haar verteld dat er maar tweeëntwintig ruiters het zwarte uniform met het gouden vlechtwerk mochten dragen dat liet zien dat zij de meesters in hun vak waren. De meesten van hen hadden hun land al vertegenwoordigd op internationaal niveau – in dressuur, crosscountry of jumping – maar *grand-père* had het via de moeilijkste weg gedaan: hij was opgeklommen binnen de cavalerie als zoon van een keuterboer uit Toulon tot hij uiteindelijk als iemand van de elite werd toegelaten tot de klassieke academie.

Toen ze hem voor het eerst zag, had oma aan Sarah verteld, toen die naar een foto van hen beiden zat te staren, vond ze hem zo knap op zijn paard dat haar hart oversloeg en dat ze bang was dat ze zou flauwvallen. Ze hield niet eens van paarden, maar ze was overgekomen om hem elke dag te kunnen zien. Dan stond ze vooraan in het publiek, en ging helemaal op in de man die zelf opging in iets wat ze niet kon bevatten.

Dat is dus wat oma zag, dacht Sarah, toen ze terugdacht aan hoe ze hem net op het paard had zien zitten, en Boo als door telepathie had begrepen wat er van hem gevraagd werd. Ze had iets magisch gezien.

Met een knikje en een zwaai naar de portier, die nooit problemen maakte als ze kwamen, liepen ze de straat op, op weg naar huis. Boo's hoeven klakten op het asfalt en zijn benen bewogen moeizaam. Toen ze de weg overstaken naar de stallen, verbrak *grand-père* de stilte: 'John zei dat hij de boel misschien wil verkopen.'

Hij noemde John altijd alleen bij naam, in plaats van 'die gekke cowboy', als er iets ergs was. 'Maar wat moeten we dan met Boo?'

'Hij zegt dat we niet weg hoeven. De manege wordt in zijn geheel verkocht.'

Er ging geen maand voorbij of Cowboy John kreeg wel een of ander bod op de manege, een enorm bedrag, soms zo belachelijk veel geld dat hij er lacherig van werd. Hij had tot nu toe altijd geweigerd, en aan de aspirant-kopers gevraagd waar hij zijn paarden, zijn katten en zijn kippen dan moest laten.

*Grand-père* schudde zijn hoofd: 'Hij zegt dat er iemand uit de buurt geïnteresseerd is, en dat er verder niets zal veranderen. Het zint me niet.' Hij bleef even staan om zijn gezicht af te vegen en leek afgeleid. 'We hebben de eieren, hè?'

'Dat zei ik toch, *grand-père*. Die liggen op de manege.'

'Het komt door de hitte,' zei hij. Zijn kraag was donker van het zweet. Het was nog erger dan toen hij net aan het rijden was. Hij pakte de hals van het paard alsof hij steun zocht, en haalde zachtjes mompelend zijn hand over de manen.

Achteraf wist ze dat het haar toen al had moeten opvallen dat zijn stemming omsloeg, dat hij Boo helemaal niet corrigeerde toen die niet netjes stil bleef staan bij de stoeprand – hij wilde altijd dat een paard helemaal stil kwam te staan als je halthield. Er reden twee vrachtwagens voorbij en een van de chauffeurs maakte een lelijk gebaar. *Grand-père* stond met zijn rug naar haar toe, dus maakte ze hetzelfde gebaar terug. Sommige mannen schenen te denken dat meisjes paard reden om heel vreemde redenen.

Ze liepen de rustiger straten in, waar kastanjebomen voor wat welkome schaduw zorgden. Boo rekte zijn benen, en duwde tegen haar opa's rug alsof hij aandacht wilde vragen, maar *grand-père* leek het niet te voelen. Hij wreef weer over zijn gezicht, en toen over zijn arm. 'Vanavond omelet,' zei hij. '*Omelette aux fines herbes*.'

'Ik maak het wel,' zei Sarah. Ze staken de weg over die uitkwam op de manege, en ze stak een hand op om een chauffeur te bedanken die voor hen had ingehouden. 'We kunnen er ook wat salade bij maken.'

Toen liet *grand-père* de teugels los die hij in zijn hand had. 'Je neemt... ei,' zei hij en hij kneep zijn ogen samen.

'Hè?'

Maar hij luisterde niet. 'Even zitten...'

'*Grand-père*?' Ze keek even naar de wachtende auto. Ze stonden stil, midden op de weg.

'Allemaal voorbij,' zei hij zachtjes.

Ze begreep niet wat hij wilde.

'*Grand-père*,' riep ze. 'We moeten naar de overkant!'

Boo werd onrustig, en zijn hoeven kletterden op de keien terwijl hij met zijn hoofd trok. Sarahs opa ging zitten en het leek alsof hij zich klaarmaakte om op bed te gaan liggen, op zijn ene zij. De man in de auto toeterde een keer ongeduldig, maar leek toen door te hebben dat er iets niet in orde was en tuurde door zijn voorruit.

Alles om Sarah heen vertraagde. Ze sprong van het paard en kwam zachtjes terecht. '*Grand-père*!' gilde ze, en ze trok aan zijn arm, terwijl ze de teugels stevig vast bleef houden.

Hij deed zijn ogen dicht en het leek net alsof hij heel hard nadacht over iets, iets waar hij zo in opging dat hij haar niet hoorde, hoe hard ze ook schreeuwde. Zijn gezicht was aan één kant gaan hangen, net of iemand eraan trok, en dit vreemde ineenkrimpen van een man die ze alleen kende als iemand die altijd alles onder controle had, maakte haar bang.

'*Grand-père*! Sta op!' Boo begon naast haar te springen en te trekken door dat geschreeuw.

'Gaat het wel goed met hem?' riep iemand vanaf de overkant van de weg.

Maar het ging niet goed. Ze zag wel dat het niet goed ging.

En toen, terwijl de man uit de auto stapte en snel op haar opa af liep, greep ze zich vast aan het rusteloze paard en riep met angstig schelle stem: 'John! John! Help me!' Het laatste wat ze zich nog kon herinneren was dat Cowboy John zijn gewone slenterpas liet varen toen hij zag wat er aan de hand was, en dat hij iets riep wat ze niet verstond terwijl hij de straat op rende, naar haar toe.

De schoonmaker schuifelde langzaam over het linoleum en de twee borstels van zijn boenmachine zoemden efficiënt. Cowboy John zat op de harde plastic stoel naast het meisje en keek voor de zoveelste keer op zijn horloge. Ze zaten hier nu al bijna vier uur. Vier uur, en er was nog maar één keer een verpleegster komen vragen of alles goed ging met Sarah.

Hij had allang terug moeten zijn op de manege. De dieren zouden honger hebben, dus dan kreeg hij morgen onder uit de zak van Sal de Maltees, en de kinderen konden er niet in.

Maar hij kon haar niet alleen laten. Ze was zelf nog maar een kind, verdomme. Ze zat er roerloos bij, met haar handen tegen elkaar gedrukt in haar schoot, haar bleke gezicht een masker van intense concentratie. 'Gaat het?' vroeg hij. 'Zal ik koffie voor je halen?'

De schoonmaker liep langzaam voorbij. Hij keek even naar Cowboy Johns hoed en liep toen door naar de afdeling Cardiologie.

'Nee hoor,' zei ze, gevolgd door een zacht: 'Dank je.'

'Het komt wel goed met hem,' zei hij voor de tiende keer. 'Je opa is een ouwe taaie. Dat weet je zelf ook wel.'

Ze knikte, maar leek er niet erg van overtuigd.

'Ik durf te wedden dat hij straks zelf door die deur komt om het ons te vertellen.'

Een korte aarzeling. Toen knikte ze weer.

En ze wachtten, genegeerd door de zusters, die in plastic schorten voorbijzoefden, en ze luisterden naar het piepen en gonzen van apparatuur, ergens in de verte. John was onrustig en zocht een excuus om op te staan en afleiding te zoeken. Hij kreeg het gezicht van de oude baas maar niet uit zijn hoofd: de gekwelde, woedende blik in zijn ogen, de verkrampte kaak, duidelijk geschokt dat zoiets als dit hem kon overkomen.

'Sarah Lachapelle?'

Sarah was zo diep in gedachten verzonken dat ze opschrok toen de dokter haar aansprak. 'Ja,' zei ze. 'Is alles goed met hem?'

'Bent u… familie?' De dokter keek John aan.

'Zo goed als,' zei hij, en hij stond op.

De dokter keek achterom in de richting van de afdeling. 'Strikt genomen mag ik dit alleen met familie –'

'U zult het met mij moeten doen,' zei John langzaam. 'De Captain heeft verder geen familie meer, behalve Sarah hier. En ik ben al heel lang met hem bevriend.'

De dokter ging naast hen op een stoel zitten. Hij richtte zich tot Sarah. 'Je opa heeft een hersenbloeding gehad. Een beroerte. Weet je wat dat is?'

Ze knikte. 'Zo ongeveer.'

'Hij is stabiel, maar wat in de war. Hij kan niet praten en hij kan verder ook niets zelfstandig doen.'

'Mag ik hem zien?'

De dokter keek naar John.

'Ik denk dat we allebei graag met eigen ogen willen zien dat hij het goed maakt,' zei John stellig.

'Hij ligt aan allerlei apparatuur. Dat is misschien even schrikken.'
'Ze kan wel wat hebben. Net als haar opa.'
De dokter keek op zijn horloge. 'Goed. Kom maar mee.'

Jezus christus, wat was die ouwe baas eraan toe. Hij leek ineens wel dertig jaar ouder, met slangetjes in zijn neus die aan zijn gezicht vastgeplakt waren met tape, en met dat grauwe loshangende vel. John had onwillekeurig zijn hand voor zijn mond geslagen. Om hem heen trokken de apparaten gekleurde streepjes, elkaar aansprekend met zachte, onregelmatige piepjes.
'Waar zijn die voor?' vroeg hij, om de stilte te doorbreken.
'Gewoon, ze kijken naar zijn hartslag, zijn bloeddruk, dat soort dingen.'
'En het gaat verder goed met hem?'
De dokter gaf gladjes antwoord, maar wat hij zei, betekende niet zo veel, vermoedde John. 'Zoals ik al zei, de eerste vierentwintig uur zijn vrij cruciaal. Het is goed dat jullie meteen de ambulance hebben gebeld. Dat is van levensbelang bij een hersenbloeding.'
De twee mannen stonden er zwijgend bij terwijl Sarah naar de rand van het bed liep en op de stoel ernaast ging zitten, voorzichtig, alsof ze bang was om hem te storen.
'Je mag best met hem praten als je dat wilt. Sarah,' zei de dokter zachtjes. 'Hem laten weten dat je er bent.'
Ze huilde niet. Nog geen traan. Haar smalle hand pakte die van hem en hield hem even vast. Maar haar kaak stond strak. De kleindochter van haar opa.
'Hij weet wel dat ze er is,' zei John, en hij ging aan de andere kant van het gordijn staan om haar wat privacy te geven.

Het was al donker toen ze weggingen. John had een poosje buiten staan roken bij de parkeerplaats voor ambulances. De boze blikken van de passerende verpleegsters had hij genegeerd. 'Je zou me moeten bedanken, schat,' zei hij tegen een van hen. 'Ik zorg ervoor dat jij aan het werk blijft.' Hij had zijn sigaretten nodig. De Captain was altijd sterk geweest, had de indruk gewekt dat hij er altijd zou zijn, trots en onbuigbaar, solide als een boom, nog lang nadat John naar elders zou verhuizen. Maar nu hij hem daar zo zag liggen, hulpeloos in dat bed, met zusters die het kwijl van zijn gezicht moesten vegen – nou ja, het was huiveringwekkend.

Toen zag hij haar bij de schuifdeuren staan, met haar handen diep in haar zakken gestoken, haar schouders gebogen. Ze zag hem eerst niet.

'Hier,' riep hij, en hij zag dat ze verder niets bij zich had. 'Neem mijn jas maar. Je hebt het koud.'

Ze schudde haar hoofd, opgesloten in haar verdriet.

'De Captain heeft er niks aan als jij straks kouvat,' zei hij. 'En bovendien krijg ik allerlei Franse scheldwoorden naar mijn hoofd als ik niet goed voor je zorg.'

Ze keek naar hem op. 'John, wist jij dat mijn opa kon paardrijden – ik bedoel, echt heel erg goed paardrijden?'

John wist even niet hoe hij het had. Theatraal zette hij een stap naar achteren. 'Of hij kon paardrijden? Natuurlijk wist ik dat. Niet dat ik al dat hopsen normaal vind, maar, goh, ja, ik wist het wel. Jouw opa is een echte paardenman.'

Ze probeerde te glimlachen, maar hij kon zien dat het haar moeite kostte. Ze liet hem zijn oude spijkerjas om haar schouders hangen en zo liepen ze weg, de oude zwarte cowboy en het meisje, helemaal tot de bushalte.

# 5

*'Om een nog niet getemde jonge hengst te beoordelen, is het lichaam natuurlijk het enige criterium, want van zijn karakter zijn nog geen duidelijke tekenen te zien.'*
Xenophon, *Over de rijkunst*

De lichten waren aan in huis. Ze staarde ernaar terwijl ze de motor uitzette en probeerde zich te herinneren of ze die die ochtend zelf aan gelaten had. De gordijnen liet ze nooit open: dan wist iedereen dat er niemand thuis was. Maar nu was er wel iemand thuis.

'O,' zei ze, toen ze de voordeur opendeed. 'Je zou al weken geleden komen.' Ze klonk onvriendelijk; dat was niet haar bedoeling.

Mac stond in de hal met een arm vol fotopapier. 'Sorry. Ik had ineens heel veel werk. Er kwam van alles tussen. Ik heb vanmiddag nog wel ingesproken op je telefoon om te zeggen dat ik langskwam.'

Ze zocht in haar tas naar haar telefoon. 'O,' zei ze, nog steeds geschrokken door zijn aanwezigheid. 'Die heb ik niet gehoord.'

Ze stonden tegenover elkaar. Mac, hier, in haar huis, hun huis.

Zijn haar zat een beetje anders, en hij droeg een T-shirt dat ze niet herkende. Hij zag er beter uit, zag ze, en dat stak – het deed hem blijkbaar goed om al bijna een jaar niet meer bij haar te zijn.

'Ik heb wat van mijn apparatuur nodig,' zei hij, achter zich gebarend, 'maar het lag niet waar ik dacht dat het lag.'

'Ik heb het ergens anders neergelegd.' En terwijl ze dat zei, bedacht ze dat dat ook al zo onaangenaam klonk, alsof ze per se elk spoor van hem had willen uitwissen. 'Het ligt boven, in de studeerkamer.'

'Aha. Logisch dat ik het niet kon vinden.' Hij probeerde te glimlachen.

'Ik moest hier een paar dossiers opslaan... en...' Ze maakte haar zin niet af. *En het was te pijnlijk om tussen al jouw spullen te zitten. Soms, heel soms, had ik de neiging om een grote hamer te pakken en alles stuk te slaan.*

Ze was liever voorbereid geweest op zijn komst. Ze had tot laat gewerkt, te veel koffie gedronken, ook al wist ze dat dat ten koste zou gaan van de uren die ze zou slapen. Haar make-up was allang van haar gezicht gewreven en ze had het donkerbruine vermoeden dat ze bleek zag, afgemat.

'Dan ga ik even snel naar boven,' zei hij. 'En dan val ik je niet langer lastig.'

'Nee – nee! Geen haast. Ik moet... ik moet toch nog wat melk halen. Ga jij maar rustig zoeken wat je nodig hebt.'

*Het spijt me*, had ze gezegd. *Het spijt me zo ontzettend, Mac.*

*Wat spijt je?* Zijn stem had zo kalm geklonken, zo redelijk. *Je hebt me toch net verteld dat er niets is gebeurd?* Hij keek haar nietbegrijpend aan. *Denk je nou echt dat ik wegga vanwege hem?*

Ze was het huis al uit nog voor ze hem kon horen tegensputteren. Hij deed beleefd, dat wist ze best. Waarschijnlijk dacht hij dat ze zo laat was omdat ze met Conor was geweest. Hoewel hij dat niet zou zeggen. Dat was nooit Macs stijl geweest.

Ze kwam niet vaak in deze supermarkt, die in het wat mindere deel van de buurt lag; het was er zo eentje waar soms iemand zonder te betalen doorliep met zijn boodschappenwagen, toegejuicht door alle andere klanten. Maar ze zat alweer in haar auto voor ze wist wat ze deed, en ze had haar telefoon uitgezet uit angst of koppigheid. Ze wilde gewoon weg uit dat huis.

Ze stond bij het zuivelschap en probeerde een zwerver te negeren die tegen de yoghurttoetjes stond te praten. Haar gedachten tolden zo dat ze niet meer wist wat ze daar kwam doen.

Mac, de meest ongeschikte potentiële echtgenoot die haar ouders ooit hadden gezien, die lamlendige, raadselachtige man waar ze mee getrouwd was, die andere murw geslagen helft van het verbond dat hen allebei bijna kapotgemaakt had, was weer thuis.

Ze had heel lang niet over hem willen nadenken, en dat had hij haar heel gemakkelijk gemaakt. Het leek soms wel alsof hij van de aardbodem verdwenen was. Het laatste jaar van hun huwelijk was hij zo vaak weg dat ze sowieso net single leek. En als hij er wel was, was ze vaak zo kwaad op hem over alles dat de eenzaamheid haar gemakkelijker leek. *Pak je spullen en ga weg, Mac*, wenste ze, en ze voelde een ongemakkelijke echo van de duistere dagen die nog maar net achter hen lagen. *Ik wil dit nu allemaal niet. Ik wil helemaal niets meer voelen van wat ik verleden jaar heb doorgemaakt. Doe wat je moet doen, en laat mij verder met rust.*

Ze werd losgeschud uit haar gedachten door commotie in het volgende pad, in de buurt van de kassa. Ze liep naar het eind van de ontbijtproducten, waar ze kon zien wat er aan de hand was.

En te dikke Afrikaanse man had een jong meisje vast. Ze was hooguit een jaar of zestien, en ze probeerde zich uit alle macht los te trekken. Haar haar viel voorover over haar gezicht. Maar hij had haar bovenarm in een genadeloze greep.

'Alles goed hier?' vroeg Natasha toen ze vanachter de pakken havermout tevoorschijn stapte. Ze sprak tegen het meisje; het was een onaangename toestand. 'Ik ben advocaat,' verklaarde ze. Pas op dat moment zag ze dat de man van de beveiliging was.

'Kijk eens aan. Die zal je nodig hebben als je de bak in draait,' zei de vrouw achter de kassa. 'Dat bespaart je weer een telefoontje.'

'Ik heb niks gestolen,' Het meisje schudde weer met haar arm. Haar gezicht was bleek onder het felle tl-licht, en haar ogen waren groot en alert.

'Pff. Dus die vissticks zijn uit zichzelf uit de diepvries gesprongen en in jouw jaszak beland?'

'Ik heb ze daar alleen maar even in gestopt omdat ik nog andere spullen nodig had. Echt, alstublieft, ik zweer het, ik wilde het niet stelen.' Ze was bijna in tranen. Ze was niet zo opstandig en brutaal als de kinderen waar Natasha meestal mee te maken had.

'Ze liep anders regelrecht langs me,' zei de caissière. 'Dacht zeker dat ik op mijn achterhoofd gevallen ben.'

'Als ze dan nu gewoon betaalt, dan kunnen jullie haar laten gaan,' opperde Natasha.

'Die?' De grote man haalde zijn schouder op. 'Die heeft helemaal geen geld.'

'Ze hebben nooit geld,' zei de vrouw.

'Ik denk dat ik mijn geld ergens heb laten vallen.' Het meisje staarde naar de grond. 'Ik kom hier nooit meer, oké? Laat me nou alsjeblieft naar mijn geld zoeken, voordat iemand anders het vindt.'

'Hoe duur zijn ze?' vroeg Natasha, terwijl ze haar portemonnee pakte. 'Die vissticks?'

De caissière trok haar wenkbrauwen op.

Natasha was moe. Ze wilde gewoon naar huis zonder het beeld van een snikkend meisje dat door een beveiligingswerker werd vastgehouden op haar netvlies. 'Laten we ervan uitgaan dat hier geen sprake is van diefstal. Ik betaal ze wel.' De twee keken haar aan alsof ze ook een crimineel was, tot ze een briefje van vijf uitstak. En toen sloeg de vrouw de vissticks aan en gaf haar het wisselgeld terug. 'Ik wil die boevenkop van jou hier nooit meer zien,' zei ze, en ze zwaaide met een vinger die verkleurd was van de nicotine. 'Gesnopen?'

Het meisje reageerde niet. Ze schudde de bewaker van zich af en haastte zich naar de deur, met de vissticks in haar hand. Die ging automatisch open, zodat ze haar vrijheid tegemoet kon gaan, en weg was ze, opgeslokt door het donker.

'Nou moe.' De huid van de bewaker glom onder de tl-balken. 'Nog geen bedankje.'

'Ze was wel degelijk aan het stelen. Vorige week ook al een keer, maar toen hadden we geen bewijs.'

'Misschien is het een troost dat dat waarschijnlijk het beste is wat ze deze week te eten krijgt,' zei Natasha. Ze betaalde haar melk, keek nog even naar de zwerver, die nu ruziemaakte met het waspoeder, en liep de donkere straat in.

Ze had nog maar een paar passen gezet of het meisje kwam ineens naast haar lopen. Als ze niet zo in gedachten verzonken was geweest, was ze zich misschien rot geschrokken, en had ze gedacht dat het meisje kwade bedoelingen had, maar het kind stak haar hand uit. 'Ik heb een deel teruggevonden' zei ze. 'Ik denk dat het uit mijn zak gevallen was.' In haar handpalm zag Natasha vijftig pence liggen en wat koperen muntjes. Later herinnerde ze zich dat de hand vreemd veel eelt had voor een meisje van die leeftijd.

Maar ze wilde niet nog meer betrokken raken bij het kind dan ze al was, en dus liep ze door. 'Houd je geld maar zelf,' zei ze. Ze deed het portier van haar auto open. 'Dat is goed, zo.'

'Ik wilde echt niet stelen,' hield het meisje vol.

Natasha draaide zich om. 'Koop je je eten altijd om elf uur 's avonds?'

Het meisje haalde haar schouders op. 'Ik moest op bezoek bij iemand die in het ziekenhuis ligt. Ik was pas net thuis, en er was niets te eten.'

'Waar woon je?' Het meisje was nog jonger dan Natasha net al dacht. Hooguit dertien, veertien.

'In Sandown.'

Natasha keek naar de twee betonnen kolossen die je zelfs vanuit de straat kon zien liggen. De flatgebouwen hadden nogal een reputatie in de wijk. Ze wist niet waarom ze het deed. Misschien omdat ze het gewoon zo'n nare plek vond om te zien, in het donker. Misschien omdat ze nog niet naar Mac terug wilde, of erger nog, naar zijn afwezigheid. Om haar heen woedde de stad: auto's toeterden in de verte, in de hoek waren twee mannen in een verhitte discussie verwikkeld, hun stemmen aanzwellend van wederzijdse woede.

*Volgens mij ben jij helemaal niet zo hard als je lijkt*, had Conor Deans fluisterend gezegd. *Volgens mij schuilt er diep vanbinnen een heel andere Natasha Macauley in jou.*

*O ja, ik zit vol verrassingen*, had ze geantwoord. En het klonk als een uitdaging, dat vond ze zelf ook.

De twee mannen hadden nu echt flink ruzie; er werd geschopt en er vielen klappen. De energie die in de lucht hing veranderde meteen, en werd in een draaikolk van geweld meegezogen. Er werd gevloekt, gevolgd door voetstappen toen andere dubieuze figuren op hen af renden. Ze zag een ijzeren staaf glimmen.

'Je moet hier 's avonds niet in je eentje buiten komen,' zei Natasha en ze liep met snelle passen naar haar auto. 'Kom. Ik breng je thuis.' Het meisje bestudeerde haar even, keek naar haar werkkleding, haar nette schoenen, en wierp toen een blik op de auto. Misschien bedacht ze dat iemand die in zo'n degelijke auto als een oude Volvo rondreed waarschijnlijk niet van plan was haar te ontvoeren.

'De deur aan de passagierskant kan niet meer op slot,' zei Natasha, 'misschien vertrouw je het dan meer...'

Het meisje slaakte een zucht, alsof het haar allemaal niet uitmaakte wat Natasha ook zei, en stapte in.

Natasha begon spijt te krijgen van haar opwelling zodra ze de parkeerplaats bij de flatgebouwen op reed. Er hingen vormeloze groepjes jongelui rond, waaruit zich soms eentje losmaakte om te stunten met zijn fiets, of om sigarettenpeuken weg te gooien en beledigingen uit te roepen naar een ander groepje. Ze vielen even stil en leken de onbekende auto te registreren toen ze achteruit inparkeerde.

'Ik weet helemaal niet hoe je heet,' zei Natasha.

Het meisje aarzelde. 'Jane.'

'Woon je hier al lang?'

Ze knikte. 'Het gaat wel,' zei ze zachtjes, en ze wilde het portier opendoen.

Natasha wilde ineens zo graag naar huis, naar haar veilige, vriendelijke zitkamer. Naar de rust en de gezelligheid, fijne muziek, een glas rode wijn. Haar eigen wereld. Uit ervaring wist ze dat ze de auto moest omdraaien en weg moest rijden. Flats als deze waren het domein van jongeren; sommigen van hen kwamen nauwelijks verder dan een kilometer bij de flats vandaan, en ze hadden een brandende, bijna dierlijke belangstelling voor wat er op hun territorium gebeurde. Natasha wist dat ze dankzij haar auto en haar kleren opviel als iemand van de betere klasse in een wereld die veel harder en ruiger was dan die een paar straten verderop. Maar toen keek ze naar het bleke, magere meisje naast haar. Wat was je voor iemand als je haar uit je auto gooide zonder ervoor te zorgen dat ze veilig binnenkwam?

Snel stak ze haar trouwring in haar achterzak, met haar creditcards. Als ze nu haar tasje zouden jatten, dan zat er alleen nog wat kleingeld in.

'Dat hoeft niet,' zei Jane, die naar haar zat te kijken. 'Ik ken ze.'

'Ik loop met je mee naar binnen,' zei Natasha op de afstandelijke, professionele toon die ze altijd aansloeg bij haar jonge cliënten. En omdat het meisje daar niet al te blij om leek, zei ze: 'Ik ga echt niet vertellen wat er is gebeurd. Het is laat en ik wil zeker weten dat je veilig binnenkomt.'

'Tot de deur, meer niet,' zei het meisje.

Ze stapten uit de auto, en Natasha liep iets rechter dan normaal, terwijl haar hakken opvallend klikten op de van kauwgum vergeven stoep.

Toen ze bij het trappenhuis waren, schoot er een jongen op een fiets voorbij. Natasha deed haar best niet geschrokken te doen. Het meisje keek niet op. 'Hé, Sarah, is dat de nieuwe vriendin van je opa?' Hij trok zijn capuchon over zijn hoofd en reed lachend weg, zijn gezicht onzichtbaar.

'Sarah?'

De liften deden het niet, dus liepen ze drie trappen op. Het trappenhuis kwam haar deprimerend bekend voor: de graffiti, de pislucht, en overal lege afval van afhaalmaaltijden waar de geur van ranzig vet of vis vanaf sloeg. In een van de galerijen schalde muziek door open ramen, en beneden ging een autoalarm af. Natasha luisterde even, maar het bleek niet het hare.

'Hier moet ik zijn,' zei Sarah, en ze wees. 'Bedankt voor de lift.'

Achteraf begreep Natasha niet precies waarom ze toen niet gewoon weggegaan was. Misschien omdat het meisje een valse naam opgegeven had. Misschien omdat ze te graag van Natasha af wilde. Maar ze liep door, achter het meisje aan, dat haastig voor haar uit liep. En toen waren ze bij de voordeur en ze bleef staan. Het kwam door hoe verbluft ze bleef staan dat het tot Natasha doordrong dat die deur niet openstond om haar welkom te heten. Er was ingebroken. Het versplinterde hout rondom het slot wees naar een appartement waarin alle lichten aanstonden.

Ze bleven even roerloos staan. Toen stapte Natasha naar voren en duwde de deur helemaal open. 'Hallo?' riep ze. Dacht ze soms dat inbrekers iets terug zouden roepen? Ze keek achterom naar Sarah, die haar hand voor haar mond geslagen had.

De inbreker was allang weg. De deur kwam uit op een kleine hal, vanwaaruit je de zitkamer kon zien, die zo onberispelijk opgeruimd was dat alles wat niet klopte meteen opviel. Het gapende gat op het televisietafeltje. De keukendeurtjes die wijd openstonden. Lades die uit een klein bureautje getrokken waren, een fotolijstje dat kapotgegooid was op de grond. Daar liep Sarah het eerst naartoe: ze pakte het lijstje op en veegde het gebroken glas voorzichtig van de foto. Het was een zwart-witfoto van een echtpaar in de jaren zestig. Sarah leek ineens ontzettend jong en klein.

'Ik bel de politie,' zei Natasha, en ze trok haar telefoon uit haar tas en zette hem aan. Mac had geprobeerd om haar te bellen, zag ze, en ze voelde zich schuldig.

'Dat heeft geen zin,' zei Sarah moedeloos. 'Het interesseert ze niet als hier iets gebeurt. Verleden week hebben ze ingebroken bij mevrouw O'Brien, en de politie zei dat het de moeite niet loonde om langs te komen.' Ze liep nu door de flat en liep de kamers in en uit.

Natasha liep naar de hal en deed de ketting op de deur. Ze kon de jongelui beneden horen, en probeerde zich niet druk te maken over haar auto. 'Wat is er weg?' vroeg ze, terwijl ze achter het meisje aan liep. Dit was niet het chaotische huishouden dat ze had verwacht. Dit was een fatsoenlijk huis, een huis waarin orde heerste.

'De televisie,' zei Sarah met trillende onderlip. 'Mijn dvd. Het geld voor onze vakantie.' Ze leek zich ineens iets te herinneren en schoot een van de kamers in. Natasha hoorde een deur opengaan, gerommel in een la. Sarah kwam weer tevoorschijn. 'Ze hebben het niet meegenomen,' zei ze, en ze glimlachte even. 'Het pensioenboekje van mijn *grand-père*.'

'Waar zijn je ouders, Sarah?'

'Mijn moeder woont niet hier. Ik woon hier alleen met mijn *grand-père* – dat is mijn opa,' zei ze verlegen.

'Waar is hij nu?'

Ze aarzelde. 'In het ziekenhuis.'

'Er wie zorgt er dan voor jou?'

Ze gaf geen antwoord.

'Hoelang ben je hier al alleen?'

'Een paar weken.'

Natasha kreunde inwendig. Ze had al zo veel gedoe in haar leven, zo veel ballen om in de lucht te houden, en dan had ze zich dit ook nog eens op de hals gehaald. Ze had nooit die supermarkt uit moeten lopen met het pak melk dat ze niet eens nodig had. Ze had thuis moeten blijven om ruzie te maken met haar ex.

Ze belde haar vaste telefoon.

'Jezus, Tash, waar hang je uit?' zei Mac kwaad. 'Hoelang duurt dat nou helemaal, een pak melk kopen?'

'Mac,' zei ze zachtjes. 'Je moet ergens naartoe komen. Neem je gereedschap mee. En mijn werktas – ik heb contactgegevens nodig.'

Het had Mac vier jaar gekost om hun huis te verbouwen. Wat haar ouders betrof had hij daarmee een hoop goedgemaakt. Hij had zelf het stucwerk, het timmerwerk, eigenlijk bijna alles gedaan, op het dakdekken en het metselwerk na. Hij had zelfs meegeholpen bij het ontwerp. Hij was goed met zijn handen, even handig met zijn gereedschap als met de camera. Natasha was totaal niet artistiek, maar hij wel. Hij kon de dingen echt voor zich zien: de vorm van een kamer, de compositie van een uitzicht, of een foto. Het was alsof hij een bibliotheek vol prachtige beelden in zijn hoofd had, die alleen nog maar omgezet hoefde te worden in werkelijkheid.

Een nieuw slot op een deur was geen probleem, zei hij tegen haar, en hij floot zachtjes. Natasha was er al snel uit dat het meisje geen slotenmaker kon betalen voor een noodoplossing, vooral niet omdat ze nog zo inzat over het vakantiegeld. Mac had een oud slot meegenomen, en had dat binnen veertig minuten op de deur gezet.

'Crista? Met Natasha.' En toen er aan de andere kant van de lijn niet werd gereageerd: 'Natasha Macauley.'

'O, hoi, Natasha. Hoor ik niet degene te zijn die jou belt?'

'Ik weet het, maar ik heb een beetje een vreemd geval bij de hand. Ik moet met spoed een plek hebben voor een meisje.' Ze schetste de feiten.

'We hebben niks,' zei Crista. 'Helemaal niks. We hebben veertien alleenstaande minderjarige asielzoekers moeten plaatsen die gisterochtend bij ons in de wijk zijn aangekomen, en al onze pleegzorgadressen zitten vol. Ik zit al de hele avond aan de telefoon.'

'Ik –'

'En voor je begint over een spoedzitting, ik kan je nu alvast zeggen dat ik alleen een plek voor haar kan vinden op het politiebureau. Dus als ik jou was zou ik jezelf en de rechter die tijd besparen, en haar daar meteen maar afleveren. Morgen ziet het er misschien beter uit, maar eerlijk gezegd heb ik er een hard hoofd in.'

Toen ze de zitkamer weer in kwam, was Mac net klaar. Hij had ook een ijzeren strip meegebracht – God mocht weten waar hij al die spullen bewaarde – en die had hij tegen de deurpost geschroefd. 'Dan kan er niet nog een keer iemand naar binnen,' zei hij terwijl hij zijn laatste stukken gereedschap inpakte.

Natasha schonk hem in gedachten een glimlach, dankbaar voor zijn praktische instelling, voor het feit dat hij niet één onvertogen woord had laten vallen omdat ze hem midden in de nacht hiernaartoe had laten komen voor een doe-het-zelfklusje. En nu zat hij bij Sarah op de bank. Hij bekeek haar fotolijstjes – altijd het eerste waar Mac bij andere mensen naar keek. 'Dus,' zei hij, 'dit is jouw opa?'

'Hij was vroeger kapitein in het leger,' zei ze. Ze had een prop tissues in haar hand en haar stem klonk zacht.

'Dat is een geweldige foto,' zei hij. 'Vind je ook niet, Tash? Moet je die spieren van dat paard zien.'

Hij kon mensen op hun gemak stellen zoals fotografen dat kunnen. Er was bijna niemand met wie hij niet meteen een prettig soort intimiteit had. Natasha deed haar best om onder de indruk te lijken, maar het enige waar ze aan kon denken was dat ze Sarah moest vertellen dat ze in een politiecel zou moeten slapen. 'Heb je je tas gepakt?' vroeg ze. 'En je schooluniform?'

Sarah klopte op de weekendtas naast haar. Ze leek niet helemaal op haar gemak, en Natasha moest zichzelf eraan herinneren dat de mensen die ineens haar leven overnamen volslagen onbekenden waren.

'Waar gaan we je naartoe brengen, jongedame?' vroeg Mac, maar hij keek Natasha aan toen hij de vraag stelde.

Natasha haalde diep adem. 'Het is vanavond wat lastig. We moeten je naar een noodopvang brengen, tot we iets geschikters vinden.'

Ze keken haar allebei afwachtend aan.

'Ik heb gebeld met de mensen die ik ken, en helaas is er niks vrij. Vanwege het late tijdstip en... vanwege de instroom...'

'En waar gaan we nu naartoe?' vroeg Mac.

'Ik vrees dat we je vanavond naar het politiebureau moeten brengen. Dat heeft niks te maken met wat er eerder vanavond is gebeurd, hoor,' drukte Natasha haar op het hart, toen ze zag dat Sarah wit wegtrok. 'Het is alleen omdat er geen pleegzorgadressen beschikbaar zijn. Of bedden in opvanghuizen. Het is maar voor een paar uurtjes.'

'Het politiebureau?' zei Mac vol ongeloof.

'Er is niks anders.'

'Maar je hebt toch zeker contacten? Je doet de hele dag niks anders dan de autoriteiten dwingen om kinderen onderdak te bieden.'

'En soms moeten die kinderen ondergebracht worden op het politiebureau. Het is maar tijdelijk, Mac. Crista zei dat ze morgen misschien iets beters kan vinden. Ik heb daar met haar afgesproken.'

Sarah zat te schudden met haar hoofd. 'Ik ga niet in een politiecel slapen,' zei ze.

'Sarah, je kunt hier niet alleen blijven.'

'Ik ga niet.'

'Tash, dit slaat nergens op. Ze is veertien. Je kunt haar toch niet in een cel stoppen?'

'Het is de enige optie.'

'Nee, dat is het niet. Ik zeg toch, ik red me wel,' zei Sarah.

Er viel een lange stilte.

Natasha ging zitten en probeerde na te denken. 'Sarah, ken je verder nog iemand? Vriendinnen van school waar je misschien kan logeren? Familie?'

'Nee.'

'Heb je het telefoonnummer van je moeder?'

Haar gezicht ging op slot. 'Die is dood. Ik ben alleen met mijn opa.'

Natasha keek Mac aan in de hoop dat hij het zou begrijpen. 'Dit is echt niet zo ongebruikelijk, Mac. Het is maar voor een nachtje. We kunnen haar hier niet alleen laten.'

'Dan komt ze maar mee naar ons huis.'

Zowel het idee als het bezittelijk ons voornaamwoord dat hij had gebruikt verbaasde haar nogal.

'Ik ga echt geen meisje van veertien bij wie net is ingebroken in een politiecel dumpen, tussen God mag weten wie allemaal,' voegde hij eraan toe.

'Maar daar is ze veilig,' zei Natasha. 'En ze hoeft echt geen cel te delen met andere mensen. Ze zorgen daar voor haar.'

'Dat kan me niet schelen,' zei hij.

'Mac, ik kan haar niet mee naar huis nemen. Dat druist in tegen alle procedures, alle advies dat ik –'

'Fuck die procedures,' zei hij. 'Als de procedure voorschrijft dat een jong kind een nacht in een cel moet slapen in plaats van bij iemand in een warm, veilig huis, dan slaat die fucking procedure van je helemaal nergens op.'

Mac vloekte anders nooit, dus Natasha begreep wel dat hij het heel serieus meende. 'Mac, we hebben geen toestemming om als pleegzorgadres op te treden. Ze zullen haar als kwetsbaar beschouwen –'

'Ik ben helemaal doorgelicht toen ik ging lesgeven op mijn school.'

*Lesgeven?*

Hij keek Sarah aan. 'Zou je soms liever naar… ons huis gaan? Dan bellen we je opa om het hem te vertellen.'

Ze keek naar Natasha en toen weer naar hem. 'Liever wel.'

'Is er soms een of andere procedurele regel waarom dat niet zou kunnen?' Hij legde sarcastisch de nadruk op 'procedurele,' alsof Natasha expres moeilijk deed.

*Mijn baan*, wilde Natasha zeggen. *Als het bekend wordt onder mijn collega's dat ik zwerfkinderen in huis neem, dan zullen ze mijn professionele oordeel in twijfel trekken. En ik ken dit meisje helemaal niet. Toen ik haar voor het eerst zag was ze iets aan het stelen in een winkel, en ik ben nog steeds niet overtuigd door haar verklaring.*

Ze keek naar Sarah en probeerde niet te denken aan Ahmadi, een ander jong iemand die zo wanhopig had geleken en voor wie ze haar nek uitgestoken had. 'Geef me nog vijf minuten,' zei ze.

Ze liep weer naar de slaapkamer van het meisje en belde Crista.

'Ik kom te laat,' zei Crista nog voor Natasha iets kon zeggen. 'We hebben een probleem in een van de tehuizen. Ik moet iemand ophalen.'

'Daar gaat het niet over,' zei Natasha snel. 'Crista, ik zit met een probleem. Dat meisje hier weigert om naar het bureau te gaan. Mijn... Mac vindt het ook geen goed plan. Hij – hij is helemaal doorgelicht door de onderwijsinspectie, en hij vindt dat ze bij ons moet slapen.'

Het bleef lang stil.

'Crista?'

'Oké... Ben je bevriend met de familie van dit meisje? Ken je haar ouders? Kunnen we zeggen dat ze jou gevraagd hebben de pleegzorg op je te nemen?'

'Niet direct.'

Weer een lange stilte.

'Ken je haar überhaupt?'

'Sinds vanavond.'

'En je... je ziet het zelf ook zitten?'

'Ze lijkt me...' Natasha aarzelde en dacht terug aan de supermarkt, '... een goed kind. Slim. Ze heeft gewoon thuis niemand, op het moment, en er is bij haar ingebroken. Het is... lastig.'

Ze kon het ongeloof in Crista's stilzwijgen horen. Ze kende haar nu bijna vier jaar en Crista had Natasha nooit gezien als iemand die zoiets zou doen.

'Weet je wat,' zei Crista uiteindelijk, 'het beste advies dat ik je kan geven is om te doen alsof wij dit gesprek nooit hebben gevoerd. Als jij denkt dat ze oké is, en je denkt dat ze beter af is bij jullie thuis, en je hebt geen zin om de halve nacht op het bureau te zitten, dan hoef ik eerlijk gezegd pas morgen van haar bestaan te weten. Bel me dan maar.'

Natasha hing op. De slaapkamer van het meisje zag er keurig netjes uit, netter dan je van een meisje van haar leeftijd zou verwachten. Overal paarden, grote gekleurde posters uit tijdschriften vol galopperende paarden, kleine foto's van een meisje met een bruin paard, misschien Sarah zelf. De achtergrond van groene weiden en brede stranden stond vreemd haaks op het landschap buiten de dubbele beglazing van het raam hier.

Ze was moe en ze deed heel even haar ogen dicht. Toen liep ze terug naar de zitkamer. Mac en Sarah stopten met praten en keken haar aan. Natasha zag dat Sarah blauwe kringen onder haar ogen had van uitputting en schrik.

'Je mag mee naar ons huis, voor één nacht,' zei ze en ze glimlachte geforceerd, 'en morgenochtend regelen we iets met een maatschappelijk werker.'

Ze was meteen in slaap gevallen. De hele rit had ze gezwegen, alsof het toen pas tot haar doordrong hoe hachelijk haar situatie was, en Mac, misschien omdat hij dat wel voelde, had zijn best gedaan om grapjes te maken en haar gerust te stellen. Ze herkende de man die hij was toen ze voor het laatst hadden gesproken bijna niet meer in hem: lief, invoelend. Het was pijnlijk om hem op zijn best te zien met iemand anders. Het was gemakkelijker om alleen aan zijn tekortkomingen te denken.

Natasha zei ook bijna niets tijdens de rit, want ze was uit haar evenwicht door de aanwezigheid van Mac en het meisje. De nacht werd steeds surrealistischer. Mac was zo vertrouwd en toch zo vreemd, en dat na pas zo'n korte tijd. Alsof hij ergens anders thuishoorde.

Ze was vergeten hoe goed hij met jonge mensen was – want los van de kinderen van haar zus, kwamen ze maar weinig in contact met kinderen.

'Is het bed op de logeerkamer opgemaakt?' vroeg Mac, terwijl ze een stap naar achteren deed om hem binnen te laten.

'Er staan alleen wat dozen op het bed.' Zijn boeken. Dingen die ze had uitgezocht op de dagen dat ze zo'n taak aankon. Mac was zo verstrooid dat ze bang was dat hij de verkeerde mee zou nemen.

'Ik zet ze wel aan de kant.' Hij gebaarde naar Sarah. 'Als jij er nou eens achter probeert te komen of ze soms iets wil drinken.'

'Warme chocolademelk?' vroeg Natasha. 'Iets te eten?' Ze voelde zich meteen heel dom, alsof ze een ouwe tante was die geen idee had wat de jongelui van tegenwoordig zoal lusten.

Sarah schudde haar hoofd. Ze keek door de open deur de zitkamer in. Mac was bezig geweest zijn fotospullen uit te zoeken: er stonden allemaal dozen met troep op de grond. 'Wat een mooi huis hebben jullie.'

Natasha bekeek het ineens door de ogen van een vreemde: ruim, luxueus, smaakvol ingericht. Het straalde een goed inkomen uit, en gevoel voor stijl. Ze vroeg zich af of het meisje ook de gaten zou zien, dingen waaruit bleek dat er een man had gewoond die onlangs weggegaan was. 'Kan ik nog iets voor je doen voor je naar boven gaat? Wil je dat ik... je uniform strijk, of zo?'

'Nee, bedankt.' Ze drukte haar tas wat steviger tegen zich aan.

'Dan gaan we nu maar naar je kamer,' zei Natasha. 'Op de overloop is een badkamer die wij verder niet gebruiken.'

'Ik hoop niet dat je het erg vindt,' zei Mac terwijl ze langzaam de trap af liep, 'maar ik heb de bedbank in de studeerkamer opgemaakt.'

Ze vermoedde het al zo'n beetje; ze kon hem moeilijk de deur uit gooien op dit tijdstip, niet na alles wat hij had gedaan. En toch, het vooruitzicht dat ze weer onder één dak zouden slapen was een beetje gek. 'Glas wijn?' vroeg ze. 'Ik kan er zelf wel een gebruiken.'

Hij slaakte een diepe zucht. 'Zeg dat wel.'

Ze schonk twee glazen in en gaf hem er eentje. Hij ging op de bank zitten en zij schopte haar schoenen uit en kroop toen in kleermakerszit op de leunstoel. Het was kwart voor twee.

'Je moet morgen de boel maar uitzoeken, Mac,' zei ze. 'Ik heb eerst een zitting.'

'Zeg maar wat ik moet doen.'

Afwezig merkte ze op dat hij waarschijnlijk geen klus had, anders zou hij dat niet aanbieden.

'Schrijf maar op wie ik moet bellen, of waar ik haar moet afzetten. Ik denk dat ik haar wel laat uitslapen – ze heeft nogal een nacht achter de rug.'

'Wij allemaal.'

'Voor haar moet het een vreselijke schok zijn geweest,' zei hij. 'Zelfs voor een groot mens is zoiets heel erg.'

'Ze leek er goed onder.'

'Het is goed, zo,' zei hij, met een gebaar naar de trap. 'Het zou me... geen goed gevoel hebben gegeven als we haar in de steek hadden gelaten. Met alles wat er aan de hand is.'

'Ja.'

Ze dronken zwijgend van hun wijn.

'Hoe is het eigenlijk met jou?' vroeg ze uiteindelijk, toen het gewicht van het niet-vragen te zwaar op haar begon te drukken.

'Oké. Jij ziet er ook goed uit.'

Ze trok haar wenkbrauwen op.

'Nou ja, moe, maar verder goed. Dat haar staat je leuk.'

Ze onderdrukte de neiging om aan haar haar te voelen. Dat effect had Mac altijd op haar. 'Waar ben je mee bezig, qua werk?' vroeg ze, om van onderwerp te veranderen.

'Ik geef drie dagen in de week les, en voor de rest wat commercieel werk. Portretten. Wat reisdingetjes. Niet zo veel, om eerlijk te zijn.'

'Je geeft les?' Ze deed haar best om haar ongeloof niet te laten doorklinken. 'Ik dacht dat ik je misschien niet goed had verstaan.'

'Geeft niet. Nou ja, de kachel moet roken.'

Dit liet Natasha even op zich inwerken. Jarenlang had hij geweigerd om compromissen te sluiten. Toen het reclamewerk opdroogde, had hij haar idee om te gaan lesgeven weggehoond. Hij wilde niet vastzitten want hij wilde weg kunnen zodra er iets interessants voorbijkwam. Zelfs al betekende dat dat zijn bijdrage aan hun financiën een kwestie van alles of niets was, en meestal dat laatste.

Nu was hij Mac de Volwassene, Mac de Gemotiveerde. Ze voelde zich bedonderd.

'Ja. Ik was het zat, dat commerciële wereldje. En lesgeven is niet zo erg als ik had gedacht. Blijkbaar vinden ze me wel leuk.'

*Verrassing!* dacht Natasha.

'Dus ik blijf het voorlopig doen, tot ik heb bedacht wat ik verder met mijn leven wil. Het betaalt niet super.'

Ze verstijfde en zette zich schrap. 'En...'

'En er komt toch echt een moment dat we een knoop door moeten hakken over het huis, Tash.'

Ze wist wat hij daarmee bedoelde. Een definitieve financiële regeling. 'Wat voor knoop, precies?'

'Weet ik veel. Maar ik kan niet eeuwig uit een koffer blijven leven. Het duurt nu al bijna een jaar.'

Ze bleef heel lang in haar wijnglas staren. Dit was het dus, dacht ze, maar toen ze hem weer aankeek, zorgde ze ervoor dat er niets aan haar gezicht af te lezen viel.

'Gaat het?'

Ze dronk haar laatste restje wijn op.

'Tash?'

'Ik kan hier nu niet over nadenken,' zei ze kortaf. 'Ik ben veel te moe.'

'Tuurlijk. Morgen, anders.'

'Ik moet morgen eerst naar de rechtbank, dat zei ik toch net?'

'Dat weet ik wel. Ik bedoel, wanneer je maar –'

'Je kunt hier niet zomaar ineens binnenvallen en verwachten dat ik mijn huis verkoop,' zei ze bits.

'Ons huis,' verbeterde hij haar. 'En doe nou niet net alsof dit uit de lucht komt vallen.'

'Ik wist het afgelopen halfjaar niet eens in welk land je uithing.'

'Je had mijn zus kunnen bellen, als je me had willen bereiken. Maar jij wilde liever hier blijven zitten wachten tot de storm overwaaide.'

'Tot de storm overwaaide?' herhaalde ze.

Hij zuchtte. 'Ik wil geen ruzie, Tash. Ik wil alleen een knoop doorhakken. Jij bent degene die altijd tegen me zei dat ik mijn zaakjes beter moest regelen.'

'Dat weet ik heus wel. Maar ik ben moe. Ik heb een drukke dag voor de boeg, en ik wil de boedel liever een andere keer verdelen.'

'Prima. Maar je moet wel weten dat ik voortaan in Londen moet zijn en dat ik een plek nodig heb om te slapen. En dat ik graag gebruik wil maken van de logeerkamer tot de boel geregeld is, tenzij jij een zwaarwegend bezwaar hebt.'

Natasha bleef als bevroren zitten en controleerde of ze hem wel goed had begrepen. 'Je wilt hier blijven?'

'Ja.'

'Je maakt een geintje.'

Hij glimlachte even. 'Was het zo vreselijk om met mij samen te wonen?'

'Maar we zijn niet meer bij elkaar.'

'Nee. Maar de helft van dit huis is van mij en ik heb een dak boven mijn hoofd nodig.'

‘Dat kan toch niet, Mac.’

‘Als jij het aankan, kan ik het ook aan. Het is maar voor een paar weken, Tash. Het spijt me dat ik het zo hard moet spelen, maar als je er geen trek in hebt mag je van mij best ergens anders iets huren. Ik vind dat ik jou nu bijna een jaar gebruik van het huis heb laten maken, en dat ik nu ook weleens ergens aanspraak op mag maken.’ Hij haalde zijn schouders op. ‘Kom op. Het is een groot huis. Het wordt alleen een drama als we dat er zelf van maken.’

Hij was onrustbarend relaxed. Gelukkig, haast.

Ze wilde hem verrot schelden.

Ze wilde hem iets naar zijn hoofd gooien.

Ze wilde de voordeur achter zich dichtslaan en naar een hotel gaan. Maar er lag een meisje van veertien dat ze niet kende in haar huis voor wie ze verantwoordelijk was.

Zonder verder een woord te zeggen, beende ze de kamer uit en liep naar de slaapkamer die niet meer als de hare voelde, en ze vroeg zich af hoe moeilijk het zou zijn voor een makelaar om een huis te verkopen waarin het hoofd van de bewoner was ontploft.

# 6

*'Het is met paarden net zoals met mensen: het is gemakkelijker om hun ongenoegen aan te pakken als het nog vers is dan als het de kans heeft gekregen om chronisch te worden.'*
Xenophon, *Over de rijkunst*

Het meisje op de foto keek stralend naar haar ouders, die haar allebei een hand gaven alsof ze haar van de vloer wilden tillen. PLEEGOUDERSCHAP, stond er op de poster. MAAK EEN GROOT VERSCHIL. Dus niet haar eigen ouders. Ze leken ook helemaal niet op elkaar. Het waren waarschijnlijk sowieso modellen die betaald werden om zich voor te doen als een gelukkig gezinnetje.

Plotseling geïrriteerd om de glimlach van dat kind, ging Sarah andersom zitten in haar stoel bij de maatschappelijk werkster en keek uit het raam, waar ze nog net de struiken en bomen van het park kon zien. Ze moest naar Sparepenny Lane. Ze wist dat Cowboy John die ochtend wel voor Boo zou zorgen als zij niet zelf kwam, maar dat was toch anders. Boo moest naar buiten. Hij moest niet achteropraken met zijn training.

De vrouw was klaar met schrijven. 'Dus, Sarah, we hebben nu

bijna al je gegevens, en we gaan nu een zorgplan voor je opstellen. Dan zullen we tijdelijke opvang voor je regelen totdat je opa weer beter is. Lijkt je dat goed?'

De vrouw praatte tegen haar alsof ze zo oud was als het kind op die poster. Elke zin ging aan het eind omhoog alsof het een vraag was, terwijl het duidelijk was dat er aan Sarah helemaal niets gevraagd werd.

'Ik ben van het intaketeam van Jeugdzorg,' had ze gezegd. 'We zullen eens gaan kijken of we iets voor je kunnen regelen, goed?'

'Hoe gaat dit precies in zijn werk?' zei Mac, die naast haar zat. 'Zijn er gezinnen die... gespecialiseerd zijn in dat soort tijdelijke opvang?'

'We hebben veel pleeggezinnen in ons bestand. Sommige jonge mensen – onze cliënten – logeren daar maar een nacht. Anderen blijven een paar jaar. In jouw geval, Sarah, hopen we dat het maar kort gaat duren.'

'Tot je opa weer beter is,' zei Mac.

'Precies,' zei de vrouw.

Toch vond Sarah dat de vrouw helemaal niet zo zeker klonk.

'Maar er zijn heel veel jonge mensen die in net zo'n situatie verkeren als jij, Sarah, en die uit een gezin komen waar ze een beetje hulp nodig hebben. Je hoeft je geen zorgen te maken.'

Mac en zijn vrouw hadden bij het ontbijt alleen met haar gepraat, niet met elkaar. Ze vroeg zich af of ze soms ruzie hadden gehad, en of dat haar schuld was. Ze kon zich niet herinneren dat *grand-père* en oma ooit ruzie hadden gemaakt. Oma zei weleens voor de grap dat ze probeerde om *grand-père* uit zijn tent te lokken, maar dat hij niet wist hoe je ruzie moest maken. Als *grand-père* boos was, werd hij gewoon heel stil, en zijn gezicht verstrakte. 'Het is net alsof je ruziemaakt met een standbeeld,' zei ze samenzweerderig, alsof het een grote grap was.

De tranen prikten achter haar ogen en ze klemde haar kaken op elkaar om ze tegen te houden. Ze had spijt dat ze met Mac en Natasha meegegaan was. Ze was wel bang, gisteravond, maar nu werd haar hele leven ineens overgenomen. Door mensen die er niets van begrepen.

De vrouw had in een map gekeken. 'Ik zie hier dat je grootouders jouw officiële verzorgers zijn. Weet je ook waar je moeder is, Sarah?'

Ze schudde haar hoofd.

'Mag ik vragen wanneer je haar voor het laatst hebt gezien?'

Sarah keek even opzij naar Mac. Ze had het nooit met *grand-père* over haar moeder. Het was vreemd om de vuile was buiten te hangen. 'Ze is dood.' Ze struikelde over de woorden, woedend omdat ze gedwongen werd die informatie te geven. 'Ze is een paar jaar geleden overleden.'

Ze zag het medeleven op hun gezichten, maar ze had haar moeder nooit gemist, niet zoals ze oma miste. Haar moeder was nooit een warm paar armen geweest om in weg te kruipen, maar was een chaotische, onvoorspelbare schaduw over haar jongste jaren. Sarah herinnerde zich haar als een reeks beelden, en dat ze steeds van het ene naar het andere huis gesleept werd, waar ze op de bank moest slapen met op de achtergrond harde muziek en ruzies, en het onaangename gevoel dat alles maar tijdelijk was. En toen, toen ze bij haar oma en *grand-père* was gaan wonen, was er ineens orde, regelmaat. Liefde.

De vrouw schreef weer wat op. 'Weet je zeker dat er geen vrienden zijn bij wie je kunt logeren? Andere familie?' Ze klonk hoopvol, alsof ze geen zin had om iets voor Sarah te doen. Maar Sarah moest toegeven dat er helemaal niemand was die weken met haar opgescheept zou willen zitten. Ze was niet populair. De paar vriendinnen die ze had woonden in even kleine flatjes als zijzelf. Ze kende niemand goed genoeg om het te vragen, als ze dat al wilde.

'Ik moet gaan,' zei ze zachtjes tegen Mac.

'Ik weet het,' zei hij. 'Maak je geen zorgen. De school weet dat je later komt. Het is nu belangrijker dat we iets voor je regelen.'

'En waar is je opa nu ook weer precies?' vroeg de vrouw glimlachend.

'Hij ligt in het St Theresa's. Ze zeiden dat hij overgeplaatst wordt, maar ik weet niet wanneer.'

'Dat kunnen wij wel voor je nagaan. We zullen wel een omgangsregeling treffen.'

'Mag ik hem dan wel elke dag zien? Zoals nu?'

'Dat weet ik niet zeker. Het hangt ervan af waar we je plaatsen.'

'Hoe bedoelt u?' zei Mac. 'Komt ze dan niet in de buurt van haar huis terecht?'

De vrouw slaakte een zucht. 'Ik vrees dat het systeem enorm onder druk staat. We kunnen niet altijd garanderen dat onze cliënten zo dicht bij huis worden geplaatst als we zouden willen. Maar we zullen er alles aan doen om te zorgen dat Sarah regelmatig bij haar opa langs kan gaan, tot hij weer thuiskomt.'

Sarah hoorde de vrouw haperen; er vielen gaten in haar zinnen waar zekerheid had moeten zitten. Ze had visioenen van zichzelf bij een of ander lachend gezin, kilometers bij *grand-père* vandaan. Bij Boo vandaan. Hoe moest ze voor hem zorgen als het haar uren kostte om bij hem te komen? Dit ging niet werken.

'Weet je wat?' zei ze met een blik op Mac. 'Ik kan wel voor mezelf zorgen. Als er gewoon af en toe iemand langskomt om me een beetje te helpen, dan komt het wel goed.'

De vrouw glimlachte weer. 'Het spijt me, Sarah, maar we mogen je niet alleen laten van de wet.'

'Maar ik red me wel. Het enige probleem was die inbraak. Ik moet in de buurt van mijn eigen huis blijven.'

'En daar zullen we ons uiterste best voor doen,' zei de vrouw gladjes. 'Zo, dan moesten we je nu maar eens naar school brengen. Je eigen maatschappelijk werkster zal je daar aan het eind van de dag oppikken en je hopelijk naar je opvangadres brengen.'

'Dat kan echt niet,' zei ze kortaf. 'Ik moet na school ergens heen.'

'Als je een club hebt, dan regelen we dat wel met school. Ik weet zeker dat je best een keertje kunt overslaan.'

Sarah probeerde te bepalen hoeveel ze hun moest vertellen. Wat zouden ze doen als ze hun van Boo vertelde?

'Goed, Sarah, als we het dan nu over je religie kunnen hebben, dan zal ik je niet langer ophouden. Kan je me zeggen in welke van deze categorieën je valt?'

De stem van de vrouw vervaagde en Sarah staarde naar Mac. Ze zag wel dat hij niet op zijn gemak was. Hij was rusteloos, en het leek alsof hij liever ergens anders was. Nou, dan wist hij meteen hoe zij zich voelde. Ineens haatte ze hem, ze haatte hem en zijn vrouw omdat zij haar deze ellende hadden bezorgd. Als ze gisteren niet zo in shock was geweest, had ze die deur heus wel zelf kunnen oplappen. Cowboy John had misschien wel geholpen. En dan was ze tenminste nog thuis, waar ze haar eigen leven kon leiden, zodat ze gewoon twee keer per dag naar Boo kon. Ze zou zich heus wel redden tot *grand-père* weer thuiskwam.

'Sarah? Katholiek? Hindoe? Moslim? Iets anders?'

'Hindoe,' zei ze om te muiten. En toen ze haar vol ongeloof aankeken, herhaalde ze: 'Hindoe.' Ze moest bijna lachen toen de vrouw het opschreef. Misschien lieten ze haar wel weer naar huis gaan als ze het hun echt heel lastig maakte. 'En ik ben strikt vegetariër,' voegde ze eraan toe. Aan Macs gezicht kon ze zien dat hij dacht aan de eieren met spek die hij die ochtend voor haar klaargemaakt had. *Waag het eens om me tegen te spreken*, zei haar blik.

'Okééé.' De vrouw schreef maar door. 'Bijna klaar. Meneer Macauley, als u nu weg moet, kan ik het wel zonder u, hoor.'

'En ik ben claustrofobisch. Ik kan niet ergens wonen waar liften zijn.'

Dit keer keek de vrouw haar scherp aan. Sarah vermoedde dat ze niet zo meelevend was als ze zich eerst voordeed. 'Tja,' zei ze kortaf, 'ik neem contact op met je school en met je huisarts. Als er echt zulk soort vereisten of problemen zijn, kunnen zij me daar ongetwijfeld meer over vertellen.'

Mac schreef iets op. 'Gaat het?' vroeg hij zachtjes aan Sarah.

'Geweldig,' antwoordde ze.

Hij keek gekweld. Hij wist dat hij haar leven had vergald, dacht ze. Hij gaf Sarah een stukje papier. 'Mijn telefoonnummers,' zei hij. 'Als je een probleem hebt, meteen bellen, goed? Ik help je als het maar even kan. Dat mag toch wel?' vroeg hij aan de mevrouw.

Ze schonk hem een glimlach. Sarah had al gezien dat veel vrouwen naar Mac lachten. 'Uiteraard. We stimuleren onze cliënten om zo veel mogelijk hun gewone leven te blijven leiden.'

Mac stond op om weg te gaan en gaf haar de map met documenten en persoonlijke papieren die hij voor haar had meegenomen uit de flat. 'Hou je haaks, Sarah,' zei hij. Hij draalde even, alsof hij niet wist of hij wel weg moest gaan. 'Ik hoop dat je snel naar huis mag.'

Sarah schopte tegen haar stoelpoot en zei niets. Ze had ontdekt dat niets doen of zeggen de enige macht was die ze nog had.

'Goddank. Ik dacht al dat we een ander moesten bellen.'

'Sorry. Er was wat.' Mac dumpte zijn cameratas op de grond. Hij kuste Louisa, de artdirector, die hij al kende, en wendde zich toen tot het meisje dat voor de spiegel verwoed op haar telefoon zat te tikken, zich niet bewust van de aandacht van de visagiste die achter haar bezig was haar haren in gigantische rollers te draaien. 'Hoi, ik ben Mac,' zei hij terwijl hij zijn hand uitstak.

'O. Hoi,' zei ze. 'Serena.'

'Je had hier al een uur geleden moeten zijn.' Maria tikte op haar horloge. Haar jeans hing zo laag op haar heupen dat het bijna onbetamelijk was; erboven waren twee lagen dunne, donkere stof kunstig bij elkaar geknoopt zodat je haar fraaie middenrif kon zien. Achter haar rommelde iemand wat met een cd-speler.

'Ik wilde je gewoon wat extra tijd geven om er een meesterwerk van te maken, schat.' Hij zoende haar op haar wang, en liet zijn hand over haar blote rug glijden. 'Ik ga de boel opzetten, oké? Louisa, wil je de briefing nog even met me doornemen?'

Louisa beschreef de look en sfeer die ze wilde voor de fotoshoot van de jonge actrice. Mac knikte; het meisje van de styling knikte aandachtig. Mac knikte ook, zodat het leek alsof ze volledig zijn aandacht had, maar hij was in gedachten bij Jeugdzorg. Toen hij veertig minuten geleden de trap af liep in dat deprimerende gebouw was hij een stuk minder opgelucht dan hij had verwacht. Sarah leek doodongelukkig, en was helemaal in zichzelf gekeerd toen ze daar in dat kantoortje zaten en het tot haar doordrong hoe haar leven op zijn kop gezet werd. Hij had nog even overwogen om Tash te vragen of het meisje niet bij hen zou kunnen blijven, maar toen hij die zin probeerde te formuleren terwijl ze in die beladen stilte het ontbijt klaarzette zag hij daar de absurditeit al van in. Tash had duidelijk gemaakt dat haar baan te lijden zou hebben onder Sarahs aanwezigheid, en ze trok het al nauwelijks dat hij er was. Het voelde trouwens niet eens meer als zijn huis. Dus hoe zou hij haar ook nog eens kunnen lastigvallen met de aanwezigheid van een wildvreemde?

'Heel veel rood. Heel uitgesproken. We willen echt een statement maken met deze foto, Mac. Ze is niet de zoveelste jonge soapie, maar een van de serieuze actrices van morgen. Een jonge Judi Dench. Vanessa Redgrave, maar dan minder activistisch.'

Mac wierp een blik op Serena, die zat te giechelen om een berichtje, en smoorde een zucht. Hij was inmiddels de tel kwijt, zo veel uitzonderlijke jonge sterren had hij door de jaren heen geschoten. Nog geen twee van al die mensen hadden de aanvankelijke golf aandacht overleefd, en speelden inmiddels een rolletje in een sitcom.

'Oké. Ze is er klaar voor.' Maria verscheen in de deuropening met een dunne make-upkwast tussen haar tanden geklemd, terwijl ze het blonde haar van het meisje met vaardige vingers opstak. De styliste haalde allerlei outfits van het lange rek en gooide ze over haar arm. 'Ik neem deze mee,' zei ze.

'We zijn over tien minuten klaar. Ik wil alleen nog even de achtergrond controleren.' Louisa liet hen alleen.

Maria kwam naar hem toe. 'Ik wilde je vragen waarom je zo laat bent,' zei ze met haar zware Slavische accent, 'maar toen realiseerde ik me ineens dat het me niet kan schelen.'

Hij haakte een vinger in haar riemlus en trok haar dicht tegen zich aan. Haar haar rook naar appeltjes, haar huid naar make-up en haarspray, de diverse smeerseltjes die bij haar vak hoorden. 'Je zou me toch niet geloven als ik het je vertelde.'

Ze haalde de kwast uit haar mond. 'Je was met vrouwen aan de boemel.'

'Ja, een meisje van veertien, om precies te zijn.'

Haar mond was nu zo dichtbij dat hij de kleine sproetjes aan de zijkant van haar bovenlip kon zien. 'Dat verbaast me niks. Je bent een walgelijke vent.'

'Ik doe mijn best.'

Ze kuste hem, en maakte zich toen van hem los. 'Ik heb hierna nog een klus. In Soho. Wil je daarna afspreken?'

'Als we naar jouw huis kunnen.'

'Ben je in het huis van je ex?'

'Het is ook mijn huis, dat heb ik toch al eens gezegd.'

'En dat mens vindt het niet erg dat je daar weer komt wonen?'

'Daar hebben we het nog niet met zo veel woorden over gehad.'

Ze kneep haar ogen tot spleetjes. 'Ik vertrouw haar niet. Welke zichzelf respecterende vrouw neemt haar ex weer in huis? Toen mijn ex-vriend in Krakau mijn huis weer in wilde, heb ik mijn vaders geweer op hem gericht.' Ze deed het gebaar na.

Mac dacht hier even over na. 'Dat is… ook een optie.'

'Achteraf was ik er niet trots op. Kennelijk wilde hij me alleen mijn cd-speler teruggeven.' Ze draaide zich om en liep weg. Ze pakte een losse druif van de fruitschaal voor ze naar de deur liep. 'Dus gelukkig heb ik hem niet geraakt.'

Die verdomde hekken bleven weer steken. Cowboy John trok er uit alle macht aan, en probeerde ze weer in het gelid te krijgen terwijl hij worstelde met het hangslot, toen hij een bekend figuurtje op hem af zag rennen, haar tas botsend tegen haar heup.

'Ik wilde net afsluiten,' zei hij terwijl hij het hangslot weer losmaakte. 'Ik heb gisteren de hele dag op je zitten wachten. Ik dacht dat je een ongeluk had gehad. Waar heb je uitgehangen, meisje?' Hij hoestte, een hees, raspend geluid.

'Ze hebben me in Holloway geplaatst.' Ze liet haar schooltas op de keien vallen en holde langs hem heen naar Boo's stal.

Hij trok het hek dicht en liep met stijve benen achter haar aan. De kilte van de herfst was tot in zijn botten doorgedrongen. 'Zat je in de gevangenis?'

'Niet de gevangenis,' zei ze terwijl ze de klink van de staldeur haalde. 'Maar maatschappelijk werk. Ze zeiden dat ik niet thuis mocht blijven nu *grand-père* er niet is, en nu moet ik bij een of andere stomme familie slapen. Maar die wonen dus in Holloway. Ze denken dat ik nu naar *grand-père* ben – dat was de enige manier om hier te kunnen komen.' Ze gooide zich tegen de hals van het paard en hij zag haar huivering, alsof alle opgebouwde spanning van de dag er in één keer uit kwam.

'Wacht even, hoor.' Hij knipte het licht aan. 'Wat zeg je nou allemaal?'

Ze keek hem aan met betraande ogen. 'Er is dinsdag bij ons ingebroken. En toen was er een vrouw en die had me een lift naar huis gegeven, een advocaat of zo, en toen moest ik bij haar logeren want zij vond het niet veilig als ik thuisbleef. En toen hebben ze me naar Jeugdzorg gebracht en nu zit ik dus ineens bij iemand anders in huis, en daar moet ik blijven totdat *grand-père* weer beter is. Een of ander gezin in Holloway. En ik ken die hele mensen niet eens. Het kostte een uur en een kwartier om hier te komen.'

‘Waar bemoeien die lui zich mee?’

‘Het ging prima,’ zei ze. ‘Tot de inbraak.’

‘Weet je opa hiervan?’

‘Geen idee. Ik kan er pas morgen weer naartoe. Ze weten niet van Boo. Ik wil ze niet vertellen dat ik hem heb, want anders brengen ze hem ook nog ergens anders naartoe.’

Cowboy John schudde zijn hoofd. ‘Maak je daar maar geen zorgen over. Hij gaat nergens heen.’

‘Ik heb zelfs geen stalgeld voor je. Ze hebben *grand-pères* pensioenboek meegenomen, dus ik heb helemaal niks, behalve geld voor de bus en de lunch.’

‘Maak je niet druk.’ Ze leek wel een mini-orkaan. ‘Die huur regel ik wel met je opa als hij weer op de been is. Heb je wel geld voor het eten voor je paard?’

Ze stak haar hand in haar zak, telde het geld uit en gaf het aan hem. ‘Ik heb genoeg voor vier balen hooi en een paar zakken voer. Maar jij moet hem voor me voeren. Ik weet niet eens of ik kan komen om de stal uit te mesten.’

‘Oké, oké. Ik houd de stal wel schoon, of ik laat het een van de jongens doen. En de smid? Wist je dat die dinsdag komt?’

‘Dat weet ik. Ik heb wel wat spaargeld, dus deze maand kan ik het daarvan betalen. Maar dan lukt de huur niet.’

‘Wat ik al zei, die huur regel ik wel als de Captain weer in actie is.’

‘Ik zal het je terugbetalen.’ Ze klonk alsof ze dacht dat hij haar niet zou geloven.

‘Dat weet ik toch. Of dacht je soms dat ik gek was?’ Hij gebaarde naar de andere pony’s. ‘Die rioolratten hier zou ik nooit een dag huurachterstand gunnen, maar jou en je *grand-père*… Dus doe nu maar rustig, hou je maar met je paard bezig, en dan zien we wel hoe het loopt.’

Ze leek wat te ontspannen. Ze begon hem te roskammen, en haalde haar arm systematisch, ritmisch over zijn flank, zoals haar opa het altijd deed, alsof ze troost putte uit die simpele handeling.

‘Sarah… ik zou je anders aanbieden om bij mij te komen slapen, maar mijn huis is heel klein. En ik ben al zo lang alleen. Als ik groter woonde, of als ik een vrouw had… Ik weet niet of mijn huis wel zo geschikt is voor een meisje.’

Ze zei dat het niet erg was.

Hij bleef even staan. 'Sluit jij af als ik ga?' zei hij. Hij zag wel dat ze voorlopig nog niet van plan was om weg te gaan. Hij leunde tegen de staldeur, en zette zijn hoed wat naar achteren, zodat hij haar gezicht beter kon zien. 'Hé, Sarah, zal ik anders morgen bij je opa op bezoek gaan, zodat jij hiernaartoe kunt?'

Ze kwam overeind. 'Wil je dat doen? Ik wil hem niet twee dagen alleen laten.'

'Geen probleem. Hij wil vast weten dat Boo nog steeds aan zijn circusact schaaft. Maar er is wel iets wat ik hem moet vertellen. En liefje, daar moet ik het met jou ook over hebben.'

Ze keek hem scherp aan, in afwachting van de volgende klap. 'Ik denk erover om de boel te verkopen aan Sal de Maltees.'

Ze zette grote ogen op. 'Maar wat –'

'Het is oké. Ik zal ook tegen je opa zeggen dat er verder niets gaat veranderen. Ik blijf hier tot mijn huis verkocht is. Dus ik kom nog steeds om de boel open te doen en de zaak draaiende te houden.'

'Waar ga je naartoe?' Ze had haar armen om de hals van het paard geslagen en klampte zich aan hem vast alsof hij anders ook zou verdwijnen.

'Ik vertrek naar het platteland. Ergens waar het groen is. Dat verdienen mijn jongens wel, vind ik.' Hij knikte naar zijn paarden. Hij aarzelde. Haalde de sigaret tussen zijn lippen weg en spuugde op de grond. 'Dat wat er met je opa is gebeurd, heeft me wakker geschud, Sarah. Ik ben niet meer de jongste en als ik nog een paar jaar heb, zou ik die graag ergens doorbrengen waar ik wat rust heb.'

Ze zei niets, maar bleef hem aankijken.

'Sal de Maltees heeft me beloofd dat er verder niets gaat veranderen, meisje,' zei hij. 'Hij weet van de Captain en hij weet dat jij het nu niet gemakkelijk hebt. Hij heeft gezegd dat hij alles bij het oude zal laten.'

Ze hoefde niets te zeggen. Hij zag het aan haar gezicht. Waarom zou ze hem in godsnaam geloven, gezien waar ze nu terechtgekomen was?

'Fijn dat je zo mooi op tijd bent, Michael. Mevrouw Persey komt zo, en ik wilde nog even de papieren voor het gerechtelijk vooronderzoek doornemen.' Ze zweeg toen Ben binnenkwam met een doos tissues en een fles gekoelde witte wijn. 'We moedigen onze cliënten meestal niet actief aan om te huilen,' verklaarde ze, terwijl de fles voorzichtig op haar bureau gezet werd, 'maar iemand van dit kaliber...'

'... die gun je haar tranen.'

Natasha glimlachte. 'En een glas van haar lievelingschablis om de pijn wat te verzachten.'

'Ik zou denken dat men aan deze kant van de stad meer van de blikjes bier was.' Michael Harrington was een befaamde echtscheidingsadvocaat achter wiens charme en geamuseerde toon een vlijmscherp brein schuilging. Natasha kon zich nog herinneren dat ze hem voor het eerst in de rechtbank aan het werk had gezien, toen zij nog een advocaat-stagiair was en hij de tegenpartij vertegenwoordigde. Ze wenste dat ze toen een taperecorder bij zich had gehad, zodat ze zijn bedrieglijk ontspannen manier van doen kon kopiëren.

'Oké.' Ze wierp een blik op haar horloge. 'In het kort, twaalf jaar geleden getrouwd, tweede vrouw, wat onenigheid over hoe snel zij en de heer Persey samen waren nadat hij bij zijn eerste vrouw weggegaan was. Een klein jaar geleden betrapte ze hem op heterdaad met de au pair. Het gewone werk. We hebben twee problemen. Ten eerste, er is geen overeenstemming over de financiële regeling, omdat er onvoldoende inzicht is geboden in de activa. Ten tweede, zij weigert om mee te werken aan de bezoekregeling, omdat ze beweert dat hij haar fysiek en psychisch heeft mishandeld gedurende hun huwelijk, en vanwege verbale mishandeling van de elfjarige dochter.'

'Slordig.'

'Zeker. Uit de papieren blijkt niet dat hier tijdens het huwelijk inderdaad sprake van was.' Natasha bladerde door haar notities. 'Ze beweert dat ze heel erg haar best heeft gedaan om dit verborgen te houden, omdat ze zijn zakelijke reputatie niet wilde schaden. Maar nu heeft ze niets meer te verliezen. Hij dreigt inmiddels om de eerder aangeboden financiële regeling in te trekken omdat hij zijn kind niet mag zien.'

'Ik hoef jou niet te vertellen dat deze zaak heel veel aandacht gaat trekken, gezien zijn naam. De mediationsessies waren een regelrecht drama. Ondertussen is mevrouw Persey... Enfin, ze is erop gebrand om haar verhaal naar buiten te brengen. Ik heb haar er maar net van kunnen weerhouden om naar de kranten te stappen.' Ze zweeg en drukte haar vingertoppen tegen elkaar. 'Je zult wel merken dat ze geen eenvoudige cliënte is, Michael.'

Ben stak zijn hoofd om de deur. 'Ze is er.'

Michael keek Natasha even aan en stond toen op, met uitgestrekte handen, om mevrouw Persey te verwelkomen.

Natasha had al heel wat slachtoffers van huiselijk geweld meegemaakt sinds ze bij Davison Briscoe werkte; ze had kinderen vertegenwoordigd wier moeders bezwoeren dat hun man geen vlieg kwaad zou doen, met de hechtingen nog in hun slapen en de blauwe plekken onder hun ogen. Ze had vrouwen meegemaakt die zo geïntimideerd waren door jarenlange mishandeling dat je ze nauwelijks kon verstaan, zo zachtjes spraken ze. Maar iemand zoals Georgina Persey had ze nog nooit meegemaakt.

'Hij heeft me weer bedreigd!' Ze had Natasha al met beide handen vast nog voor Ben de deur achter haar dichtgetrokken had, en haar felgekleurde nagels staken in Natasha's vel. 'Hij belde me gisteravond om te zeggen dat hij ervoor zal zorgen dat mij iets overkomt als hij Lucy niet te zien krijgt.'

Haar haar veerde in lange, zorgvuldig glad geföhnde lokken van haar schouders. Haar dure kleding hing aan een lijf dat rigoureus getraind was, en slank gehouden was doordat het jarenlang van alles was onthouden. Maar haar onberispelijk opgemaakte gezicht was een permanente woedende grimas. Als ze sprak, leek het alsof alle energie uit de kamer gezogen werd.

'Neemt u plaats, mevrouw Persey.' Natasha wees haar een stoel aan en schonk een glas wijn in en gaf dat aan haar. 'Mag ik u voorstellen aan Michael Harrington? De advocaat waar we het over hebben gehad? Hij zal u tijdens de zitting vertegenwoordigen.'

Het was net alsof mevrouw Persey haar niet hoorde. 'Ik heb tegen hem gezegd dat ik er een opname van heb gemaakt. Van zijn dreigementen. Allemaal. Dat is natuurlijk helemaal niet zo, maar ik was zo bang. Ik zei dat ik ze aan jou zou geven als hij me iets aandeed. En weet je wat hij toen deed? Hij begon te lachen. En op de achtergrond kon ik die hoer van hem ook horen lachen.' Ze keek Michael Harrington smekend aan. 'Hij heeft mijn creditcard geblokkeerd. Hebt u enig idee hoe gênant het is als je kaart geweigerd wordt bij Harvey Nichols? Er stonden bekenden achter me in de rij.'

'We zullen ons best doen om binnen een paar dagen een tussentijdse uitspraak te krijgen.'

'Ik wil een contactverbod. Ik wil dat hij uit de buurt van ons huis blijft.'

'Mevrouw Persey,' begon Natasha, 'ik heb u uitgelegd dat het voor ons heel moeilijk is om u te helpen zonder materieel bewijs dat u en uw dochter daadwerkelijk risico lopen.'

'Hij wil me gek maken, meneer Harrington. Hij zet me steeds meer onder druk zodat ik gek lijk en de rechter mij mijn dochter afpakt.' Ze sprak nu alleen nog tegen Harrington. Ze was zo'n vrouw voor wie haar seksegenoten er niet toe deden, dacht Natasha.

'Mevrouw Persey.' Michael Harrington ging naast haar zitten. 'Uit de papieren die ik tot nu toe heb gezien, moet ik zeggen dat we eerder moeten vrezen dat u haar kwijtraakt omdat u zich niet aan eerdere uitspraken van de rechter houdt, dan omdat er eventueel wordt gesuggereerd dat u geestelijk niet stabiel bent.'

'Hij krijgt mijn dochter nóóit,' zei ze met klem. Alsof ze Natasha voor het eerst zag, stroopte ze een mouw op en hield haar blote arm op. Er liep een lang, wit litteken tot aan de elleboog. 'Dit is van toen hij me van de trap heeft geduwd. Denk je dat ik hem dat Lucy zou laten aandoen? Vind jij dat ik mijn dochter met die man in hetzelfde huis moet laten zijn?'

Michael bestudeerde zijn papieren. Natasha leunde voorover. 'We hebben gezegd dat we uw uitspraken over het risico dat Lucy loopt moeten staven. U vertelde me dat uw nanny ooit heeft gezien dat uw man u sloeg, en toch staat daarover niets in haar verklaring.'

'Dat was die uit Guatemala, niet die uit Polen.'

'Kunnen we een verklaring krijgen van de Guatemalaanse?'

'Hoe moet ik dat weten? Die zit in Guatemala! Ze was waardeloos. We moesten haar ontslaan.' Ze nam een slok wijn. 'Ik heb haar een keer betrapt toen ze mijn kleren aan het passen was. Alsof die haar passen! Dat mens had minstens maat 42!'

Michael Harrington deed de dop op zijn pen. 'Mevrouw Persey, is er iemand anders die getuige is geweest van enig geweld jegens u of uw dochter?'

'Dat zei ik toch! Daar is hij te slim voor! Dat gebeurde altijd achter gesloten deuren. Hij zei dat niemand me zou geloven.' Ze barstte uit in luidruchtig snikken.

Natasha keek Michael aan en greep de doos tissues en hield hem de vrouw voor.

'Ik ga ermee naar de pers!' Mevrouw Persey staarde haar uitdagend aan. 'Ik zal de hele wereld laten weten hoe hij is, hij en die hoer van hem.'

'Ik stel voor dat we de media er nog even buiten laten,' zei Michael diplomatiek. 'Het zal de rechter niet voor ons innemen en het is van groot belang dat we absoluut schuldloos zijn.'

'Denkt u?'

Beide advocaten knikten.

'Maar het is zo erg,' zei ze, terwijl ze luidruchtig in haar tissue weende. 'Zo ontzettend erg.'

'Neem uw tijd, mevrouw Persey,' zei Michael terwijl zij doorsnikte.

De tijd tikte voorbij. Onvoorstelbaar hoe relaxed advocaten konden zijn als het iemand anders driehonderdvijftig pond per uur kostte, dacht Natasha.

'Dus misschien kunnen we opnieuw beginnen. Het is van groot belang dat we het goed aanpakken.'

Natasha stuurde Ben een bericht:

Ga maar vroeg naar huis. Dit gaat nog wel even duren.
Tot morgen.

Een poos doorbrengen met écht rijke mensen was net zoiets als het lezen van een interieurtijdschrift, vond Natasha, terwijl ze naar de kleren op haar bed keek. Daarna was je ontevreden met wat je zelf had. Nu ze had zitten kijken naar die vrouw met haar perfecte huid, haar perfect passende kleding van kasjmier en zijde, haar piepkleine designerschoentjes, vond Natasha haar eigen praktische garderobe ineens zo tuttig, en haar heel gemiddelde figuur lomp en dik. Maar goed, bedacht ze terwijl ze haar spijkerbroek opvouwde, zij had haar scheiding beter doorstaan dan Georgina Persey. Dat mens had nog een uur doorgerateld zonder te luisteren naar het advies dat ze haar gaven, en was afwisselend woest, verbitterd en misschien ook wel echt bang. Toen ze vertrok zat zelfs Michael Harrington erdoorheen.

Nu ze naast haar bed stond, schrok Natasha toen ze de voordeur open hoorde gaan. Het bleef even stil, alsof hij probeerde te bedenken wat hij zou zeggen, en toen hoorde ze hem voorzichtig 'hoi' zeggen vanuit de gang.

Ze klemde haar kaken onwillekeurig op elkaar – *hoi liefje, ik ben er weer*, alsof ze weer een gelukkig gezinnetje waren. Ze wachtte even en riep toen: 'Ik ben boven.' Ze deed haar best om het niet te laten klinken als een uitnodiging.

Maar irritant genoeg kwam hij toch. Zijn hoofd verscheen in de deuropening en toen volgde ook de rest van zijn lichaam. 'Ik zat te denken om ergens wat te eten af te halen. Wil jij soms ook?'

'Nee,' zei ze. 'Ik... ik ga zo uit.'

'Je gaat weg,' verbeterde hij, omdat hij de koffer op het bed zag liggen.

'Een weekendje, meer niet.' Ze liep naar de ladekast en haalde er twee opgevouwen bloesjes uit.

'Ga je wat leuks doen?'

'Naar Kent.' Ze had zich afgevraagd of ze hem moest vertellen van de cottage die ze huurde sinds hij weg was. Maar ze was bang dat hij dan zou denken dat ze ook wel ergens anders kon wonen, omdat hij dan waarschijnlijk zou vinden dat hij meer recht had op het huis. Conor had haar gewaarschuwd om niet te veel prijs te geven aan Mac, hoe aardig hij ook leek – *Dat komt je uiteindelijk altijd duur te staan.* 'Dus dan heb je het huis voor jezelf, dit weekend,' voegde ze eraan toe. Ze stopte de kleren in de koffer en liep naar de badkamer om haar crème en make-up te pakken.

Mac stak zijn handen diep in de zakken van zijn spijkerbroek. Hij keek ongemakkelijk om zich heen, alsof de geest van hun tijd nog in de kamer rondwaarde. Ze had niets veranderd sinds hij weg was, merkte hij op. Het was een van de redenen waarom zij vermoedde dat Conor hier niet graag was.

'Nou,' zei hij, 'dan zal ik vanavond eens flink feestvieren.'

Ze draaide zich met een ruk om.

'Geintje. Je vergeet je borstel.'

Ze aarzelde en pakte de borstel toen op. Ze kon natuurlijk niet zeggen dat ze er al eentje had liggen in de cottage.

Mac wreef over zijn achterhoofd. 'Ik neem aan dat je met Conor gaat?'

Ze stond met haar rug naar hem toe, en stopte haar spullen in de koffer.

'Ja.'

'Hoe gaat het met hem?'

'Prima.'

'Als dit is omdat ik hier nu ben, maak je dan geen zorgen,' zei hij. 'Je hoeft maar te kikken en ik ben weg, voor een avond. Ik wil niemand op zijn tenen trappen. Dus denk niet dat je voor mij weg moet.'

'Dat is ook niet zo. Ik bedoel, je trapt niemand op zijn tenen,' loog ze. 'We gaan bijna altijd het weekend de stad uit.'

'Ik kan namelijk best hier en daar logeren. Je zegt het maar.'

Ze ging door met pakken, maar zijn aanwezigheid in de kamer maakte haar steeds meer bewust van zichzelf en ze voelde zich vreemd ongemakkelijk. De slaapkamer was haar toevluchtsoord, de enige plek die nog van haar voelde sinds hij weer terug was. Het feit dat hij er weer was, deed haar denken aan alle keren dat ze hier gelukzalig op bed gevallen waren, waar ze dagenlang dvd's hadden gekeken en verbrande toast hadden gegeten... de nachten dat er twintig kille centimeters tussen hen zaten, en zij zich de eenzaamste vrouw op aarde voelde. Sneakers, laarzen, jeans. Borstel. Het kostte haar moeite om haar hoofd erbij te houden.

'Waar in Kent?' vroeg hij.

'Is dit een kruisverhoor of zo?' Het was eruit voor ze zich kon beheersen.

'Ik doe gewoon beleefd, Tash. We doen de hele tijd zo krampachtig. Ik probeer te doen alsof we nog best een beschaafd gesprek kunnen voeren.' En met vlakke stem vervolgde hij: 'Terwijl ik hier mijn vrouw sta –'

'Ex-vrouw.'

'– bijna-ex-vrouw sta uit te zwaaien die een weekendje weggaat met haar minnaar. Dus dat lijkt me behoorlijk netjes. Kan je me niet een klein beetje tegemoetkomen?'

Ze wilde zeggen dat ze dit moeilijk vond, veel moeilijker dan ze had gedacht, maar zelfs dat toegeven zou te veel zijn. 'Gewoon...' zei ze, '... een klein dorpje in de buurt van de grens met Sussex.'

Hij fronste en schuifelde wat over de gelakte vloer. 'Ik blijf waarschijnlijk niet lang meer. De makelaar belde om te zeggen dat hij de boel rond heeft. Het huis komt morgen op de markt.'

Weer dat gevoel alsof ze een klap in haar maag had gekregen. Ze stond midden in de kamer en in haar hand bungelde een paar laarzen.

'Dat hadden we toch afgesproken, Tash,' zei hij toen hij de uitdrukking op haar gezicht zag.

'Noem me niet steeds zo,' zei ze geïrriteerd. 'Ik heet Natasha.'

'Sorry. Als ik genoeg geld had, zou ik dit niet doen. Ik vind het ook geen fijn idee dat het huis verkocht wordt. Vergeet niet hoeveel tijd ik erin gestoken heb.'

Ze drukte de laarzen tegen zich aan. Buiten had iemand muziek aangezet, en de beat dreunde genadeloos door de muren van de rijtjeshuizen.

'Maar misschien is het op den duur wel gemakkelijker.'

'Dat betwijfel ik,' zei ze kortaf. 'Enfin, als het moet, dan moet het ook maar zo snel mogelijk gebeuren.' Ze ritste de koffer dicht en met een korte glimlach die helemaal niet op een glimlach leek, liep Natasha langs haar bijna-ex-echtgenoot en ging de trap af.

# 7

*'Een energiek paard schrikt van elk onverwacht signaal, net zoals een mens schrikt van een plotseling beeld of geluid of andere ervaring.'*
Xenophon, *Over de rijkunst*

OKTOBER

Ze hadden hem weer overgeplaatst en het kostte Sarah twintig minuten voor ze hem had gevonden. Hij lag op de afdeling Neurologie, waar hij had gelegen tot hij vorige week met een longontsteking op intensive care terechtgekomen was.

'We hadden gehoopt dat je opa inmiddels al wat meer hersteld zou zijn,' zei de verpleegster terwijl ze Sarah naar hem toe bracht, 'maar het probleem is de dysfagie – de slikproblemen. Die arme ouwe jongen, hij heeft het wel een beetje moeilijk.'

'Hij is geen jongen,' zei Sarah kortaf. 'Hij is vierenzeventig.'

De zuster hield haar pas in, alsof ze iets wilde zeggen, maar toen maakte ze tempo, zodat Sarah een beetje moest hollen om haar bij te houden. Ze bleven staan bij een blauw, gebloemd gordijn en ze hield dat open, zodat Sarah naar binnen kon.

Sarah trok een stoel naar het bed. Het hoofdeinde was wat omhooggebracht, zodat hij half zat. Het deed Sarah pijn te zien dat hij een grijze stoppelbaard had, die zo'n beetje op zijn borst rustte. Ze had haar grootvader nog nooit ongeschoren gezien en hij zou het zelf verschrikkelijk vinden om er zo onverzorgd bij te liggen.

Ze trok zachtjes het kastje naast zijn bed open en keek of zijn eigendommen weer mee teruggekomen waren naar deze afdeling. Ze moest vaak achter de zusters aan om te vragen waar alles was gebleven. Sinds hij in het ziekenhuis lag waren er al twee pyjama's verdwenen, net als het nieuwe stuk zeep dat ze had gekocht en een zakje met scheermesjes. Ze keek naar de plank en zag tot haar opluchting zijn toilettas liggen, met een kleine handdoek, en de foto van hem en oma. Die zette ze op het nachtkastje. Als ze hem goed neerzette, kon hij de hele dag naar haar kijken.

Ze keek op haar horloge en probeerde uit te rekenen hoeveel tijd ze had. De Hewitts hadden strenge opvattingen. Ze wilden dat ze precies om vier uur thuis was, ook al had ze verteld waar ze was. Het was nu bijna twee uur, en het was bijna onmogelijk om nog naar Sparepenny Lane te gaan om met Boo te gaan rijden.

Ze raakte haar opa's hand even aan. Het gevoel van zijn huid, droog en dun, deed haar maag verkrampen. Die vier weken in het ziekenhuis leken alle kracht uit hem te hebben gezogen, en hadden hem van zijn robuustheid beroofd. Je zag in hem niet meer iemand die nog maar een paar weken geleden een steigerend paard had bereden. Dat de rollen omgedraaid waren deed haar duizelen. Ze voelde zich ontworteld, alsof niets meer klopte in haar leven.

'*Grand-père*?'

Hij deed een oog open en keek wezenloos naar de deken. Ze vroeg zich af of hij probeerde te bedenken waar hij was. Toen tilde hij langzaam zijn hoofd op.

'*Grand-père*?'

Zijn blik was leeg. Ze staarde naar de batterij medicijnen op de trolley naast hem. Hij zou een paar weken antibiotica krijgen, hadden de zusters haar verteld, voor de zekerheid. Ze pakte zijn bril en zette die op zijn neus. 'Ik heb yoghurt voor je meegebracht.' Nu ze de slang uit zijn keel gehaald hadden, probeerde ze meestal iets voor hem mee te nemen wat hij gemakkelijk kon doorslikken. Ze wist dat hij het ziekenhuiseten afschuwelijk vond.

Zijn blik verzachtte en ze wist dat hij haar nu kon zien. Ze legde haar hand weer op de zijne. 'Het is van die met zwarte kersen. Die vind je toch zo lekker?' Hij balde zijn vuist onder haar hand. 'Boo krijgt zijn wintervacht nu al, maar het gaat verder heel goed met hem. We hebben gister heel veel draf gaat over in stap gedaan en hij is niet één keer oververhit geraakt. Ik geef hem nu iets meer te eten, want het is 's nachts wat kouder. Ik geef hem een extra schep suikerbiet – is dat goed?'

Het was een nauwelijks merkbaar knikje, maar dat was genoeg. Zo hoorde het: dat zij hem vroeg of ze het goed deed.

'Ik ga zo naar hem toe. Misschien kan ik even met hem richting het moeras lopen. Het park kan nu niet, want het is zaterdagmiddag. Te veel mensen. Maar hij vindt het vast fijn om even zijn benen te strekken.' Dat was een leugen, maar Sarah verzon er tegenwoordig nogal op los. Het was van belang dat hij alleen aan leuke dingen dacht, zolang hij hier lag en niets anders te doen had.

'En dat nieuwe gezin waar ik nu zit is heel aardig. Ze hebben heel veel eten, maar niet zo lekker als bij ons. Als je weer terug bent ga ik ons trakteren op een lekkere visstoof met veel knoflook, wat je altijd zo lekker vindt.'

Zijn vingers bewogen onder haar hand. Dit was zijn slechte hand, de hand die hij nauwelijks nog kon optillen. Ze praatte door, alsof door haar geklets hun leven weer normaal leek. 'Wil je iets drinken?' vroeg ze uiteindelijk. Ze hield een plastic bekertje met water op. Een voorzichtig knikje. Ze bracht het bekertje naar zijn mond en hield met haar andere hand zijn kin een beetje achterover zodat het water zijn mond in kon druppelen. Het voelde niet meer zo ongemakkelijk om dit soort dingen voor hem te doen en als zij het niet deed, deed niemand het.

'*Temps*,' zei hij.

Ze keek hem aan.

'Brood. *Chapeau*.' Geïrriteerd sloot hij zijn ogen.

'Moet ik de zuster halen?'

Een frons.

'Ik zal je wat meer rechtop zetten.' Ze pakte de kussens achter hem en probeerde die zo neer te zetten dat hij minder ineenzakte.

Ze trok het bed routineus glad en schikte toen zijn pyjamajasje rond zijn nek zodat hij er iets fatsoenlijker uitzag. 'Zo beter?'

Hij knikte. Hij leek verslagen.

'Oké. Niet verdrietig zijn, *grand-père*. De dokter zei dat het wel weer terugkomt. Hij zei dat het soms het laatste is wat weer goed komt. Weet je nog? En je bent ziek geweest, dus al die medicijnen hebben vast niet geholpen. Misschien dat je daarom een beetje suf bent.'

De afkeuring sprak uit zijn ogen. Hij vond het niet prettig als ze hem als een klein kind behandelde. En toen zag ze dat zijn blik naar het nachtkastje gleed, naar haar tas. 'De yoghurt. Wil je wat yoghurt?'

Hij zuchtte en leek opgelucht. '*Chapeau*,' zei hij nog eens.

'Oké,' zei Sarah. '*Chapeau*.' Ze haalde een theelepeltje uit haar tas en trok de folie van het bekertje.

Zelfs nu ze een jaar terug kon kijken was het moeilijk te bepalen wat nu precies tot het eind van hun huwelijk had geleid. Misschien was het ook wel niet mogelijk om in dit soort situaties te zeggen wat de waarheid was; misschien had je wel altijd te maken met twee verschillende waarheden. De waarheid van de rechtbank – geen absolute zekerheden, slechts standpunten, afhankelijk van wie zijn zaak het best kon bepleiten. Alleen in hun geval was het al geëindigd lang voordat ze de kans kregen om er überhaupt ruzie over te maken.

Toen Mac net weg was, had Natasha zichzelf voorgehouden dat het maar het beste was. Hun karakters waren zo fundamenteel verschillend. Altijd maar boos zijn had alle energie uit haar gezogen, ze was er iemand door geworden die ze niet wilde zijn en het was duidelijk dat verleden jaar ook geen gelukkig jaar was geweest. Misschien was dat eerder tot hen doorgedrongen als ze meer tijd samen doorgebracht hadden. Dat hield ze zichzelf zo vaak voor.

Maar ze trok het niet om alleen in dat huis in Londen te zitten. Het was per slot van rekening 'The House that Mac Built', zoals hij zo vaak voor de gein zei. Hij was in elke centimeter aanwezig. Elke kamer echode haar verlies: de trap die hij opnieuw gebouwd had, de planken die hij twee keer op moest hangen, de gaten waar zijn boeken, cd's en kleren hadden gelegen. Het meeste wat hij meegenomen had lag nu in de opslag, en zelfs dat zat haar dwars: de dingen waar ze zo van hielden in een of andere onpersoonlijke ruimte, omdat hij ze liever ergens achter slot en grendel had dan dat hij ze op de een of andere manier nog deel van haar leven wilde laten uitmaken.

'De rest kom ik over een week of twee halen,' had hij gezegd toen ze als aan de grond genageld in de hal stond. Ze herinnerde zich nog dat ze zich bewust was van de koude stenen vloer onder haar blote voeten. Ze had geknikt alsof ze dit een verstandige zet vond. En toen de deur achter hem dichtviel, was ze langzaam langs de muur op de grond gezakt. Daar was ze lang blijven zitten, lamgeslagen door de omvang van wat er was gebeurd.

Weken daarna, lang voordat haar familie en vrienden wisten dat hun huwelijk voorbij was, in de weekenden, 's ochtends vroeg of 's avonds laat, op tijden dat ze niet op kantoor kon zitten om zich in haar werk te verliezen, was ze in haar auto gestapt en had ze hele einden gereden. Ze reed door de straten van de stad, over fly-overs, onder bruggen door en over donkere, spaarzaam verlichte tweebaanswegen, en bleef alleen staan om te tanken. Ze reed en luisterde naar de radio, naar het geklets van de bellers die haar eraan moesten herinneren dat het leven niet alleen maar treurig was, ook al slaagden ze daar niet in. Ze luisterde naar politieke praatprogramma's, documentaires en hoorspelen. Naar muziek luisterde ze nooit – dat zou het auditieve equivalent van een mijnenveld zijn. Net als je dacht dat het goed ging, kwam er een of ander betekenisvol liedje dat je zomaar ineens onderuithaalde. *Daar hebben we op gedanst, dat draaiden ze bij die barbecue.* Op zulke momenten draaide ze hem op een andere zender terwijl de tranen over haar wangen stroomden. Dan maar liever het nieuws, want dan kon je misprijzende geluiden maken bij de items en je afvragen hoe mensen aan zulke vreemde opvattingen kwamen.

Haar brein, dat maar half functioneerde, concentreerde zich op het luisteren en rijden, tot ze op een zaterdagochtend in Kent terechtkwam. Ze had een onverwachte kramp in haar maag gevoeld en het drong tot haar verbazing tot haar door dat ze al bijna achttien uur niets had gegeten. Ze was een tearoom in gegaan, zo'n opzettelijk ouderwetse zaak die heel Engels was volgens mensen die dat zelf niet waren. Nadat ze een half broodje met boter had verorberd (ze kon al weken niets door haar keel krijgen), rekende ze af en liep ze het waterige herfstzonnetje in en wandelde door de straatjes van het dorp, genietend van de rokerige geuren, de rottende bladeren en de scherpe, bittere smaak van de sleedoorn in de heggen. Tot haar verbazing voelde ze zich ineens een beetje beter.

Toen was ze op het kleine huisje gestuit met het bordje TE HUUR, halverwege een laantje dat naar een boerderij leek te leiden. Ze belde het nummer van de makelaar en sprak in dat zij het huisje wilde huren als het nog vrij was. Geld maakt niet gelukkig, bedacht ze achteraf, maar je kunt er wel degelijk een mooiere plek mee kopen om je ongelukkig te voelen.

Sindsdien was Conor bijna elk weekend, als hij zijn jongens niet had, met haar meegegaan. Hij was niet handig zoals Mac, maar hij wilde haar graag gezelschap houden. Hij lag altijd op de bank met de kranten, en hij maakte de haard aan, gewoon omdat het fijn was om naar het vuur te staren, of hij hielp haar met koken. Als het weer het toeliet zat hij buiten met een biertje terwijl zij de tuin in vorm knipte en snoeide. Ze wist niet veel van planten, maar al snel ontdekte ze dat ze lol had in onkruid wieden en door tuincentra slenteren, ver weg van alle stedelijke ellende waarmee ze in haar werk zo veel werd geconfronteerd.

Ze huurde de cottage nu al bijna een jaar en het werk dat ze in de tuin had gestoken begon deze zomer te lonen: de meerjarige planten waren weer opgekomen uit de rijke bodem, de rozen kwamen tot bloei en de appelboom gaf vruchten. De vrouw van de boerderij aan het eind van het laantje, die geen boerderij bleek te zijn maar een manege, had zakken mest bij de poort neergezet. 'Nee, ik hoef er niets voor te hebben,' zei ze. Ze was altijd kort van stof. 'Ik kom erin om. Hoe meer je dit bij de rozen doet, hoe beter.'

Het huisje in Kent gaf haar wat rust. Ze had er geen verleden liggen en het had voortdurend praktische aandacht nodig. In de weekenden dat ze er niet naartoe kon, was ze thuis rusteloos.

En nu was er nog een reden om niet in Londen te willen zijn.

Mac had er bijna een jaar over gedaan om de rest van zijn spullen op te halen.

'En... wat doen de jongens dit weekend?'

'Geen idee. Ik geloof dat *zij* ze meeneemt naar haar moeder.'

'Dat geloof je?'

'Ja, nou ja. Ze was zo allejezus zuur toen ik ze afzette dat we het verder nergens over hebben gehad.' Conors mond vertrok erbij.

Natasha was altijd weer verbaasd over de fysieke uitingen van weerzin die je bij hem zag als hij het over zijn ex had. 'Maar je zei dat ze het schaatsen leuk vonden?' bracht ze hem in herinnering.

Ze zaten in Conors midlifecrisis-auto. Hij wierp een blik in de achteruitkijkspiegel, wisselde toen van baan en klonk al wat vrolijker: 'Ze vonden het geweldig. Ik was net een ouwe oma, maar die twee konden binnen twintig minuten al achteruit het ijs over. Heb je water bij je? Jezus, wat heb ik een droge keel.'

Ze pakte een flesje uit haar tas en draaide de dop eraf voor hem. Hij bracht het naar zijn mond en dronk.

'Ben je nog met ze naar dat restaurant geweest waar ik het over had? Dat met die goochelaar?'

'Ja,' zei hij. 'Vonden ze super. Sorry – had ik nog willen zeggen.'

'Denk je dat ze er nog weleens heen willen?'

'Waarom niet?' Hij nam nog een flinke slok. 'Misschien ga ik volgende week zondag wel weer. Volgens mij heb ik ze dan weer.'

Natasha keek naar hem en nam de fles van hem over. Ze kwam bijna nooit bij Conor thuis – ze had nog nooit zo'n gruwelijk onpersoonlijke woning gezien. Los van twee foto's van zijn jongens, wat speelgoed en felgekleurd beddengoed in de kinderkamer, was het net een hotelsuite. Conors huis was zo gezellig als dat van een monnik. Hij had een wasmachine, maar zijn kleren werden opgehaald, en gewassen en gestreken afgeleverd, want hij hield niet van rondslingerend wasgoed. Hij kookte niet – waarom zou hij, zei hij, als er zo veel restaurants in de buurt waren die dat veel beter konden dan hij. De keuken stond er glimmend en ongebruikt bij, en werd twee keer per week schoongemaakt, ook al was daar geen enkele reden toe.

Ze vermoedde dat hij ervan baalde dat dit zijn nieuwe leven was, en dat zijn weigering om iets te maken van het yuppenappartement zijn manier was om te zeggen dat hij niet van plan was om er lang te blijven. In de cottage in Kent kwam hij een beetje los: als hij de haard aanmaakte, of de barbecue, of als hij een plank anders inrichtte, zag ze een glimp van de huiselijke echtgenoot die hij ooit geweest moest zijn.

'Weet je... ik mag het eigenlijk niet zeggen, maar als die Persey-zaak goed afloopt, zou het kunnen dat Richard je wil spreken.'

'Waarover?'

'Kom op, zo naïef ben je nou ook weer niet.' Er speelde een glimlachje om zijn mond.

'Wil hij me dan partner maken?'

'Kijk maar niet zo verbaasd. Jij haalt de laatste tijd de klanten binnen en die Persey-zaak zet je in de kijker. Ik weet dat hij zich zorgen maakte toen je meer familierecht ging doen, maar hij is blij verrast dat het al zo snel blijkt te lonen. Wat heb je voor komende week op het programma staan?'

Ze probeerde haar gedachten, die ineens alle kanten op schoten, op een rijtje te krijgen. 'Nog een afspraak met Harrington over Persey. Een ontvoeringszaak van een kind. O, en een beroepszaak van een jonge asielzoeker. Die komt weer van Ravi.' Ze bedacht dat ze die ochtend haar telefoon niet had gecheckt en ze pakte haar tas. 'Een joch dat zonder papieren het land in gekomen is, beweert dat hij vijftien is, maar de autoriteiten spreken dat tegen.' Als hij inderdaad zo jong was, moest de gemeente voor hem betalen. Als ze konden bewijzen dat hij ouder was, zou hij worden overgeplaatst naar de National Asylum Support Service. Het ging altijd om kosten.

'Neem je die aan?'

'Het wordt lastig. Het is aan ons om te bewijzen dat hij nog een kind is. Ik heb mijn hoop gevestigd op procedurele aspecten – ze hebben hem nooit een rapport laten zien van de screeningsmedewerker zodra het over zijn leeftijd ging. Daar zal ik ze op aanvechten.' De documenten over het kind waren één chaos, en dit soort zaken werd steeds lastiger te winnen: door druk vanuit de politiek werden de meesten als volwassen bestempeld of gewoon meteen teruggestuurd.

'Je klinkt aarzelend. Over zijn leeftijd.'

'Ik weet niet wat ik ervan moet denken. 'Ik bedoel, hij hoeft zich nog niet te scheren of zo, maar het zou best kunnen dat hij liegt. Ze beweren tegenwoordig allemaal dat ze vijftien zijn.'

'Dat is wel heel cynisch, Hotshot. Niks voor jou.'

'Nou ja, het is gewoon zo. Of er zijn tegenwoordig veel jonge jongens met stoppelbaarden.' Ze voelde hem staren.

'Je hebt nooit iets gezegd over dat Iraanse joch, hè?' Ze keek op. 'Die ene waar je het steeds over had – die al die kilometers had gelopen – maar die niet uit de stad kwam waaruit hij beweerde te komen. Of die een heel ander doel had dan hij beweerde.'

'Ali Ahmadi? Nee.'

'Zelfs niet tegen zijn maatschappelijk werker?'

Ze sloeg haar armen over elkaar. 'Wat had ik dan moeten zeggen? Het had toch allemaal geen zin meer.'

'Mooi zo. Je had jezelf anders echt van alles op de hals gehaald. Het is niet jouw taak om mensen te beoordelen. Jij hoeft ze alleen maar te vertegenwoordigen op basis van de informatie die ze je geven.' Hij keek haar even aan, zich misschien bewust van het feit dat hij bevoogdend klonk. 'Ik vond gewoon dat je je veel te druk maakte om die jongen. Dan had hij dat hele eind nooit kunnen lopen, nou en? Hij wilde jou niet persoonlijk bedonderen.'

'Dat weet ik.' Ze had het zich wel degelijk persoonlijk aangetrokken – ze haatte het als iemand tegen haar loog. Daarom had ze zich ook zo lang schuldig gevoeld tegenover Mac.

'Je kon op dat moment niet weten wat hij allemaal zou uitvreten.'

'Dat wéét ik,' zei ze. 'Je hebt gelijk. Maar… het werpt wel een ander licht op alle anderen. Tegenwoordig lees ik hun documenten en ben ik op zoek naar de gaten in hun verhaal.'

'Het is anders helemaal niet jouw taak om dat soort onderzoek te doen.'

'Misschien niet, maar dat doet niets af aan het feit dat dat joch nu in een strafzaak terechtstaat. En dat is deels mijn fout.'

Conor schudde zijn hoofd. 'Je bent veel te hard voor jezelf. Je houdt helemaal geen rekening met de menselijke aard. Jezus, als ik alle verhalen die ik te horen krijg van de mensen die ik vertegenwoordig onder de loep nam, kon ik de tent wel sluiten.'

Ze haalde de dop van het waterflesje en nam een slok. 'Meestal kan ik mezelf er wel van overtuigen dat ik iets goeds doe. Dan denk ik dat ik het recht aan mijn kant heb. Ik zeg niet dat jouw kant van het recht niet mooi is, maar jij hebt altijd heel andere zaken willen doen dan ik.'

'Ik ga voor het geld.'

'Precies.' Ze schoot in de lach. 'Maar het punt met Ahmadi is... nou ja, ik denk dat het me inderdaad cynisch heeft gemaakt, en dat wil ik helemaal niet zijn.'

Conor grijnsde. 'Wen er maar aan, meid. Als je niet cynisch wilt worden, moet je in een hospice gaan werken, niet op een advocatenkantoor.'

Conor was geen bezitterig type; sterker nog, hij had er alles aan gedaan om haar duidelijk te maken dat hij zich niet al te zeer aan haar kon binden. Niet dat hij haar aan het lijntje hield: hij kwam altijd als hij zei dat hij zou komen, belde als hij beloofd had te zullen bellen, maar tegelijkertijd hield hij de onzichtbare muren om zich heen in stand. Hij leek niet de wens noch de behoefte te hebben om daar verandering in te brengen. Hij was liefhebbend, maar suggereerde nooit dat dat iets betekende. Dus had ze weinig reden om aan te nemen dat haar nieuwe situatie thuis een probleem zou zijn. Totdat ze het hem bij het uitladen van hun koffers vertelde.

'Is hij daar al de hele week?' Conor zette zijn koffer neer.

'Sinds dinsdag.'

'En je vond het niet nodig om me dat te vertellen?'

'Ik heb je deze week nauwelijks gezien. En het was raar. Ik ga toch niet in de rechtbank naar je toe lopen met de boodschap: "Hoi schat, mijn ex is weer bij me ingetrokken"?'

'Je had kunnen bellen.'

'Ja. Maar dat wilde ik niet. Zoals ik al zei: ik vond het raar.'

'Dat zal wel.' Hij pakte zijn koffer en de tas vol boodschappen weer op en liep toen duidelijk beledigd het huis in.

'Maar je weet toch dat het niet zo ligt?' zei ze in reactie op zijn toon.

'Ik heb geen idee, Natasha. Hoe ligt het dan wel?' zei hij opmerkelijk kalm.

Ze liep achter hem aan de keuken in. Ze had het afgelopen weekend wat bloemen op het aanrecht laten staan en die waren verdord. De bruine blaadjes hingen over de rand van de vaas. 'Hij heeft geen woonruimte en het huis is nu eenmaal voor de helft van hem.'

Hij draaide zich om en keek haar aan. 'Al was ik terminaal, bankroet, of had ik een hersenoperatie ondergaan, dan nog zou je me met geen stok het huis van mijn ex in krijgen.'

'Tja, wij hebben dat hele proces nog niet doorgemaakt dat jullie al achter de rug hebben.'

'Je bedoelt dat jullie nog niet gescheiden zijn. Mis ik soms iets?'

'Je weet heel goed dat we gaan scheiden, Conor. Maar het is nog vers.'

'Vers? Of is het soms nog niet helemaal zeker?'

Hij was de boodschappen overdreven energiek aan het uitpakken. Zelfs al stond hij inmiddels weer met zijn rug naar haar toe, toch merkte ze dat hij zijn kaken op elkaar geklemd had. 'Dat meen je niet.'

'Je zegt net dat je man, die je ex nog niet is, weer bij je ingetrokken is. Dus hoezo meen ik dat niet?'

Natasha beende langs hem. 'Godallemachtig, Conor! Alsof mijn leven niet gecompliceerd genoeg is. Jij bent wel de laatste van wie ik had verwacht dat je ooit zo bezitterig zou doen.'

'Wat bedoel je daar nou weer mee?'

'Jij wilt je niet eens vastpinnen op een vakantie, en dan krijg ik nu de wind van voren over hoe mijn ex en ik de boedelscheiding aanpakken?'

'Dat is heel wat anders.'

'O ja? Je wilt me niet eens aan je kinderen voorstellen.'

Hij hief zijn handen ten hemel. 'Ik wist het. Ik wist dat je die erbij zou slepen.'

'Ja, als je het zo wilt stellen, inderdaad. Hoe denk je dat ik me voel als je doet alsof ik niet besta? Ik mag niet eens met je afspreken voor een kop koffie als zij erbij zijn.'

'Ze zijn nog in shock. Hun leven staat volledig op zijn kop. Hun moeder en ik praten niet met elkaar. Dus het lijkt me geen goed idee om hun tweede mama meteen in de strijd te gooien, vind je ook niet?'

'Waarom moet ik hun tweede mama zijn? Kan ik niet gewoon jouw vriendin zijn?'

'Denk je soms dat die kinderen gek zijn? Die hebben meteen door wat er aan de hand is.'

Ze schreeuwde nu: 'Nou én? Als we samen zijn, zullen ze daar toch een keer aan moeten wennen. Of mis ík soms iets?'

'Natuurlijk niet. En ja, we zijn samen. Maar waarom zo'n haast?' Toen zei hij op vriendelijker toon: 'Jij snapt niet hoe het zit met kinderen, Natasha. Je zult het pas begrijpen als je zelf een paar kinderen krijgt. Ze... ze komen altijd op de eerste plaats. Ze zijn nog zo gekwetst. Zo verdrietig om alles. Ik moet ze beschermen.'

Ze staarde hem aan. 'En dat kan ik dus nooit begrijpen, Conor? Gezien het feit dat ik zelf niet in staat ben kinderen te krijgen, en zo...'

'O, shit, Natasha, zo moet je het niet –'

'Ach, rot toch op,' siste ze. Ze holde de trap op, met twee treden tegelijk, en sloot zich op in de badkamer.

De neusvleugels van het paard leken wel schoteltjes en stonden zo wijd uit dat ze het vlezige roze achter het zwarte fluweel kon zien. Zijn ogen waren wit en zijn oren schoten heen en weer, voortdurend in de gaten houdend wat er achter hem gebeurde terwijl zijn slanke benen een of andere ingewikkelde dans uitvoerden. Sal de Maltees sprong uit de sulky, liep op het dier af en haalde zijn hand over zijn hals, die glom van het zweet. 'Wat vind jij, Vicente? Ga ik wat aan hem verdienen?' Hij begon de sulky los te maken van het tuig en gebaarde zijn neefje dat hij hetzelfde moest doen aan de andere kant.

'Ik denk eerder dat hij je geld gaat kosten. Hij loopt vreemd. Zijn benen bevallen me niet.'

'Dit paard heeft veertien van de vijftien keer gewonnen. Hij heeft betere benen dan jij. Dit is een topmodel onder de paarden.'

'Als jij het zegt.'

'Jij kan nog geen boerenpaard van een racepaard onderscheiden. Dit is een goed paard. Ik voel het. Ralph? Wil jij de benen van mijn paard afspoelen?'

Ralph deed een sprong naar voren om het paard over te nemen, dat, nu het bevrijd was van het kleine wagentje, balletpassen maakte over het terrein, zodat hij de teugels moest aanhalen.

Sarah dook langs hen heen en trok het hek achter zich dicht. Cowboy John was nergens te vinden en ze voelde zich nooit helemaal op haar gemak bij de mannen van Sal de Maltees.

Er hing altijd een stel kerels om hem heen. Naar het scheen was er ook een mevrouw de Maltees, zoals de meeste van zijn mannen vrouwen hadden, maar Cowboy John had weleens verteld dat ze nooit buiten de deur kwam. 'Volgens mij houdt hij haar daar al minstens twintig jaar opgesloten. Ze is alleen goed om te koken, schoon te maken en –' Hij zette zijn hoed recht. 'Laat maar.'

Ze voelde hun blikken terwijl ze naar Boo's stal liep en was blij dat ze werden afgeleid doordat het Ralph niet lukte om de onrustige benen van het paard schoon te spuiten.

Sarah had altijd medelijden met de drafpaarden: met hun ranke benen en grote ogen werden ze naar de manege gebracht, waar ze helemaal volgestouwd werden met voer, genadeloos hard moesten racen tot hun benen het begaven of tot Sal niet meer in ze geïnteresseerd was, en dan werden ze weer afgevoerd. *Grand-père* keurde het af dat ze de straten door gejaagd werden en dat ongehoorzame paarden genadeloos afgestraft werden. Men keek elkaar zwijgend aan als Sal zijn geduld verloor met een paard en hem afroste. Maar niemand zei er ooit iets van. Sal was niet iemand die je tegensprak.

Boo hinnikte zachtjes toen ze de stallen binnenkwam en stak zijn hoofd al over de deur, in afwachting van wat lekkers. Ze gaf hem een pepermuntje en hield hem vast bij zijn hals om zijn zoete geur op te snuiven. Ze liet hem aan haar zakken snuffelen, op zoek naar nog meer snoepjes, en ging toen zijn water verversen en het stro verschonen.

Ondanks Cowboy Johns hulp werd het steeds moeilijker om Boo te verzorgen. De Hewitts, in wier onberispelijk schone huis zelfs geen plek was voor een goudvis, waren niet te spreken over het feit dat ze niet thuiskwam op de afgesproken tijd. Ze kon hun geen verklaring geven (de bussen die te laat kwamen, nablijven, een noodbezoekje aan haar opa: ze had alle smoezen al eens gebruikt en ze geloofden haar niet meer) en dus kwam er weer een vermoeid standje over hoe belangrijk het was dat zij wisten waar ze uithing en over hoe vreselijk het was als ze urenlang zoek was. Dus toen – als ze het vermoeden had dat ze haar in de gaten hielden – begon ze af en toe te spijbelen. De school leek niet op te merken dat ze absent was, maar ze wist dat het niet zo door kon gaan. Ze had alleen geen keus. Spijbelen was soms de enige manier om naar de stal te kunnen gaan om hem te voeren.

Ze liet Boo uit zijn stal en liep met hem aan een lang touw op en neer door Sparepenny Lane. Ze bleef bij de stoeprand om de auto's niet in de weg te lopen en ze praatte zachtjes tegen hem om te zorgen dat hij niet opzijsprong om zijn opgespaarde energie kwijt te raken of stil bleef staan bij een wegversperring. Het viel te verwachten: hij was een paard dat graag werkte, dat niet alleen de lichaamsbeweging nodig had, maar ook geestelijk bezig moest blijven. 'Veel te slim,' zei Cowboy John altijd als Boo de bovenste schuif van zijn stal voor de zoveelste keer losgemaakt had.

'Veel te slim voor jou,' zei *grand-père* dan.

'Hoeveel hersens heeft hij nodig voor de circustent?'

Ze stond boven aan de straat, waar het zo tegen de schemering vrij rustig was, en probeerde niet te denken aan hoe broos *grand-père* er die dag had uitgezien. Hoe zou het voelen als je innerlijke kracht ineens zo verzwakte en je zo afhankelijk werd? Het was moeilijk om hem zo te zien, om te blijven geloven dat hij ooit weer terug zou komen naar hun flatje, en dat ze de draad van hun leven weer op zouden pakken. Maar ze moest hoop houden.

Ze liep nog een keer met het paard op en neer en verontschuldigde zich dat ze niet meer tijd voor hem had, alsof hij dat zou begrijpen. Hij schudde met zijn hoofd, spitste zijn oren en gaf met zijn benen aan dat hij toch wel graag wat sneller wilde, en wat verder weg. Toen ze terugliep naar het hek liet hij zijn hoofd wat zakken, alsof hij teleurgesteld was, en ze voelde ze verschrikkelijk schuldig. Sal de Maltees en zijn maten stonden aan de andere kant van het terrein te roken en door elkaar heen te praten. Toen ze het hek openduwde, zag ze Ralph bij hen rondhangen. Hij was idolaat van Sal de Maltees; als Sal hem weleens een sigaret toewierp, bloosde hij van blijdschap.

Toen ze haar kast opende, waar ze het voer bewaarde, zonk de moed haar in de schoenen. Er lag nog nauwelijks een halve baal hooi. Ze had het die week zo druk gehad dat ze vergeten was om Cowboy John om meer te vragen. En zijn kast zat op slot.

Ze graaide in haar zakken om te voelen of ze nog wat geld had, waarmee ze misschien nog wat bij zou kunnen kopen van Ralph. Zesenveertig pence en haar buskaart.

Ze hoorde een geluid achter zich. Sal deed zijn eigen kast open. Hij floot. Door de deuropening zag ze keurig opgestapelde balen liggen en zakken met duur paardenvoer. Ze had nog nooit zo veel foerage bij elkaar gezien. Terwijl ze zo stond te staren, keerde hij zich ineens om, en ze verschoot van kleur.

Hij keek langs haar heen, in haar kast. 'Dus je hebt niet genoeg voer?'

Eerst gaf ze geen antwoord.

'Zo te zien is die kast leeg.'

'We redden het wel,' zei ze.

Sal de Maltees deed zijn kastdeur dicht en deed een stap in haar richting. Zijn overhemd was smetteloos, je zou niet zeggen dat hij in de buurt van een paard was geweest, en zijn gouden tand glom toen hij zijn mond opendeed. 'Heb je genoeg hooi?'

Ze keek hem aan en wendde toen haar blik af. 'John zou... hij zou me wat lenen.'

'John heeft andere dingen aan zijn hoofd. Hij komt pas morgen weer. Dus dan heb je een probleem.'

'Ik heb nog genoeg.' Ze begon het restant hooi op te rapen. Ze kwam overeind en wilde langs hem lopen, maar hij ging voor haar staan zonder haar daadwerkelijk de doorgang te belemmeren, maar wel zo dat ze hem moest vragen of ze erdoor mocht.

'Je hebt een mooi paard.'

'Dat weet ik.'

'Je kunt een paard niet van die troep voeren.'

'Het is maar tot morgen.'

Hij haalde zijn sigaret uit zijn mond en trok wat hooi uit de bundel die ze vasthad, hield zijn peuk ertegenaan en keek toe terwijl het verkoolde. 'Dit is goed om op te stoken. Maar verder kan je er niks mee. Dus je opa is nog steeds ziek?'

Ze knikte. Boven hun hoofden reed een trein voorbij, maar ze bleef hem nu strak aankijken.

'Ik wil niet dat je je paard van die troep voert. Dus leg het maar weer neer.' Hij stak zijn sigaret weer in zijn mond, liep naar zijn eigen kast en haalde er een baal hooi uit. Het was nog een beetje groen en rook naar weide. Hij droeg de baal alsof hij niets woog, bungelend aan het touw eromheen, en zette hem in een hoek van haar kast. Terwijl zij tegen de muur stond, liep hij terug en haalde nog een baal, en een grote zak topkwaliteit paardenvoer en zwaaide die naar binnen. 'Zo,' zei hij, 'dan kan je even vooruit.'

'Dat kan niet,' fluisterde ze. 'Ik heb geen geld.'

Hij leek dwars door haar heen te kijken. 'Dan betaal je me maar als je wel weer wat hebt, goed? Als ik hier de boel run, wil ik niet dat een goed paard ten onder gaat aan een slecht dieet.' Hij schopte met zijn hak tegen Sarahs eigen hooi. 'Gooi dat maar in de kachel.'

'Maar –'

'Van John zou je het wel aannemen, of niet?' Hij keek haar strak aan. Ze knikte met tegenzin. 'Nou, neem het dan ook van mij aan. Zo, ik moet opschieten.'

Hij liep het terrein op, met licht verende passen.

Sarah keek hem na tot hij zich weer bij het groepje mannen voegde en boog toen om de geur van de nieuwe balen op te snuiven. Het was betere kwaliteit dan zij gewend was. Ze vermoedde dat ze het niet had mogen aannemen als *grand-père* hier was. Maar dat was precies het probleem.

Ze keek op haar horloge en schrok. Ze moest over veertien minuten bij de Hewitts zijn. Veertien minuten om een busrit van vijfenvijftig minuten te maken, inclusief een overstap. Ze sneed het touw om de hooibaal door, pakte snel een armvol en liep half rennend naar haar paard.

De stilte van een huis in Londen had iets vreemd scherps, merkte ze op toen ze de deur achter zich dichttrok en haar groet weerklonk in het niets. Op de een of andere manier voelde ze zich in de stilte die in een Londense straat hing, en in haar hal, leger dan in haar huisje op het platteland. Of misschien kwam het wel door de mogelijkheid dat er tegenwoordig nog iemand anders thuis zou zijn.

Natasha stapte over de nu alom aanwezige cameratassen en liep de zitkamer in. Ze slaakte een zucht bij de aanblik van de fotografische verlichting die in de hoek stond en keek naar het antwoordapparaat; het rode lampje knipperde niet, dus er waren geen berichten.

Ze snoof even of ze sporen van wijn en sigaretten kon ruiken, een teken dat hij bezoek had gehad, maar die waren er niet. De kussens op de bank waren ingedeukt, wat erop wees dat iemand een avond voor de televisie had doorgebracht, en ze pakte ze stuk voor stuk om ze op te schudden en ze dan weer netjes terug te zetten. Het irriteerde haar dat ze dat deed.

Ze liep de hal weer in, pakte haar koffer en liep naar boven. Het geluid van haar voetstappen gaf haar een ongemakkelijk gevoel, alsof ze een vreemde in haar eigen huis was.

Zij en Conor hadden het weer bijgelegd, na de venijnige start van het weekend, maar ze wist dat ze allebei geschrokken waren van de felheid van hun ruzie en van het plotselinge spectrum aan gevoelens dat ze allebei liever hadden willen ontkennen. Ze was stiekem blij dat hij het niet leuk vond dat Mac er was, maar tegelijk nam ze het hem kwalijk. Hij wilde wel iets te zeggen hebben over haar leven, maar maakte geen ruimte voor haar in het zijne. 'Je krijgt de kinderen heus wel een keer te zien, Hotshot,' zei hij toen hij haar afzette. 'Ik beloof het. Geef me nou maar gewoon wat tijd, oké?' Hij had niet gevraagd of hij mee naar binnen mocht.

Ze gooide haar koffer op bed en maakte hem open. Ze zou de wasmachine volladen en dan voor de televisie haar werkblouses strijken. Later zou ze achter haar bureau haar zitting van morgen voorbereiden en alles bij elkaar zoeken wat ze nodig had; het vertrouwde zondagavondritueel.

Natasha bleef een paar minuten zo staan, verlamd door de nieuwe sfeer in huis. Ondanks het feit dat hij er niet was, voelde ze Macs aanwezigheid overal, alsof hij het voor zichzelf had opgeëist. 'Ik zou maar controleren of hij geen boeken en schilderijen achteroverdrukt,' had Conor gezegd. 'Een partner overal toegang toe geven is in een scheidingszaak net zoiets als een blanco cheque uitschrijven.' Maar het kon haar niet schelen of ze spullen kwijt zou raken, zelfs al zou Mac dingen achteroverdrukken. Het was zijn aanwezigheid, de sfeer die hij met zich meebracht, die haar uit het lood sloeg.

Ze besefte dat ze nog altijd kwaad op hem was; kwaad omdat hij er niet was geweest toen ze hem nodig had, kwaad omdat hij weer opgedoken was om het leven dat ze had opgebouwd te verstoren. Typisch iets voor Mac, om hier binnen te komen vallen zonder stil te staan bij de consequenties. Ze nam het hem kwalijk dat het weekend mislukt was, ook al wist haar weldenkende deel best dat hij er niets aan kon doen. Ze nam het hem kwalijk dat ze haar huis uit moest. En hem leek het allemaal niet te raken: hij kwam binnenwandelen zoals altijd, met zijn charmante glimlach en gemakkelijke manier van doen, alsof je hem niet kon raken. Alsof hun huwelijk niet meer was geweest dan een korte echo op zijn radar.

Bijna zonder nadenken liep Natasha via de overloop naar de logeerkamer. Ze riep nog eens en duwde toen voorzichtig de deur open, zag Macs onopgemaakte bed, de stapels ongewassen kleren in de hoek bij de wasmand, en rook de vage, zoete geur van wiet.

Geen spat veranderd, dus. Ze bleef in de deuropening staan dralen en liep toen zachtjes de kamer door, de badkamer in. Zijn scheermes stond in een glas, met een tube tandpasta en een tandenborstel. De badmat lag scheef op de tegelvloer en ze vocht tegen de neiging om hem recht te leggen. Gek genoeg was de troep toch ook geruststellend: zo kende ze hem. Chaotisch. Imperfect. Dit is waarom we gaan scheiden, bracht ze zichzelf in herinnering, en ze was hem bijna dankbaar dat hij dit onderstreepte.

Pas toen ze weer weg wilde lopen, zag ze de pot op het glazen plankje aan het eind van het bad, die in een dure roomwit-metgouden doos verpakt was: een dagcrème van een vrouw. Ernaast lag een pakje met make-upremovertissues.

Binnen in haar bekoelde en verhardde iets. En toen, zonder te letten op hoe hard haar voeten neerkwamen, draaide Natasha zich om en liep snel de logeerkamer uit.

# 8

*'De grootsheid van een mens blijkt het meest uit het fatsoen waarmee hij de dieren behandelt.'*
Xenophon, *Over de rijkunst*

Het tapijt in de kamer van de directeur had een diepe, intense kleur blauw, zo luxe en zacht dat bijna geen enkele leerling die er terechtkwam de gedachte hoe het zou voelen om je schoenen en sokken uit te trekken en er met je blote tenen in weg te zakken van zich af kon zetten. Misschien was het wel de reden waarom zo veel mensen die bij meneer Phipps op bezoek waren zo afgeleid leken.

Maar Sarah lette niet op de vloerbedekking. Zij was afgeleid door het feit dat ze nu al bijna twee dagen niet naar de manege was geweest.

'Dit is de vierde keer dat je een blokuur Engels mist dit semester, Sarah. Terwijl het altijd een van je beste vakken was.' Meneer Phipps keek in de papieren die hij voor zich had liggen.

Ze wrong haar handen.

'Ik weet wel dat het momenteel moeilijk is bij jou thuis, maar vroeger spijbelde je nooit. Is het lastig voor je om naar school te komen? Werkt je pleeggezin niet mee?'

Ze kon hem niet vertellen wat er echt aan de hand was – dat ze tegen de Hewitts had gezegd dat ze haar buskaart kwijt was en dat het geld dat ze haar hadden gegeven om een nieuwe te kopen opgegaan was aan stro voor Boo.

'Ze zijn verplicht om ervoor te zorgen dat jij naar school kan, Sarah. Dus als ze er niet voor zorgen dat jij hier 's ochtends op tijd bent voor de les, dan moeten wij dat weten.'

'Ze helpen me wel.'

'Waarom kom je dan niet naar school?'

'Ik... ik snap niet hoe het allemaal werkt met de verschillende buslijnen. Dus ik mis steeds de aansluiting.'

Boo begon ook te reageren op het gebrek aan regelmaat. Die ochtend was hij bijna uitgebroken uit zijn stal, vervolgens had hij een vrouw met een buggy laten schrikken en was de straat op gerend, zodat een taxi keihard begon te toeteren. Sarah was voor de motorkap gaan staan en had naar de chauffeur geschreeuwd. Toen ze met Boo in het park was, had hij gebokt en zich vervolgens verzet tegen haar instructies, zich verbijtend in zijn bit. Ze was boos en gefrustreerd, en achteraf had ze spijt toen ze bezweet en ongelukkig weer naar de stal terugliepen.

'De gemeente betaalt voor een taxi. We zullen er alles aan doen als het vervoer echt een probleem is, Sarah.' Hij bracht zijn vingertoppen bij elkaar. 'Maar volgens mij is dat niet het hele verhaal. Er staat hier dat je aardrijkskunde twee keer hebt gemist op de donderdag en gym drie keer op vrijdagmiddag. Wil je me vertellen hoe dat komt?'

Ze staarde naar haar voeten. Iemand met zo'n duur tapijt kon onmogelijk begrijpen dat iemand zo leefde als zij. 'Ik ben naar mijn opa gegaan,' mompelde ze.

'Dus hij ligt nog steeds in het ziekenhuis?'

Ze knikte. Zelfs *grand-père* was boos op haar toen ze vrijdag op bezoek kwam. Hij keek naar de klok aan de muur en zei: 'Fout. *Après*.' Ze hoefde niet lang na te denken over wat hij toch zou bedoelen. Hij wilde zeggen dat ze niet meer op dat tijdstip langs mocht komen. Maar hij had geen idee. Hij wist niet dat ze de halve dag door Noordoost-Londen holde, stond te wachten bij bushaltes, of door achterafstraatjes rende om op tijd bij de manege te zijn en om aan iedereens eisen te voldoen.

'Gaat het al wat beter met je opa?' De directeur keek wat vriendelijker.

Als ik een ander type was geweest, was ik nu gaan huilen, dacht Sarah – iedereen wist dat Phipps het niet trok als een meisje in tranen was. 'Ietsjes,' antwoordde ze.

'Het is een nare tijd voor je. Dat begrijp ik best. Maar je zou school juist als een constante moet zien, iets waar je op kunt terugvallen. Als je het moeilijk hebt, moet je naar ons toe komen, Sarah. Naar mij of naar een van je leraren. We hebben allemaal het beste met je voor.' Hij leunde achterover in zijn stoel. 'Maar je mag niet spijbelen om naar je opa te gaan wanneer jij daar zin in hebt. Je hebt volgend jaar examens en dit is een cruciaal punt in je opleiding. Er zijn wel wat vakken waar je het moeilijk mee hebt, toch? Dus moet je de lessen blijven volgen, zodat je straks in elk geval een diploma hebt, wat er verder ook speelt in je leven.'

Ze knikte zonder hem aan te kijken.

'Ik wil verbetering zien, Sarah. Serieuze verbetering. Denk je dat dat lukt?'

Cowboy John was er de vorige keer geweest. Hij was bij opa op bezoek geweest en het eerste wat hij zei toen hij de manege binnenkwam was dat ze de achterstallige huur niet hoefde te betalen. Hij zou tegen Sal de Maltees zeggen dat ze bij was, dan kon ze met een schone lei beginnen als hij de boel overnam. Ze kon aan zijn gezicht zien dat hij dacht dat het haar opluchtte. Maar ze voelde het bloed uit haar gezicht wegtrekken. Want ze wist wat het betekende: dat hij dacht dat *grand-père* nooit meer in staat zou zijn om hem terug te betalen. Hij dacht dat *grand-père* niet meer thuis zou komen.

'Dus niet meer spijbelen, afgesproken?'

Ze keek op. 'Oké,' zei ze, en ze vroeg zich af of meneer Phipps wel wist dat ze loog.

Natasha schrok toen ze hem in de keuken aantrof. Het was kwart voor zeven. Toen ze nog samenwoonden kwam hij nooit voor tienen zijn bed uit.

'Heb een klus in Hertfordshire. Portfoliowerk. Make-up, haar, de hele rambam. Het kost me dik anderhalf uur om daar te komen.’ Mac rook vaag naar shampoo en scheercrème, alsof hij al gedoucht had. Ze had er niets van gehoord, bedacht ze, terwijl ze haar schok verborg door ontbijt klaar te maken.

‘Ik hoop niet dat je het erg vindt, maar ik heb het laatste theezakje gebruikt.’ Hij stak zijn hand op en zwaaide met een stuk geroosterd brood. Hij zat haar krant te lezen. ‘Ik haal straks wel nieuwe. Je drinkt toch nog steeds koffie?’

Ze deed het kastdeurtje dicht. ‘Het zal nu wel moeten,’ zei ze.

‘O. En weet je nog dat ik zei dat ik vanaf donderdag een paar dagen weg zou zijn? Die klus gaat niet door, dus ik ben toch hier. Is dat een probleem?’

‘Nee hoor.’ Hij had melk gemorst op het aanrecht.

‘Wil jij deze?’ Hij wees naar de krant. ‘Sorry, ik wilde hem niet van je afpikken.’

Ze schudde haar hoofd. Ze probeerde te bepalen waar ze zou gaan zitten. Tegenover hem liep ze het risico dat ze zijn voeten zou raken. Naast hem was wel wat al te gezellig. Verlamd door deze twee opties, bleef Natasha bij het aanrecht staan met haar kom muesli.

‘Ik houd het sportkatern. Dan mag jij de voorpagina. Nog nieuws van de makelaar? Ik had het je gisteravond al willen vragen.’

‘Er komen dit weekend twee stellen kijken. O trouwens, ik zou het op prijs stellen als je hier in huis niet blowt.’

‘Dat had je vroeger nooit moeite mee.’

‘Jawel. Ik zei er alleen nooit iets van. Maar daar gaat het niet om. Als er mensen naar het huis komen kijken, lijkt het me geen goed idee dat het ruikt als een Amsterdamse coffeeshop.’

‘Gesnopen.’

‘En de makelaar heeft de sleutels, dus je hoeft hier niet te zijn.’

Hij zette zijn stoel zo neer dat hij haar beter kon zien. ‘Ik hoef hier niet te zijn? Hoezo, ben jij weer weg dan?’

‘Ja.’

‘Jij gaat wel heel vaak een weekendje weg. Waar ga je nu weer heen?’

‘Wat maakt het uit?’

Hij stak zijn handen op. ‘Ik maak gewoon een beleefd praatje, Tash.’

'Ik ga weer naar Kent.'

'Dan zal je het er wel leuk vinden. Heeft Conor daar soms een huis?'

'Zoiets.'

'Hij komt hier niet zo vaak, hè?'

'Rara waarom niet.' Ze concentreerde zich op haar muesli.

'Je verbaast me. Toen we nog bij elkaar waren leek hij er niet mee te zitten dat ik er was... Oké... oké,' zei hij toen ze scherp opkeek. 'Ik weet het. Een eeuwigheid geleden. En we mogen het niet meer hebben over Wat Er Vroeger Is Gebeurd.'

Natasha deed haar ogen dicht en haalde diep adem. Het was te vroeg in de ochtend voor dit gedoe. 'Natuurlijk kunnen we het wel hebben over wat er is gebeurd, Mac. Maar ik denk dat we het ons gemakkelijker maken door geen sarcastische opmerkingen te maken over wat er tijdens ons huwelijk is gebeurd. Of wat niet,' voegde ze er veelzeggend aan toe.

'Ik vind het allemaal prima. Ik zei toch dat hij best kan komen en dat ik me dan wel uit de voeten maak. We kunnen desnoods vaste avonden afspreken. Ik blijf dinsdagavond weg en jij woensdagavond, zoiets.' Hij bestudeerde iets in de krant en zei toen: 'We kunnen best modern doen.'

Ze pakte haar koffie. 'Ik ga ervan uit dat het allemaal wel geregeld is voor we een vaste "*date night*" moeten regelen.'

*Date night.* Natasha voelde de aanwezigheid van de onzichtbare vrouw – ze wist dat die vrouw hier zou zijn als zij het weekend weg was, ook al ging ze niet meer in zijn badkamer kijken op zoek naar bevestiging. Soms meende ze sporen van haar parfum te ruiken. Maar soms zat het hem ook in Macs gedrag. Hij was losjes, relaxed – zoals vroeger, als ze bijna de hele dag in bed hadden doorgebracht. *Dus jij hebt het hele weekend seks in óns huis,* dacht ze, om zichzelf vervolgens te vervloeken om die gedachten.

De muesli voelde als lijm in haar mond. Ze slikte de hap nog door, maar zette de kom toen boven op de afwasmachine.

'Gaat het?'

'Ja hoor.'

'Vind je het echt niet te lastig, zo?'

Soms had ze het gevoel dat hij haar uit de tent probeerde te lokken. Alsof hij wilde dat ze zou zeggen dat ze het niet trok en dat ze weg zou gaan. Nooit zelf weggaan, had Conor haar gewaarschuwd, ondanks zijn eigen gevoelens. Zodra zij uit huis zou trekken, zou zij het morele en wettelijke voordeel kwijtraken. Als Mac zo veel tijd en moeite in het huis had gestoken, wilde hij de boel misschien helemaal niet zo graag verkopen als hij beweerde.

'Hij is anders degene die achter die verkoop aan zit,' had ze geprotesteerd.

'Hij wil dat jij dat denkt,' antwoordde Conor. Hij zag in praktisch alles wat een ander deed diens tegenovergestelde bedoelingen. En hij zag Macs aanwezigheid als die van een vijandige bezetter. Geen duimbreed toegeven. Je nooit terugtrekken. Hem niet laten weten wat jouw plannen zijn.

'Ik heb er totaal geen moeite mee,' zei ze opgewekt.

'Mooi zo.' Zijn stem verzachtte wat. 'Ik was voor ik weer terugkwam wel een beetje bezorgd over hoe dit zou uitpakken.'

Ze wist niet of ze dat wel moest geloven. Mac zag er niet uit als iemand die zich ergens zorgen over maakte. In dat opzicht was hij niet veranderd. 'Enfin, zoals ik al zei, maak je om mij geen zorgen.'

Hij staarde haar aan.

'Wat?' vroeg ze.

'Het wordt ook nooit anders, hè, Tash?'

'Hoe bedoel je?'

Hij bestudeerde haar even met een afwezige glimlach. 'Je laat nog steeds niets van je gevoelens zien.'

Ze keken elkaar recht in de ogen. Hij wendde zijn blik als eerste af en klokte zijn thee weg.

'O, trouwens, ik heb gisteravond mijn wasgoed in de machine gemikt en er zat nog wat van jou in de mand, dus dat heb ik erbij gedaan.' Hij dronk zijn laatste restje thee op. 'Lingerie, maar liefst.' Hij sloeg de krant om. 'Je bent er wel op vooruitgegaan sinds we niet meer bij elkaar zijn, zag ik...'

Natasha kreeg het ineens heel warm,

'Het geeft niet. Ik heb op lage temperatuur gewassen. Ik weet heus wel hoe het werkt.'

'Hou op,' zei ze. 'Ik wil niet...' Ze voelde zich gruwelijk naakt. Het idee alleen al.

'Ik probeer alleen maar te helpen.'

'Nee. Dat probeer je helemaal niet. Je – je...' Ze pakte haar koffertje en liep langs hem naar de deur, waar ze zich met een ruk omdraaide. 'Je blijft van mijn ondergoed af, ja? En van mijn kleren. Blijf van mijn spullen af. Het is al erg genoeg dat je hier bent, dus dan hoef je niet ook nog eens aan mijn onderbroeken te zitten.'

'Ach, doe normaal. Denk je nou echt dat ik voor mijn lol aan jouw wasgoed zit? Ik wilde alleen maar helpen.'

'Dan kun je dat dus voortaan laten.'

Hij legde de krant met een klap op tafel. 'Geen zorgen. Ik loop voortaan met een grote boog om jouw onderbroeken heen. Net als vroeger.'

'Geweldig,' zei ze. 'Echt geweldig.'

'Sorry. Ik bedoelde alleen –'

Ze staarden allebei naar de grond, keken toen op en staarden elkaar aan. 'Ik doe voortaan mijn eigen was wel apart.'

'Graag,' zei ze, en ze trok de deur stevig achter zich dicht.

Sarah zat diep over de hals van haar paard gebogen, met haar tenen in de beugels, en de wind zorgde voor tranen die horizontaal vanuit haar ooghoeken liepen. Ze ging nu zo hard dat haar hele lichaam pijn deed; haar handen, die ze tegen zijn schoft geklemd hield met de teugels in haar greep, haar buik, terwijl ze moest vechten om in positie te blijven tegen de vereende krachten van de wind en de zwaartekracht, haar benen, die hun uiterste best moesten doen om tegen zijn zijkant te blijven liggen. Haar adem kwam in stoten, en ze drukte haar armen tegen zijn hals terwijl hij vloog. Zijn donderende hoeven vulden haar oren. Ze wilde hem niet tegenhouden. Hij had dit al weken nodig en het moerasland was hier uitgestrekt en vlak genoeg om hem te kunnen laten gaan tot hij moe was.

'Hop,' fluisterde ze tegen hem. 'Ga maar.' De woorden bleven steken in haar keel. Zelfs als ze schreeuwde, zou Boo haar niet horen; hij ging op in zijn eigen puur fysieke wereld, en zijn instinct zei hem te genieten van zijn vrijheid, zijn stramme spieren te strekken, zijn benen te laten vliegen over de oneffen grond. Zijn longen hadden moeite om zijn eigen snelheid bij te houden. Ze begreep het. Ze had het zelf ook nodig.

In de verte staken stalen hoogspanningsmasten af tegen de horizon, bijeengehouden door kabels die in een delicate optocht door de stad liepen. Daaronder, op een smalle strook, dwars door het moerasland en verheven op betonnen pilaren, bewoog het verkeer in een eindeloze stoet. Ver weg klonken claxons; misschien toeterden ze naar haar, maar ze kon zich niet lang genoeg focussen om te weten of dat zo was. Boo ging harder dan de auto's en vrachtwagens die gevangenzaten in de spits, en de kick die dat haar gaf dreigde om te slaan in angst toen ze zich afvroeg of ze ooit nog wel zou kunnen stoppen. Ze was nog nooit zo ver weg met hem geweest en ze had hem nog nooit zo hard laten rennen. Hij week uit voor een oud fietsframe in het hoge gras, waarbij hij haar bijna uit het zadel wierp, en terwijl ze haar best moest doen om haar evenwicht te bewaren, voelde ze zijn machtige benen onder zich kracht verzamelen om nog harder te gaan. Ze zag niet scherp meer en haar adem stokte. Ze tilde haar hoofd op van zijn hals en spuugde de manen uit die tegen haar huid sloegen terwijl ze probeerde in te schatten hoe ver ze nog te gaan had. Ze trok lichtjes aan de teugels en merkte dat ze weinig kracht overhad om hem in te houden mocht hij zich straks verzetten. Ergens kon het haar niet eens schelen: voor hen allebei was het gemakkelijker om maar gewoon door te gaan. Om die met gras begroeide vluchtheuvel op te gaan en de weg over te steken, dwars tussen de auto's door, tot zijn hoefijzers vonkten op het wegdek. Ze zouden over auto's heen springen, over hekken. Ze zouden onder de hoogspanningsmasten door vliegen, langs de pakhuizen en de parkeerplaatsen, en ze zouden doorgaan tot ze op het platteland waren. Zij en haar paard, galopperend door het hoge gras, een ongecompliceerde toekomst tegemoet.

Maar Boo was voor een deel ook nog steeds van *grand-père*. Toen hij de steeds sterkere spanning op de teugels voelde, hield hij gehoorzaam in. Zijn oren schoten van voor naar achter, alsof hij wilde controleren of hij haar boodschap goed begrepen had. Sarah liet zich in het zadel zakken, kwam langzaam overeind en gaf nog een keer aan wat ze van hem wilde, dat hij inhield. Hij moest doen wat ze van hem vroeg. Hij moest weer terug naar hun wereld.

Een meter of vijftien voor de tweebaansweg vertraagde Boo zijn pas. Zijn flanken zwoegden van de inspanning die hij net had geleverd en zijn adem verliet zijn wijduitstaande neusvleugels in korte, luidruchtige stoten.

Sarah bleef heel stil zitten en keek door half dichtgeknepen ogen achterom naar de afstand die ze hadden afgelegd. Ze had geen last meer van de wind, maar toch bleven de tranen komen.

Ruth, de maatschappelijk werkster, stond bij de schoolpoort. Sarah was in haar schooltas naar muntgeld aan het zoeken toen ze haar zag staan. Ze stond wat opzij en haar keurige rode autootje stond aan de overkant geparkeerd, alsof ze niet wilde opvallen. De leerlingen gaapten haar stuk voor stuk aan toen ze langs haar liepen. Sarah liep met tegenzin naar haar toe; Ruth had net zo goed een hes aan kunnen trekken met daarop MAATSCHAPPELIJK WERKSTER in neonkleurige letters, want opvallen deed ze toch wel. Ze was net een politieman in burger: je zág het gewoon aan haar.

'Sarah?'

Ze schrok toen het tot haar doordrong wat het misschien kon betekenen dat dat mens daar nu stond. Ruth begreep dat waarschijnlijk, want toen Sarah op haar af holde, zei ze: 'Er is niets aan de hand met je opa. Geen zorgen.'

Haar borst zakte in van opluchting en Sarah liep met tegenzin achter haar aan naar haar auto. Ze deed het portier open en ging zitten. Ze was van plan geweest om vanavond bij *grand-père* langs te gaan; zou ze Ruth misschien om een lift kunnen vragen? Pas toen zag ze de twee zwarte tassen op de achterbank. Uit eentje zag ze haar trainingsbroek steken. Na vijf weken en twee verhuizingen wist ze wat die tassen betekenden. 'Ga ik ergens anders heen?'

'Sarah, ik vrees dat de Hewitts er genoeg van hebben.' Ze startte de auto. 'Het ligt niet aan jou – ze vinden je een lieve meid – maar ze willen niet meer verantwoordelijk zijn voor iemand die de hele tijd maar verdwijnt. Het is hetzelfde verhaal als bij de MacIvers. Ze zijn bang dat je iets overkomt.'

'Maar er overkomt me heus niks,' zei Sarah honend.

'De school maakt zich ook al zorgen. Ze hebben me verteld dat je spijbelt. Zou je me willen vertellen wat er aan de hand is?'

'Er is niks aan de hand.'

'Heeft het soms iets met een jongen te maken? Een man? Je bent echt heel vaak van de radar, Sarah. Denk maar niet dat wij dat niet merken. We hebben eens opgeteld hoeveel tijd je niet op school en niet bij de Hewitts was.'

'Nee. Er is geen jongen.'

'Wat is er dan wel aan de hand?'

Sarah schoof met haar voeten over de grond. Waarom bracht Ruth haar niet gewoon ergens naartoe in plaats van daar bij de school te blijven staan, zodat iedereen die langskwam hen zag zitten. Maar Ruth wachtte op haar antwoord. 'Ik wilde bij mijn opa langs.'

'Maar dat is niet het enige, hè? Ik ben dinsdag naar het ziekenhuis gegaan, toen school belde om te zeggen dat je weer verdwenen was. Ik wilde je daar ophalen, maar je was die dag helemaal niet langs geweest. Waar was je?'

Sarah staarde naar haar handen, die onder de blaren zaten van de teugels. Ze zouden erachter komen. Dat wist ze. Ze dacht aan Boo, aan hoe het voelde om hem onder zich te hebben, dat vluchtige gevoel van vrijheid als ze een andere toekomst tegemoetreden. Ze stak haar hand in haar tas om als in een reflex te controleren of ze de sleutels van de manege nog had.

'Je moet me helpen, Sarah. Ik heb zo langzamerhand geen opties meer voor je. Je hebt al twee pleeggezinnen gehad in vijf weken tijd. Het ware goeie mensen, aardige mensen. Wil je soms in een tehuis terechtkomen? Ik kan je ergens stoppen waar je zeker nooit meer uit weg kunt lopen. We kunnen je huisarrest geven of ervoor zorgen dat er elke dag iemand is die je van en naar school brengt. Is dat wat je wilt, Sarah?'

Sarah stak haar hand in haar tas en haalde het stuk papier eruit. *Als je een probleem hebt, meteen bellen*, had hij gezegd. *Ik help je als het maar even kan.*

'Mac,' zei ze, en ze keek Ruth aan. 'Ik wil weer terug naar Macs huis.'

Tien mensen. Heel veel bezichtigingen. Maar geen enkel bod. De makelaar had zich verontschuldigd: 'Het komt door de rente,' had hij gezegd. 'Daar worden de mensen zenuwachtig van. Ze doen er twee keer zo lang over om een bod uit te brengen.'

'Maar we moeten het huis echt verkopen.' Natasha verbaasde zichzelf. Ze had helemaal niet weg gewild, maar dat was voor Mac weer bij haar ingetrokken was.

'Dan zult u de prijs moeten verlagen. Als het maar goedkoop genoeg is, is alles te verkopen. En ik hoop niet dat u het erg vindt dat ik het zeg, maar het zou ook helpen als u zorgt dat de logeerkamer opgeruimd is. Het is nooit goed als potentiële kopers over – eh – herenondergoed heen moeten stappen om in de badkamer te komen.'

Natasha lag in bad en vroeg zich af hoeveel ze in prijs zouden moeten zakken om het huis verkocht te krijgen. Het moest genoeg zijn om kopers te trekken, maar als ze te veel zou zakken, zou ze zich bekocht voelen. Het was een schitterend huis in een fijne straat. Dit deel van Londen zat in de lift – dat zei iedereen – en de verkoop moest genoeg opleveren om ergens een appartement te kunnen kopen.

Toen ze er weer aan dacht om in een appartement te moeten wonen, kreeg Natasha de zwarte wolk van zwaarmoedigheid die boven haar hing niet weg. Als je halverwege de dertig was, mocht je toch verwachten dat je de fundering van je leven op orde had. Je had een partner, een huis waar je van hield, een goede carrière. Misschien een stuk of twee kinderen. Haar eeuwige platte buik was net zichtbaar onder het drijvende landschap van bubbels. Een van de vier had ze voor elkaar. Geen geweldige score, eerlijk gezegd. En sinds die toestand met Ahmadi was ze over haar carrière ook niet meer zo zeker.

'Natasha?'

Ze ging rechtop in bad zitten en controleerde of ze de badkamerdeur wel op slot had gedraaid. 'Ik ben hier,' riep ze. *Laat hij alsjeblieft niemand mee naar huis genomen hebben.*

Ze hoorde de doffe ploffen van spullen die op de grond werden gezet, zijn voetstappen op de trap. Zijn materiaal nam steeds meer ruimte in, in de hal – stapels lampen, canvas cameratassen, reflectieschermen – nog even en ze moest springen naar de lege plekken als ze het huis in en uit wilde.

'Ik zit in bad,' riep ze. Ze hoorde dat hij voor de deur bleef staan en ze voelde zich niet op haar gemak. Ze kon hem bijna zien in zijn

T-shirt en spijkerbroek en hoe hij een hand door zijn haar haalde.

'Ik ben boodschappen wezen doen,' zei hij. 'Heb van alles gekocht. Het staat in de keuken. Theezakjes en de hele mikmak.'

*Knap hoor*, dacht ze. *Wil je nu een medaille?*

'En ik heb de makelaar gebeld. Ze zeiden dat die laatste lui misschien toch met een bod zouden komen. Het is pas twee dagen geleden dat ze hier waren.'

'Dat gaat echt niet gebeuren, Mac. Als een huis je aanstaat, bied je meteen. Je weet toch hoe dat werkt.'

Ze kon horen dat hij een berichtje kreeg. Toen hij reageerde, klonk hij afgeleid, alsof hij ondertussen zat te typen. Hij kon nooit twee dingen tegelijk. Ze zakte dieper weg in haar bad, zodat Macs stem gedempt werd. 'Maar goed, hij zal je wel verteld hebben dat er woensdag weer iemand komt kijken. Je weet nooit.'

Ze hadden dit huis samen bezichtigd. Mac was er meteen naartoe gekomen vanaf een klus, dus zijn camera hing nog om zijn nek. Ze had nog gezegd dat ze hem een poseur vond, maar hij had foto's genomen van alle kamers, en later waren ze allebei opgetogen over het licht, de ruimte. Ze hadden de volgende ochtend een bod uitgebracht.

'En ik heb nog een telefoontje gehad.' Dit keer klonk hij onzekerder.

Natasha veegde haar ogen af. 'Van wie?' Ze duwde zich overeind.

'Van Jeugdzorg. Over dat meisje dat bij ons heeft gelogeerd.'

'Wat is daar dan mee?'

'Ze vroegen of ze soms een paar weken bij ons kon komen. Op haar huidige adres is het blijkbaar geen succes.' Hij zweeg. 'Ze heeft speciaal om ons gevraagd.'

De alerte ogen van het kind aan de ontbijttafel. Haar geschrokken blik toen ze de verwoesting zag in de zitkamer van haar flatje op de vijfde verdieping.

'Maar we kennen haar helemaal niet.'

'Ze heeft gezegd dat wij vrienden van de familie zijn. Ik wilde dat liever niet tegenspreken. Niet dat het ertoe doet, want ik zei al tegen ze dat het waarschijnlijk niet kon.'

Natasha stapte uit bad. 'Hoezo niet?'

Hij gaf niet meteen antwoord. Ze hoorde dat hij dichter bij de deur ging staan.

'Ik dacht dat je er de vorige keer… niet zo'n trek in had. Ik wist niet of je wel iemand in huis wilde die je niet kent, met alles wat er speelt. Dus ik zei tegen ze dat je het misschien te druk had op je werk.'

'We weten niets van haar.'

'Dat is zo.'

Ze sloeg een zachte witte handdoek om zich heen en ging op de rand van het bad zitten. 'Wat vind jij?' Ze keek naar de deur.

'Ik zou het niet erg vinden, als we haar er een paar weken mee uit de brand helpen. Ze leek me een prima kind.'

Ze hoorde het aan zijn stem. Het zou voor hem een even grote opluchting zijn als voor haar. Iets anders om je op te concentreren. Iets wat de spanning zou doorbreken.

Ze dacht aan het pakje gestolen vissticks. Het meisje had gezworen dat ze ervoor wilde betalen. Kom op, zei ze bij zichzelf. Niet al die kinderen zijn verdorven. Misschien verdiende ze een kans.

'Tash?'

Dit was misschien de enige kans die ze ooit zou krijgen om over iemand te moederen.

'Ik zie niet in wat een paar weken voor kwaad kunnen,' zei ze, 'maar je moet wel je werk om haar heen plannen. Ik heb een belangrijke zaak en ik kan geen vrij nemen.'

'Dat lukt wel, denk ik.'

'Ik weet niet… Het is wel een grote verantwoordelijkheid, Mac. En het vergt wel wat van je – geen dubieuze sigaretten meer, minder drinken. Je kunt niet meer komen en gaan wanneer je daar zin in hebt. Het zou een flinke omslag van jou vereisen in manier van leven. Ik weet eigenlijk niet of je wel –'

'Ik bel ze wel,' zei hij, en hij liep de trap al af, 'dan bespreken we daarna wel wat we gaan doen.'

# 9

*'Om te beginnen dien je je te realiseren dat temperament bij een paard hetzelfde is als woede bij de mens.'*
Xenophon, *Over de rijkunst*

Ze hoorde dat Sarah de trap af kwam nog voor ze haar zag. Haar voetstappen waren bedrieglijk licht, bijna alsof ze niet gehoord wilde worden, maar voor Natasha, die zich nog steeds scherp bewust was van de aanwezigheid van andere mensen in haar huis, was het genoeg om op te kijken van haar dossier. Ze zat aan de keukentafel te werken (haar werkkamer was ze kwijt, omdat Mac daar nu sliep) en leunde achterover in haar stoel om door de deuropening te kunnen kijken. 'Ga je weg?'

Sarah draaide zich snel om in de hal, bijna alsof ze had gedacht dat ze ongezien het huis uit kon. Ze droeg een gewatteerd jasje en een gestreepte wollen sjaal. 'Ik ben zo terug,' zei ze.

'Waar ga je naartoe?'

'Naar een vriendin.'

Natasha stond op. 'Wil je een lift?'

'Nee... bedankt.'

'Nou, zal ik je anders ophalen, nu het 's avonds weer zo donker is?'

Sarah probeerde een glimlach, maar erg overtuigend was hij niet. 'Nee, bedankt,' zei ze. 'Ik neem de bus wel.' En voor Natasha verder nog iets kon zeggen was ze al weg. Natasha bleef achter, starend naar de voordeur, haar pen nog losjes tussen haar vingers.

Sarah was nu tien dagen bij hen, en na de eerste twee ongemakkelijke dagen, toen ze nauwelijks iets had gezegd en zich in haar kamer had verstopt als Natasha thuis was, hadden ze met zijn drieën inmiddels een bepaalde routine ontwikkeld. Natasha maakte altijd het ontbijt klaar (zij was meestal als eerste op), en Mac zette Sarah bij school af, op advies van de maatschappelijk werkster. Hij was de eerste paar uur na school verantwoordelijk, en dan, afhankelijk van hoelang Natasha op haar werk bleef, aten Sarah en Mac samen, of ze zaten met zijn drieën aan tafel, alsof ze een gezin waren. Eerst was het raar om samen met Mac te eten. De gesprekken waren geforceerd en aarzelend. Maar hij kletste met Sarah en ook al zei ze niet veel terug, ze hadden inmiddels in elk geval iets wat een beetje veiliger voelde, soms zelfs gezellig. Sarahs leven, haar bescheiden behoeften en zelfs haar opstandigheid gaven hun gesprekken iets gerichts.

De school had twee keer gebeld om te zeggen dat ze lessen had gemist. Sarah beweerde dat ze zich had vergist in haar rooster. En één keer zei ze dat ze er wel degelijk was, maar dat de leraar een fout had gemaakt. Ze waren gewaarschuwd door Ruth, de maatschappelijk werkster, dat het meisje zich niet altijd hield aan de afspraken die met haar waren gemaakt. 'We hebben wat problemen gehad omdat ze niet altijd was waar ze zou moeten zijn,' had Ruth gezegd. Natasha had het gevoel dat ze hun niet het hele verhaal vertelde.

'Daar ben je toch puber voor?' had Mac opgewekt gereageerd. 'Ik was nooit waar ik hoorde te zijn.'

'Ik denk gewoon dat jullie haar niet te veel vrijheid moeten geven,' ging Ruth verder, zich richtend op Natasha. 'Haar grootvader schijnt vrij streng te zijn geweest, en kennelijk reageert ze op het gebrek aan stabiliteit door een beetje te ontsporen. Ze heeft behoorlijk veel lessen gemist en wil niet zeggen waar ze uithangt.

Ik zeg niet dat jullie problemen met haar krijgen,' voegde ze er snel aan toe, 'ik bedoel alleen dat zij een kind is dat beter gedijt bij vaste routines, en als je grenzen kunt stellen aan wanneer ze de deur uit mag, werkt dat voor iedereen beter.'

Ze hadden het voordeel, had Ruth lachend gezegd, dat Sarah zelf om hen had gevraagd. 'We merken dat jonge mensen veel beter functioneren in een omgeving waar ze zelf de voorkeur aan geven. Dat zal nu ook zeker het geval zijn.'

Natasha had geen tijd gehad om zich hierdoor gevleid te voelen. En nu Sarah wat gewend was, leek ze juist zo min mogelijk tijd bij haar te willen doorbrengen. Onder het eten sprak ze in enkele lettergrepen, ze zat bijna de hele tijd als ze thuis was in haar kamer en was zo vaak weg dat het voelde alsof er helemaal niet nog iemand in huis was.

Tijdens dat eerste avondeten had Mac gezegd: 'Oké. We hebben nog nooit een logee van jouw leeftijd gehad. Hoe wil je dit aanpakken?' Hij leek er zo opgewekt onder, zo relaxed.

Natasha stond bij het fornuis en schraapte verbrande pizza van de bakplaat en probeerde te kijken alsof ze niet meeluisterde.

'Meestal ga ik uit school eerst bij een vriendin langs,' zei ze voorzichtig.

Mac haalde zijn schouders op. 'Prima. Laten we om te beginnen afspreken dat je dat twee keer in de week doet. De andere dagen kom je meteen uit school thuis en dan doen we samen huiswerk. Hoewel ik natuurlijk geen idee heb waar je mee bezig bent op school.'

'Ik ben eraan gewend dat ik alleen wegga en thuiskom.'

'En wij zijn niet gewend dat er hier nog iemand anders woont, dus we hebben allemaal wat tijd nodig om ons aan te passen, Sarah. Binnenkort kan je heus je eigen sleutels krijgen, maar voorlopig moet je even meewerken. Oké?'

Het meisje had haar schouders opgehaald. 'Oké.'

Natasha dacht dat Mac het meisje alleen in huis gehaald had als rookgordijn, omdat ze zich zo ongemakkelijk voelden bij elkaar. Maar hij stortte zich echt op de zorg voor Sarah. Hij was gestopt met roken en dronk 's avonds hooguit één glas wijn of bier. Hij ging door hun kookboeken zodat hij kon koken als Natasha er niet was. Hij leek instinctief te weten hoe hij met Sarah moest praten, wat ze lekker vond om te eten en wat ze wilde zien op televisie. Ze moest weleens lachen om wat hij allemaal tegen haar zei, en had hem wat dagelijkse dingetjes toevertrouwd als ze thuiskwam uit school.

Natasha had moeite om de juiste toon te vinden – het klonk vaak alsof ze een cliënte toesprak, dat vond ze zelf ook. 'Heb je iets nodig? Wat voor dingen krijg je meestal voor de lunch op school?' Het klonk stijfjes, alsof ze haar ondervroeg, en Sarah keek er altijd oplettend bij, alsof zij het ook een kruisverhoor vond.

Sarah had geen behoefte gehad aan haar hulp bij het wat persoonlijker maken van de logeerkamer. Ze had beleefd geglimlacht naar Natasha toen die haar het nieuwe dekbedovertrek liet zien dat ze had gekocht en de toiletspullen die ze in Sarahs badkamer had neergezet. Ze had Natasha's aanbod om in het weekend wat posters te gaan kopen beleefd afgeslagen. Op een middag dat het meisje op school zat, was Natasha de kamer in geslopen om een beeld te krijgen van wie ze was, wat ze misschien nodig had, maar uit de paar spullen die er lagen kon ze weinig opmaken: wat goedkope kledingstukken, niet anders dan waar ze andere meisjes in zag lopen, een foto van haar met twee oude mensen, waarschijnlijk haar grootouders. Een paar boeken over paarden en haar schooluniform. Ondanks het feit dat ze heel netjes was, waren haar schoenen gek genoeg vaak heel vies. Ze zaten onder de modder en ook op haar spijkerbroek zaten vlekken, die een sterke geur hadden die Natasha niet kon thuisbrengen. Toen ze dat op een avond ter sprake probeerde te brengen was Sarah van kleur verschoten en ze zei dat ze met een vriendin een hond uitgelaten had in het park.

'Het geeft niet. Geef haar de tijd, dan wordt ze wel wat meer open,' zei Mac toen Sarah naar haar kamer verdwenen was. 'Moet je nagaan hoe vreemd dit allemaal voor haar is. Haar hele leven staat sinds een paar maanden op zijn kop.'

Niet alleen het hare, wilde Natasha zeggen. Maar ze pakte haar mappen en ging in de keuken aan het werk, zoals ze steeds vaker deed, als een indringer in haar eigen huis.

'... dus dit weekend ga ik niet naar Kent.'

Conor kon zijn oren niet geloven. 'Jij en Mac zorgen samen voor een pleegkind?' herhaalde hij.

'Zo moet je dat niet zien, Conor. We zijn geen pleegouders. Ze is gewoon iemand die ik heb ontmoet en ze logeert bij ons tot haar opa weer voor zichzelf kan zorgen. Het – het zorgt ervoor dat het thuis beter uit te houden is. Er is een stuk minder spanning in huis.'

Conor zag het heel anders. 'Mis ik soms iets, Hotshot?' had hij gezegd terwijl hij zijn vingers langs zijn leren koffertje liet glijden. 'Eerst trekt hij weer bij je in. En nu zorgen jullie samen voor een pleegkind. En dan kun je niet met mij naar de cottage omdat jullie vadertje en moedertje willen spelen.'

Ze was heel kalm gebleven. 'Het is haar eerste weekend bij ons. De maatschappelijk werkster komt vrijdagavond op bezoek om te checken of ze al wat gewend is, dus dan kan ik me niet meteen uit de voeten maken.

'En dus ga je gezinnetje spelen.'

'Conor, zoals het daarvoor ging, was het niet te harden. En volgens mij vond Mac het net zo moeilijk als ik. Nu er nog iemand in huis is, hoeven we ons tenminste niet zo met elkaar bezig te houden.'

'Dat klinkt geweldig, maar ik zie het niet zo. Als je kinderen hebt, dan –'

'Ik héb helemaal geen kinderen. Dit is een meisje dat haar eigen leven heeft, haar eigen interesses. Ze is er de helft van de tijd niet eens.'

'Dus wat heeft het voor nut als ze er toch niet is? Je zegt net dat het zo goed is dat ze er is, omdat jullie je dan niet met elkaar bezig hoeven te houden.'

God, wat was het toch verschrikkelijk om ruzie te maken met een advocaat. 'Je moet mijn woorden niet verdraaien. Ze heeft zelf gevraagd of ze mocht komen logeren en zowel Mac als ik zagen het als een manier om onze lastige situatie thuis ietsje minder moeilijk te maken. En als een manier om een kind te helpen dat in de sores zit.'

'Wat altruïstisch van je.'

Ze liep om haar bureau naar zijn stoel en ging bij hem zitten. Met zachtere stem zei ze: 'Als jij een aardig kind tegenkwam dat een paar weken een dak boven haar hoofd nodig had – iemand die je een handje kunt helpen in het leven – zou jij daar dan nee tegen zeggen?'

Daar had ze hem te pakken.

'Je bent zelf vader. Stel je voor dat het een van je eigen kinderen was. Dan hoop je toch zeker dat hij door fatsoenlijke mensen wordt opgevangen?' Ze probeerde hem recht in de ogen te kijken. 'Tegen de tijd dat we het huis verkocht hebben, is zij weer thuis en gaan we alle drie weer onze eigen weg. Dus het komt iedereen goed uit.'

Ze wilde zijn hand pakken, maar hij trok hem terug en hield zijn hoofd schuin. 'Tuurlijk. Dat zie ik allemaal wel. Maar zou je me één ding willen uitleggen?' Hij leunde naar voren. 'Hoe omschrijf je jullie huishouden aan de autoriteiten? Ze zullen het wel vreemd gevonden hebben... twee mensen die elkaar een jaar lang nauwelijks zien en die ineens aanbieden om een getroebleerde tiener bij hen in huis te nemen...'

Ze haalde diep adem.

'O. O, ik wist het wel...'

'Nee, Conor, het is –'

'Je hebt er niks over gezegd, hè? Ze denken dat jullie nog bij elkaar zijn. Omdat jullie gewoon een doorsnee getrouwd stel lijken.' Zijn stem klonk sarcastisch.

'Het had geen zin om erover te beginnen... En je weet best dat ik om zakelijke redenen mijn naam niet heb veranderd.'

'Kwam dat even goed uit.'

'Ik ben er gewoon nooit aan toegekomen om het aan iedereen te vertellen,' protesteerde ze. 'Meer is het niet. Mijn zakelijke contacten kennen me als Macauley. En ik wist niet hoe ik dat moest oplossen.'

'En nu hebben meneer en mevrouw Macauley een klein meisje geadopteerd. Is me dat even fijn? Zo zijn jullie weer een gezin.'

'We adopteren haar helemaal niet. Ze is een puber die een paar weken een logeeradres nodig heeft. Kom nou toch, Conor. Ga nou niet op zoek naar dingen die er niet zijn.'

Maar hij leek er een stortvloed aan motieven, voorwendselen en bedrog in te zien. Hij deed nu al dagen moeilijk tegen haar, verzon afspraken als ze hem mee uit vroeg, of meed haar gewoon. Hij trekt wel weer bij, hield Natasha zichzelf voor. Ze staarde naar haar mobiele telefoon die haar voor de veertiende keer die dag toonde dat er niemand had gebeld, behalve haar secretaresse. *Werk*, maande ze zichzelf. *Concentreer je nu maar op je werk.*

Het was stil in huis. Ze had de komende uren weer even voor zichzelf. Ze liet haar hoofd in haar handen zakken en sloot haar ogen. Toen keek ze weer op, haalde adem als iemand die onder water had gezeten, belde naar kantoor en sprak de voicemail in.

'Ben,' zei ze, 'als je dit hoort, wil je dan alle getuigen-deskundigenverklaringen van de Nottingham-zaak voor me bij elkaar zoeken? Ik heb ze meteen nodig als ik op kantoor kom. En laat meteen even horen als je iets hoort van de rechtbank over de Thompson-zaak. Volgens mij gaat de gemeente beroep aantekenen.'

Het was weer gebeurd. Er stonden drie zoetgeurende balen hooi tegen de deur van haar kast, die vaag naar een zomers weiland roken. Met daarnaast een ongeopende zak voer. Sarah had er niet voor betaald. Ze hield het koude hangslot vast en staarde naar dat wat ze de afgelopen weken nu al twee keer eerder had aangetroffen. Ze voelde een ongemakkelijke mengeling van dankbaarheid omdat Boo te eten had en bezorgdheid om hoe ze eraan gekomen was.

De herfst was over de manege gekropen, en had kille nachten en een kennelijk niet te stillen honger bij de paarden met zich meegebracht. Sarah gluurde vanuit haar kast naar de kachel, waar Cowboy John grote enveloppen in gooide, terwijl hij tegen zijn hond praatte. Hij was het stenen schuurtje dat hij zijn kantoor noemde aan het leegruimen en was allerlei officiële correspondentie die hij de afgelopen jaren had ontvangen aan het verbranden. Ze had hem om hooi gevraagd, maar hij zei haar verontschuldigend dat hij alles, behalve wat hij zelf nodig had voor zijn eigen paarden, al aan Sal had verkocht.

Ze vulde een hooinet en sjokte toen het terrein over naar Boo's stal. Ze vulde zijn wateremmers bij en verschoonde het stro, af en toe pauzerend om haar ijskoude vingers in de dekens van haar paard te steken, tegen zijn zachte, warme vacht aan, en om te luisteren naar zijn ritmisch kauwen.

Ze had gedacht dat het gemakkelijker zou worden als ze bij de Macauleys woonde en in zekere zin klopte dat ook wel. Het huis was mooi. Het was dichter bij school en bij de manege. Maar geld was een probleem. Zonder *grand-père* kon ze de stalhuur niet betalen. Natasha wilde per se boterhammen voor haar smeren in plaats van haar lunchgeld te geven en ze hadden een nieuwe buskaart voor haar gekocht, dus ze kon ook niet om geld voor de bus vragen. Ze gaven haar elk weekend zakgeld, wat die andere pleeggezinnen niet deden, maar dat was niet genoeg om de kosten voor Boo te dekken.

Ze wilde er liever niet over nadenken wat ze nog moest betalen. Zelfs zonder dat hooi.

Ze dacht aan de pot die ze in Natasha's kamer had zien staan. Dat mens had geen idee hoeveel muntjes erin zaten. Sarah was erdoor geobsedeerd en had berekend dat er waarschijnlijk honderden pondstukken in zaten, met nog wat zilveren munten. Natasha Macauley tekende haar cheques zonder op de bedragen te letten. Ze had een creditcardoverzicht op de keukentafel liggen waaruit bleek dat ze de maand ervoor bijna tweeduizend pond had uitgegeven, al had Sarah niet de moed om te kijken waaraan. De advocate had kennelijk zo veel geld dat die munten die ze in de pot gooide haar niet eens konden schelen. Waarschijnlijk had ze gewoon geen zin in al die zware muntjes in de jasjes van haar werkkleding.

Sarah wist wat *grand-père* zou zeggen over meisjes die geld pakten dat niet van hen was. Maar ze merkte dat ze in gedachten steeds vaker tegen hem in opstand kwam: *Nou en? Jij bent er niet. En hoe moet ik anders ons paard onderhouden tot je weer terugkomt?*

'Sarah.'

Ze schrok op. Cowboy John was verdwenen en Sheba had niet geblaft, zoals anders als er iemand binnenkwam. 'Ik schrok me dood.' Ze deed een stap naar achteren tot ze tegen de deur van haar kast stond, met het hangslot nog in haar hand.

Sal de Maltees stond achter haar, zijn gezicht nauwelijks zichtbaar in de avondschemering. 'Ik liep langs en zag dat het hek openstond,' zei hij. 'Ik wilde alleen even controleren of alles in orde was.'

'Alles is prima,' zei ze. Ze draaide zich om en worstelde met haar sleutel. 'Ik wilde net naar huis gaan.'

'Sluit jij af voor John?'

'Ik heb altijd de sleutels gehad,' zei ze. 'Ik help hem altijd als hij vroeg weg moet. Ik… ik vind het niet erg om dat te blijven doen als jij het hier overneemt.'

'Als ik het overneem?' De gouden tand glom. 'Liefje, de manege is al van mij. Al een hele week, inmiddels.' Hij leunde tegen de deurpost. 'Maar houd jij de sleutels maar lekker, hoor. Dat kan nog weleens van pas komen.'

Sarah pakte snel haar schooltas van de grond, blij dat Sal niet kon zien dat ze bloosde door het flikkerende licht van de lantaarnpaal.

'Waar ga je heen?'

'Naar huis,' zei ze.

'Is je opa er weer?'

'Nee. Ik… ik logeer bij iemand.'

'Het is al donker. Een jong meisje moet 's avonds niet alleen over straat.'

'Ik red me wel,' zei ze, en ze gooide haar tas over haar schouder. 'Echt.'

'Wil je een lift? Ik heb de tijd.'

Nog steeds kon ze zijn gezicht niet goed zien. Hij rook naar tabak, niet van sigaretten maar van iets zoeters. 'Beter van niet.' Ze wilde langs hem lopen, maar hij bleef staan. Ze vermoedde dat hij het zag als een spelletje om mensen een ongemakkelijk gevoel te bezorgen. Ze vroeg zich af of zijn mannen soms ergens anders op het terrein waren en haar daar uit stonden te lachen.

'Je hebt het hooi gevonden?'

'Ja, dank je. Sorry. Ik wilde het nog zeggen.' Ze stak haar hand in haar zak en haalde er het geld uit dat ze die ochtend had uitgeteld. 'Dit is voor de laatste twee keer.' Ze gaf het aan hem en kromp ineen toen haar vingers zijn hand raakten.

Hij hield het geld op en bekeek het in het licht. Toen schoot hij in de lach. 'Waar is dit voor, schatje?'

'Voor het hooi. En het voer. Voor twee weken.'

'Dit is nog niet eens genoeg voor twee van die balen. Dat is topspul, dat je daar hebt.'

'Twee pond per baal. Dat is wat ik John betaal.'

'Dit is veel beter dan zijn spul. Vijf pond per baal kosten ze. Ik zei toch dat ik jouw paard alleen het beste voer zou geven. Dus je bent me drie keer zo veel verschuldigd.'

Ze staarde hem aan. Blijkbaar maakte hij geen grapje. 'Zo veel heb ik niet,' fluisterde ze. Sheba zat te janken aan haar voeten.

'Dan hebben we een probleem.' Hij knikte bij zichzelf. 'Dan hebben we echt een probleem. Want we zitten ook met al die achterstallige huur.'

'Achterstallige huur?'

'Volgens de boeken van Cowboy John heb je al zes weken geen huur betaald.'

'Maar John zei dat hij ons die huur had kwijtgescholden. Vanwege mijn opa.'

Sal de Maltees stak een sigaret op. 'Dat zijn zijn woorden, schatje. Niet de mijne. Wat mij betreft heb ik zijn lopende debiteuren overgenomen en er staat een vette schuld achter jouw naam. Ik heb die huur nodig.'

'Ik zal met hem praten. Ik –'

'Hij gaat er niet meer over, Sarah. Je bent nu aan mij geld verschuldigd.'

Sarah begon uit te rekenen hoeveel het was, zes weken huur, en telde het op bij het geld dat ze hem verschuldigd was voor het voer. Het bedrag deed haar hoofd duizelen. 'Ik... Zo veel geld heb ik niet, niet meteen.'

'Tja...' Sal de Maltees deed een stap naar achteren, zodat ze erdoor kon. 'Ik heb nog wel even, Sarah. Ik ga nergens heen. Regel het maar en dan hoor ik het wel.'

Ze kwam net de rechtbank uit toen Linda op haar af kwam snellen. Natasha wendde zich af van de advocaat met wie ze stond te kletsen en Linda duwde haar, nog nahijgend, een stuk papier in de hand. 'Je moet deze vrouw bellen. Ze zegt dat een of andere Sarah weer niet op school is verschenen.'

'Wat?' Haar hoofd was nog bij wat er in de rechtszaal was gebeurd.

'Ze belde vlak na tienen. Ik wilde je liever niet storen.' Linda knikte in de richting van de rechtbank. Toen Natasha de boodschap niet leek te begrijpen, herhaalde ze: 'Sarah is vanochtend niet op school verschenen. Ze zeiden dat jij wel wist wat dat betekende. Is het een cliënte? Want ik had geen idee waar ze het over had.'

Natasha keek op haar horloge. Het was kwart voor twaalf. 'Heb je Mac ook gebeld?'

'Mac?' vroeg Linda. 'Mac, je ex? Waarom zou ik die bellen?'

Natasha ging op zoek naar haar mobieltje. 'Laat maar. Ik leg het een andere keer nog wel uit.' Toen ze haar mobieltje had gevonden beende ze weg, langs de groepjes advocaten en cliënten, tot ze een rustig hoekje had gevonden.

'Natasha?' Hij klonk verbaasd om van haar te horen. Op de achtergrond hoorde ze lachende mensen en muziek, alsof hij op een feestje was.

'De school heeft gebeld. Ze is weer niet komen opdagen.'

'Wie? Sarah?' Hij zei tegen iemand dat hij moest wegwezen. 'Maar ik heb haar daar om kwart over negen afgezet.'

'Heb je gezien dat ze door de poort ging?'

Stilte. 'Nu je het zegt, nee. Ze wuifde me na. Jezus, ik had niet gedacht dat we haar bij het handje zouden moeten nemen.'

'Ze hebben me twee keer gebeld. Volgens de wet moeten wij het rapporteren als ze langer dan twee uur zoek is. Regel dit, Mac. Ik heb te weinig tijd, want ik zit de hele middag vast in een rechtszaak.'

'Verdomme. Ik zit midden in een shoot en daarna heb ik een klus in Zuid-Londen.' Ze hoorde hem denken. Hij neuriede altijd als hij probeerde ergens een oplossing voor te bedenken. 'Oké. Bel jij de school om te checken of ze ondertussen toch is gekomen, dan ga ik naar huis om te kijken of ze daar toevallig is en dan bel ik je terug.'

Sarah was niet thuis, niet op school, en in het ziekenhuis was ze ook niet. Mac belde terwijl Natasha ijsbeerde door haar kantoor, een broodje naar binnen propte, en zei dat ze de maatschappelijk werkster pas vanavond moest bellen. 'Laten we eerst met Sarah zelf praten,' zei hij.

'Maar wat als haar iets is overkomen? De vorige keer was het maar een les. Nu is ze al bijna de hele dag weg. Mac – we moeten de maatschappelijk werkster wel bellen.'

'Ze is veertien. Ze ligt waarschijnlijk met haar vrienden ergens in een park biertjes te drinken.'

'O, nou, dat stelt me gerust.'

'Ze komt wel weer boven water. Ze gaat heus niet ver bij haar opa vandaan, denk je wel?'

Natasha deelde zijn optimisme niet. Die middag kostte het haar moeite om haar hoofd bij de zitting te houden. Toen ze naar Lindsay keek, haar twaalfjarige cliënte, die er lusteloos bij zat, geflankeerd door haar voogd en haar maatschappelijk werkster, die de laatste zitting aangaande een aanvraag voor begeleid wonen bijwoonden, zag ze het uitdrukkingsloze gezichtje van Sarah die probeerde het huis uit te komen. Er was iets aan de hand waar zij niets van afwisten en dat maakte Natasha nerveus. Ze werd heen en weer geslingerd tussen bezorgdheid dat het kind echt ergens mee worstelde en een steeds sterker wordende angst dat ze een enorme bak ellende haar veilige, ordelijke leventje in gehaald had.

'Je notities,' fluisterde Ben, die achter haar op zijn stoel gleed. 'Je had ze buiten op je auto laten liggen.'

'Jezus. Dank je.'

Ik had hier beter over na moeten denken, zei ze tegen zichzelf terwijl ze luisterde naar de advocaat van de gemeente. *Ik heb me zo laten opfokken door het idee dat ik een huis moest delen met Mac dat ik totaal niet heb bedacht dat het allemaal nog veel complexer kon worden.*

'Mevrouw Macauley, hebt u daar iets aan toe te voegen?' vroeg de rechter.

Ze was er niet bij met haar hoofd. Normaal was ze altijd zo gefocust, maar daar was nu niets meer van te merken. 'Nee, edelachtbare. Dat was het.'

'Ik dacht dat je het nog over het rapport van de psychiater zou hebben,' fluisterde Ben.

*Verdomme.* Met een ruk stond ze op. 'Of wacht, mijn excuses, edelachtbare, maar er is nog één onderwerp waar ik uw aandacht voor wil vragen...'

Mac zat aan de keukentafel toen ze thuiskwam. Ze zette haar koffertje bij de ijskast op de grond en wikkelde haar sjaal van haar nek. 'Nog steeds niks?' vroeg ze.

'Niet sinds je wegging van kantoor, nee.'

'Het wordt al donker. Hoelang moeten we wachten voor we iemand gaan bellen?' De knoop van spanning die ze in haar maag had gevoeld bij zijn eerste telefoontje was uitgegroeid tot een enorme, zware bal. In haar hoofd had ze het gesprek met de maatschappelijk werkster al een paar keer geoefend. De autoriteiten zouden denken dat ze dom waren of, erger nog, achteloos. Het enige wat ze van hen hadden gevraagd was om ervoor te zorgen dat ze naar school ging. En dan zou er gekletst worden. Misschien zouden ze Natasha's professionele deskundigheid wel in twijfel trekken. En onder al die zorgen klonk dat angstaanjagende stemmetje in haar hoofd, het stemmetje dat ze al die tijd de kop in had kunnen drukken met redelijkheid, een praktische insteek of een telefoontje naar Mac. *Wat nou als er dit keer wel echt iets mis is? Ik heb hier helemaal geen ervaring in. Echte ouders hebben jaren de tijd om aan dit soort spanning te kunnen wennen.*

'We geven haar nog een halfuur,' zei Mac. 'Dan is het zes uur. Tegen die tijd hebben we haar genoeg de kans gegeven.'

Ze ging tegenover hem zitten en nam het glas wijn aan dat hij voor haar had ingeschonken. Hij glimlachte niet meer. Zijn relaxte houding van eerder die dag was verdwenen en had plaatsgemaakt voor stilzwijgen en spanning. 'Ben je nog naar die andere klus gegaan?' vroeg ze.

Hij schudde zijn hoofd. 'Ik ben bij school gaan staan totdat ze die kids weer naar huis stuurden. Voor het geval ze er toch weer was.' Hij slaakte een zucht en nam een slok wijn. 'En trouwens, mijn hoofd stond er niet naar. Maar het was niet erg. Ze hebben het verzet naar morgen.'

Ze keken elkaar even in de ogen. *Als ze er morgen maar weer is.*

'Bij mij schoot het vandaag ook niet op, in de rechtszaal,' zei ze. 'Kon mijn hoofd er totaal niet bij houden. Tot mijn eigen verbazing.'

'Niks voor jou, inderdaad.'

'Nee,' zei ze. Ze had de zaak verloren. Bens uitdrukking toen ze het gerechtsgebouw verlieten zei haar dat het haar schuld was.

'Kinderen, pfff,' zei Mac vreugdeloos.

Ze sprongen op toen ze de deurbel hoorden. 'Ik ga wel,' zei hij, en hij duwde zijn stoel naar achteren.

Ze bleef zitten en nam een slokje wijn terwijl hij de voordeur opende. Ze hoorde hem iets mompelen wat ze niet kon verstaan en toen klonken zijn voetstappen weer in de hal. Achter hem stond Sarah, haar gezicht half verscholen achter haar sjaal. De kille avondlucht sloeg van haar kleren.

'Welkom terug,' zei Mac tegen haar. 'We wisten niet of je misschien een ander hotel had geboekt.'

Je kon haar ogen maar net zien. Ze schoten van de een naar de ander, alsof ze een inschatting probeerde te maken van de hoeveelheid boosheid die ze zich op de hals had gehaald.

'Zou je misschien willen vertellen waar je uithing?' Macs stem klonk licht, maar Natasha voelde zijn frustratie.

Sarah trok de sjaal een fractie omlaag. 'Ben uit geweest met een vriendin.'

'Niet vanavond,' zei Mac. 'Ik bedoel de hele dag. Toen je eigenlijk op school had moeten zitten.'

Ze schopte tegen iets onzichtbaars op de grond. 'Ik voelde me niet lekker.'

'En dus...'

'Dus toen ben ik een stuk gaan lopen. Om uit te waaien.'

Natasha trok het niet meer. 'Negen uur lang? Je bent negen uur gaan lopen om uit te waaien? Heb je enig idee wat voor ellende je ons hebt bezorgd?'

'Natasha –'

'Nee!' Ze sloeg Macs waarschuwing in de wind. 'Ik heb vandaag een zaak verloren omdat ik zo bezorgd was over waar jij kon zijn. De school heeft ons elk uur gebeld. Mac moest een belangrijke klus afzeggen. Dus het minste wat je kunt doen is vertellen waar je bent geweest.'

De sjaal werd weer opgetrokken. Sarah staarde naar de grond.

'Je bent hier op onze verantwoordelijkheid, Sarah. Dat houdt in dat wij wettelijk aansprakelijk voor je zijn. Wij moeten ervoor zorgen dat jij naar school gaat en dat je weer thuiskomt. Dat is de wet. Begrijp je dat?'

Ze knikte.

'Dus waar ben je geweest?'

Er volgde een lange, ongemakkelijk stilte. Uiteindelijk haalde het meisje haar schouders op.

'Wil je dan in een instelling geplaatst worden? Dit is namelijk de vierde keer in tien dagen dat je onvindbaar bent. Als het nog een keer gebeurt en als de school niet eerst ons maar je maatschappelijk werker inlicht, dan zetten ze je onder permanent toezicht. Weet je wat dat inhoudt?' Natasha schreeuwde inmiddels. 'Dat betekent dat ze je opsluiten.'

'Tash...'

'Daar hebben wij niets over te zeggen, Mac. Ze zullen zeggen dat wij niet in staat zijn voor haar te zorgen en als ze denken dat de kans bestaat dat ze weer verdwijnt, vragen ze bij de rechter toestemming om haar op te sluiten.'

Sarah keek met geschrokken ogen boven de sjaal uit.

'Is dat soms wat je wil?'

'Kom,' zei Mac. 'Laten we allemaal even rustig aan doen. Sarah, het enige wat we willen is dat jij je aan de regels houdt, oké? We moeten weten waar je geweest bent.'

'Ik ben veertien.' Haar stem klonk zacht maar opstandig.

'En je bent aan onze zorg toevertrouwd,' zei Natasha. 'Je hebt zelf gevraagd of je hier mocht komen, Sarah. Dus het minste wat je kunt doen is je aan onze regels houden.'

'Het spijt me,' zei ze.

Ze keek anders helemaal niet alsof het haar speet, vond Natasha. 'Morgen,' zei ze, 'zal Mac je naar school brengen en je persoonlijk aan je leraar overdragen. En als de school uitgaat staat een van ons aan de poort. Net zo lang tot je bewezen hebt dat we je kunnen vertrouwen en je gewoon zegt waar je precies uithangt.'

Mac stond op, liep naar de kast en haalde er een zak pasta uit. 'Goed. We laten het hierbij en we vertrouwen erop dat het niet nog een keer gebeurt. Sarah, doe je jas uit en ga zitten. Je zult wel honger hebben. Ik ga koken.'

Maar Sarah draaide zich om en liep de keuken uit. Ze hoorden haar klossen op de trap en toen sloeg ze de deur van haar kamer keihard achter zich dicht.

Het bleef even stil.

'Dat ging prima.'

Mac zuchtte. 'Geef haar een kans. Ze heeft het moeilijk.'

Natasha slikte haar wijn door, blies haar adem uit en keek hem aan. 'Je bedoelt dat dit niet het moment is om je te vertellen dat er geld verdwenen is uit de pot in mijn slaapkamer?' Ze wist niet zeker of hij haar wel haar gehoord. 'Vrij veel, zelfs. Ik zag dat er een laagje uit was. En ik weet nog dat ik er eergisteren vier pond bovenop gegooid had. Die waren gisteren verdwenen.'

Hij ging door met het afwegen van de pasta.

'O... nee...' zei ze.

'Ik wilde er niks van zeggen,' zei hij, 'maar ik weet nog dat ik een briefje van vijf uit de zak van mijn spijkerbroek heb gehaald en dat ik dat op de salontafel heb gelegd, en dat ik nog dacht dat ik het de volgende dag niet moest vergeten. Maar toen ik beneden kwam, was het verdwenen.' Hij liep naar de keukendeur en deed die zachtjes dicht. 'Zou ze aan de drugs zijn?' vroeg hij.

'Geen idee. Ik heb nooit het idee gehad dat ze high was.'

'Nee... ze lijkt me niet...'

'En kleding is het ook niet,' zei ze. Dat was een van de dingen die Natasha bijna vertederend vond. Sarah leek totaal niet geïnteresseerd in kleren en modetijdschriften, en ze was 's ochtends nog geen tien minuten bezig in de badkamer. 'Naar mijn weten heeft ze geen telefoon. En ze ruikt niet naar sigaretten.'

'Er is iets loos.'

Natasha staarde in haar wijnglas. 'Mac,' zei ze. 'Ik moet je iets vertellen. Toen ik haar voor het eerst ontmoette, was ze betrapt op winkeldiefstal.'

Hij stopte met waar hij mee bezig was.

'Het was maar een pakje vissticks. Ik liep haar tegen het lijf in de supermarkt. Ze hield bij hoog en bij laag vol dat ze ervoor had willen betalen.' *Ik ben er alweer in getuind. Ik dacht dat ik een goeie daad verrichtte. Domme, schuldbewuste salonsocialist die ik ben. Ik heb geen idee waar ik aan begonnen ben.* 'Het spijt me ontzettend,' zei ze. 'Ik had het je moeten vertellen.'

Hij schudde zijn hoofd. Ze realiseerde zich dankbaar dat hij er geen toestand van ging maken. 'Denk je...' vroeg ze voorzichtig, 'denk je dat we –'

Maar Mac onderbrak haar. 'Morgen gaat het me niet lukken,' zei hij toen hij de pasta eindelijk in het kokende water gooide. 'Maar geef me nog een dag of twee, dan ga ik achter haar aan. Om te zien wat ze in haar schild voert. Ik ga dit tot op de bodem uitzoeken.'

# 10

‘*Wat een karakter en wat een temperament; de trots die hij uitstraalt – zo schitterend, en tegelijk zo angstaanjagend om te zien.*’
Xenophon, *Over de rijkunst*

Twee dagen lang was Sarah het toonbeeld van gehoorzaamheid. Ze liet zich door Mac tot in het klaslokaal brengen, al was ze nog zo verontwaardigd, en ze stond, schoppend met haar schoenen, bij de poort te wachten als hij haar weer op kwam halen. Maar het mooie van pubers, dacht Mac, was dat ze altijd dachten dat ze slimmer waren dan jij. En Sarah was geen uitzondering op die regel.

Toen hij haar op dag drie afzette bij school, zei hij dat hij geen tijd had om met haar naar binnen te lopen, en vroeg of ze het erg vond om alleen te gaan. Hij zag haar ogen glimmen, wat ze snel onderdrukte, en toen reed hij weg alsof hij haast had, maar sloeg alleen de hoek om. Hij parkeerde voor een paar garages, telde tot twintig, en reed toen langzaam een rondje tot hij via de winkelstraat weer voor de school terechtkwam. De leerlingen stroomden nog steeds door de poort naar binnen, hun tassen laag over hun schouders bungelend, schreeuwend naar elkaar of in groepjes bij elkaar staand, druk met hun mobieltjes. En ja hoor, daar was Sarah, die in tegenovergestelde richting liep, bijna rende, in de richting van de bushalte.

Mac bad dat ze niet achterom zou kijken, maar ze ging al te veel op in waar ze mee bezig was. Verdomme, Sarah, zei hij bij zichzelf. Waarom doe je zo je best om je toekomst te saboteren? Hij zag haar op een bus springen en registreerde het nummer en de bestemming. Deze ging niet naar het ziekenhuis, zag hij. De maatschappelijk werkster had haar de week ervoor meegenomen naar haar opa en had toen gezegd welk ziekenhuis het was. Mac had beloofd om haar er dit weekend heen te brengen en hij had het adres genoteerd. Dus waar ging ze dan wél heen?

Hij zat in zijn auto achter de bus en had haar niet meer in het vizier, dus hij hoopte dat hij haar zou zien als ze weer uitstapte. Hij liet twee auto's voorgaan om minder verdacht te zijn, maar dankzij de spits kreeg de bus nooit veel voorsprong.

Laat het in godsnaam een jongen zijn, dacht hij terwijl hij aan zijn radio klooide. Als dat zo was, konden ze die uitnodigen en hen allebei toespreken. Een jongen was hanteerbaar. Die kon je inroosteren. Maar drugs niet. *Laat het in godsnaam geen drugs zijn.*

De auto kroop twintig minuten lang door Londen, in de richting van de City. Bestuurders van witte bestelbusjes protesteerden heftig, en schreeuwden tegen hem dat hij door moest rijden, en keurige dames, die beter moesten weten, maakten ordinaire gebaren naar hem. Toen het echt te erg werd, zette hij zijn auto heel even aan de kant om mensen te laten passeren, zich afvragend hoeveel bekeuringen het hem zou opleveren dat hij steeds in de busbaan reed. Hij was nu al zo ver gekomen dat hij het zich niet kon veroorloven haar uit het zicht te verliezen. Zodra hij de Square Mile in reed begon het te regenen en hij moest zich inspannen om haar donkere uniform te kunnen onderscheiden van de kantoormensen in hun pakken en met hun paraplu's die bij elke halte in- en uitstapten. Hier, waar meer mensen waren, werd dat steeds lastiger. Hij vroeg zich een paar keer af of hij haar al had gemist, of het een hopeloze zaak was, maar hij reed stug door.

Uiteindelijk, toen de glazen torens van het zakendistrict overgingen in morsiger gebouwen en flats, zag hij haar. Ze sprong de bus uit, rende eromheen en ging op de vluchtheuvel in het midden van de weg staan. Mac hield zijn adem in, want hij wist dat ze maar naar rechts hoefde te kijken en ze zou hem zien. Maar haar aandacht was gericht op het verkeer aan de andere kant van de weg. Voor Mac doorhad dat hij de verkeerde kant op ging, was zij al een van de zijstraten in geschoten.

'Shit,' zei hij hardop. 'Shit, shit, shit.' Hij draaide de auto achter de bus vandaan, gooide een verontschuldigende hand de lucht in naar de auto achter hem die met gierende banden moest afremmen, en schoot door oranje bij het kruispunt, zodat een vrouw die aan het oversteken was uit protest tegen de zijkant van de auto sloeg. 'Sorry, sorry, sorry,' mompelde hij, en hij reed zo hard hij kon op de rotonde af. Hij scheurde eromheen, terug langs de andere kant van de weg, en tuurde door zijn voorruit om te zien of hij haar nog ergens zag. Hij reed door tot het zijstraatje waar ze in verdwenen was en zag toen dat het een eenrichtingsstraat was. De verkeerde kant op.

Mac aarzelde maar heel even. Toen sloeg hij het straatje in en bad dat hij de volgende straat zou halen voor er iemand van de andere kant kwam. 'Ik weet het... ik weet het,' riep hij naar de brommer die langs hem scheurde en tegen hem begon te schelden vanonder zijn helm.

En toen, bij het kruispunt, was er niets meer. Hij zag geen auto's en geen mensen, alleen een rij zwart uitgeslagen victoriaanse gebouwen, de ingang van een parkeerplaats en een flatgebouw. Links van hem kon hij de winkelstraat zien, een café en een Indiaas afhaalrestaurant, dat even schuilging achter een bus. In een impuls sloeg hij rechts af en nu reed hij langzaam over de keien terwijl hij elke straat in keek waar hij langsreed, speurend naar een meisje in een schooluniform. Niks. Het was alsof ze in rook opgegaan was.

Mac zocht een parkeerplaats. Daar bleef hij even staan vloeken op zichzelf. En op haar. *Waar ben ik in godsnaam mee bezig? Ik zit achter een schoolmeisje aan dat ik nauwelijks ken, dwars door Londen, en waarvoor?* Over een paar weken was ze toch weer weg. Als ze zo nodig haar eigen leven wilde verpesten met domme vriendjes of drugs, dan was dat toch zeker niet zijn probleem? Haar grootvader werd weer beter, die zou haar wel aanpakken en dan kon iedereen weer door met zijn leven.

Zijn telefoon ging over. Hij moest hem van de vloer bij de bijrijdersstoel graaien, want door al dat harde optrekken van net waren al zijn spullen uit zijn zak gegleden.

'Mac?'

Maria.

'Hoi,' zei hij.

'Niks zeggen, je was van plan me te bellen, maar je zat klem onder een enorm meubelstuk.' Haar stem was doordrenkt van belediging. Hij vatte het niet persoonlijk op – die toon sloeg ze al aan als haar thee niet de juiste kleur had. 'Je zou me nog bellen over de lunch.'

'Jezus,' zei hij. 'Sorry, schat. Ik ben ergens mee bezig. Ik ga het niet redden.'

'Werk?'

'Niet bepaald.' Hij leunde achterover in zijn stoel en haalde zijn hand door zijn haar.

'Je ex weer. Jullie hebben natuurlijk de hele nacht woeste seks gehad en nu heb je geen energie meer over voor mij.' Ze schoot in de lach.

'Het heeft niets met Natasha te maken,'

'In Polen heten alle hoeren Natasha. Wist je dat?'

'Ik zal het haar zeggen. Vindt ze vast interessant om te weten.'

Maria schreeuwde naar iemand en sprak toen weer in de telefoon. 'Wel heel treurig voor jou. Nu zie je me twee weken niet.'

'O nee?' Was dat Sarah, aan het andere eind van het smalle straatje? Hij tuurde naar buiten, maar toen het meisje zich omdraaide, bleek dat ze een kinderwagen voortduwde.

'Ik heb een superbelangrijke fotoshoot in de Caraïben. Dat heb ik toch verteld?'

'Klopt.'

'Voor de Spaanse *Elle*. En raad eens wie de fotograaf is?'

'Maria, je weet best dat ik al die modefotografen niet uit elkaar kan houden.'

'Sevi. Iedereen kent Sevi.'

Nu moest hij Tash bellen om te zeggen dat hij haar kwijtgeraakt was. En dan moesten ze samen beslissen of ze de maatschappelijk werkster zouden bellen.

'Hij heeft deze maand de cover van *Marie Claire* gedaan.'

'Ik denk dat mijn *Marie Claire* van deze maand zoekgemaakt is bij de post.'

'Je bent heel sneu. En je maakt hele slechte grapjes.'

'Maria, liefje,' zei hij, 'ik moet ophangen. Ik moet iemand bellen.'

'Ben je soms homo geworden?'

'Nog niet, nee, maar ik zal erover denken.'

'Mijn zusje was getrouwd met een homo. Had ik dat al eens verteld?'

Maar hij luisterde al niet meer. Er kwam een enorm bruin paard door een hek van draadstraal, verderop in de straat. Het maakte een sprongetje bij een vuilnisbak en reed toen schuin de keien over, zijn kant op, zijn hoeven kletterend op de harde ondergrond. Hij kneep zijn ogen half toe naarmate het paard dichterbij kwam; de ruiten aan de binnenkant van zijn auto raakten beslagen. Maar hij twijfelde niet aan de identiteit van de ruiter. Hij was totaal in shock.

'Maria – ik moet hangen. Bel me maar een keer en dan spreken we wat af.' Hij duwde de telefoon in zijn zak en toen, terwijl het paard op een dikke vijf meter bij hem vandaan was, deed hij voorzichtig het portier open en stapte uit. Sarah had haar haren in een staart gebonden en haar slanke gestalte rustte licht op het enorme dier. Haar schooltrui was duidelijk zichtbaar. Het paard maakte weer een sprong opzij, maar zij bleef rustig zitten. Hij zag dat ze haar arm omlaag stak en zijn hals aaide, alsof ze hem wilde geruststellen.

Mac deed zijn portier dicht en liep snel naar zijn achterbak, waar hij zijn Leica uit haalde, zonder zijn ogen van het meisje op het paard te halen. Hij sloot de auto af en begon achter haar aan de straat uit te lopen. Hij keek hoe kalm ze zat, zich kennelijk niet bewust van het lawaai en de chaos van de stad om haar heen. Toen ze de hoek om gingen zag hij dat ze op weg waren naar het park.

Hij dacht even na, pakte toen zijn telefoon, stapte een portiek in zodat zijn stem niet door de wind zou worden meegevoerd. 'Spreek ik met de administratie? Hallo... ja. U spreekt met de pleegvader van Sarah Lachapelle. Ik bel om te zeggen dat ze vanochtend een afspraak bij de dokter heeft en dat ze daarom niet naar school komt. Ja, het spijt me... ik weet dat ik eerder had moeten bellen...'

Totdat *grand-père* ziek werd, werd Boo bijna de helft van de tijd vanaf de grond getraind. *Grand-père* had hem aan een lange teugel, stond achter hem, leerde hem te reageren op de verschillende manieren waarop hij met zijn hand en de teugel druk uitoefende; hoe hij zijn balans kon herstellen, hoe hij zijn achterbenen verder onder zich moest zetten om naar links of naar rechts af te buigen. Sarah stond dan altijd aan zijn hoofd of schouder, om hem in te prenten wat haar opa hem leerde, met zachte druk of met haar stem, soms met een heel voorzichtig tikje van haar rijzweep. *Grand-père* had uitgelegd dat Boo zo zelf getraind kon worden zonder ook nog rekening te hoeven houden met haar gebrek aan balans. Zoals *grand-père* het zei, klonk het altijd alsof zij een probleem was, alsof haar aanwezigheid Boo's leven zwaarder maakte. Ze vatte het allang niet meer persoonlijk op.

Hij had ooit een paard gehad dat Gerontius heette en dat eerst drie jaar aan de lange teugel getraind werd voordat iemand hem had mogen bestijgen. Het is geen alternatief voor trainen, zei hij. Het is de basis van het trainen. Alle schoolsprongen waren opgebouwd met zulke bouwstenen. Je kon ze niet overslaan.

Dat kon allemaal wel wezen, dacht Sarah nu, maar ze moest toch ook echt met hem rijden. Ze zat en liet hem een beetje rekken en strekken, en berispte hem met haar stem als hij schrok van stoplichten, pylonnen en putdeksels, obstakels waar hij een paar weken geleden nog niet met zijn ogen om geknipperd had. Ze had twee dagen niet kunnen komen; twee dagen waarin hij misschien wel te eten en te drinken had gekregen, maar waarin hij niet buiten zijn stal was geweest. Voor een intelligent, fit paard als Boo stond dat gelijk aan een marteling en ze wist dat ze ervoor moest boeten.

Het was harder gaan regenen en Sarah stak een arm uit om het verkeer te laten stoppen terwijl zij de straat overstak. Boo had het gras inmiddels in de smiezen en ze voelde zijn energie toenemen. Door de regen was er waarschijnlijk geen mens in het park, dus ze had de ruimte om ongestoord te werken. Maar het paard was opgewonden, misschien wel te opgewonden. Na zijn gevangenschap zouden zijn hoeven op die zachte ondergrond reageren alsof die elektrisch geladen was.

*Luister naar me*, zei ze tegen hem, met haar zit, haar benen, haar handen. Toch had het ook iets spannends: weten dat er zo veel kracht wachtte om los te mogen gaan.

*Levade*, zei een stemmetje in haar hoofd.

*Grand-père* had tegen haar gezegd dat ze het niet mocht proberen, dat het een veel te ambitieuze oefening was. Bij een *levade* moest het paard zijn gewicht naar zijn achterbenen verplaatsen en deze in een hoek van vijfendertig graden houden. Zijn kracht en balans werden op de proef gesteld, en het vormde een overgang naar de nog grotere uitdagingen van de klassieke dressuur.

Maar *grand-père* had het zelf wel gedaan. En zij had het hem laten doen vanaf de grond. Ze wist dat Boo het kon.

Sarah ademde de klamme lucht in en veegde de druppels van haar gezicht. Ze liet Boo in een kringetje draven, hield dan in, bewoog vervolgens weer naar voren, om hem te dwingen zich op haar te concentreren terwijl ze een onzichtbare manegebak creëerde tussen de vuilnisbakken, de paaltjes en de lange rand langs de speeltuin. Toen ze zeker wist dat hij voldoende warmgedraaid was, begon ze aan een handgalop, eerst met de ene teugel, dan met de andere, en ze probeerde zich de instructies van haar opa in te denken: diep zitten, handen stil, benen iets naar achteren, meer contact aan de buitenkant van de teugel. En binnen een paar minuten ging ze er helemaal in op en was ze de eindeloze frustraties van het leven volgens andermans regels, van het geld dat ze verschuldigd was, van hoe *grand-père* eruitzag, boos en ongelukkig in een bed dat naar chemische dennengeur en oude mensen stonk, helemaal vergeten. Het was nog alleen zij en Boo, opgaand in hun passen, werkend tot de stoom van hen af sloeg in de fijne mist van regendruppels. Ze liet hem weer gewoon lopen en liet de teugels vieren, zodat hij zich kon uitrekken. Hij schrok niet meer van het verkeerslawaai of bij de aanblik van de dubbeldekkers; hij ontspande van hard werken, het gaf hem zekerheid. *Grand-père* zou vandaag tevreden zijn geweest met hem, dacht ze, terwijl ze haar hand over zijn natte hals liet glijden.

*Levade*. Was het dan echt zo'n zonde om hem even op de proef te stellen? *Grand-père* hoefde het toch niet te weten? Ze haalde diep adem en pakte de teugels weer vast. Ze dwong hem in een langzame draf, die ze steeds meer indamde tot hij in *piaffe* was en zijn hoeven ritmisch op de plaats op en neer tilde. Ze rechtte haar rug en probeerde zich *grand-pères* instructies te herinneren. De achtervoeten moesten onder het zwaartepunt van het paard komen en de spronggewrichten moesten bijna de grond raken. Ze leunde iets naar achteren, terwijl haar benen hem aanspoorden en hem duidelijk maakten dat zijn energie ergens naartoe moest door heel lichte druk uit te oefenen op de teugels. Ze klakte met haar tong, gaf een reeks instructies, en hij verstrakte, luisterde met oren die heen en weer schoten. Het lukte hem niet, besefte ze. Ze had een tweede iemand nodig, iemand die het hem vanaf de grond zou uitleggen. Toen voelde ze zijn achterhand omlaaggaan en heel even kwam de paniek op omdat ze bang was dat ze allebei uit balans zouden raken. Maar toen schoot zijn voorhand omhoog en ze leunde voorover om hem te helpen. Ze voelde hem trillen van inspanning. Zo stonden ze, wankelend, de zwaartekracht tartend, en Sarah bekeek het park vanuit een nieuwe, hogere positie.

En toen kwam hij weer omlaag. Omdat ze het niet verwachtte, viel ze op zijn hals, en hij schoot naar voren, bokte een keer en nog een keer, zo hevig dat ze haar uiterste best moest doen om in het zadel te blijven.

Sarah duwde zich omhoog en lachte. Ze voelde een enorme blijdschap in zich opkomen en klopte het paard op de hals, prees hem en probeerde hem duidelijk te maken hoe geweldig hij was. Ze boog en sloeg haar armen om hem heen. 'Slim paardje,' zei ze steeds, en ze zag Boo's oren heen en weer gaan terwijl hij de lofprijzingen in ontvangst nam.

'Indrukwekkend,' zei een stem achter haar. Sarah keerde zich om in haar zadel. Haar maag kromp ineen.

Macs jasje was helemaal donker, zo nat was hij. 'Mag ik?' vroeg hij, en hij liep rustig naar voren en aaide Boo's hals. 'Hij heeft het warm,' merkte hij op. Hij trok zijn hand terug en wreef zijn vingertoppen samen.

Ze kon geen woord uitbrengen. Haar gedachten werden een brij en ze werd overvallen door een misselijkmakende angst.

'Zijn jullie klaar? Zullen we weer teruggaan?' Hij wees naar Sparepenny Lane.

Ze knikte en greep de teugels stevig vast. Ze dacht koortsachtig na. Ze kon er nu vandoor. Ze kon Boo gewoon aansporen en dan zouden ze samen door het park vliegen, richting het moerasland. Ze kon nog mijlen door, voor hij haar te pakken zou hebben. Maar ze had niets. Ze kon nergens heen.

Ze liep langzaam terug naar de manege. Boo liet zijn hals zakken, kennelijk moe van het intensieve werken, en zelf zat ze er verslagen bij. Ze bestudeerde Macs rug onder het lopen, maar kon uit zijn houding niets aflezen.

Voor de poort hield ze in. Cowboy John kwam zijn schuurtje uit lopen en deed de hekken open. 'Heb je gedoucht, circusmeisje? Je bent doorweekt.'

Hij gaf het paard een klopje toen hij langsliep en zag toen Mac die naast haar stond. 'Kan ik je helpen, jongeman? Interesse in wat eieren? Fruit? Ik heb vandaag prachtige avocado's. Een hele doos voor drie van jouw Engelse ponden.'

Mac staarde naar Cowboy John alsof hij nog nooit zoiets had gezien. Misschien omdat John zijn meest versleten cowboyhoed droeg, een rode zakdoek om zijn nek en het neon jasje dat een van de wegwerkers verleden jaar had laten hangen. Maar waarschijnlijk door de enorme joint die er tussen zijn gelige tanden hing.

'Avocado's?' zei Mac toen hij van de verbazing was bekomen. 'Klinkt goed.'

'Beter dan goed, man. Rijper dan dit worden ze niet. Nog rijper en ze barsten spontaan uit hun vel en je hebt meteen guacamole. Wil je voelen? Ik zeg het je, dit is het beste aanbod dat je vandaag krijgt.' Hij grinnikte schalks.

Mac liep achter haar aan de poort door. 'Laat maar zien,' zei hij.

Sarah bracht haar paard naar de stal. Ze deed het zadel en het hoofdstel af, veegde de regendruppels ervanaf, stopte ze voorzichtig in haar kast en begon toen de stal uit te mesten. Aan de andere kant van het terrein zag ze Cowboy John die Mac allerlei groente en fruit voorhield. Mac knikte erbij. Hij bleef om zich heen kijken, alsof hij alles in zich wilde opnemen, en hij leek allerlei vragen te stellen. Ze zag dat Mac de paarden aanwees, de kippen en zijn kantoortje. Alles leek Mac te interesseren. Toen ze eindelijk Boo's emmer met schoon water aan het vullen was, kwamen John en Mac onder de spoorboog door de stal in gewandeld. Het regende inmiddels nog veel harder. Er stroomden kleine riviertjes van de heuvel, die een weg zochten tussen de keien.

'Ben je klaar, circusmeisje?'

Ze knikte en ging dicht bij haar paard staan.

'Ik heb je al twee dagen niet gezien. Zit je daar soms in de problemen? Ouwe Boo wilde vanochtend al bijna uitbreken.'

Ze keek even naar Mac en toen naar de grond. 'Zoiets, ja.'

'Ben je bij je opa geweest?'

Ze schudde haar hoofd. Tot haar ontzetting moest ze bijna huilen.

'We gaan er zo heen,' zei Mac.

Haar hoofd schoot omhoog.

'Wil je dat?'

'Ken je dit meisje?' Cowboy John deed een theatrale stap naar achteren en gebaarde toen naar Macs kartonnen doos vol fruit. 'Ken jij Sarah? Man, dat had je toch moeten zeggen. Ik had je die zooi nooit verkocht als ik had geweten dat jij een vriend van Sárah was.'

Mac trok een wenkbrauw op.

'Ik kan je dat echt niet verkopen,' zei John. 'Kom maar mee naar mijn kantoor, en dan krijg je fatsoenlijke spullen. Wat jij daar hebt is alleen voor passanten. Sarah? Doe de ouwe baas de groeten van me. Zeg maar dat ik zaterdag langskom. En geef hem deze.' Hij gooide een tros bananen naar haar toe.

Terwijl Mac achter John aan liep naar het kantoortje, zag Sarah nog net zijn glimlach.

Haar kleren waren nog nat toen ze in de auto stapte. Hij had een bon, die hij van de voorruit trok. Toen hij vooroverleunde om hem in het handschoenenkastje te gooien, zag hij dat ze zat te rillen.

'Wil je iets droogs om aan te trekken?' vroeg hij. 'Achterin ligt nog wel een trui. Trek die maar aan over je uniform.'

Ze deed wat hij haar opdroeg. Hij reed de weg op terwijl hij zijn hersens pijnigde om te bedenken wat hij moest zeggen. Toen ze bij de stoplichten waren, zei hij: 'Dus dat was het. Daarom spijbelde je. Daarom verdween je steeds.' Hij had het niet over het geld.

Ze knikte nauwelijks merkbaar.

Hij gaf richting aan en sloeg links af. 'Nou… jij zit vol verrassingen, dat is wel duidelijk.' Hij was gerustgesteld. Ze was gewoon maar een meisje met een pony. Al was die nogal uit de kluiten gewassen.

'Wat deed je daar nou net? Dat in de lucht springen?'

Ze mompelde iets wat hij niet kon verstaan. '*Levade*,' herhaalde ze, iets harder.

'En dat is?'

'Een oefening van de *haute école*. Het is een soort dressuur.'

'Dressuur? Dat is toch dat ze in kringetjes rondgaan?'

Ze glimlachte met tegenzin. 'Zoiets.'

'En dat paard is van jou?'

'Van mijn opa en mij.'

'Mooi dier, hoor. Ik heb totaal geen verstand van paarden, maar hij ziet er schitterend uit. Hoe ben je in vredesnaam aan zo'n paard gekomen?'

Ze bekeek hem even, alsof ze probeerde in te schatten hoeveel informatie ze hem kon toevertrouwen. '*Grand-père* heeft hem in Frankrijk gekocht. Het is een Selle Français. Die gebruiken ze in de Franse rijschool waar *grand-père* is opgeleid.' Ze zweeg even. 'Hij weet alles over paardrijden.'

'Alles…' mompelde Mac. 'Doe je dit al lang?'

'Zo lang als ik me kan herinneren,' zei ze. Ze verzoop bijna in de trui. Ze had de mouwen over haar handen en de trui zelf over haar knieën getrokken. Ze leek net een heel defensief bolletje wol. 'We zouden eigenlijk teruggaan. Om daar te kijken. In Frankijk. Maar toen werd hij ziek.'

Mac zag weer hoe ze tussen de bussen en vrachtwagens overstak en toen helemaal opging in het rondjes lopen in het gras. *Wat hebben we in godsnaam in huis gehaald?* vroeg hij zich af.

'Het was eigenlijk een verrassing,' zei ze. 'Voor hem en mij. Een vakantie. Ik ben nog nooit in het buitenland geweest.'

Ze frunnikte wat aan de mouwen van de trui. 'Ik wilde het niet missen. *Grand-père* ook niet.'

'Tja…' Mac keek in zijn spiegel, '… het gebeurt zo vaak dat mensen hun vakantie moeten uitstellen omdat er iemand ziek wordt. Ik weet zeker dat de reisagent je later nog weleens laat gaan, als je dit uitlegt.'

Ze beet op haar nagels.

'We bellen ze straks wel. Dan help ik je, als je wilt.'

Ze schonk hem een voorzichtige glimlach. *Twee keer op één dag*, dacht hij. *Misschien komen we toch nog ergens.*

Hij stak zijn hand uit om de navigatie in te stellen. 'Oké. Ziekenhuis,' zei hij. 'Laten we de verwarming maar wat opschroeven. Je kunt moeilijk als een verzopen kat bij je opa aankomen.'

Mac had bijna net zo weinig verstand van medische zaken als van paarden, maar het was hem wel duidelijk dat meneer Lachapelle, wat Sarah ook mocht denken, nog lang niet klaar was om op vakantie te gaan of zelfs maar naar huis. Hij lag half rechtop in de kussens, zijn huid had die leverkleur die mensen hebben als ze echt ziek zijn, en hij werd niet wakker toen ze zijn kamer binnenkwamen. Toen Sarah zijn hand pakte, deed hij eindelijk zijn ogen open. Mac stond wat ongemakkelijk bij de deur en voelde zich een indringer.

'*Grand-père*,' zei ze zachtjes.

De ogen van de oude baas richtten zich meteen op haar en er trok een sluier op toen hij doorhad wie hij voor zich had. Hij trok een scheve glimlach.

'Sorry dat ik de afgelopen dagen niet kon komen. Het ging niet.'

De oude man schudde zijn hoofd. Hij kneep heel licht in haar hand. Ze zag dat zijn blik naar Mac gleed. 'Dit is Mac. Hij is een van de mensen die voor me zorgen.'

Mac voelde dat hij werd gekeurd. Ondanks het feit dat de oude man heel broos was, had hij een blik die door je heen keek.

'Hij is... heel aardig, *grand-père*. Hij en zijn vrouw allebei,' zei ze, en Mac zag dat ze bloosde, alsof ze te veel van zichzelf bloot moest geven omdat ze de oude man gerust wilde stellen.

'Leuk u te ontmoeten, meneer Lachapelle.' Mac deed een stap naar voren en pakte de hand van de oude man. '*Enchanté*.'

Een klein glimlachje. En een bredere glimlach van Sarah. 'Je hebt helemaal niet gezegd dat je Frans spreekt.'

'Ik geloof ook niet dat je opa het Frans zou noemen, wat ik

spreek,' zei hij. Hij pakte een stoel en ging aan de andere kant van het bed zitten. Sarah keek in haar opa's nachtkastje, controleerde zijn toilettas en schikte de fotolijstjes.

Mac, die de stilte niet prettig vond, begon weer te praten, zich bewust van het feit dat zijn stem wat te hard was. 'Ik heb uw kleindochter zien rijden. Ze heeft ongelofelijk veel talent.'

De ogen van de oude man gleden weer naar Sarah.

'Ik ben vanochtend in het park geweest.'

'Goed,' zei hij langzaam, en zijn stem kraakte als een ongebruikt scharnier.

Dit keer herkende Mac Sarah nauwelijks, zo breed was haar lach. Hij nam aan dat dit gesprek een enorme doorbraak was.

'Hij deed ontzettend zijn best, *grand-père*. Het regende, en je weet hoe ongehoorzaam hij kan zijn in de regen, maar toch bleef hij gefocust. Zijn mond was superlicht en hij luisterde, hij luisterde echt heel goed.'

Sarah deed alsof ze reed, met een rechte rug, haar handen voor zich uit. De oude man hing aan haar lippen en het was alsof hij elk detail in zich opnam. 'Je zou tevreden zijn geweest. Echt.'

'Ik heb nog nooit zoiets gezien,' zei Mac. 'Ik weet helemaal niets over paarden, meneer Lachapelle, maar toen ik hem zo zag rondspringen op zijn achterbenen wist ik niet wat ik zag.'

Plotseling bleef het stil. De oude man draaide zijn gezicht langzaam naar zijn kleindochter. Hij glimlachte niet meer.

Mac aarzelde: 'Het was echt... geweldig.' Hij zag dat Sarah bloosde tot in haar haarwortels. De oude man bleef haar strak aankijken.

'*Levade*,' fluisterde ze schuldbewust. 'Sorry.' De oude man bewoog zijn hoofd van links naar rechts. 'Hij had gewoon zo veel energie. En ik moest hem iets nieuws geven om zijn aandacht vast te houden. Hij had een uitdaging nodig...'

Hoe meer ze het goedpraatte, zag Mac, hoe meer de oude man boos zijn hoofd schudde. '*Gourmand*,' zei hij. '*Non gourmand*. Weer. Klein.' Mac probeerde uit alle macht te begrijpen wat hij zei, tot hij doorkreeg dat het niet te begrijpen viel. Hij meende zich vaag te herinneren dat mensen met een hersenbloeding moeite hadden om de juiste woorden te vinden. 'De. *Avant*. *Non*. Paard.

Páárd.' Duidelijk gefrustreerd klemde hij zijn kaken op elkaar en wendde zijn blik af.

Mac voelde zich verschrikkelijk schuldig. Sarah beet op haar nagels. De oude man was woedend, dat was duidelijk. En het was allemaal zijn schuld. Hij probeerde zichzelf onzichtbaar te maken, maar toen tilde hij de camera op die nog om zijn nek hing, en hield hem op. 'Eh... meneer Lachapelle? Ik heb wat foto's genomen toen Sarah aan het trainen was. Van het draven en zo. Zou u die misschien willen zien?' Hij leunde over het bed en bladerde door de digitale beelden. Toen hij er eindelijk eentje gevonden had waar de oude baas waarschijnlijk niet boos om zou worden, zoomde hij in. Sarah zette haar opa's bril op zijn neus.

Hij bestudeerde de foto en leek er even in te verdwijnen. Toen keek hij Sarah aan en sloot zijn ogen in opperste concentratie. 'Mond,' zei hij eindelijk. Hij wapperde met zijn vingers.

Sarah tuurde naar de foto. 'Ja,' beaamde ze. 'Toen bood hij inderdaad weerstand. Maar dat deed hij alleen maar in het begin, *grandpère*. Zodra ik zijn achterbenen aan het werk zette, klaarde hij op.'

De oude man knikte, kennelijk tevredengesteld, en Mac voelde dat hij een zucht van verlichting slaakte.

'Heb je er nog meer?' vroeg Sarah aan hem. 'Van daarna?'

Mac bladerde wat en gaf de camera toen aan Sarah. 'Ik moet wat telefoontjes plegen,' zei hij, 'dus ik laat jullie even alleen. Hier, Sarah, je kunt zo door de plaatjes scrollen. En met deze knop kun je inzoomen. Dan kan je opa ze beter zien. Ik zie je over een halfuur beneden.' Hij tilde de hand van de oude man op. 'Monsieur Lachapelle, het was me een genoegen.'

'Captain,' zei Sarah. 'Iedereen noemt hem Captain.'

'Captain,' zei Mac, 'ik hoop u snel weer te zien. Ik beloof dat ik goed voor uw kleindochter zal zorgen tot u weer naar huis kunt.' God mag weten wanneer dat zal zijn, dacht hij terwijl hij de kamer uit liep.

'Dat meen je niet.'

'Dat meen ik wel. Wil je het zien?' Hij gaf haar de prints die hij had gemaakt zodra hij thuis was en Natasha viste haar bril uit haar tas om ze te kunnen bekijken. Hé, die bril was nieuw, zag hij.

'Het zijn in elk geval geen drugs,' zei hij, toen ze stil bleef.

Ze knikte. 'Dat is zo.' Ze zette haar bril weer af en keek hem aan. 'Maar een páárd?' Ze gaf hem de print terug. 'Wat moeten we in godsnaam met een paard beginnen?'

'Voor zover ik kan zien hoeven wij verder niets te doen. Het paard is van haar en zij zorgt ervoor.'

'Maar... al die tijd al? Dat is dus waar ze steeds was?'

'Ik heb haar nog niet gevraagd naar het geld, maar we kunnen gevoeglijk aannemen dat het daaraan opgegaan is.'

'Hoe komt een kind als zij aan een paard?'

'Ze stalt hem onder zo'n spoorboog,' vervolgde Mac. Zijn hoofd gonsde nog van de beelden van die stadsmanege. 'Het komt door die opa. Dat is een of andere paardenmeester. En het is ook geen huis-tuin-en-keukenpony,' zei hij. 'Dat beest komt zo uit een schilderij van Stubbs gelopen. Hij is nogal een zenuwpees. Ze doet er allerlei... dressuurdingen mee. Hopst ermee rond.'

'O god.' Natasha keek in het niets. 'Wat nou als ze gewond raakt?'

'Voor zover ik kon zien had ze hem behoorlijk perfect onder controle.'

'Maar wij hebben totaal geen verstand van paarden. En de maatschappelijk werkster heeft er niets van gezegd.'

'De maatschappelijk werkster weet er niets van. Sarah wil niet dat zij het weten. Ze is bang dat ze hem dan van haar afpakken. Denk je dat ze gelijk heeft?'

Natasha haalde haar schouders op. 'Geen idee. Ik denk niet dat er precedenten zijn.'

'Ik heb haar moeten beloven dat we er niets over zouden zeggen.'

Ze kon niet geloven wat hij zei. 'Dat kunnen we helemaal niet beloven!'

'Nou, ik heb het gedaan. En zij heeft beloofd dat ze verder niet meer zou spijbelen. Dus ik vond het een vrij goeie deal.'

Hij had Sarah rond de lunch afgezet bij school nadat hij nog snel een briefje voor haar had gekrabbeld. Ze kon nauwelijks geloven dat hij met haar samenspande. 'Dit is de enige keer,' had hij gewaarschuwd, zich bewust van het feit dat hij toch al te soft voor haar was geweest. 'Als je thuiskomt, gaan we afspraken maken, oké?'

Ze had geknikt. Ze had hem niet bedankt, merkte Mac beledigd op, maar hij moest om zichzelf lachen toen hij wegreed. Hij leek wel een vader. Hoe vaak had hij zijn vrienden niet horen klagen over de zogenaamde ondankbaarheid van hun kinderen?

Natasha ging zitten. Ze had iets gemompeld over een lastige zaak, met mishandeling binnen het gezin en binnen de bredere familiecontext, alsof hij moest weten wat dat inhield. Een beetje schuldbewust besefte hij dat hij jarenlang nauwelijks naar haar had geluisterd als ze het over haar werk had.

'Luister, Tash, dit is goed nieuws,' zei hij. 'Het betekent dat ze niet aan de drugs is. Dat ze niet een of ander vaag vriendje heeft. Het is gewoon maar een paardenmeisje. Dat kunnen we best aan.'

'Zoals jij het zegt klinkt het gemakkelijk.' Ze klonk bijna verontwaardigd. 'Maar we hebben echt een probleem, Mac. Ze kan niet in haar eentje voor dat paard zorgen. Dat is juist de reden waarom ze spijbelt. Je zei dat haar opa het meeste deed. Wie moet voor dat paard zorgen als zij zogenaamd braaf op school zit? Jij soms?'

Hij schoot half in de lach. 'Dat kan niet. Ik weet niks over paarden.'

'En ik nog veel minder. Is er niet iemand anders die het voor haar kan doen?'

Mac dacht aan de oude Amerikaan met zijn dubieuze sigaretjes. 'Ik geloof het niet. Ja, ik snap je punt,' beaamde hij. 'Het wordt lastig.'

Ze zaten er nog een poosje zwijgend bij.

'Oké,' zei Natasha. Ze keek hem niet aan. 'Ik heb een idee.'

# 11

*'Maak hem vertrouwd met allerlei beelden en allerlei geluiden. Steeds als de jonge hengst bang is voor zo'n beeld of geluid, moet je hem leren, niet door hem te irriteren maar door hem gerust te stellen, dat er niets is om bang voor te zijn.'*
Xenophon, *Over de rijkunst*

Waarschijnlijk had het meteen al duidelijk moeten zijn, dacht Natasha achteraf, dat het hele Kent-idee een ramp zou worden. Sarah was fel tegen het verhuizen van haar paard. 'Nee. Hij moet hier zijn, want dan kan ik op hem letten,' had ze gezegd.

'Er gebeurt hem niets op Howe Farm. Mevrouw Carter is een expert op het gebied van paarden.'

'Ze kent hem niet. Hij staat daar tussen allemaal mensen die hem niet kennen.'

'Ik weet zeker dat mevrouw Carter zelfs meer verstand heeft van paarden dan jij.'

'Maar ze kent hém niet.'

Vreemd, had Natasha gedacht, dat dit meisje, dat dagenlang nauwelijks een woord had gezegd, nu zo dringend haar stem verhief. ‘Sarah, je hebt geen tijd om het allemaal zelf te doen. Dat heb je zelf gezegd. En als je ons aan onze afspraken wilt houden dat wij Jeugdzorg niet inlichten, zal je moeten accepteren dat we een andere manier moeten zoeken om voor hem te zorgen, nu je *grand-père* er niet is. Op Howe Farm wordt hij de hele week goed verzorgd. En dan gaan we in het weekend naar hem toe en dan kan je de hele dag bij hem zijn.’

‘Nee.’ Sarah had haar armen over elkaar geslagen en haar kaken op elkaar geklemd. ‘Ik ga hem niet achterlaten op een plek die ik niet ken.’

‘Maar je gaat het léren kennen. En het is maar voor een poosje. Het is trouwens een veel professionelere manege dan waar hij nu zit.’

Sarah beet haar toe: ‘Hij is gelukkig waar hij nu is.’ Ze keek Natasha woedend aan. ‘Je kent hem helemaal niet. Hij vindt het fijn op Sparepenny Lane.’

Natasha moest haar uiterste best doen om niet ook boos te klinken. ‘Maar het werkt zo niet, dat is wel duidelijk. Zolang we niet weten wanneer je opa weer thuiskomt, kan het zo niet langer. Je kunt het momenteel helemaal niet aan.’

‘Je pakt hem niet van me af.’

‘Doe niet zo dramatisch, Sarah. Niemand pakt hem van je af.’

‘Zie het dan als een vakantie voor hem.’ Mac zat breeduit op de bank en at een appel. Het was ook zijn huis, moest Natasha zich steeds in herinnering brengen. ‘Hij kan daar de hele dag door de weide galopperen of wat paarden ook maar doen. Dat lijkt me een stuk beter dan vastzitten onder een spoorboog.’

Met de taxerende blik van een advocaat kon ze zien dat Mac haar te pakken had. Heel even leek Sarah in te binden.

‘Ik geloof niet dat hij al veel kansen heeft gehad om lekker rond te scharrelen in een weiland, of wel soms?’ Mac gooide zijn klokhuis in de vuilnisbak, met een metalige plof raakte het zijn doel.

‘Ik laat hem soms aan een lang touw grazen,’ zei ze defensief.

‘Maar dat is niet hetzelfde als de vrijheid hebben om te doen wat hij wil.’

‘Maar hij is nog nooit in een paardentrailer geweest.’

'Dat leert hij vanzelf.'

'En hij –'

'Sarah, ik vind het vervelend om regels te stellen, maar het gaat gebeuren. Het is verder geen punt van discussie,' zei Natasha stellig. 'Jij hebt geen tijd om voor hem te zorgen en ook nog naar school te gaan. Mac en ik hebben niet genoeg verstand van paarden om je te kunnen helpen. We vinden het geen probleem om te betalen voor Howe Farm en als je opa weer uit het ziekenhuis is betalen we ook voor het vervoer, en dan pakken jullie gewoon de draad weer op. Zo, en nu moet ik naar mijn werk.'

Ze aarzelde even toen ze de kamer uit liep. Mac keek ineens zo vreemd toen ze het over Sarahs opa had, alsof hij iets wist wat hij niet zei. Ze voelde Sarahs opstandige ogen nog lang nabranden in haar rug.

De reis was een drama. Ze hadden een professionele paardentransporteur uit Newmarket in de arm genomen om Boo, zoals Sarah had verteld dat ze haar paard noemde, over te brengen. Op een zaterdag. De gigantische vrachtwagen had moeite gehad om Sparepenny Lane in te rijden, zei Mac achteraf tegen Natasha, en de bestuurder leek verbijsterd over het adres van de manege, en was nog meer verbijsterd toen hij de manege daadwerkelijk zag. 'Hij was gewend met renpaarden om te gaan,' zei Mac. 'Chique renpaarden.'

'Het verbaast me niks, als je ziet wat je ze moet betalen,' zei Natasha. Het paard, dat al niet op zijn gemak was bij de geringste verandering van sfeer, weigerde om de wagen in te gaan. Sarah had hem gesmeekt en schold iedereen uit die in de buurt kwam. Ze had een paar keer geprobeerd om hem de loopplank op te leiden, de luxe trailer in. Maar Boo weigerde, trok zich terug en steigerde een paar keer angstig, en kleine groepjes voorbijgangers schrokken toen hij achteruit over de keien schoot. Hoe langer het duurde, vertelde Mac, hoe meer mensen bleven staan om te kijken en des te paniekeriger werd het paard. Hij zweette, liet zijn oogwit zien en was bijna niet meer onder controle te houden. Jongens kwamen voorbij op scooters; autobestuurders, die niet verder konden vanwege de paardentrailer, toeterden ongeduldig. Cowboy John, die bij de poort stond te roken, zette zijn hoed naar achteren en schudde zijn hoofd, alsof alles wat er gebeurde afkeurenswaardig was.

Sarah had twee keer tegen de toeschouwers geroepen dat ze moesten opdonderen, dat ze hen met rust moest laten, totdat de bestuurder en zijn helper tegen haar zeiden dat ze geen tijd hadden om dit nog langer zo te laten doorgaan en ze het paard met bruut geweld en een lang touw de trailer in werkten, waar ze hem hoorden hinniken en zijn hoeven over de zijkanten hoorden schrapen, terwijl de wagen langzaam naar voren reed, in de richting van de winkelstraat.

Sarah mocht niet met hem mee in de trailer. ('Verzekeringskwestie, man. Sorry.') Toen Mac haar met haar witte snoetje in zijn auto had gezet, zag hij dat haar handpalmen bloedden.

Ze weigerde de hele rit naar de manege een woord met hem te wisselen.

Dit vertelde Mac allemaal tegen Natasha aan de telefoon, tijdens een korte stop op de snelweg. Zij was al vooruitgegaan om de cottage klaar te maken. Tenminste, dat had ze tegen hen gezegd. In werkelijkheid wilde ze alle sporen van Conor uitwissen en vooral: zich voorbereiden op wat als een overval voelde op de enige plek in haar leven die nog echt helemaal van haar was.

Er waren maar twee slaapkamers in de cottage. Sarah zou de logeerkamer krijgen en Mac sliep op de bank. Het idee alleen al benauwde haar. Ze voelde zich gevangen. Ze was bang dat zodra Mac weer weg was ook dit huis bezoedeld zou zijn door haar mislukte huwelijk. Een ruimte die helemaal vrij was geweest van hem, de herinneringen aan hem, zou ineens een ongewenste stempel krijgen. Hoe was ze in vredesnaam in deze situatie verzeild geraakt? Waarom had ze haar onafhankelijkheid, haar rust en vrede en misschien zelfs haar relatie zomaar helemaal opgeofferd? Conor negeerde haar nadrukkelijk op het werk en beweerde dat hij het druk had als hij per ongeluk opnam als ze hem belde. Ze had hem die ochtend een bericht gestuurd, woedend om zijn gedrag:

Dat je vrouw jou het leven zuur maakt wil niet zeggen dat ik ook zo ben.

Ze had hem verstuurd voor haar gezond verstand had kunnen ingrijpen.

Ik verdien dit niet, Conor

Ze had haar telefoon weggelegd en zat in de stille keuken, half in afwachting van een reactie. Maar die kwam niet en toen voelde ze zich nog veel beroerder.

Natasha liep de tuin in en ze voelde de naderende winter in de haartjes op haar armen, die rechtop gingen staan. Ze had het gras twee weken geleden voor het laatst gemaaid, maar de toenemende kou had de rem op de groei gezet, het zag er nog vlak en groen uit. Ze harkte de bladeren bij elkaar, snoeide de struiken die gesnoeid konden worden en plantte lange rijen bloembollen op de plek waar eerst een bosje had gestaan. Boven de bloembedden torenden gloeiend oranje lampionplanten uit, stralend in de grauwe herfstlucht. De laatste rozen bloeiden dapper aan de verder kale struiken. Was dit eerst een verwaarloosde woestenij, inmiddels was het best een mooie tuin.

Ze haalde diep adem en sloeg haar armen om zich heen. Ze hield zichzelf voor dat ze geen keus had. Met een beetje geluk zou Mac hier niet meer hoeven komen. Ze zou Sarah in de weekenden meenemen – zo te horen zou het kind toch al haar tijd bij het paard willen zijn – en Conor hoefde niet te weten dat Mac hier ooit was geweest. Misschien zouden Conor en Sarah het wel goed met elkaar kunnen vinden. Per slot van rekening had hij verstand van kinderen. Hij wist hoe je met ze moest praten. In tegenstelling tot Natasha zelf.

Ze liep langzaam langs de borders en zag haar schoenen donker optrekken van het vocht. Ze wenste dat ze niet zo uit balans was door Sarahs aanwezigheid in haar leven. Elk gesprek dat ze hadden liep mis, alsof ze nooit de juiste toon wist te raken. Terwijl Mac het meisje behandelde met het terloopse gemak van een oudere broer. Als ze aan de keukentafel samen een geintje maakten of als ze het over haar grootvader hadden, voelde Natasha zich buitengesloten.

Sarah mocht haar niet, dacht ze. Ze deed alsof elke vraag die ze haar stelde een kruisverhoor was en ze bekeek Natasha altijd met nauwelijks verholen achterdocht. Toen Mac aan de telefoon had gezegd dat Sarah in de auto niet tegen hem had willen praten, was ze daar bijna blij om. *Dus het ligt niet alleen aan mij!* wilde ze uitroepen. *Dus ze doet tegen jou ook zo chagrijnig!*

Als Natasha heel eerlijk was, wist ze dat Sarah doorhad dat zij haar niet vertrouwde. Goed, ze had het geld waarschijnlijk aan het paard besteed. Goed, het leek er niet op dat ze aan de drugs of drank was. Maar het meisje was op de een of andere manier te gesloten, alsof ze nog steeds van alles voor hen achterhield.

Dat kon ze allemaal niet tegen Mac zeggen. Dat kon moeilijk, aangezien zij weken voor hem had verzwegen dat ze een huis in Kent had. En zijn reactie op alles was steeds dat Sarah zo veel had meegemaakt, dus dat het logisch was dat ze op haar hoede was. Uit zijn toon maakte Natasha op dat het haar kwalijk te nemen viel dat ze daar geen begrip voor had.

Geweldig, had Natasha willen zeggen. Dus ik zit in een huis met mijn ex, een puber die me niet mag, en ik moet ook nog eens dokken voor zo'n vervloekte knol. Hoeveel meer begrip moest ze precies opbrengen?

Om kwart over een belde hij haar weer. 'Kan je naar de manege komen?' vroeg hij. 'Jij kent die vrouw toch?'

'Ik heb net de lunch op tafel staan,' zei ze, met een blik op de verse broodjes en de pan soep op het vuur.

'Wil jij dat dan even aan het paard vertellen? Hij is net de trailer uit gerend en heeft bijna iemand overhoopgelopen,' zei Mac. 'O jezus! Sarah staat die vrouw uit te schelden. Ik moet hangen.'

Natasha pakte snel haar jas en holde het laantje door. Toen ze aankwam probeerde Mac mevrouw Carter, wier mond een boze, afkeurende streep was, te sussen.

'Ze is een beetje over haar toeren,' zei Mac. 'Ze heeft zich vreselijk zorgen gemaakt om hem. Ze meende niet wat ze net zei.'

'Wie hier zijn paard wil stallen, heeft zich aan mijn regels te houden,' zei mevrouw Carter.

'Ik wil hem hier helemaal niet stallen,' wierp Sarah tegen vanachter de staldeur. Zo nu en dan verscheen er een paardenhoofd naast haar, om dan weer rusteloos in het donker te verdwijnen.

Binnen in de stal hoorde Natasha het geluid van versplinterend hout.

'Als hij door die muur heen gaat, zal je dat moeten betalen,' zei mevrouw Carter tegen haar.

'Dat komt doordat u hem bang hebt gemaakt.'

'Sarah, toe nou,' zei Mac. 'Uiteraard zullen we eventuele schade betalen.'

*We?* dacht Natasha.

Er stonden twee mannen te wachten bij de paardentrailer. 'Gaat iemand nog afrekenen?' vroeg er eentje. 'We moeten ervandoor.'

Natasha liep op hem af en viste haar portemonnee uit haar jaszak. 'Nogal een lastpak,' antwoordde hij.

'Ik ben bang dat ik geen verstand van paarden heb,' zei ze.

'Ik had het niet over het paard,' antwoordde hij.

Ze draaide zich om terwijl Sarah de stal uit kwam. De ruzie tussen het meisje en mevrouw Carter leek te escaleren.

'Ik heb al veertig jaar paarden, jongedame, en dit soort gedrag duld ik niet in mijn manege. Zulke brutaliteit pik ik niet van iemand zoals jij.'

'U hebt hem helemaal geen kans gegeven,' schreeuwde Sarah. 'Hij is nog nooit uit zijn eigen manege geweest. Hij was bang.'

'Dat paard moest de trailer uit voor hij zichzelf iets aandeed.'

'Dat had u mij moeten laten doen.'

'Sarah,' suste Mac weer. 'Kom op. Laten we allemaal even tot bedaren komen. We betalen de schade,' zei hij weer.

'Ik wil niet dat dat mens aan mijn paard komt,' zei ze tegen Mac.

Mevrouw Carter wendde zich tot Natasha. 'Je zei dat het een keurig paard was. En dat het een keurig meisje was.'

Sarah deed haar mond open, maar Mac was haar voor. 'In zijn andere stal was hij heel rustig,' zei hij. 'Ik heb hem zelf gezien. Hij was cool.'

'Cool?' herhaalde mevrouw Carter.

'Hij heeft helemaal geen problemen met mensen die weten hoe ze met paarden moeten omgaan.' Sarah schopte tegen de grond.

'Jongedame, laat ik je dit zeggen –'

'Een week,' viel Natasha haar in de rede. 'Wilt u alstublieft één week voor hem zorgen? Als u hem echt onhandelbaar vindt, zal ik ervoor zorgen dat hij weer wordt opgehaald.' Ze keek naar Sarah. 'En dan moeten we maar een andere oplossing zien te vinden.'

De trailer reed de oprit af. Natasha dacht aan de soep die nu in haar keuken stond te stollen in de pan. 'Alstublieft, mevrouw Carter, Sarah is duidelijk overspannen, net als het paard. En we kunnen hem vandaag niet weghalen. Dat is logistiek onmogelijk.'

Mevrouw Carter slaakte een zucht. Ze wierp Sarah een woedende blik toe, terwijl het meisje over de staldeur leunde en nog steeds probeerde haar paard gerust te stellen. 'Ik kan niet garanderen dat er elke dag met hem gereden kan worden.'

'Dat is prima,' zei Natasha. Ze had geen idee waar de vrouw het over had.

'En ze moet hem in het blok om de hoek houden, uit de buurt van de andere paarden.' Ze draaide zich om en beende weg naar haar kantoortje.

'Mooi. Dat is geregeld,' zei Mac. Hij grijnsde, alsof het nu allemaal in kannen en kruiken was. 'Ik rammel. Kom op, Sarah. We gaan lunchen, dan kan hij mooi even tot bedaren komen. En dan mag je daarna meteen weer naar hem toe.'

Sarah at haar soep in een recordtijd en bracht de hele middag door op de manege. Mac zei dat ze haar haar gang moest laten gaan. Ze was een prima kind, redeneerde hij. Mevrouw Carter zou dat ook heus wel inzien als ze haar met rust liet. Ze hielden allebei van paarden, dus ze zouden wel snel inzien dat ze ook veel gemeen hadden. Ze zag dat hij de foto van haar ouders bestudeerde die in het kantoortje in hun huis in Londen had gehangen en naar het serviesgoed keek dat ze meegenomen had.

'Dit is helemaal niet Conors huis, hè?' zei hij toen ze afruimde.

Ze kon het huis door zijn ogen zien: de vrouwelijke sfeer. Niet dat ze veel bloemenprintjes of tierelantijntjes had, maar ze had wat spulletjes met zorg neergezet en die zorgzaamheid verraadde het geslacht van de bewoner. 'Ik heb het niet gekocht, als je dat soms wilt weten. Ik huur het alleen.'

'Ik wil helemaal niets weten. Alleen...' hij draaide rond in zijn stoel en bekeek de zitkamer door de deuropening, '... het verbaast me een beetje.'

Ze wist niet hoe ze moest reageren en dus zei ze niets.

'En dit is dus waar je elk weekend naartoe gaat.'

'Bijna elk weekend.' Ze wist zich ineens geen raad met zichzelf en was bang dat ze de borden zou laten vallen.

'Ik vond jou nooit een type voor het platteland.'

'Ik vond mezelf ook nooit een type om te scheiden. Dingen veranderen nu eenmaal, weet je wel.'

'Jij en Sarah zitten echt vol verrassingen.'

'Nou ja, zeg, dat jij ineens weer op de stoep stond was ook niet iets wat je ziet aankomen.' Ze liet de wasbak vollopen, blij dat ze iets omhanden had. Het voelde zo vreemd dat hij hier was, alsof hij ineens iemand was die ze niet kende. Ze kon soms nauwelijks geloven dat ze ooit een stel waren. Hij leek zo anders, zo afstandelijk, terwijl in haar leven juist zo weinig was veranderd.

'Bedankt,' zei hij tegen de stilte.

Ze zette zich schrap voor een sarcastisch vervolg.

'Waarvoor?'

'Dat we hier mochten komen. Ik begrijp wel dat het voor jou niet gemakkelijk is.'

Er klonk geen spoor van sarcasme door in zijn stem. Zijn bruine ogen stonden oprecht. Ze vond het doodeng. 'Geeft toch niks.'

'In dat geval is dit misschien het moment om op te biechten dat ik eigenlijk gewoon een huis in Notting Hill heb.' Hij was al in de lach geschoten nog voor ze zich had omgekeerd. 'Geintje!' zei hij. 'Tash, het is maar een geintje.'

'Hilarisch,' zei ze smalend, maar toen vroeg ze zich af waarom ze glimlachte.

'Het komt echt wel goed met haar, hoor,' zei hij na een korte stilte.

Ze viel stil. Dus hij had het ook gezien.

Hij kwam naast haar staan bij het aanrecht. Ze hield haar blik strak op de afwas gericht. 'Volgens mij... geeft ze verder nergens om, behalve haar *grand-père* en dat paard. En gezien alles wat er is gebeurd, is ze waarschijnlijk als de dood dat ze dat paard ook nog eens kwijtraakt. Daarom gaat ze zo overdreven tekeer. Dat is niet zo moeilijk te begrijpen.' Hij gaf haar een verdwaalde lepel aan.

Voor jou niet, misschien, dacht ze. Maar dat wilde ze niet hardop zeggen.

'Ik heb een paar van die prints uitvergroot,' zei hij toen hij weer ging zitten. 'Ze liggen in mijn auto. Als ik theezet, wil jij ze dan eens bekijken?'

Ze had verder toch niks te doen. Ze deed haar best om niet ineen te krimpen toen hij op zoek ging naar bekers en theelepeltjes. Met hem theezetten in plaats van met Conor voelde als ontrouw. De ironie ontging haar niet.

Ze gingen naar de zitkamer. Mac zat op de stoel waar Conor altijd graag zat en zij zat op de bank tegenover hem. Mac bladerde door een map met foto's. 'Die manege waar ze het paard houdt komt regelrecht uit de victoriaanse tijd – op die auto en zo na dan. En deze ouwe kerel,' hij wees naar een oudere zwarte man met een aftandse cowboyhoed, 'vertelde me dat er nog een paar van dit soort maneges zijn in het East End. Vroeger waren er meer, maar de projectontwikkelaars hebben ze platgegooid.'

Natasha keek naar het kleine terrein, de gloeiende kachel en de loslopende kippen en ze probeerde die beelden aan de locatie te koppelen. Het was een soort kruising tussen *Steptoe and Son* en iets geheims, iets magisch, een overblijfsel van het leven van heel lang geleden. Er waren kippen, geiten, enorme paarden en magere jochies. Ze zag een torenhoge stapel pallets met daarachter een glimmende, gestroomlijnde trein die bovenlangs passeerde, de passagiers onwetend van het tableau onder hen. Dit was Sarahs wereld. Hier kwam ze vandaan. Hoe paste zo'n plek in het moderne leven? Hoe kon een meisje als Sarah zich ooit ergens anders thuis voelen?

'Wat vind je?'

Toen ze opkeek van de prints, keek Mac haar strak aan. Hij was echt benieuwd naar haar mening.

'Ik heb nog nooit zoiets gezien, dat weet ik wel.' Haar oog viel op een ander beeld, een steigerend paard en een mager, maar bekend figuurtje, dat zich vasthield aan zijn rug. Een zonnestraal die door de wolken heen brak viel op het hoofd van het paard, een vluchtige tegenstelling met de smoezelige straat op de achtergrond. Ineens realiseerde ze zich dat ze dit beeld van een steigerend paard al eens eerder had gezien. Een keer vanuit een rijdende trein.

'Maar vind je ze mooi?' vroeg Mac. 'Want ik zat te denken om er een fotoproject van te maken. Ik wilde ze aan die galerie in de buurt van Waterloo laten zien – weet je nog? Waar ik een jaar of drie, vier geleden geëxposeerd heb? Ik heb de eigenaar erover verteld en hij vroeg of ik langskwam om ze te laten zien.' Hij leunde voorover en legde zijn brede handen om de foto die zij vasthad. 'Ik dacht dat ik deze misschien wilde afsnijden, hier. Wat vind jij?'

Hij had deze serie op film geschoten, niet digitaal, vertelde hij. En hij had zijn oude Leica gebruikt. Dit was nog maar een tiende van wat hij had. Het was gewoon onmogelijk om op die plek een slechte foto te maken. Overal waar hij keek lagen de prachtige beelden voor het oprapen. Het zou niet lang meer duren of er kwam een eind aan deze manege, had die oude cowboy hem verteld. Volgens John waren er nog hooguit vijf over van de dertig die er oorspronkelijk waren. Mac zou ook bij die andere maneges gaan kijken. Misschien kon hij er een serie van maken. Hij was spraakzaam, enthousiast. Zo had ze hem al in geen jaren meer horen praten over zijn werk.

Toen viel hij stil. 'Ik verveel je,' zei hij, hij glimlachte verontschuldigend en pakte zijn werk bij elkaar.

'Nee,' zei ze, terwijl ze hem de prints die op haar schoot lagen aanreikte. 'Helemaal niet. Ze zijn schitterend. Dit is... dit is het beste werk dat ik tot nu toe van je heb gezien.'

Zijn hoofd schoot omhoog.

'Serieus,' zei ze. 'Ze zijn prachtig. Niet dat ik verstand van fotografie heb.'

Hij grijnde. 'Per slot van rekening ben jij de vrouw...'

'... die ooit een heel rolletje volgeschoten heeft met de dop nog op de lens. Jaja.' Ze lachten wat ongemakkelijk. In de stilte die daarop volgde, tikte ze met haar handen op haar knie.

'Maar goed,' zei hij terwijl hij opstond. 'We hebben haar nu anderhalf uur gegeven. Laten we maar eens gaan kijken wat voor problemen het beste paard van stal aan het veroorzaken is.'

Ze legde een stapel tijdschriften op de salontafel recht en had het vreemde gevoel alsof ze iets kwijtgeraakt was. Ze kon hem niet aankijken. 'Ja. Ja, laten we dat maar doen.'

Ze liepen het laantje af in de richting van Howe Farm, ingepakt tegen de koude lucht. Natasha voelde zich een beetje verlegen en verloren, in haar blauwe wollen jas. Onder het lopen botsten hun ellebogen tegen elkaar en ze deed een stap opzij.

Ze had weleens mensen gehoord die beweerden dat hun ex hun beste vriend was. Hoe zou dat zijn? Hoe kon je zo makkelijk overgaan van passie – of het nu om liefde of haat ging – in het soort gemakkelijke vertrouwdheid waarbij je elkaar een arm kon geven? Ze kon zich momenten herinneren dat ze Mac zo haatte dat ze hem wel kon vermoorden en tijden dat ze zo naar hem verlangde dat ze dacht dat ze zou sterven. Hoe kon al die energie worden omgezet in zoiets neutraals, zoiets kleurloos als vriendschap? Hoe was het mogelijk dat hij zich daarvan had kunnen losmaken zonder enig zichtbaar litteken? Ze wist dat het stuklopen van hun huwelijk nog te dicht onder het oppervlak lag, dat je het nog zag aan haar gebaren, haar onnatuurlijke reactie op hem en haar altijd weer oplaaiende woede. Terwijl hij doodgemoedereerd doorzeilde, als een schip op een eeuwig kalme zee. Natasha stak haar kin onder haar sjaal en begon wat sneller te lopen, alsof ze ongeduldig was en graag daar wilde zijn, en hoopte dat de verwarring niet van haar gezicht af te lezen was.

Het was een gigantisch verschil met de kleine stadsmanege van Macs foto's. Op een pittoreske met rode stenen ommuurde binnenplaats stonden dames van middelbare leeftijd en tienermeisjes, hun slanke benen in kleurige rijbroeken gestoken, te kletsen bij een blikkerige radio, terwijl ze hun paarden stonden te borstelen en stallen uitmestten. Ze ving flarden van hun gesprekken op.

'Zijn hoefslag is nooit zo lekker op zand. Het is net alsof hij van achteren op slot gaat.'

'Ik deed een slangenvolte met drie bogen en middenin een galopwissel...'

'Jennifer had hem op gerstestro staan tot hij begon te hoesten. Dus nu moet ze een fortuin uitgeven aan zaagsel.'

De paarden stonden geduldig naast opstapblokken of ze staken nieuwsgierig hun neus over hun staldeur en voerden in stilte hun eigen gesprekken. Het was een besloten wereld, met een vreemde taal en vreemde gebruiken. De bewoners van die wereld deelden een passie waar Natasha helemaal niets van begreep. Mac bekeek het allemaal geïnteresseerd met zijn handen rusteloos langs zijn zij, alsof die zich verloren voelden als ze de camera niet vasthielden.

Sarahs paard was niet in zijn stal. De deur stond wagenwijd open. Mevrouw Carter kwam haar kantoortje uit gelopen. 'Ik zei dat ze de bak een halfuurtje mocht gebruiken, tegen beter weten in. Ik vond dat ze hem moest laten uitrusten, maar zij beweerde dat hij zich eerder thuis zou voelen als hij aan het werk kon.' Uit haar opeengeklemde kaken bleek duidelijk was ze daarvan vond. 'Ze neemt niet gemakkelijk iets van een ander aan, hè?'

'Haar opa weet heel veel van paarden. Ze heeft haar kennis van hem.'

'Dan heeft hij vergeten om haar ook manieren te leren.' Ze snoof. 'Ik zal maar eens gaan kijken. Straks vernielt ze de ring nog.'

Natasha keek Mac aan en voelde tot haar ontzetting een lachbui opkomen.

Ze liepen achter een licht met haar been slepende mevrouw Carter aan en deden hun best om niet boven op haar jack russell te gaan staan. Ze troffen Sarah midden in het zand van de bak. Het paard zat aan twee lange teugels en draafde om haar heen, veranderde van richting en dan weer terug, in antwoord op een ongezien commando. En nu hield het zijn pas in tot het bijna op de plaats leek te draven. Ze stond vlak bij zijn achterhand, bijna tegen hem aan gedrukt. Maar je moest toch nooit vlak achter een paard gaan staan?

Natasha stak haar handen diep in haar zakken en keek zwijgend toe. Het paard bewoog zijn benen nu zo traag dat hij wel leek te zweven, de knieën hoog met een zacht verende tred. Ze zag de intense concentratie van het meisje weerspiegeld in het dier. Zijn flanken trilden; zijn hoofd ging omlaag terwijl hij zijn hoeven op en neer liet gaan met een onhoorbaar ritme. En daar ging hij weer, galopperend in een kringetje om het mompelende meisje.

'Het lijkt wel paardenballet,' zei Mac naast haar. Hij hield de camera voor zijn gezicht en schoot een film vol. 'Dat op-en-neerding heb ik haar al eens eerder zien doen. Weet niet meer hoe het heet.'

'*Piaffe*,' zei mevrouw Carter. Ze stond bij het hek en keek ingespannen toe.

'Ze is goed, hè?' vroeg hij terwijl hij zijn camera omlaag deed.

'Het paard heeft talent,' gaf mevrouw Carter toe.

'Ze wil… dressuur met hem doen. Of zoiets. Een soort van balletachtige bewegingen. Hoe noemde ze dat ook weer. Iets met school.'

'Schoolsprongen?'

'Ja, dat was het, geloof ik.'

Mevrouw Carter schudde haar hoofd. 'Dat hebt u verkeerd begrepen, denk ik. Aan schoolsprongen zou ze zich niet wagen. Niet op die leeftijd. Dat is voorbehouden aan de Europese academies.'

Mac dacht even na. 'Ik weet in elk geval wel zeker dat ze het over dressuur had.'

'Enfin, we zullen eerst maar eens wat basisdingen met haar gaan doen… Een elementair examen. Als ze zich op tijd en met een fatsoenlijke training tot het middenniveau weet op te werken is ze goed, maar als ze niet met hem aan wedstrijden deelneemt, wordt het nooit wat.'

Ze klonk zo zeker van haar zaak dat Natasha een steek van medeleven met Sarah voelde. Ze wist niet precies waar ze naar keek, maar het meisje ging er zo in op, was zo geconcentreerd op de bewegingen van haar paard. Er was geen spoor meer over van de kwade tiener. Ze was een en al kalmte en kunde, met liefde voor wat ze aan het doen was, en het dier naast haar gaf het haar allemaal in stilte terug. *Dit is het*, dacht ze. *Dit is jouw grote passie.*

'U hebt haar nog niet zien rijden,' zei Mac alsof hij Sarah wilde verdedigen. 'Ze is geweldig.'

'Iedereen lijkt een geweldige ruiter op een beetje paard.'

'Maar ze blijft gewoon ijskoud zitten. Zelfs als hij dat met dat steigeren doet…' Hij deed de beweging van een steigerend paard na.

Mevrouw Carters ogen werden groot. 'Je moet een paard nooit aanmoedigen om te steigeren,' zei ze stellig. 'Als het achterovervalt, kan het zich verwonden. Het kan zelfs doodvallen. En de ruiter erbij.'

Mac wilde iets zeggen, maar slaakte toen een diepe zucht en deed zijn mond weer dicht.

Ze waren klaar. Sarah draaide zich om en liep met Boo naar het hek. Hij had zijn hoofd gebogen en leek ontspannen. Hij gaf haar een duwtje met zijn neus toen ze vlak bij hen waren. 'Hij vindt het hier fijn,' zei ze. 'Zijn hele manier van doen is anders. Hij vindt het lekker verend.' Ze grijnsde. 'Hij is nog nooit in een echte ring geweest.'

'O nee? Maar waar train je hem thuis dan?' Mevrouw Carter deed het hek open om haar eruit te laten. Natasha deed een paar passen naar achteren.

'Meestal in het park. We kunnen eigenlijk nergens anders naartoe.'

'Een park?'

'Ik heb een stuk afgezet naast de speeltuin.'

'Je kunt niet trainen in een park. In de zomer is de grond te hard en in de winter raken zijn pezen beschadigd als er te veel modder ligt. Je verpest zijn benen als je niet oplet.' Mevrouw Carters stem klonk berispend en Natasha zag Sarahs haren overeind komen.

'Ik ben niet dom of zo,' zei ze fel. 'Ik train hem alleen als de grond goed is.'

De uitbundige, open glimlach was van korte duur geweest. Zo gaat het dus met kinderen, dacht Natasha. Eén verkeerd woord op het verkeerde moment en ze zijn op hun teentjes getrapt. Ze had zo het vermoeden dat Sarah niet meer naar mevrouw Carter zou lachen.

'Zo, zet hem nu maar weer op stal. Die ene achter de andere. Zoals we hebben afgesproken.'

Sarah bleef staan. 'Maar dan is hij zo eenzaam, helemaal in zijn eentje.'

'Hij kan ze horen,' zei mevrouw Carter streng. 'Hij is te groot voor die stal. En trouwens, ik moet Brian laten komen om de gaten te repareren die hij daar in de muur heeft geschopt.'

'Doe nou maar wat mevrouw Carter van je vraagt,' zei Mac dringend. 'Kom, hij lijkt nu toch weer gelukkig.' Sarah keek hem verontwaardigd aan, maar schikte zich. Natasha wist niet precies waarom het haar zo'n vreemd gevoel gaf tot het tot haar doordrong dat ze nog iets kon aflezen van het gezicht van het meisje. Vertrouwen. Het meisje bracht het paard naar zijn nieuwe stal.

'Oké. Dan moeten jullie nu wat formulieren voor me invullen,' zei mevrouw Carter terwijl ze hun voorging naar het kantoortje. 'En ik wil graag een cheque voor de borg en voor de reparaties, als je het niet erg vindt.' Ze zette er flink de pas in, met haar hondje in haar kielzog. Ze legde even een hand op Macs arm – alle vrouwen deden dat als ze de kans kregen. 'Het is geen kwaad paard, hoor. Het beste wat u voor hem kun doen, meneer Macauley,' zei ze zachtjes, 'is een nieuw thuis voor hem zoeken. Ergens waar ze uit hem halen wat erin zit.'

Het bleef even stil.

'Dat wens ik vooral zijn bazinnetje toe,' zei Mac.

Toen ze terugkwamen in de cottage verdween Sarah naar haar kamer. Natasha ging op zoek naar schone handdoeken en ruimde de linnenkast op. Pas toen ze weer beneden kwam, dacht ze eraan om haar telefoon te checken, die al die tijd op tafel had gelegen.

Conor had gebeld en er was een berichtje van de makelaar:

Meneer en mevrouw Freeman hebben bod gedaan. Belt u even terug?

Mac was buiten om hout van de stapel te halen. Ze zag hoe hij zich boog en door de knieën zakte terwijl hij de droge blokken opzijgooide en liep toen de keuken in om het telefoontje te plegen. Het was, zo zei de makelaar, een 'redelijk' bod, maar een paar duizend pond onder hun vraagprijs. De kopers hadden zelf geen huis dat nog verkocht moest worden en konden er al vrij snel in. 'Ik adviseer dat u ingaat op dit bod, gezien de huidige markt,' zei hij.

'Ik zal het even overleggen met mijn... Ik zal u terugbellen. Bedankt,' zei ze en ze hing op.

'Het verbaast me dat je nog niet zulke spieren hebt als Schwarzenegger, als je steeds met deze blokken moet sjouwen.' Mac kwam wankelend de deur door. Hij leek te groot voor het huisje, met zijn volle haardhoutmand. Hij liet hem met een plof neerkomen naast de haard, zodat er een wolk houtsplinters en stof over de vloer stoof.

'Ik sjouw normaal maar twee of drie blokken tegelijk in plaats een mand vol, vandaar.'

Hij veegde zijn handen af aan zijn spijkerbroek. 'Zal ik dan een vuurtje stoken? Leuk. Het wordt hier echt koud.' Hij huiverde theatraal en er vlogen stukjes bast van zijn broek. De randjes van zijn oren waren roze van de kou.

Ze verbaasde zich erover dat hij zo ontspannen was over het feit dat hij een vuurtje ging stoken in wat toch zeker als het huis van een andere man moest aanvoelen. Hij legde de blokken op de aanmaakhoutjes, zakte op zijn hurken en stak de proppen krantenpapier aan. Hij blies tot hij zeker wist dat de eerste vlammen hun werk hadden gedaan.

'We hebben een bod op het huis binnen,' zei ze en ze hield haar telefoon op. 'Tweeduizend beneden de vraagprijs, maar ze kunnen er zo in. De makelaar vindt dat we het moeten doen.'

Hij hield haar blik een fractie langer vast en draaide zich toen weer om naar het vuur. 'Lijkt me prima,' zei hij terwijl hij nog een blok op het rooster legde. 'Als jij het goedvindt.'

In een film, dacht ze achteraf, zou dat het moment zijn geweest waarop ze iets had gezegd. Het punt waarop het allemaal niet meer echt na te vertellen viel en waarop gevoelens en gebaren een eigen momentum kregen. Maar hoe hard ze ook nadacht, ze kon niet bedenken wat ze precies wilde zeggen.

'Dat moeten we dan aan Sarah vertellen,' zei ze, 'als… als het allemaal snel gaat en we een andere plek voor haar moeten zoeken.'

'Laten we dat probleem pas oplossen als we ervoor staan.' Hij keek niet op van het vuur.

'Dan zal ik ze wel bellen,' zei ze, en ze liep terug naar de keuken, haar in sokken gestoken voeten voelden ijskoud op de harde vloer.

Mac vroeg of hij mocht koken. Hij haalde een doos ingrediënten uit zijn auto, dekte ze af met een theedoek en zei dat ze pas mochten kijken als het klaar was. Natasha was een beetje van haar stuk van het feit dat haar ex ineens kon koken; waarom was hij ineens Mr Perfect geworden zodra hij bij haar weg was? Hij zag er beter uit, gedroeg zich beter, had zich gecommitteerd aan een grotemensenbaan. Hij was nog even charmant als altijd. Vergeleken met het zijne, had haar leven stilgestaan. Tot meer was ze niet in staat. Ze redde zich, dat was het. Toen het eten op tafel kwam, was ze gerustgesteld.

'Het is... eh... Mexicaans,' zei hij, licht verontschuldigend. Natasha en Sarah keken naar de bruine, korrelige hoop in de blauwe schaal en de taco's die nog in de verpakking zaten. Strookjes van een of andere onherkenbare substantie lagen in een slijmerige laag olie te baden, tussen iets roods. Ze keken elkaar over tafel aan en kregen toen spontaan de slappe lach.

'Oké... mijn timing is nog niet helemaal je dat,' zei Mac. 'Sorry. Het gehakt is misschien wat doorbakken.'

'Wat is dat?' Sarah prikte in de zompige massa. Natasha, die haar best moest doen om haar gezicht in de plooi te houden, vond dat het wel iets weg had van een paardenvijg.

'Dat zijn *refried beans*,' zei Mac. 'Hebben jullie dan nog nooit *refried beans* gehad?'

Ze schudde haar hoofd achterdochtig alsof dit misschien een grote grap van hem was.

'Het smaakt beter dan je denkt. Echt.'

Hij wachtte af en keek naar hen.

'O, oké,' zei hij. 'Laten we dan maar wat te eten bestellen.'

'Er valt hier niets te bestellen, Mac,' zei Natasha. 'We zijn hier op het platteland. Luister,' zei ze toen ze het pak taco's openmaakte, 'als we er flink wat zure room en kaas overheen gooien smaakt het prima. En trouwens, daar gaat het toch om bij Mexicaans eten: veel kaas en zure room?'

Na het eten was Sarah verdwenen om in bad te gaan. Daarna was ze naar beneden gekomen om te vragen of het goed was dat ze naar bed ging. Ze hield een stukgelezen boek in haar arm geklemd.

'Het is pas halftien!' riep Mac uit. Natasha en hij waren naar het kleine voorkamertje verhuisd waar hij met zijn voeten op de houtmand zat. 'Wat ben jij nou voor puber?'

'Een vermoeide, neem ik aan,' zei Natasha. 'Je hebt ook een zware dag gehad.'

'Welk boek lees je?'

Sarah haalde het onder haar arm vandaan. Het was gekaft in rood papier en werd bij elkaar gehouden met plakband. 'Het is van mijn opa,' zei ze en toen ze haar vragend bleven aankeken verklaarde ze: 'Het is Xenophon.'

'Lees jij klassieken?' Natasha kon haar verbazing niet verhullen.

'Het gaat over paardrijkunst. *Grand-père* las het altijd, dus ik dacht dat het me misschien zou helpen...'

'De Grieken hebben geschreven over paardrijden?'

Ze gaf het boek aan Mac, die de kaft bekeek. 'Er verandert niet zo veel,' zei ze. 'Ken je die witte paarden uit Wenen?'

Zelfs Natasha had die glanzende witte hengsten weleens gezien. Ze dacht altijd dat die gewoon folklore waren, voor de toeristen, net zoiets als Beefeaters.

'Die ruiters werken nog steeds op basis van het boek van La Guérinière, dat is al in 1735 geschreven. *Capriole*, *croupade*, *curvets*... De schoolsprongen, de bewegingen die de paarden doen, zijn hetzelfde gebleven sinds ze voor de Zonnekoning werden uitgevoerd.'

'Veel principes uit het recht stammen ook uit die tijd,' zei Natasha. 'Wat goed dat je geïnteresseerd bent in klassieke teksten. Heb je de *Ilias* al gelezen? Ik heb het boven staan. Misschien vind je dat ook wel –'

Maar Sarah schudde haar hoofd al. 'Het gaat me alleen... het gaat me erom dat ik Boo dingen kan leren. Zolang *grand-père* er niet is.'

'Kan je me iets uitleggen, Sarah.' Mac pakte een stukje overgebleven taco en stak hem in zijn mond. 'Waar gaat het nou precies om?'

'Wat?'

'Al dat precisiewerk. Zorgen dat je je voeten precies goed houdt. Dat zijn hoofd precies in een bepaalde positie is. Ik bedoel, springen en paardenrennen, dat snap ik nog wel. Maar ik heb jou in het park bezig gezien met het steeds maar weer herhalen van dezelfde dingen, de hele tijd weer. Wat is dáár de lol van?'

Ze schrok, zag Natasha, alsof het een ketterse vraag was.

'Wat daar de lól van is?' vroeg Sarah.

'Ja, van zo obsessief bezig zijn met zulke kleine bewegingen. Ik zie wel dat het er prachtig uitziet, maar ik begrijp niet wat je doel is. De helft van de tijd zie ik niet eens wat je precies aan het doen bent.'

Ze had haar haar gewassen en je kon de groeven van de kam zien lopen. Ze keek hem strak aan. 'Waarom neem jij de hele tijd maar foto's?'

Hij grijnsde want dit vond hij leuk. 'Omdat er altijd een beter plaatje te schieten valt.'

Ze haalde haar schouders op. 'Zo is het bij mij ook, het kan altijd beter. Zowel hij als ik. Het gaat erom dat je probeert om zo perfect mogelijk te communiceren. En dat kan met een kleine beweging van je vinger op een teugel of het verplaatsen van je gewicht. Het is altijd weer anders, want misschien heeft hij een bui of misschien ben ik moe of is de grond zachter. Het gaat niet alleen om de techniek – het gaat om twee hoofden, twee harten… en om de balans die je probeert te vinden. Het gaat om wat er tussen jou en je paard gebeurt.'

Mac keek Natasha verbaasd aan. 'Ik denk dat we dat wel snappen.'

'Maar als Boo me begrijpt,' ging Sarah verder, 'als we het samen goed doen, dan is dat zo'n geweldig gevoel.' Haar ogen dwaalden opzij en haar handen omsloten onbewust een paar onzichtbare teugels. 'Een paard kan prachtige dingen doen, ongelofelijke dingen, als je uitvogelt hoe je het hem moet vragen. Het gaat erom dat je daarachter komt, dat je leert wat hij allemaal in zich heeft… en dat je het hem dan ook laat doen. En dat je het hem dan ook nog laat doen omdat hij dat zélf ook leuk vindt. Want dan wordt hij pas echt goed.'

Het bleef even stil. Ze voelde zich een beetje ongemakkelijk, alsof ze te veel had gezegd.

'Nou ja,' zei ze, 'hij zou liever thuis zijn.'

'Binnenkort weer,' zei Mac opgewekt, 'na zijn korte vakantie. Dan zijn wij niet meer dan een nare herinnering. Een goed verhaal voor je vriendinnen.'

Alsof ze hem niet had gehoord, zei Sarah: 'Ik denk niet dat hij heel gelukkig is als ik er doordeweeks niet ben.'

Natasha voelde het ongeduld in haar opkomen en dat verscherpte haar toon. 'Hier hebben we het al over gehad. Zelfs al was je in Londen, dan nog kon je niet naar hem toe. En hier weet je tenminste zeker dat iemand voor hem zorgt. Kom op, Sarah…' Het was niet haar bedoeling om geërgerd te klinken, maar ze was doodmoe.

Sarah liep de kamer uit, maar kwam weer terug. 'Gaan jullie je huis verkopen?' vroeg ze vanuit de deuropening. 'Ik hoorde jullie praten toen ik in bad zat,' verklaarde ze.

Het huis was te klein voor geheimen. Natasha keek naar Mac, die diep zuchtte. 'Ja,' zei hij. 'Ja, dat klopt.'

'Waar gaan jullie dan wonen?'

Hij gooide een luciferdoosje naar het plafond en ving het weer op. 'Nou, ik ga waarschijnlijk ergens in Islington wonen en waar Natasha naartoe gaat weet ik niet precies, maar je hoeft je geen zorgen te maken. Het zal nog wel even duren en dan ben jij allang weer bij je opa.'

Ze bleef bij de deur hangen. 'Dus jullie zijn niet meer bij elkaar?' Het was eerder een constatering dan een vraag.

'Nee,' zei Mac, 'we zijn nu alleen nog bij elkaar vanwege de kinderen. Dat ben jij, trouwens.' Hij gooide het boek met een boogje naar Sarah en zij ving het op. 'Maak je om ons nu maar geen zorgen,' zei hij toen hij zag dat ze zich ongemakkelijk voelde. 'We zijn goeie vrienden en we vinden het geen punt om bij elkaar te zijn tot alles is geregeld. Toch, Tash?'

'Ja.' Het klonk schor. Sarah keek naar haar en ze had het gevoel dat het meisje dwars door haar heen keek en zag wat ze echt vond.

'Ik regel zelf mijn ontbijt wel,' zei Sarah terwijl ze het boek onder haar arm stak. 'Ik wil graag zo snel mogelijk daarheen, als het mag.' En weg was ze, het krakende, smalle trapje op naar bed.

De eerste nacht dat Mac en Natasha samen in hun huis in Londen doorbrachten, sliepen ze op een matras op een stoffige vloer. Ergens in de verhuizing van haar appartement waren de schroeven die de twee delen van hun bed bij elkaar hielden verdwenen. Uitgeput na een dag uitpakken hadden ze het matras voor de kachel in de zitkamer gelegd en een dekbed over zich heen gegooid. Ze dacht er nu aan terug hoe ze onder de gordijnloze ramen in zijn armen had gelegen, met uitzicht op de donkere straat, terwijl in de verte een vliegtuig door de nachtelijke hemel vloog. Ze werden omringd door wankele stapels dozen die nog maanden onuitgepakt zouden blijven en het behang van iemand anders op de muur. Ze hadden het wonderlijke gevoel dat het huis weliswaar hun eigendom was, maar toch nog niet helemaal van hen was. Met zijn tweeën kamperen in die kamer had dat vreemde, onwerkelijke gevoel nog versterkt. Ze had daar gelegen, met een hart dat te snel klopte, en ze kon zich nog niet voorstellen hoe het zou zijn, hoe dit huis zou worden, maar ze genoot van dat ene perfecte moment waarop geluk en mogelijkheden samenvielen en ze vermoedde dat ze toen ergens al wist dat dat gevoel niet lang zou aanhouden.

Met zijn arm rustend op haar lichaam, het enorme, oude huis om hen heen, was ze vervuld van een gevoel dat ze alles aankonden. Alsof dit het begin was van iets wat even eindeloos was als de hemel waar ze naar keek. En ze had zich omgedraaid om naar hem te staren, die prachtige, verliefde man, en ze liet haar vingers voorzichtig over zijn slapende gezicht glijden, gaf hem kusjes tot hij langzaam wakker werd en haar slaperig verbaasd en tevreden tegen zich aan trok.

Natasha schonk zichzelf een groot glas wijn in. Ze staarde naar de televisie, zonder te weten waar ze naar keek. Ze voelde zich zo vreemd bloot en voelde tot haar schrik dat er tranen in haar ogen prikten. Ze draaide zich een beetje weg van Mac, knipperde verwoed en nam een flinke slok wijn.

'Hé,' zei Mac zachtjes.

Ze kon zich niet omdraaien. Discreet huilen was iets wat ze nooit had geleerd. Haar neus zou nu wel gloeien als een reddingsboei. Ze hoorde dat hij opstond en het kamertje door liep om de deur dicht te doen. Toen ging hij weer zitten en zette de televisie uit. Ze vervloekte hem in stilte.

'Gaat het?'

'Ja hoor,' zei ze kortaf.

'Zo ziet het er anders niet uit.'

'Nou, het gaat prima.' Ze tilde haar glas weer op.

'Ben je boos op haar?'

Ze vermande zich. 'Nee...' Daar deed hij het niet voor. 'Ik vind het hele gedoe met dat paard gewoon zo vermoeiend. Een puber in huis hebben is trouwens überhaupt vermoeiend.'

Hij knikte.

'Het is ook niet... heel doorsnee, hè?'
Hij keek haar glimlachend aan.
Niet aardig doen, dacht ze. *Niet doen.* Ze beet op haar lip.
'Komt het door... het huis?'
Ze dwong zichzelf om nonchalant te kijken. 'O... zoiets is natuurlijk altijd een beetje een raar gevoel.'
'Ik vind het zelf ook niet geweldig,' zei hij. 'Ik hou van dat huis.'
Ze zaten zwijgend naar het vuur te kijken. Buiten werd de cottage omsloten door de zwarte nacht van het echte platteland, waar geen licht en geluid doordrong.
'Al dat werk,' zei ze. 'Al die jaren plannen maken en inrichten en je proberen voor te stellen hoe het zou worden. Dat is gewoon... moeilijk. Dat je weet dat je het allemaal kwijtraakt. Ik moet steeds denken aan hoe het was toen we er pas woonden, toen het nog een bouwval-met-mogelijkheden was.'
'Ik heb de foto's nog,' gaf hij toe. 'Van toen jij die ene muur had neergehaald en je helemaal onder het stof zat, met je sloophamer...'
'Het is gewoon zo'n raar idee dat er iemand anders gaat wonen. Zij weten daar allemaal niks van – van de oude houten trapleuning of waarom we dat ronde raam in de badkamer hebben gezet.'
Mac leek ineens niet te weten wat hij moest zeggen.
'Al dat werk. En dan is het allemaal weg. Dan gaan we gewoon ergens anders verder.' Ze was zich ervan bewust dat de wijn haar te spraakzaam had gemaakt maar ze kon zich niet inhouden 'Het voelt... alsof je een deel van jezelf moet achterlaten.'
Hij keek haar in de ogen en ze moest haar blik afwenden. In de haard verzakte een houtblok, zodat een regen aan vonkjes opsteeg.
'Ik denk niet dat ik ooit nog eens zo veel werk in een huis zou steken,' zei ze, bijna tegen zichzelf.
Boven hoorden ze Sarah een lade openen en dichtdoen en beneden klonk het knappen van het vuur.
'Het spijt me, Tash.' Hij aarzelde, maar pakte toen haar hand vast. Ze staarde naar hun verstrengelde vingers. Dat vreemde en toch vertrouwde gevoel van zijn huid op de hare benam haar de adem.
Ze trok zich los en bloosde. 'Dit is precies de reden waarom ik

bijna nooit drink,' zei ze, en ze stond op. 'Het was een lange dag. En ik denk dat iedereen zich zo voelt als ze een huis verkopen waar ze lang hebben gewoond. Het is maar een huis, toch?'

Aan Macs gezicht kon ze niet aflezen wat hij dacht. 'Ja,' zei hij. 'Het is maar een huis.'

# 12

*'De goden hebben de mens het geschenk gegeven dat hem met spraak en argumenten duidelijk te maken is wat zijn plicht is, maar het paard, dat moge duidelijk zijn, leert niet door spraak en argumenten.'*
Xenophon, *Over de rijkunst*

Ondanks haar uitputting sliep Natasha slecht. De stilte buiten voelde beklemmend en de nabijheid van Mac en Sarah was te veel, binnen de muren van de cottage. Beneden hoorde ze de bank kraken als hij anders ging liggen en het diplomatiek zachte geschuifel van voeten van Sarah die midden in de nacht naar de wc ging. Ze kon hen bijna horen ademen, dacht ze, en ze vroeg zich af of dat betekende dat Mac ook al haar bewegingen kon horen. Ze viel in slaap en werd wakker na korte, hevige dromen over ruzies met hem, en hallucinatoire beelden van vreemden die haar huis binnendrongen, tot ze uiteindelijk, toen het blauwe licht en de koude oranje zon zichtbaar werden boven de bomen in de verte, niet eens meer probeerde om haar ogen dicht te houden. Er daalde een soort rust over haar, alsof haar brein door de fysieke omstandigheden gedwongen werd om zich koest te houden. Daar lag ze, starend naar het verlichte plafond, tot ze een badjas aantrok en uit bed stapte.

Ze wilde niet over Mac nadenken. Ze wilde zichzelf niet toestaan om verdriet te hebben om het huis, want dat sloeg nergens op. En als ze stil zou staan bij de aanraking van een hand, werd ze gek. Ze had te veel gedronken en was onverstandig geweest. Wat zou Conor zeggen als hij haar zo had gezien!

Ze keek hoe laat het was – kwart over zes – en wachtte tot een dof geronk haar vertelde dat de centrale verwarming aangeslagen was. Ze staarde naar haar dichte slaapkamerdeur alsof ze erdoorheen kon kijken en Sarah aan de andere kant van de overloop kon zien liggen.

Ik ben egocentrisch geweest, dacht ze. Ze is niet op haar achterhoofd gevallen en ze voelt mijn tegenzin. Hoe zou het voelen om zo veel kwijtgeraakt te zijn en zo afhankelijk te zijn van mensen die je niet kent? Natasha had door haar geld, haar leeftijd en haar achtergrond keuzes die Sarah misschien wel nooit zou hebben. Ze besloot dat ze de komende weken aardiger zou zijn en haar ingebouwde reserve en wantrouwen zou verhullen. Ze zou ervoor zorgen dat het meisje echt iets had aan haar korte logeerpartij. Als ze zich meer op Sarah zou concentreren, zou ze zich minder laten afleiden door Macs aanwezigheid. Misschien kon ze dan voorkomen dat ze nog een keer in een situatie terechtkwam zoals die van gisteren.

Koffie, besloot ze. Ze zou koffiezetten en genieten van een uurtje rust.

Ze deed de slaapkamerdeur zo zachtjes mogelijk open en stapte haar kamer uit. De deur van de logeerkamer stond op een kier en Natasha staarde er even naar, voor ze, zomaar ineens, een stap naar voren deed en er zachtjes tegenaan duwde. Dit deden moeders, zei ze bij zichzelf. Over de hele wereld duwden moeders de slaapkamerdeuren open om naar hun slapende kinderen te kijken. Misschien voelde ze wel een beetje van wat die vrouwen voelden. Een heel klein beetje. En het was gemakkelijker om iets te voelen, om te proberen iets te voelen, als het meisje sliep.

Ze werd onderbroken door het schelle gerinkel van de telefoon en ze trok haar hand terug. Op dit tijdstip kon een telefoontje alleen maar slecht nieuws brengen. Niet papa of mama, smeekte ze een ongeziene godheid. *Niet een van mijn zusjes, alsjeblieft.*

Maar de stem aan de andere kant van de lijn was niet van een familielid. 'Mevrouw Macauley?'

'Ja?'

Mac werd wakker. Ze zag hoe hij zich van de bank hees.

'Met mevrouw Carter van de manege. Het spijt me dat ik u zo vroeg bel, maar we hebben een probleem. Uw paard is ontsnapt.'

'Hoe is hij daar in godsnaam uitgebroken?' Mac wreef in zijn ogen. Hij droeg een oud T-shirt dat ze nog kende en dat zacht van sleetsheid was.

'Ze zei dat ze soms uitvogelen hoe ze grendels open kunnen krijgen. Dat ze dan tegen de deur bonken zodat de grendel opspringt. Ik luisterde niet echt.'

O god, dacht ze. Wat moesten ze nu tegen Sarah zeggen? Die wordt helemaal hysterisch. En die gaat ons de schuld geven omdat wij hem hiernaartoe hebben gebracht.

'Wat moeten we nou?'

'De man van mevrouw Carter is op zoek in de weilanden in de buurt met zijn quad. Ze stapt nu zelf in haar jeep. Ze vroeg of wij een halster konden meenemen en zelf met de auto op zoek konden gaan. Ze is bang dat hij in de richting van de snelweg loopt. Misschien is hij al de hele nacht onderweg.'

Natasha sloeg haar armen om zich heen en huiverde. 'Mac, we moeten haar wakker maken om het haar te vertellen.'

Mac wreef over zijn gezicht. Zo te zien zag hij er net zo erg tegen op als zij. 'Nee,' zei hij, terwijl hij zijn trui aantrok. 'Laten we eerst proberen om hem te vinden. Het heeft geen zin om haar in paniek te laten raken als hij ergens in de buurt in een wei staat. Ze was gisteravond zo uitgeput dat we hem hopelijk gevonden hebben voor ze wakker wordt.'

Er lag rijp op de grond en toen ze door de laan reden, knerpten de banden op het zilveren asfalt. Ze reden zachtjes, met de ramen open, en speurden met hun ogen en oren naar een groot bruin paard. Elke bewegende schaduw in elk kreupelbosje, elk spoor op de ijskoude grond suggereerde dat er net nog iets was geweest. Natasha probeerde om in haar hoofd een beeld van de omringende laantjes te vormen en probeerde te raden naar de vluchtrichting van een dier dat ze zelfs nog nooit had geaaid.

'Dit is hopeloos,' zei Mac, niet voor het eerst. 'Je kunt hier nauwelijks over de heggen kijken en door het geluid van de motor kunnen we niets horen. Laten we uitstappen.'

Ze parkeerden de auto vlak bij de hooggelegen dorpskerk, wist Natasha, en vanaf daar konden ze bijna de hele vallei overzien. Conors verrekijker bleef in haar zak; ze wist niet of ze Sarahs grote bruine paard zou kunnen onderscheiden tussen alle andere grote bruine paarden die ze misschien in de velden zou zien.

Het was inmiddels licht geworden, maar de lucht was nog kil van de nacht en ze had het koud. Ze had een jas aan, maar het T-shirt eronder bood geen bescherming tegen de vrieskou.

Mac stond op een graftombe en staarde over de begraafplaats, zijn ogen half dichtgeknepen tegen de lage zon. Terwijl ze hem de verrekijker aanreikte, zag hij dat ze haar armen om zich heen sloeg. 'Gaat het?'

'Beetje koud. We zijn ook zo snel weggegaan.' Wat als Sarah al wakker was, dacht ze ineens. Wat als ze al heeft ontdekt dat hij weg is?

'Hier.' Hij deed zijn sjaal af en gaf hem aan haar.

'Maar dan heb jij het koud.'

'Ik heb er geen last van, dat weet je.'

Ze nam de sjaal aan en sloeg hem om. Hij was nog warm van zijn huid en rook zo sterk naar hem dat ze er even duizelig van werd, wat ze verborg door van hem weg te lopen in de richting van een draaihek. Ze kende deze geur zo goed, die lichte citroenachtige kruidigheid. Zo'n schone, mannelijke geur. Dit was toch je reinste masochisme? Ze trok de sjaal weer af en toen ze zeker wist dat hij niet keek, propte ze hem in haar zak en zette haar kraag op.

'Ik zie hem nergens,' zei Mac en hij liet de verrekijker zakken. 'Dit is een hopeloze zaak. Hij kan wel overal zijn. Achter een hoge heg, in het bos. Misschien is hij al bijna weer in Londen – we weten gewoon niet hoelang hij al weg is.'

'Het is onze schuld, hè?' zei Natasha met haar armen over elkaar.

'We wilden toch alleen maar helpen.'

'Ja. Nou, dat is dan goed gelukt.' Ze schopte tegen de grond en zag de ijskristallen smelten op haar schoenen.

Hij stapte handig van de tombe en legde een hand op haar bovenarm. 'Neem het jezelf nou maar niet kwalijk. We doen ons best.'

Ze keken elkaar even aan en zijn woorden weerklonken om hen heen.

'Laten we maar teruggaan.' Hij liep langs haar naar de auto. 'Misschien heeft mevrouw Carter hem inmiddels al gevonden.'

Ze vermoedde dat ze dat allebei niet geloofden. Iets zei haar dat er voor Sarah geen ongecompliceerd happy end weggelegd was.

Ze reden zwijgend terug naar huis. Als Mac al had gezien dat ze zijn sjaal niet meer om had, zei hij er in elk geval niets van. Het was stil in huis, en donker, ze gingen stilletjes naar binnen, blij met de warmte.

'Ik ga water opzetten,' Natasha trok haar jas uit en ging bij het fornuis staan, met haar roze vingers op het warme metaal.

'Wat moeten we tegen haar zeggen?'

'De waarheid. Ik bedoel, jezus, Mac, misschien heeft ze zelf de grendel wel niet dichtgedaan. Misschien is het wel haar schuld.'

'Ze leek me anders behoorlijk zorgvuldig. Godallemachtig.' Hij haalde zijn hand over zijn ongeschoren kin. 'Dit gaat niet leuk worden.'

Natasha pakte twee bekers en begon koffie te maken, zich vaag bewust dat Mac ineens de kamer door beende. Hij stond nu bij het raam en trok de gordijnen open. En ze merkte dat de kamer volstroomde met grijs licht dat op de overblijfselen van de vorige avond viel: de glazen met zure restjes wijn, het haardrooster vol met as.

Koffie, dacht ze. Dan zou ze mevrouw Carter bellen. En Sarah wakker maken,

'Tash.'

Haar kaak vertrok automatisch. Wanneer hield hij nou eens op haar zo te noemen.

'Tash.'

'Ja?'

'Kom eens?'

'Waarom?'

'Je moet even uit het raam komen kijken. Dat aan de zijkant.'

Ze kwam op hem af sloffen en wierp een blik in haar tuin. Ze zag dat wat eerst een keurig, rechthoekig gazonnetje was nu een poel van modder en omgewoelde grasmatten was. De lampionnetjes waren verdwenen en de stelen van de laatste koppige bloemen waren gebroken, vertrapt in de vochtige aarde. Bij de grens met het open veld was haar zo zorgvuldig geplaatste schutting van wilgentenen geveld. Het lag op een hoop tegen de appelboom. Haar plantenpotten lagen in stukken op het stenen terras. Het was een slagveld. Het was alsof er een bulldozer door haar zorgvuldig bijgehouden tuintje was getrokken.

Natasha probeerde de verwoesting in zich op te nemen terwijl haar adem stokte en haar ongelovige blik verder bij het beslagen raam kwam.

Net zichtbaar, links van het terras, lag vlakbij, op een bankje, Sarahs slapende gestalte. Ze was in haar winterjas gerold en had wat tot voor kort Natasha's beste winterdekbed was geweest over zich heen getrokken.

Een paar meter van haar afhangende hand, reusachtig in de kleine tuin, stond een bruin paard zorgvuldig de laatste appeltjes van de kale takken te eten. Uit zijn neusgaten kwamen kleine wolkjes damp.

# 13

*'Om een paard te keren moet je eerst in de richting kijken die je op wilt.'*
Xenophon, *Over de rijkunst*

Sarah zat boven in de bus en telde het geld in haar zak voor de vierde keer. Genoeg voor twee weken huur, vijf balen hooi en een zak voer; genoeg om haar kast voor veertien dagen te vullen. Maar bij lange na niet genoeg om Sal de Maltees tevreden te stellen. Het was kwart over drie. Hij was bijna nooit op de manege voor half-vijf. Ze zou het geld dat ze had achterlaten bij Cowboy John, of ze zou het met een briefje onder de deur van het kantoortje schuiven, en met een beetje mazzel was ze al weg voor hij haar er weer over zou aanspreken. Allebei de keren dat ze was geweest sinds ze terug was, had Sal het over haar achterstand gehad. Allebei de keren had ze beloofd te proberen om aan het geld te komen, zonder enig idee te hebben waar ze het vandaan zou moeten halen.

Ze was zo opgelucht om terug te zijn. Nadat hij er was weggehaald, was Boo binnen een week weer op Sparepenny Lane. Mac en Natasha hadden eigenlijk geen keus: de vrouw van de manege was helemaal uit haar dak gegaan omdat ze twee uur lang door het donker had gereden, op zoek naar hem, en omdat ze vond dat Sarah onverantwoordelijk en gestoord was en of Sarah dan niet wist dat er in die tuin taxus en liguster stond en nog wel tien andere dingen die hem hadden kunnen vergiftigen? Zelfs Mac was niet voor haar opgekomen. Natasha en hij deden alsof ze een soort crimineel was, alleen maar omdat het gras een beetje modderig geworden was. En ze had Mac nog niet zo boos meegemaakt. Of niet boos, maar gewoon zo'n teleurgestelde blik die mensen je gaven voor ze heel diep zuchtten.

Diezelfde teleurgestelde blik had hij ook toen hij met haar en Boo terugliep naar de manege. Hij had zijn handen diep in zijn zakken gestoken en hij zei dat Natasha's tuintje heel veel voor haar betekende, en dat het feit dat Natasha nooit veel emotie toonde niet wilde zeggen dat ze ook geen emotie voelde. Iedereen had een passie, iets wat ze wilden beschermen; dat wist zij toch zeker beter dan wie dan ook.

Sarah voelde zich wel rot toen ze Natasha in het halletje zag huilen. Ze had zich niet gerealiseerd hoe lomp Boo in de tuin zou zijn, ze dacht alleen maar dat het een plek was die veilig omheind was. En dicht bij haar. Mac zei verder niet veel meer, maar de gaten die vielen tussen wat hij wel zei, gaven haar een ongemakkelijk gevoel. Hij besloot ermee te zeggen dat het misschien verstandig was als zij en Natasha elkaar wat ruimte gaven.

Niemand liet haar zeggen wat ze eigenlijk wilde zeggen: dat ze haar nergens de schuld van konden geven. Ze had hun allebei heel vaak verteld dat zij niet bij Boo weg kon. Ze moesten maar begrijpen dat ze hem niet op die vreemde plek achter kon laten waar hij over de zwarte velden stond te roepen om iets vertrouwds. En de grootste grap was nog wel dat ze expres dicht bij het huis gebleven was zodat zij zich geen zorgen om haar zouden maken.

De slechte sfeer bleef nog een paar dagen hangen toen ze weer terug waren in Londen. Ze zag wel dat Natasha zich er nog steeds heel erg druk om maakte. Soms hoorde ze haar en Mac fluisteren en zachtjes de deuren dichtdoen, alsof ze niet doorhad dat het over haar ging. Mac kwam dan soms als ze uitgepraat waren naar buiten en dan deed hij geforceerd grappig tegen haar, en noemde haar ‘circusmeisje,’ net als Cowboy John, alsof er niks aan de hand was. Ze was even bang dat ze weg moest. Maar alles was vrij snel weer zo’n beetje bij het oude. Ze stond tegenwoordig vroeg op en ging voor school al naar de manege. Een paar keer was Mac zelfs vroeg opgestaan en had hij haar een lift gegeven. Op die ochtenden had hij foto’s gemaakt van het terrein, van Boo en van Cowboy John, maar toen moest hij ineens heel veel lesgeven en kwam hij nooit meer.

De vorige avond had hij haar bij zich geroepen in de keuken (Natasha was op haar werk; die was bijna altijd op haar werk), en had haar een envelop gegeven. ‘John heeft me verteld hoeveel je nodig hebt,’ zei hij. ‘We betalen voorlopig voor Boo’s onderhoud, maar je moet zelf het werk doen. En als we erachter komen dat je spijbelt, of niet daar bent waar je hoort te zijn, dan brengen we hem ergens anders naartoe. Dat lijkt me een redelijke deal.’

Ze had geknikt en voelde de bankbiljetten door de dunne witte envelop heen. Ze moest zich inhouden om hem niet uit zijn handen te grissen. Toen ze opkeek, keek hij haar aan. ‘Dus... denk je dan dat er nu een eind kan komen aan... aan dat verdwijnen van kleingeld, hier uit huis?’

Toen moest ze blozen. ‘Ik denk het wel,’ had ze gemompeld.

Ze kon hem niet vertellen van het geld dat ze Sal nog verschuldigd was, niet nu ze allebei nog zo kwaad op haar waren. Niet nu Mac haar van diefstal had beschuldigd.

Ze probeerde het van de zonnige kant te bekijken. Ze waren niet echt onaardig. Het paard was bij haar. Het leven was zoals het hoorde te zijn. Althans, voor zover mogelijk, nu *grand-père* nog niet thuis was. En toch, soms, als ze ’s ochtends in de bus zat, dacht ze terug aan hoe Boo eruitgezien had in die bak met het zachte zand, dat het leek alsof hij zweefde, hoe geweldig hij het vond om eens ergens te zijn waar hij het beste uit zichzelf kon halen. Ze dacht aan haar paard, ver weg van de rook en het lawaai en de ratelende treinen, en dat hij door de zachte groene paddock galoppeerde, steeds maar rond en rond, met zijn prachtige hoofd in de lucht alsof hij geen genoeg kon krijgen van de verre horizon, zijn staart omhoog als een vlag.

'En, hoe gaat het?'

Ruth Taylor nam de beker thee aan en leunde wat achterover tegen de zachte, beige bank. Het was niet het soort huiskamer waar ze meestal kwam voor haar werk, dacht ze, en ze keek naar de kunstwerken aan de muur, de antieke eiken vloerdelen. En het was fijn om eens een kop thee te krijgen zonder je te hoeven afvragen wanneer die kop voor het laatst afgewassen was.

'Alles oké?' Ze trok Sarah Lachapelles dossier uit haar tas en zag tot haar ongenoegen dat ze die middag nog vier afspraken had. En niet op zachte beige banken. Twee inspectiebezoekjes bij jonge asielzoekers in een aftandse bed and breakfast op Fernely Road, een jongen die bij hoog en bij laag volhield dat zijn stiefvader hem sloeg, en een verslaafde tienermoeder in Sandown.

Het stel keek elkaar aan. Er bleef iets onuitgesproken tussen hen voor de man het woord nam: 'Prima,' zei hij. 'Alles gaat prima.'

'Dus ze went al goed? Ze is hier nu – hoelang precies – vier weken?'

'Vier weken en drie dagen,' zei de vrouw. Mevrouw Macauley was vlak na Ruth thuisgekomen en zat nu op het puntje van haar stoel steeds op haar horloge te kijken, alsof ze wachtte op toestemming om weer de deur uit te mogen vliegen.

'En school. Nog problemen met spijbelen?'

Weer een blik tussen hen. 'We hebben in het begin wel wat problemen gehad,' zei meneer Macauley, 'maar ik geloof dat we de boel nu wel op de rit hebben. We hebben... goede afspraken gemaakt.'

'U hebt grenzen gesteld, zoals we al voorstelden.'

'Ja,' zei hij. 'Ik denk dat we elkaar inmiddels allemaal wat beter begrijpen.'

O, wat een schatje was hij. Precies haar type, met dat rommelige haar en die twinkelende ogen. Nee, nee, vermaande Ruth zichzelf. Zo mag je niet denken over je cliënten. Vooral niet als hun vrouw naast hen zit.

'Haar gezondheid is prima,' vervolgde hij. 'Ze eet goed. Doet haar huiswerk. Ze heeft... ze heeft zo haar eigen interesses.' Hij wendde zich tot zijn vrouw. 'Ik weet eigenlijk niet wat ik er verder over moet zeggen.'

'Het gaat uitstekend met Sarah,' zei ze kortaf.

'Maakt u zich geen zorgen. Ik ben hier niet om u te beoordelen of om punten te geven voor uw ouderschapsvaardigheden.' Ze schonk hun een glimlach. 'Dit is een informele plaatsing – mantelzorg noemen we het – dus wij zijn hier niet al te nauw bij betrokken. Ik vond alleen dat het gezien de recente gebeurtenissen verstandig was om even langs te komen om te vragen hoe alles ging.'

'Zoals ik al zei,' zei meneer Macauley, 'het gaat echt prima. De school heeft ons niet meer gebeld om problemen te melden. Ze houdt ons niet uit onze slaap met harde muziek. Maar een stuk of zeven vriendjes. En niet al te veel wiet. Geintje,' zei hij, terwijl zijn vrouw hem boos aankeek.

Ruth wierp nog een blik in haar dossier. 'Hebben we al een update over haar grootvader? Het spijt me, ik had zelf even moeten bellen, maar het is momenteel zo druk op het werk.'

'Hij wordt langzaam wat beter,' zei meneer Macauley. 'Maar ik ben natuurlijk geen deskundige op dat gebied.'

Ruth baalde dat ze haar bruine rok aanhad. Haar benen leken er zo kort en dik in. 'O ja, ik weet het weer. Hersenbloeding, toch? Hm. Hij herstelt niet zo snel als zij zouden willen. Vinden jullie... Is het een probleem als ze langer blijft? Ik weet dat we oorspronkelijk dachten dat het maar voor een paar weken was...'

Weer wisselden ze zo'n blik.

'Strikt genomen moeten we een onderzoek doen als een kind langer dan zes weken ergens blijft, en misschien een speciale regeling treffen waarbij u bepaalde ouderlijke verantwoordelijkheden toegewezen krijgt.'

'Er is wel een mogelijke complicatie,' zei mevrouw Macauley. 'We gaan dit huis binnenkort verkopen. Sterker nog, we hebben al een bod geaccepteerd.'

'En is er plaats voor Sarah in jullie nieuwe huis?'

Dit keer keken ze elkaar niet aan. De man gaf als eerste antwoord. 'Dat weet ik nog niet.'

'Willen jullie liever dat wij de verantwoordelijkheid weer van jullie overnemen?' Alsjeblieft, zeg geen ja, bad Ruth in stilte. Ik heb nog een ellenlange wachtlijst aan opvangverzoeken. En geloof me, niet veel van de opvanghuizen voor die kinderen zien er zo uit als dit huis.

'Dat proberen we nu te bepalen. Het punt is, we hebben nog niet besloten waar... eh... we naartoe gaan, hè, Tash? Maar ze kan in elk geval hoe dan ook nog een paar weken blijven.'

Een paar weken. Er kon van alles gebeuren in een paar weken. Ruth ontspande weer een beetje. 'Laten we hopen dat ze snel weer terug kan naar haar grootvader.' Ze glimlachte en keek om zich heen door de zitkamer. 'Het is een prachtig huis. Jullie zullen het wel vreselijk vinden om hier weg te gaan.'

Ze reageerden geen van beiden. Ze legde haar hand op het dossier en leunde naar voren. 'En hoe gaat het met jullie? Als je niet gewend bent om met jonge mensen te leven, dan kan het soms verrassend zwaar zijn.' Ze richtte zich tot mevrouw Macauley, die tot nu toe het minst had gezegd.

'Het is geen probleem,' zei meneer Macauley.

'Mevrouw Macauley?'

De vrouw dacht na voor ze reageerde. Ruth zag in haar papieren dat ze advocaat was. Dat verbaasde haar niet. 'Het is... vermoeiender dan ik had verwacht,' zei ze voorzichtig. 'Maar ja, ik had natuurlijk niet echt een idee hoe het zou zijn.'

'Zijn er specifieke problemen?'

Ze dacht erover na. 'Nee,' zei ze uiteindelijk. 'Ik denk... Het is vooral... een andere kijk op de zaken.'

'Pubers zijn wel een bijzonder volkje.'

Meneer Macauley grijnsde. 'Dat kun je wel zeggen.'

'Ze hebben zo hun eigenaardigheden. Maar volgens de school is ze een stuk rustiger.'

'Het is een aardig kind,' vervolgde hij. 'Ze is heel gedreven.'

'Als jullie overwegen om ooit nog eens pleegkinderen op te nemen, vinden jullie het misschien prettiger als het jongere kinderen zijn. Denken jullie erover om je als pleegouders te laten registreren?' Het had geen zin om hen te wijzen op de financiële voordelen, dacht Ruth. Zo te zien was geld geen probleem voor deze twee. 'Er is een enorm tekort in deze wijk,' voegde ze eraan toe. 'Heel veel kinderen die een pleeggezin zoeken.'

'Dat weet ik,' zei mevrouw Macauley, met zachte stem.

Ruth zag dat haar man haar hand even een duwtje gaf met de rug van zijn eigen hand. Een lief gebaar. Hij steunde haar. Vreemd genoeg begon ze te blozen. 'We zullen erover denken,' zei hij. 'Maar op dit moment bekijken we alles per dag.'

Er was een briefje onder haar kastdeur geschoven. Ze schopte hem open, raapte hem op en zag een handschrift dat ze niet kende.

*Howdy, circusmeisje,*
*Sorry dat ik het je niet persoonlijk kon vertellen, maar moest terug naar de States. Mijn zus Arlene is ziek en er is verder niemand meer van onze familie (en dat domme mens heeft drie echtgenoten weggejaagd), dus ik moet gaan controleren of alles wel goed gaat.*

*Sal de Maltees heeft de sleutels en hij voert mijn dieren, maar je houdt het wel voor me in de gaten, hè?*

*Zeg maar tegen de Captain dat het me ontzettend spijt dat ik niet kan komen, maar dat ik er over een week of twee weer ben. Dan neem ik een fles Jimmy Beam voor hem mee. Die smokkel ik dan wel langs de nazizusters.*
*CJ*

Ze vouwde het briefje keurig op en stak het in haar zak. De afwezigheid van John bracht haar nogal van haar stuk. Ze wist dat hij een zus in Amerika had – hij maakte altijd grapjes over hoe lelijk ze was – maar de paar keer dat hij was verdwenen om haar te bezoeken had *grand-père* altijd voor de manege gezorgd. Maar nu zowel hij als John er niet was, voelde ze zich daar ontheemd. Het was maar voor even, hield ze zichzelf voor. Alles kwam snel weer goed.

Het begon te miezeren, de keien waren een beetje plakkerig op plekken waar iemand de strootjes en het gemorste voer niet had opgeveegd. Ze hing haar jas op de haak en trok *grand-pères* oude overjas aan, die hij altijd droeg om zijn kleren te beschermen. Ze wist instinctief dat ze minder gespannen zou zijn door bezig te blijven. Ze keek of Sheba nog water in haar kom had, ging toen de paarden controleren, trok scheefgezakte dekens recht en zorgde ervoor dat de staldeuren stevig op slot zaten. Ze mestte Boo's stal uit, gaf hem nieuw hooi en water, inspecteerde zijn hoeven, verjoeg de kippen en een geit, die ze niet kende, en maakte toen een praatje met Ranjeet van Raj Palace, die even langskwam om eieren te kopen. En toen ging ze weer terug naar de kast om haar schoolschoenen aan te trekken.

Pas toen ze haar hangslot weer teruggehangen had, dacht ze aan de envelop. Ze haalde hem uit haar zak – en schrok toen er een hand zachtjes in haar nek gelegd werd. Ze draaide zich met een ruk op, klaar om een klap uit te delen.

'Wat is er? Dacht je soms dat ik een gekke kerel was die je iets aan kwam doen?' Sal de Maltees vond het geweldig amusant, en de gouden tand in de hoek van zijn mond glom in het halfdonker van de gang, terwijl hij met zijn vinger voor haar gezicht zwaaide.

Ze huiverde en voelde even in haar nek.

'Heb je een liefdesbrief voor me, circusmeisje?'

Hij nam de envelop over, met een brandende sigaret in zijn andere hand en zijn voeten iets uit elkaar, alsof hij wilde benadrukken dat hij hier heer en meester was. De lucht van aftershave en tabak smoorde de subtiele, zoete geur van hooi en foerage. 'Je weet toch dat je me dat persoonlijk kon komen vertellen.'

'Geld,' zei ze, gegeneerd door het kraakje in haar stem. 'Dat is je geld.'

'Aha...' Hij nam het van haar aan, en zijn vingers raakten de hare.

'Ik moet gaan,' zei ze en ze pakte haar tas, maar hij stak zijn hand op.

Hij trok de envelop open en wierp er een blik in. Toen fronste hij en hield het voor haar gezicht. 'En dit is?'

'Mijn huur. Voor twee weken. En voor het hooi en het voer.'

Buiten was het harder gaan regenen. Sheba kwam achter hen naar binnen gesjokt, haar mottige vacht glinsterend van de druppels. Onder de spoorbogen hinnikte een van de paarden, zijn hoeven schuifelend over de betonnen grond.

'En?' Hij keek haar afwachtend aan. Hij glimlachte, maar het was geen echte lach.

Ze slikte. 'Meer heb ik niet.'

'De achterstallige huur?'

'Nog niet.'

Sal de Maltees siste door zijn tanden en schudde zijn hoofd. 'Je mag van geluk spreken dat ik die stal voor je aangehouden heb, weet je dat? Twee weken geleden kom je dat paard halen, zonder me zelfs maar van tevoren in te lichten. Vind je dat soms goede manieren?'

'Het was niet mijn –'

'Ik heb die stal voor je vrijgehouden, Sarah, ook al had ik hem al aan twintig anderen kunnen verhuren. En dan kom je doodleuk terug alsof er niks is gebeurd. Nog geen dankjewel of niks.'

'Maar, ik zei toch dat het niet mijn schuld was. Het was –'

'Liefje, het zal me aan mijn reet roesten wiens schuld het was. Ik denk alleen, hoe weet ik dat je niet nog een keer je hielen licht? Terwijl je me nog zo veel geld verschuldigd bent? Je hebt de sleutels. Jij en je paard kunnen morgen halverwege Timboektoe zijn. En moet ik dat dan weten?' Hij was een stap dichter bij haar gaan staan, en ze keek nu recht tegen de kraag van zijn overhemd aan.

Ze kon niet slikken zonder dat het geluid zou maken. 'Dat gaat niet gebeuren,' zei ze. 'Ik betaal mijn schulden altijd af. *Grand-père* betaalt zijn schulden altijd af. Dat weet John toch.' We hebben hiervoor nooit schulden gehad, dacht ze.

'Maar John is er nu niet. Je *grand-père* is er nu niet. En dit is trouwens mijn manege, niet die van hen.'

Ze kon niet reageren.

Er reed een trein over de bogen en de lichten van de rijtuigen schenen even op het kleine terrein. Duizend mensen die boven hun hoofden op weg waren naar hun huizen, hun veilige, gezellige levens. Toen kwam hij nog dichterbij staan. Veel te dichtbij. Haar adem stokte.

Hij zei zachtjes: 'Je *grand-père* is ziek. Sarah.'

'Dat weet ik wel,' fluisterde ze.

'Je *grand-père* is heel erg ziek, zegt John. Dus ik wil graag iets van je weten. Hoe ga je mij terugbetalen wat je me nog verschuldigd bent?' Zijn stem klonk zacht, zangerig, alsof hij zo het onderliggende dreigement kon verbloemen. Hij stond nu zo dichtbij dat ze de warmte van zijn adem op haar gezicht voelde en zijn muskusachtige aftershave en zijn leren jasje, iets mannelijks en onbekends kon ruiken.

Ze hield haar ogen neergeslagen. Ze had duistere geruchten gehoord over Sal de Maltees. Je moest hem niet tegen je krijgen. Hij had in de gevangenis gezeten, had foute vrienden en was geïnteresseerd in zaken waar je geen vragen over moest stellen.

'En?'

'Ik zei toch –'

'Jij zei helemaal niks. Ik zei toch dat ik dacht dat je vertrokken was. En nu moet ik weten of ik nog betaald krijg.' Ze voelde zijn ogen brandden. 'We zullen iets moeten regelen, Sarah.'

Ze keek hem aan met knipperende ogen en deed haar best om niet bevend uit te ademen.

'We moeten iets regelen, zodat jij me mijn investering kunt terugbetalen.'

*Maar snap je dan niet dat ik niets liever wil dan dat*, wilde ze tegen hem zeggen. De schuld drukte zwaar op haar. Het zorgde voor een knoop in haar maag, steeds als ze alle bedragen bij elkaar optelde. Het kleurde haar bezoekjes aan haar paard, zodat ze er steeds minder troost uit putte als ze bij hem was. Maar er was niemand die ze het kon toevertrouwen. Sal de Maltees was de enige die die last van haar schouders zou kunnen nemen,

'Ik zou de stallen voor je uit kunnen mesten,' flapte ze eruit.

'Daar heb ik al jongens voor, Sarah.'

'Ik zou in het weekend op de manege kunnen passen,' fluisterde ze.

'Maar dat hoeft niet,' zei hij. 'Het levert mij niks op als jij eieren verkoopt en de boel aanveegt. Begrijp je dat? Snap je wat waarde is?'

Sarah knikte.

'Ik ben een zakenman. Ik heb natuurlijk rekening gehouden met jouw speciale omstandigheden. Ik heb geprobeerd er begrip voor op te brengen. Bij een ander...' hij schudde zijn hoofd, 'was ik allang mijn geduld verloren, Sarah.'

Hij keek achterom, onder de bogen door, naar waar de regen inmiddels over de keien gutste in de richting van de poort, glimmend in het licht van de lantaarnpalen. Heel even dacht ze dat hij weg zou lopen. Dat hij het hierbij zou laten. Maar hij keerde zich weer om.

Zwijgend deed hij nog een stap naar voren zodat zij tegen haar kastdeur kwam te staan. Toen stak hij zijn hand op, plukte voorzichtig een spriet hooi uit haar haren en hield hem voor haar neus voor hij hem met zijn grote, eeltige vingers wegschoot.

Ze bleef recht voor zich uit kijken en deed haar best om niet ineen te krimpen. Sal de Maltees lachte traag en breed, met ogen die haar zeiden dat hij het allemaal wel begreep. En toen ze probeerde om zijn glimlach te beantwoorden, legde hij zijn hand op haar rechterborst, en haalde zijn vinger langzaam over haar tepel. Hij deed het zo licht en zo achteloos trefzeker, dat het even duurde voor ze doorhad wat er aan de hand was.

'Je hoeft me niet in geld te betalen, Sarah,' zei hij zachtjes. Toen haalde hij zijn hand met een lachje weg, nog voor ze kans kreeg tegen te stribbelen.

Haar huid brandde na. Haar wangen waren vuurrood. Haar adem stokte in haar keel.

'Je wordt zo snel groot, schatje,' zei hij, terwijl hij de envelop in zijn zak stak en zijn vingers schudde alsof hij net iets heets had aangeraakt. 'En een mooi meisje krijgt veel gedaan. Je zegt het maar tegen Sal.'

En weg was hij, fluitend, door de gazen poort, terwijl zij daar aan de grond genageld stond; haar tas bungelde slap aan haar hand.

'Ik ben vanavond weg.' Eindelijk hadden ze Ruth de deur uit gewerkt. Toen ze vertrok, had ze Mac zo'n lachje geschonken – zo'n iets te brede lach, zoals alle vrouwen altijd deden bij hem – en onwillekeurig had het Natasha geïrriteerd. Ze was dolblij dat ze die avond met haar zusje afgesproken had.

'Oké. Ik heb Sarah beloofd om na school met haar naar het ziekenhuis te gaan. Maar morgen ben ik er niet, is dat goed?' Hij vertelde er niet bij waar hij dan naartoe ging.

'Oké.' Natasha deed een stap naar voren, maar hij ging niet opzij. 'Ik heb een vergadering, Mac, en ik ben al te laat,' zei ze. Hij droeg de spijkerbroek waar ze ooit zo dol op was, diep indigo, boterzachte stof, sleets bij de zakken omdat hij altijd veel te veel

Ze legde de bloembollen op het gangtafeltje en met vuurrode wangen pakte ze haar werkkoffertje op. 'Het moet heerlijk zijn om jou te zijn, Mac. Iedereen is dol op jou. Jezus, die maatschappelijk werkster kroop net bijna bij je op schoot. En op Sarah heb je hetzelfde effect, dat is superleuk voor jullie.' Ze pakte haar telefoon. 'Maar val mij niet aan omdat ik dat effect nu eenmaal niet heb, ja? Ik doe mijn best. Ik geef mijn huis op. Ik offer mijn relatie op omdat jullie twee hier elke dag zijn en omdat ik met jullie het gelukkige gezinnetje moet uithangen. Ik probeer het, elk dag weer. Ik doe verdomme mijn best.'

'Tash –'

'En noem niet steeds TASH.'

Ze duwde hem opzij, wrikte de deur open en liep de stoep af. Zijn stem klonk na in haar oren. Hij steeg nog boven het bonken van haar hart uit en ze vroeg zich af waarom ze tranen in haar ogen had.

'Oké. Jij bent dus officieel gestoord.' Jo trok haar rubberhandschoenen uit en liep naar de keukentafel, waar Natasha zat met een glas wijn in haar handen. 'Mac? Mac, je ex?'

'Maar daar gaat het nu niet om. Hij is nog niet eens echt mijn ex, dus hij heeft ook nog recht op het huis.'

'Dan moet jij eruit. Dit is waanzin. Moet je jezelf nou eens zien zitten. Je bent een wrak.'

Dottie, Jo's jongste, kwam de keuken binnen, kauwend op een rubberen hondenbot. 'Nee, schatje. Dan krijg je wormpjes.' Ze haalde het bot uit de mond van haar kind en stopte er een gedroogde abrikoos in nog voor Dottie de kans kreeg om te protesteren. 'Weten papa en mama dit al?'

'Natuurlijk niet. En het is nog maar voor een paar weken.'

'Je moet daar weg. Ga naar een hotel. Je was er vreselijk aan toe, toen je nog met hem samenwoonde. Dit gaat echt niet helpen om je leven weer op te pakken. Godallemachtig, Tash, je had pas deze zomer de zaak eindelijk weer een beetje op de rit. NAAR BED JULLIE!' riep ze tegen de ruziegeluiden in de zitkamer. 'En deze moet ook echt gaan slapen. Red je je even? Dan gooi ik haar even in haar bedje. Het is al kwart voor acht.'

'Prima,' zei Natasha. Ze was stiekem opgelucht dat die schattige Dottie met haar mollige toetje vol jamvegen en haar talkgeurtje de keuken uit zou gaan. De oudere kinderen waren niet meer zo klein en leken net mensen. Maar Dottie gaf haar altijd het stekende gevoel dat zijzelf nooit zoiets zou hebben. Het herinnerde haar aan een afwezigheid waar ze zich nog niet mee had verzoend.

'Zeg maar "Slaap lekker, tante Tash."'

Natasha zette zich schrap voor de kus en maande zichzelf om nonchalant te kijken.

'Nee,' zei het kind, en ze begroef haar hoofd tegen Jo's benen.

'Dottie, dat is niet lief – je moet –'

'Laat maar, joh.' Natasha wuifde haar weg. 'Ze is moe.' Ze wist dat haar zusje deze reactie zou zien als de zoveelste blijk van het feit dat zij een defect moedergen had.

'Geef me vijf minuten om haar een verhaaltje voor te lezen.'

Jo was aangekomen, dacht Natasha toen Jo het kind op haar heup hees, met een gemak waaruit vele jaren oefening bleek. Ze klaagde voortdurend dat ze geen tijd had, dat de kinderen haar figuur verpest hadden, en dan doopte ze maar weer een koekje in haar eeuwige beker thee. 'Bloedsuiker,' verklaarde ze dan. 'Dan schreeuw ik tenminste niet zo tijdens het avondeten.'

Natasha had haar zusjes huis heel lang gemeden. Toen ze zelf net haar miskramen had gehad – haar familie dacht dat het er maar eentje was – deed Jo's luidruchtige huishouden, met de vingerverfschilderijen, de gaten in het stucwerk en het plastic speelgoed, haar te veel denken aan de baby's die ze verloren had. Ze haatte zichzelf omdat ze niet stoïcijns genoeg was om haar jaloezie op die drie kinderen te overwinnen, maar het was gemakkelijker om te doen alsof ze het te druk had. Haar familie noemde haar ambitieus, een workaholic, al sinds ze zich ingeschreven had voor haar studie rechten. Toen ze verklaarde dat ze te veel werk had om naar de lunch met de hele familie te komen, dat ze deze of gene zaak had die nog voorbereid moest worden, wist ze dat ze er een vergoelijkende opmerking aan zouden wijden, en misschien een zekere spijt van haar moeder omdat ze kennelijk geen energie wilde steken dingen die er in het leven meer toe deden. Sinds Mac vertrokken was, durfden ze het niet meer over haar privéleven te hebben. 'Gelukkig heb je je werk nog,' zeiden ze, de paar keer dat ze wél kwam, en ze troostten zichzelf met hun overtuiging dat ze eigenlijk niets liever wilde dan dit.

Jo was een minuut of tien later terug en mikte de abrikoos in de gootsteen, waarna ze haar haar in een strakke staart bond. 'Ik zou zo graag eens naar de kapper willen,' zei ze. 'Ik had verleden week een afspraak, maar toen werd Theo ziek. Moest ik ze toch vijftig procent betalen – dat geloof je toch niet!'

Ze ging zitten en nam een flinke teug van haar wijn. 'Zo. Bedankt. Verdomd lekker wijntje. Oké. Ik laat die andere twee nog maar even op, want anders kan ik helemaal niet met je kletsen.'

'En hoe is het met jou?' vroeg Natasha, want ze vermoedde dat haar zusje vond dat ze te veel met zichzelf bezig was. Single vrouwen van een bepaalde leeftijd zonder kinderen waren dat immers allemaal. Dat hoorde ze zo vaak. 'En David?'

'Twee weken op de Seychellen en wat plastische chirurgie zouden ons goeddoen. O, en seks. Ik kan me niet eens meer herinneren hoe dat precies ging.' Ze snoof. 'Maar goed. Jij. Je vertelt me verdomme nooit wat. Kom op.'

Haar leven speelde zich af in een vreemd intense bubbel, bedacht Natasha zich. Hier was alles normaal. Terwijl haar eigen leven volkomen abnormaal was. 'Ik had gedacht dat hij maar een paar weken zou blijven,' zei ze. 'Dat leek me niet de moeite om aan je te vertellen.'

'Ik meen het, Tash. Ga daar weg. Ik kan je hier een kamer aanbieden, maar je zou hier binnen vijf minuten knettergek worden.' Ze nam nog een slok wijn. 'Je hebt geld zat. Ga in een of ander heerlijk hotel met een spa zitten. Neem elke avond na het werk een massage en een manicure. Dan haal je die kosten maar van zijn aandeel in het huis af. Hij is degene die je verjaagd heeft. Die eikel.'

'Dat kan niet.' Natasha krabbelde wat met de potloden van de kinderen.

'Wel waar. God, ik zou het meteen doen als ik jou was. Het zou de hemel zijn!'

'Nee, het kan echt niet.' Ze zuchtte en haalde diep adem. 'Want we zijn verantwoordelijk voor iemand. Een meisje.'

Achteraf had Natasha wel spijt dat ze haar zus de afgelopen jaren zo weinig had gezien, want tegen alle verwachtingen in had Jo fantastisch gereageerd op dit nieuws. Ze liet Natasha het verhaal twee keer herhalen en toen, terwijl Natasha het nog eens uitlegde met een van verlegenheid haperende stem, was ze opgestapt uit haar stoel, en had ze haar jongere zusje heel stevig geknuffeld, waarbij ze vlekken maakte op haar donkere mantelpakje. 'God, Tash, wat geweldig. Wat super dat jullie dat doen. Ik wou dat er meer mensen waren zoals jullie. Echt top.' Jo ging zitten met glimmende ogen. 'Hoe is ze?'

'Dat is dus het probleem. Het is heel anders dan ik had gedacht. Zij en ik... het botert gewoon niet zo.'

'Het is een puber.'

'Ja, maar met Mac kan ze wel goed opschieten.'

'Mac zou nog goed op kunnen schieten met Saddam Hoessein. Die flirt met de hele wereld.'

'Ik heb echt mijn best gedaan, Jo. Maar we strijken elkaar steeds tegen de haren in. Dus het loopt echt allemaal heel anders dan ik had verwacht...'

Jo hield haar hoofd in de richting van de deur, misschien om te controleren of haar kinderen niet binnen gehoorsafstand waren. 'Ik zal heel eerlijk zijn. Toen Katrin dertien werd, veranderde ze subiet in een verschrikkelijke draak. Het was net alsof mijn lieve kindje verdwenen was en haar plek ingenomen werd door een of ander gruwelijk hormonaal monster. Ze kijkt me altijd zo... walgend aan. Alsof ik fysiek weerzinwekkend ben. Alles wat ik zeg, werkt haar op de zenuwen.'

'Kátrin?'

'Je hebt haar de laatste tijd nauwelijks meegemaakt. Ze vloekt als een bootwerker. Brutaal. Steelt geld, al doet David net alsof hij het niet merkt. Liegt aan de lopende band. En ze is erelid van de vroegrijpekrengenclub. Dat mag ik zeggen, want ik ben haar moeder en ik ben stapel op haar. Als ik niet zou weten dat de oude Katrin nog ergens diep vanbinnen verstopt zit en als ik er geen vertrouwen in had dat die op een dag weer tevoorschijn komt, dan had ik haar al maanden geleden de deur uit gegooid.'

Natasha had haar zus nog nooit zo onsentimenteel over haar

kinderen horen praten. Ze vroeg zich af hoeveel van het moederschap ze zelf altijd genegeerd had omdat ze liever in de rooskleurige versie wilde geloven die haar niet gegund was. Ze vroeg zich ook af of ze niet te hard voor Sarah was geweest.

'Het ligt niet aan jou. En zo te horen heeft het kind behoorlijk wat voor haar kiezen gekregen. Dus... zorg nou maar gewoon dat je er voor haar bent.'

'Maar ik ben niet zoals jij. Ik kan dat helemaal niet.'

'Bullshit. Je bent geweldig, al dat werk dat je doet voor minderbedeelde kinderen.'

'Maar dat zijn cliënten. Dat is iets heel anders. Ik heb echt moeite met haar... En er is nog iets. Een jongen die ik heb verdedigd heeft me besodemieterd. Hij deed alsof hij een verschrikkelijke tocht had afgelegd, en later kwam ik erachter dat hij daarover gelogen had. Nu heb ik geen vertrouwen meer in mijn vermogen om het te zien als mensen me voorliegen.'

'Denk je dat zij je voorliegt?'

'Ik heb het gevoel dat ze me niet het hele verhaal vertelt.'

Jo schudde haar hoofd. 'Ze is veertien. Er zullen zo veel verhalen zijn die je niet te horen krijgt. Over onbeantwoorde liefdes, of pesten, of problemen met haar gewicht, of een of ander spook op school dat geen vrienden meer met haar wil zijn. Dat soort dingen vertellen ze ons allemaal niet. Ze zijn bang dat je ze veroordeelt of terechtwijst.' Ze schoot in de lach. 'Of nog erger, dat je het voor ze opneemt en alles weleens even voor ze wilt regelen.'

Natasha staarde haar zus aan. Hoe wist ze dit allemaal?

'Luister, ik geloof niet dat ze iets groots voor je achterhoudt. Waarschijnlijk is het een bang wichtje dat heel blij is als ze de kans krijgt om tegen iemand te kunnen zeggen wat er aan de hand is. Ga eens met haar uit eten, met zijn tweeën. Nee, niet uit eten.' Ze beet op een nagel. 'Dat is te veel druk. Ga samen iets doen. Iets wat jullie allebei leuk vinden. Niet iets moeilijks. Dan zal ze wel wat relaxter worden.' Ze klopte Natasha op haar arm. 'Doe het maar gewoon. Op zijn minst leidt het je af van het feit dat die zak bij je in huis zit. En vergeet niet dat je iets geweldigs doet alleen al door haar onderdak te bieden.'

‘Dat is toch niks.’

‘Maar dat maakt het niet minder geweldig. Oké. Dan ga ik nu die twee ellendelingen naar bed sturen.’

En Mac? wilde ze vragen. Hoe zorg ik dat ik me beter voel over Mac? Maar haar zusje was al weg.

Met zijn betere hand nam de oude man de vork van Sarah over en stak de stukjes mango langzaam in zijn mond, stil maar intens tevreden. Mac had onderweg een kant-en-klaar gesneden bakje mango voor hem gekocht in de supermarkt. Sarah prikte steeds een klein stukje voor hem op de witte plastic vork en gunde hem de waardigheid het zelf te eten.

Mac wachtte tot ze klaar waren en de Captain zijn mond zorgvuldig afveegde met een papieren servet voor hij de map tevoorschijn haalde. ‘Ik heb iets voor u, Captain,’ zei hij.

De oude man draaide zijn hoofd naar hem toe. Hij leek vandaag wat beter dan anders, vond Mac. Hij reageerde alerter en sprak ietsje beter. Hij had twee keer om water gevraagd, heel duidelijk, en hij had ‘*chérie*’ gezegd toen hij Sarah zag.

Hij trok er een stoel bij aan de andere kant van het bed en sloeg de map open, zodat de inhoud goed zichtbaar was. ‘We hebben besloten om de boel hier een beetje aan te kleden.’

Voor de Captain vragend kon kijken, trok Mac de eerste afdruk uit de map, een zwart-wituitvergroting op A4-formaat van Sarah en haar paard dat op de plaats aan het stappen was, wat zij *piaffe* noemde, in het park. De oude man keek ernaar en keek toen zijn kleindochter aan. ‘Goed,’ zei hij tegen Sarah.

‘Hij was heel goed, die dag,’ zei ze. ‘Hij luisterde echt naar me. Deed echt zijn best. Elke beweging…’

‘Kleine daad van schoonheid,’ zei hij voorzichtig.

Dolblij omdat hij ineens weer zo veel taal terug had, kroop ze op bed en ging naast hem liggen. Haar hoofd lag op zijn in pyjama gestoken schouder.

Mac, die zijn blik afwendde, pakte nog een foto. ‘Deze was volgens mij…’

‘“Schouder binnenwaarts”,’ zei ze.

‘*Je ne vois rien*,’ zei de oude man. Hij wachtte geduldig tot Sarah zijn bril opgezet had en gebaarde toen dat Mac de foto dichterbij moest houden. De Captain knikte goedkeurend.

'Deze zijn allemaal voor uw kamer,' zei Mac, en hij haalde de plakgum uit zijn zak. Hij begon de foto's zorgvuldig rond het bed te hangen, en langzaam maar zeker bedekten ze de lichtgroene muren waar alleen een print van een aquarel uit de jaren tachtig en een briefje met HANDEN WASSEN A.U.B. hingen bij wijze van decoratie. Daarna hing hij er nog een paar bij het voeteneind van de Captain.

Hij keek heel aandachtig, alsof hij alle details in zich op wilde nemen. Hij zou er de hele dag naar staren, vermoedde Mac.

Toen hij Sarah had verteld wat hij van plan was, tijdens de rit naar het ziekenhuis, had ze de foto's in verblufte stilte bekeken. 'Mag het?' had Mac gevraagd, bezorgd om het uitblijven van haar reactie. 'Ik heb er maar niks tussen gestopt van jou en die dingen die je niet mag doen, dat je hem op zijn achterbenen laat staan en zo.'

Ze keek hem glimlachend aan, maar het was een bedroefde lach. 'Bedankt,' zei ze. Uit haar stem bleek dat het haar niet vaak overkwam dat iemand iets aardigs voor haar deed, en dat ze het al helemaal niet verwachtte.

'En de mooiste heb ik voor het laatst bewaard.' Mac pakte de foto die hij had ingelijst uit. Zelfs Sarah had hem nog niet gezien. Het was geen duur lijstje, gewoon maar een lichtgewicht houten ding met karton erachter, maar achter het glimmende glas was de foto van het meisje dat haar wang tegen haar paard had gedrukt zo scherp en helder dat de oude man elk detail kon zien. De foto toonde haar kwetsbaarheid, het vreemde van een gezicht dat nog niet had besloten of het heel mooi zou worden of niet, tegen het hoofd van het paard, wiens botstructuur zichtbaar was met de finesse van een schilderij van Stubbs, in een vluchtig moment van samenzijn. Het monochroom en de hoge resolutie gaven de twee gezichten een bepaalde waardigheid, mysterie, die een kleurenafdruk zou missen. Het was een van zijn beste foto's, wist Mac. Hij wist het meteen toen hij afdrukte. Toen hij de print zag, maakte zijn hart een sprongetje.

'Baucher,' zei de Captain, nog steeds met zijn blik op de foto. 'Sarah.' Hij sprak haar naam op zijn Frans uit, met de klemtoon op de laatste 'a'.

'Ik vind het zelf een geweldige foto,' zei Mac. 'Het was vlak voor we weggingen van de manege, ergens verleden week. Ze wist niet eens dat ik hem nam. Ik vind het prachtig hoe dat licht van Sarahs gezicht afstraalt op het hoofd van het paard. Hoe ze allebei hun ogen zo halfdicht hebben, alsof ze in gedachten ergens anders zijn.'

De man in de galerie vond dat ook. Hij wilde het werk exposeren, had hij tegen Mac gezegd. Een deel van Londen dat aan het verdwijnen was, zei hij. Het deed denken aan de paardenkinderen van Dublin. Maar dan nog beter. Hij had een prijs voorgesteld waar Macs oren van klapperden.

'Misschien dat ik ze opneem in een expositie in de lente, als u het goedvindt, maar deze afdrukken zijn van u. Het leek me leuk voor u om iets te hebben om naar te kijken...'

Er viel een lange stilte. Mac was niet iemand die zich snel onzeker voelde, maar nu sloeg het toch toe. *Het is overdreven*, dacht hij. *En het herinnert hem te veel aan wat hij kwijt is. Hij is bang dat ik misbruik van haar maak.* En trouwens, wat dacht hij wel, om hier een beetje de goedgevigheid zelve uit te hangen en al die ruimte in te nemen en voor hem te bepalen waar hij de hele dag naar moest kijken? Hij had de muren volgehangen met foto's van een wereld waar hij nooit meer van kon genieten – hij peperde hem in dat hij geen kant meer uit kon.

Mac zette een stap naar de muur. 'Ik bedoel, als het te veel is, haal ik ze gewoon weer –'

De oude man gebaarde dat hij dichterbij moest komen. Terwijl Mac zich vooroverboog, pakte de Captain zijn hand en kneep erin. Zijn ogen waren vochtig. '*Merci*,' fluisterde hij met hese stem. '*Merci, monsieur*.'

Mac moest iets wegslikken. 'Dat is toch niks,' zei hij en hij dwong zichzelf achteloos te glimlachen. 'Ik zal volgende week wat nieuwe brengen.'

Pas toen zag hij Sarah. In tegenstelling tot anders had ze de hele avond bijna niets gezegd. Ze leunde nog steeds tegen haar opa aan, met haar hand stevig om zijn arm, alsof ze niet meer bij hem weg wilde. Ze had haar ogen dichtgeknepen en haar gezicht afgewend. Er liep een eenzame traan over haar gezicht, die verlicht werd door het tl-licht. Ze was het toonbeeld van verdriet.

Ze was zo'n gereserveerd meisje, zo praktisch, zo geobsedeerd door haar paard, dat Mac weleens vergat hoe zij zich zou voelen. Dat ze de grootvader moest missen bij wie ze opgegroeid was. Hij voelde zich weer ongemakkelijk en stak de plakgum in zijn tas.

'Maar goed,' zei hij, 'Sarah, ik zie je zo beneden, oké? Over een kwartier?'

Hij zette de fotolijst op het bed en verliet de kamer, achtervolgd door dat laatste beeld van de oude man die perplex zijn trillende hand naar het haar van zijn kleindochter bracht, terwijl zij haar gezicht tegen zijn schouder gedrukt hield om haar tranen te verbergen.

# 14

*'Ik zeg absoluut niet dat een dier dat niet in staat is om al deze onderdelen perfect uit te voeren meteen maar afgewezen moet worden, want menig paard zal eerst tekortschieten, niet omdat hij het nooit zal leren, maar omdat hij nog onervaren is.'*
Xenophon, *Over de rijkunst*

Een paar jaar eerder, toen Mac en Natasha net in de straat waren komen wonen, werd de buurt optimistisch omschreven als 'in de lift'. Als dat zo was, dacht ze toen, dan moest het van diep komen. De straat werd gekenmerkt door een bouwvallige uniformiteit. Driekwart van de huizen had in vijf, misschien wel tien jaar geen likje verf meer gehad. Buiten, op een straat zonder parkeervakken, stonden aftandse auto's zonder wielen op stapels baksteen, en reden gedeukte hatchbacks met jonge gezinnen van en naar hun school en werk.

De huizen met hun victoriaanse, gestucte voorgevels die scheuren vertoonden en bladderden, stonden achter de kleine voortuintjes, met misschien nog hier en daar een verdwaalde heg, een motor onder een zeil of een paar vuilniscontainers met slecht passende, half afgescheurde kleppen. Natasha bleef vaak even staan om te kletsen met haar buren. Meneer Tomkins, de oudere West-Indische schilder, Mavis en haar katten, het gezin dat er een woning via sociale huisvesting had, met hun acht kinderen met fietsenrekjes in hun mond. Gezellige mensen, met wie ze praatjes maakte over het weer, die haar vroegen wat Mac nu weer in het huis aan het doen was, of ze al wist dat er plannen waren voor parkeervergunningen voor bewoners, of dat er een boeddhistisch centrum in de winkelstraat zou komen. Voor zover er in de stad iets als gemeenschapszin bestond, dan was het hier in deze straat.

En inmiddels was meneer Tomkins weg, Mavis allang overleden, en had de woningbouwvereniging alle huizen in de straat verkocht en waren de bewoners naar God mocht weten waar overgeplaatst. Bijna alle huizen waren inmiddels strak witgeschilderd, de scheuren netjes opgevuld, de voordeuren in smaakvolle kleuren van Farrow and Ball geverfd. In vorm geknipte buxus of laurierboompjes sierden de stoepen naast de deuren en de helft van alle tuintjes was bestraat tot keurige opritten of omzoomd door onvriendelijke, glimmende hekken. Er stonden veel te grote nieuwe Mercedes-terreinwagens op de stoep, en gestreste yuppen knikten even naar elkaar als ze zich van en naar het station haastten, want met zulke hoge hypotheken hadden ze geen tijd voor praatjes.

Het was een welvarende straat, waarmee de paar overgebleven oude bewoners een scherp contrast vormden, met hun afgebladderde kozijnen en vitrages als overblijfselen uit een vervlogen tijd.

Financieel gesproken wist Natasha dat dit proces van omgekeerde verpaupering haar geen windeieren had gelegd, maar diep vanbinnen vond ze de polarisatie van haar wereld heel erg ongemakkelijk. Het was nu een straat die een weerspiegeling vormde van de bewoners, een kleine oase voor mensen die graag uitstraalden dat ze tot de gegoede klasse behoorden, en dat te midden van flatgebouwen die er veel donkerder, harder en dreigender uitzagen en die bevolkt werden door mensen met steeds minder kans om eraan te ontsnappen.

Die twee werelden hadden nooit meer contact, behalve in crimineel opzicht (als er weer eens een auto gestolen was, of als er was ingebroken, of een portemonnee gestolen was in de buurtsuper), of in commercieel opzicht (iedereen had uiteraard een schoonmaakster of een oppas), of in strikt professioneel opzicht (zoals Natasha, die er een kind van twaalf vertegenwoordigde wiens alcoholistische ouders hem niet meer in huis wilden).

Natasha dacht hierover na toen ze het Sandown-flatcomplex op reed, langs de uitgebrande auto's en flikkerende straatlantaarns. Sarah zat stilletjes naast haar, met haar sleutels in haar hand. Ze had niets meer gezegd sinds ze bij de verpleegafdeling van haar opa weggegaan was en Natasha, nog steeds geschokt over wat ze daar had gezien, had ook geen poging gedaan om haar aan de praat te krijgen. Niets had haar zo duidelijk gewezen op de omvang, de onbezonnenheid van wat zij op zich hadden genomen als de aanblik van de oude man, zijn breekbare nek ondersteund door kussens, zijn gezicht dat een beetje ingezakt was aan één kant.

'Hij komt er wel,' zei de zuster opgewekt. 'We zijn al zo veel opgeschoten, hè, Henry?'

'Henri,' had Sarah gegromd. 'Je spreekt het uit als Henri. Hij is Frans.'

De zuster had haar wenkbrauwen opgetrokken naar Natasha toen ze naar buiten liep.

'Hoe– hoelang denken jullie dat hij hier nog moet blijven?' Natasha was achter de vrouw aan gelopen terwijl Sarah haar opa begroette.

De zuster had haar aangekeken alsof ze niet zo snugger was. 'Hij heeft een hersenbloeding gehad,' legde ze uit. 'Dus dat is een beetje een zinloze vraag.'

'Maar jullie hebben toch wel een globaal idee. Dagen? Weken? Maanden? We… zorgen voor zijn kleindochter, dus het zou handig zijn als we een beetje een indicatie hadden.'

De zuster keek achterom. Sarah was bezig haar opa's pyjama's op te ruimen en praatte tegen hem terwijl hij haar strak bleef aankijken. 'U zult echt met zijn behandelend arts moeten praten, maar ik kan u wel verzekeren dat we het zeker niet over dagen hebben,' zei ze. 'En op weken zou ik ook mijn geld niet zetten. Hij heeft een ernstige hersenbloeding gehad en hij heeft nog veel revalidatie nodig.'

'Zou een… jong iemand dat aankunnen? De zorg voor hem?'

De zuster trok een gezicht. 'Iemand van haar leeftijd? Nee. Dat zouden we niet aanraden. Het is veel te veel verantwoordelijkheid voor een kind. Momenteel lijdt meneer Lachapelle aan hemiparese – dat is spierzwakte – aan één zijde. Hij heeft hulp nodig bij het wassen en als hij naar het toilet moet. En dan heeft hij nog doorligplekken en is zijn spraak niet honderd procent. Hij heeft twee keer per dag fysiotherapie. Maar hij kan wel al zelf eten.'

'Blijft hij hier?'

'We hebben een afdeling voor langdurige zorg. Het lijkt me niet zinvol om hem nu al over te plaatsen naar een verzorgingshuis, niet nu hij nog steeds vooruitgang boekt.' Ze keek op haar horloge. 'Het spijt me, maar ik moet weer door. Hij gaat wel echt vooruit, hoor. Ik denk dat die foto's hebben geholpen, gek genoeg. Het geeft hem iets om zich op te focussen. We vinden ze allemaal prachtig.'

Natasha keek weer naar het kleine kamertje, naar Macs werk op de muren. Die andere Mac weer, die de verpleegsters charmeerde en de zieken een beter gevoel gaf, zelfs als hij er niet was.

Ze sloegen de wijk in en reden naar de parkeerplaats bij Helmsley House. Het begon te regenen, en een paar van de jongelui die Natasha had zien staan toen ze hier voor het eerst met Sarah was geweest verscholen zich onder hun capuchons en gooiden lucifers naar elkaar toe. Ze keken naar hen terwijl ze uit de Volvo stapten, maar werden afgeleid toen het mobieltje van een van hen overging.

'Wat wilde je precies halen?' Natasha liep achter Sarah aan het bedompte trappenhuis in. Het geluid van de regen klonk om hem heen, gutsend door de kapotte regenpijpen en in de met chipszakjes en kauwgum verstopte goten.

'Alleen wat boeken,' zei ze, en ze voegde er iets aan toe wat Natasha niet verstond.

Ze liepen over de galerij en deden de voordeur open en snel weer achter zich dicht. Natasha was blij met de solide bescherming van Macs ijzeren strip op de deurpost. Het was koud in de flat. Sarah was er een paar weken geleden voor het laatst geweest, samen met Ruth, de maatschappelijk werkster, en ze hadden de verwarming uitgezet en nog wat spullen voor Sarah opgehaald. Ze verdween nu in haar slaapkamer, terwijl Natasha in de voorkamer stond. Het was netjes, maar had die kille, verwaarloosde sfeer van een huis dat al heel lang niet bewoond werd. Alle foto's waren weggehaald, die stonden of op Sarahs kamer of in het ziekenhuis, en de muren waren kaal en onvriendelijk.

Ze hoorde het geluid van lades die open- en dichtgingen en toen de rits van de weekendtas. Sarah zou hier niet meer terugkomen, dat wist ze wel zeker. Zelfs als haar opa weer zou herstellen, dan zou hij die trap niet op komen. Die gedachte drukte zwaar op haar. Realiseerde Sarah zich dit ook? Het was een intelligent meisje. Wat dacht ze zelf dat er met haar zou gebeuren?

Ze zag ineens een foto die nog niet meegenomen was. Hij hing aan de muur in de gang. Sarah, een jaar of drie, vier oud, in de armen van een vrouw met grijs haar en een glimlach die precies die van Sarah was. Ze leek wel een ander kind: veilig in de armen van haar familie, haar heldere ogen nog niet aangetast door angst of onzekerheid. Binnen een paar jaar was ze afhankelijk geworden van wildvreemde mensen.

Natasha liet haar hoofd in haar handen zakken. Dit was het nadeel van het ouderschap: de volkomen, totale verantwoordelijkheid voor het geluk van iemand anders.

'Weet je wat, we gaan uit eten,' zei Natasha toen ze weer in de auto stapten en de regendruppels van hun mouwen veegden. 'Heb je zin in pizza?'

Sarah keek haar van opzij aan en Natasha realiseerde zich tot haar schaamte dat ze verbaasd was over deze nonchalante uitnodiging. Het meisje was de afgelopen dagen erg in zichzelf gekeerd, nog erger dan normaal. Ze had gevraagd of ze alleen op haar kamer mocht eten en had nauwelijks gecommuniceerd, zelfs niet met Mac, die haar anders altijd aan het lachen kreeg.

Natasha dacht weer aan wat haar zusje had gezegd. Het was haar verantwoordelijkheid om iets te doen, of op zijn minst iets te proberen. 'Kom op. Ik heb geen zin om te koken, en het is een lange avond geweest. Ik weet een leuke tent aan het andere eind van de winkelstraat.' Ze probeerde opgewekt en ontspannen te klinken. Verdorie, het zou fijn zijn als Sarah eens ergens enthousiast over was, of blij. Hoe vaak zou ze in haar oude leven uit eten zijn geweest? Allemachtig, zeg. 'Ze hebben er heel erg lekkere pizza's,' zei ze.

Sarah hield haar weekendtas tegen zich aan gedrukt. 'Oké,' zei ze.

Het restaurant was maar halfvol, en ze kregen een tafeltje bij het raam. Natasha bestelde stokbrood en twee cola en Sarah staarde naar de drukke, donkere straat, met de weekendtas onder haar stoel. Ze nam een pizza met ham en ananas, maar raakte hem nauwelijks aan. Ze nam er zo langzaam hapjes van dat Natasha zich afvroeg of ze soms een eetstoornis had.

'Hé,' zei ze toen de stilte tussen hen ongemakkelijk werd, 'ben je je hele leven al geïnteresseerd in paarden?'

Sarah knikte en schoof een stukje mozzarella over haar bord.

'Door je opa?'

'Ja.'

Sarahs opgetrokken wenkbrauwen maakten Natasha duidelijk dat het een domme vraag was.

'Uit welk deel van Frankrijk komt hij eigenlijk precies?'

'Oorspronkelijk uit Toulon, en daarna woonde hij in Saumur. Op de academie.'

Natasha gaf de moed niet op: 'Hoe kwam hij dan hier terecht?'

'Hij werd verliefd op mijn oma. Die was Engels. Daarom is hij ook opgehouden met paardrijden.'

'Wow.' Natasha had een beeld van het Franse platteland, en dan de verhuizing naar een plek als Sandown. 'En wat deed hij toen hij hier kwam?'

'Hij werkte bij het spoor.'

'Dat zal wel moeilijk voor hem zijn geweest. Om de paarden achter te laten. En Frankrijk. Zijn hele leven.'

'Hij hield van haar.'

Het klonk Natasha bijna als een uitbrander in de oren. Was het dan echt zo simpel? Als je zo veel van iemand hield, deed de omgeving er dan niet meer toe, en de opofferingen die je je moest getroosten? Het was duidelijk dat de oude man hartstochtelijk veel van paarden hield, een passie die niet gedoofd was ondanks zijn zelfopgelegde ballingschap. Maar hoe had hij leren leven met zijn verlies?

Ze herinnerde zich de foto van Sarahs oma, een vrouw die eraan gewend was dat er van haar gehouden werd. Haar gezicht was een en al tevredenheid, ondanks het verlies van Sarahs moeder. Natasha dacht aan de kinderachtige ruzies, de genadeloze opeenstapeling van giftige gevoelens die het eind van haar eigen huwelijk hadden ingeluid. Was haar generatie soms niet meer in staat om de liefde op zo'n niveau te houden?

'Hoe heb jij Mac leren kennen?'

Natasha's vork bleef in de lucht hangen. Ze legde hem weer op haar bord. 'In een vliegtuig.'

'Vond je hem meteen leuk?'

Natasha dacht even na. 'Ja,' zei ze. 'Hij... De meeste mensen vinden hem leuk.'

Dat leek ze te accepteren.

Ja, jou heeft hij ook om zijn vinger gewonden, dacht Natasha een beetje droefgeestig.

'Ben jij ben hem weggegaan of is hij bij jou weggegaan?'

Natasha nam een slok van haar cola. 'Nou, zo eenvoudig was het allemaal niet...'

'Dus hij is bij jou weggegaan.'

'Als je me vraagt wie er het huis uit gegaan is, dan ja, hij is weggegaan. Maar op dat moment waren we het erover eens dat we een poosje bij elkaar weg moesten.'

'En wil je hem nu weer terug?'

Natasha voelde de kleur naar haar wangen stijgen. 'Daar is helemaal geen sprake van. Waarom vraag je dat?'

Sarah trok een piepklein stukje korst van haar pizza en stopte het in haar mond. Ze kauwde erop, slikte het door en zei toen: 'Mijn oma heeft me een keer verteld dat ze hoopte dat *grand-père* als eerste dood zou gaan. Niet omdat ze niet van hem hield, maar omdat ze zich zorgen maakte of hij het wel zou redden zonder haar. Ze dacht dat zij dat beter zou kunnen dan hij.'

'Maar jij en hij hebben je toch samen gered?'

'Hij is niet meer zo gelukkig als toen ze nog leefde. Mijn oma maakte hem altijd aan het lachen.' Ze dacht even na. 'Ik kan hem niet aan het lachen maken. Vooral daar niet. Hij vindt het verschrikkelijk.'

'Het ziekenhuis?'

Sarah knikte.

'Het moet ook heel zwaar zijn voor hem,' antwoordde Natasha voorzichtig.

'Hij had beter dood kunnen gaan. Dit is erger voor hem.'

Natasha's mes en vork hingen werkeloos in haar handen. Sarah sprak waarschijnlijk ware woorden, hoe akelig ze ook klonken. Voor iemand die zijn hele leven met zijn lichaam had gewerkt, die bezig was geweest met behendigheid, was het waarschijnlijk niet te verteren om zo gevangen te zitten, gevoerd te worden, verschoond te worden als een baby.

Ze probeerde om onaangedaan te klinken. 'Hij wordt wel weer beter,' zei ze zacht. 'De zuster zei dat hij vooruitging.'

Misschien had Sarah haar niet gehoord, of misschien druiste het in tegen wat ze zelf vermoedde, maar ze legde haar mes en vork schuin op haar bord om aan te geven dat ze klaar was, ook al lag haar bord nog vol. 'Denk jij dat hij voor kerst weer thuis is?'

Natasha pakte haar servet op, om tijd te winnen, maar zelfs die korte aarzeling sprak boekdelen. 'Dat kan ik echt niet zeggen. Ik ben geen deskundige.'

Sarah beet op haar lip en keek strak naar iets op straat.

'Het spijt me, Sarah,' zei Natasha. Ze zag zo bleek. Misschien was ze zelfs afgevallen. Natasha vroeg zich af of ze haar hand naar haar moest uitsteken. 'Ik weet dat dit heel moeilijk voor je is.'

'Ik heb wat geld nodig.'

'Sorry?'

'Ik moet wat spullen kopen voor *grand-père*. Kerstcadeautjes, nieuwe pyjama's en zo,' zei Sarah zakelijk.

Van haar stuk gebracht door de verandering van onderwerp, stopte Natasha nog een stuk pizza in haar mond en kauwde erop. 'Wat heeft hij allemaal nodig?' vroeg ze toen ze het had doorgeslikt. 'Ik kan morgen wel even naar de winkel, op weg naar het werk, als je wilt.'

'Ik doe het zelf wel, als je me het geld geeft.'

'Daar heb jij helemaal geen tijd voor, Sarah. Al jouw tijd gaat op aan Boo en je huiswerk.'

'Dan ga ik wel in de lunchpauze.'

'Dat slaat toch nergens op. Je mag niet eens van het terrein af. Ik zou niet weten wanneer je het moet doen.'

'Je wilt het zeker niet omdat ik het geld uit je pot heb gepakt, hè?'

'Nee. Maar ik wil niet dat je weer spijbelt en –'

'Want dat spijt me, oké? Ik heb er spijt van. Maar dat was nog toen ik jullie niet kon vertellen over Boo. Ik betaal het terug.'

'Dat is echt niet nodig.'

'Laat me dan zelf wat spullen voor *grand-père* kopen. Ik wil ze zelf uitkiezen,' hield ze vol. 'Ik weet wat hij leuk vindt.' Haar stem klonk boven het gekletter van het restaurantbestek uit. 'Ze jatten de hele tijd zijn toiletspullen en zijn kleren, en ik kan zelf niks meer kopen, want de maatschappelijk werkster heeft zijn spaarboekjes. Ik zou het je anders echt niet vragen.'

Natasha veegde haar mond af met het servet. 'Laten we dan zaterdagochtend samen gaan. Dan kopen we wat hij volgens jou nodig heeft en dan zet ik je daarna af bij de manege.'

Sarahs ogen verraadden wat ze van dit idee vond.

Waarom wilde ze per se in haar eentje, vroeg Natasha zich af. Was het omdat ze helemaal niet van plan was om pyjama's te kopen, maar was het geld heel ergens anders voor bestemd? Of was het omdat nog een uitje met Natasha haar gewoon te veel was? Ze was doodop. Sarah staarde uit het raam, nog altijd even ongrijpbaar en onbereikbaar als ze in het begin was geweest.

'Wil je nog iets anders? IJs misschien?'

Sarah schudde haar hoofd. Ze keek haar niet eens aan.

'Ik ga betalen,' zei Natasha vermoeid. 'En dan moesten we maar eens gaan. Ik heb niet tegen Mac gezegd dat we uit eten gingen.'

Ze vertrouwden haar niet. Sarah vervloekte zichzelf om het geld dat ze uit Natasha's pot had gestolen. Als ze daar met haar handen af gebleven was, had ze er nu wat uit kunnen nemen. Nu het echt belangrijk was.

Ze zette haar voet op de weekendtas om zich ervan te verzekeren dat hij er nog steeds stond. De maatschappelijk werkster mocht dan *grand-pères* pensioen- en spaarboekjes meegenomen hebben, om te zorgen dat de huur betaald werd, ze wisten niets van zijn obligaties. Als ze die zou kunnen cashen en Sal de Maltees nog een poosje kon ontlopen, dan zou ze hem kunnen afbetalen. Ze zag hem weer voor zich, voelde zijn hand op haar borst, hoorde zijn woorden in haar oor en huiverde.

Ze had dat geld echt nodig. Ze dacht aan de andere dingen die ze had meegenomen: een oud glazen beeldje, dat ze voorzichtig in een trui had gerold, en dat ze misschien wel zou kunnen verkopen aan de man van de tweedehandswinkel. Haar cd's, die iemand op school misschien wel van haar zou willen overnemen. Wat ze ook maar had kunnen meenemen.

'Allemachtig,' zei Natasha. 'Het is al kwart over tien. Ik had geen idee dat het al zo laat was.' Ze haalde haar portemonnee tevoorschijn om de rekening te betalen. Ze stak een kaart in de draagbare pinautomaat en kletste met de ober terwijl ze haar nummer intoetste.

2340.

Gemakkelijk te onthouden.

Ze deed haar ogen dicht en kromp ineen bij de gedachte aan wat *grand-père* zou zeggen als hij wist dat ze zelfs maar dit soort gedachten had. Er was geen enkel excuus voor diefstal, zei hij altijd tegen haar als een van de jongens beneden voor de vierde keer die week in een politiewagen werd afgevoerd. Je werd nooit beter van diefstal. Sterker nog, je werd er alleen maar slechter van. *Grand-père* geloofde zelfs niet in lenen. Hij had nog nooit iets gekocht wat hij zich niet kon veroorloven.

Maar toen ze terugliep naar de auto, achter het felle klikken van Natasha's hoge hakken op de natte stoep aan, werden die vier cijfers een ritmische beat, die zich in een duister hoekje van haar hersens nestelde.

Mac had beloofd om haar thuis te brengen en vroeg haar nog heel even buiten te blijven wachten terwijl hij naar binnen holde om zijn autosleutels te halen. Hij zag dat Sarahs licht nog aan was. Natasha's auto stond er niet. Ze had gezegd dat ze misschien tot laat zou werken, maar het verbaasde hem dat ze Sarah zo lang alleen had gelaten. Terwijl hij buiten op de stoep naar zijn huissleutel zocht, kwam Maria ineens achter hem staan. Ze duwde zich tegen hem aan en wond haar lange, lenige gestalte om hem heen. 'Laten we naar binnen gaan.'

'Nee.'

'Je bent het me verschuldigd. Dat was de slechtste film die ik ooit heb gezien. Je bent me anderhalf uur van mijn leven verschuldigd.'

'Dat is zo. Maar niet hier.'

Ze trok een komische frons. 'Maar ik mis je zo. Het is meer dan een week geleden! Dan laat ik je mijn witte stukjes zien,' bood ze aan, en ze trok de band van haar laaghangende spijkerbroek een stukje van haar gebruinde buik. 'Die zijn heel, heel klein,' voegde ze er zwoel aan toe. 'Je moet echt héél goed kijken.'

Maria was beeldschoon, ongecompliceerd, en ze wilde hem. Hij vermoedde dat ze niet van hem hield of hem zelfs maar nodig had, en dat vond hij eigenlijk wel zo aantrekkelijk. Dit had hij nodig, een sterke vrouw, de wetenschap dat hij haar nooit zou kwetsen, wat hij ook deed.

'Liefje, het kan niet,' zei hij.

'Maar in het weekend kom ik hier toch ook? Waarom nu dan niet?'

Hij wierp een blik de straat in. 'Omdat mijn ex zo thuiskomt, en dat is niet eerlijk.'

Ze maakte zich van hem los. 'Dat is niet eerlijk tegenover mij. Grrr! Waarom laat jij je leven dicteren door dat ellendige mens? Je zei toch dat ze een vriendje heeft?'

'Ja.'

'Heeft ze daar seks mee?'

'Weet ik veel,' mompelde hij ongemakkelijk. 'Het zal wel.'

'Natuurlijk wel.' Ze legde een hand op zijn borst. 'Ze heeft heel veel seks met die nare ouwe man. Twee nare, saaie mensen. En hoe weet je eigenlijk dat ze nu niet bij hem is?'

Hij probeerde zich te herinneren wat Natasha die ochtend had gezegd, of ze vanavond weg zou zijn. Hij had naar de cricketuitslagen gekeken en had niet echt opgelet. 'Ik heb geen idee.'

Ze grijnsde. 'Ze ligt nu vast walgelijke dingen met hem te doen. Afschuwelijke saaiemensenseks. En maar lachen bij de gedachte aan haar ex, die geen seks durft te hebben met zijn mooie vriendinnetje in zijn eigen huis, omdat zij dan misschien boos wordt.' Ze schonk hem een zoete glimlach, ze genoot ervan dat hij zich zo ongemakkelijk voelde.

'Jij bent een heel erg slechte vrouw.'

'O, ik kan nog veel slechter zijn.'

'Daar twijfel ik niet aan.'

'Kom op dan. Neem me stiekem mee naar je kamer. Dan doen we een vluggertje en dan ga ik weer. Zijn we weer net een stel pubers. Hoewel dat voor jou een stuk langer geleden is dan voor mij.' Ze sloeg haar armen om zijn middel, liet haar handen in zijn achterzakken glijden en trok hem tegen zich aan.

Hij keek op zijn horloge. Hij kon niet garanderen dat Sarah al sliep. 'Weet je wat, we gaan naar jouw huis.'

'Maar twee nichtjes logeren bij me. En mijn oom Luca. Het lijkt Piccadilly Circus wel bij mij thuis. Met *bigos*.'

'*Bigos*?'

'Dat is... gestoofde kool.'

'Opwindend.'

'Mac...' fluisterde ze met hese stem. 'Mac... ik vind je huis zo leuk.' Ze wond zijn haar om haar vingers. 'En ik vind je kamer zo leuk. En ik vind je bed zo leuk...'

Hij probeerde voet bij stuk te houden. 'Ik weet zeker dat ik *bigos* best lekker vind.'

Ze kneep haar ogen tot spleetjes en zette haar katachtige glimlach op. 'Weet je wat dat woord betekent?'

'Ik heb mijn Poolse woordenboek niet bij de hand.'

'*Onrust*,' fluisterde ze, terwijl ze zijn oren met haar lippen aanraakte. 'Het betekent *onrust*.'

Ach, Sarah lag waarschijnlijk al te slapen. En al sliep ze nog niet, was het dan echt zo erg? Ze bleef trouwens toch bijna altijd de hele avond op haar kamer.

Ze hadden de kleine draagbare televisie bij haar neergezet, want ze wilde niet dezelfde dingen zien als waar zij naar keken. Of misschien wilde ze gewoon niet bij hen zitten.

Maria liet hem even los. Ze keek naar de grond en sloeg toen haar ogen op. 'Je wilt toch niet beweren dat je mij ook niet hebt gemist.'

Natasha was waarschijnlijk bij Conor thuis, redeneerde hij, terwijl hij de giechelende Maria door de voordeur naar binnen duwde. En Maria was een vrouw met een heel korte concentratieboog. Er kwam een oud gezegde bij hem op, terwijl hij de stem die hem waarschuwde dat hij dit niet moest doen verdrong. Iets met een gegeven paard.

'De lichten zijn aan. Dan is Mac waarschijnlijk al thuis,' zei Natasha, alsof ze niets anders kon verzinnen om te zeggen. Haar mond was samengeknepen tot een smalle streep, zag Sarah. Ze trok haar sleutel uit het contact en pakte haar tas onder haar stoel vandaan, die een vaag spoor van een duur parfum achterliet. 'Heb je hulp nodig met die tas?'

Alsof ze een klein kind was. 'Nee,' zei Sarah. 'Bedankt.' Ze mocht de weekendtas niet uit handen geven. Ze had die avond soms het gevoel gehad dat die tas het enige was wat haar nog staande hield.

'Morgen moet je met de bus,' ging Natasha verder, terwijl ze de auto achter hen afsloot. 'Mac liet weten dat hij een of andere klus heeft, morgenochtend vroeg, en ik vrees dat ik een vergadering heb. Gaat dat lukken?'

'Ja.'

'En dan zorgen we dat je opa wat mooie nieuwe spullen krijgt. Ik vind het geen probleem om dat te betalen, Sarah.' Ze deed de voordeur open en draaide zich om toen ze hem weer dichtgedaan had.

Ze had dat meelevende gezicht van haar, dat ze waarschijnlijk ook gebruikte bij haar cliënten. Het was warm binnen en Sarah trok haar jas uit.

'Het is geen kwestie van vertrouwen, Sarah. Echt niet. Als ik jou niet zou vertrouwen, zou ik je niet in huis willen. Maar het lijkt me gewoon beter als we dat zaterdagmiddag samen doen. Dan doe ik 's ochtend nog wat werk en dan haal ik je op bij de manege. Jij mag zeggen naar welke winkels je wilt. We kunnen met de taxi naar Selfridges, als je zin hebt. Wat vind je daarvan?'

Sarah haalde haar schouders op. Ze hoefde Natasha niet aan te kijken om te weten dat die geïrriteerd was.

'Hé, het is al laat. Ga maar naar boven, dan hebben we het er morgen wel over.'

Ze draaiden zich om toen ze iets hoorden vallen in de keuken. Natasha deed haar sjaal af en liep naar de deur. 'Mac? Ik zei net tegen Sarah –'

Ze bleef stokstijf staan toen een lange, blonde vrouw, gekleed in niet meer dan een mannenshirt en een onderbroek, de hal in stapte, met twee glazen wijn in haar hand. Ze had van dat haar dat je altijd in shampooreclames ziet, ongelofelijk fijn en glanzend, en ze had eindeloos lange, gebruinde benen. Haar teennagels waren net kleine schelpjes, met hun roze lak. 'Jij bent vast Natasha.' Ze glimlachte en hield beide glazen onhandig in één hand terwijl ze de andere uitstak. 'Ik ben Maria.' De glimlach was breed, maar niet vriendelijk. Hij had iets zelfgenoegzaams. Sarah bleef gefascineerd achter Natasha staan terwijl de uitgestoken hand in de lucht bleef hangen.

Natasha was haar tong kennelijk verloren.

'Mac heeft me zo veel over je verteld,' zei de lange vrouw terwijl ze haar hand weer terugtrok, blijkbaar zonder zich beledigd te voelen. 'Ik wilde eigenlijk theezetten, maar je hebt geen sojamelk, toch? Zuivel is zó slecht voor je huid.' Haar ogen bleven net een fractie te lang op die van Natasha hangen. 'Neem me niet kwalijk. Ik moet weer naar boven. Er ligt iemand op me te wachten...' Met een grijns liep ze langs Natasha, haar behaloze borsten uitbundig zichtbaar onder het T-shirt, en in het voorbijgaan liet ze een vaag muskusachtige geur achter.

Natasha verroerde zich niet.

Sarah nam de scène in zich op. Haar mond hing een beetje open. Natasha zag lijkbleek en de knokkels van de hand waarmee ze haar koffertje vasthield waren helemaal wit. Ze zag eruit zoals Sarah zich voelde als ze moest huilen, maar niet wilde.

Na een paar seconden kwam Sarah voorzichtig een stap dichterbij. 'Zal ik een kop thee voor je zetten?' Iemand moest iets doen. Het was verschrikkelijk om haar zo te zien lijden. 'Ik houd wel van gewone melk,' voegde ze er zachtjes aan toe.

Maar het was net alsof Natasha was vergeten dat zij bestond. Ze keek op, met wijd open ogen, en plooide haar gezicht tot een glimlach. 'Dat is... heel lief van je. Maar bedankt, Sarah.' Ze leek niet te weten wat ze moest doen.

Sarah drukte haar tas tegen zich aan. Ze wilde zich verstoppen op haar kamer, maar als ze nu naar boven ging, zou het lijken alsof ze zijn kant koos, en ze wist niet wat ze precies vond van wat er net was gebeurd.

'Weet je wat...' Natasha bracht een hand naar haar wang. De kleur was weer terug, en ze zag nu behoorlijk rood. 'Weet je wat... Ik denk dat ik...'

Ze hoorden een deur opengaan en ze hoorden iemand lachen. Toen kwam Mac de trap af gerend, met zijn beide handen op de leuningen. Hij had zijn spijkerbroek aan, maar was vanboven bloot. 'Tash.' Halverwege de trap bleef hij staan. 'Sorry. Ik dacht dat jij... Ik dacht dat Sarah...'

Natasha staarde hem aan. Ze leek ineens heel erg moe, dacht Sarah. 'Chic, hoor, Mac,' zei ze met een heel klein stemmetje. Zo bleef ze nog even staan, alsof ze bij zichzelf iets wilde bevestigen, om zich vervolgens om te draaien, het huis uit te lopen en de deur met een klap achter zich dicht te gooien.

# 15

*'Want wat een paard onder dwang doet… doet hij zonder begrip. Bij zo'n behandeling is zowel wat het paard doet als wat de ruiter doet eerder lelijk dan gracieus.'*
Xenophon, *Over de rijkunst*

Sarah lag in bed met haar knieën opgetrokken en haar armen eromheen geslagen. Het donzen dekbed lag licht over haar opgekrulde gestalte en zorgde voor een zacht nestje, een cocon waar ze in haar fantasie nooit meer uit hoefde. In de lakens van Egyptisch katoen hing nog die geur van die heerlijke linnenspray die de schoonmaakster altijd gebruikte bij het strijken; er zat lavendel en rozemarijn in. De gordijnen, zware grijze zijde met voile gevoerd, lieten gefilterd licht door zodat ze niet al te abrupt wakker werd. Maar naarmate het lichter werd in de kamer, met zijn antieke ladekast en de enorme Venetiaanse spiegel en de kleine kristallen kroonluchter, werd haar stemming steeds somberder.

Ze staarde naar de muur en concentreerde zich op haar ademhaling. Als je er niet over nadacht, bleef je adem gewoon je lichaam in en uit stromen, wat er verder ook gebeurde. Of je nu rende, paardreed, sliep, je adem stroomde van binnen naar buiten en deed wat hij moest doen: jou in leven houden. Maar zodra je er te veel over nadacht, werd het iets passiefs. Dan wachtte hij tot jij je longen vulde. En daar bleef hij hangen als je aan nare dingen dacht en je buik zich aanspande van angst.

Ze kon hem niet langer mijden. Hij zou er zijn, want hij was er altijd op vrijdag. En in het weekend. Hij zou zich niet laten afpoeieren met wat ze tot nu toe bij elkaar geschraapt had. Ze deed haar ogen weer dicht en onderdrukte de gedachten, ademde in en ademde weer uit.

*Grand-père* was waarschijnlijk al wakker; hij stond altijd vroeg op. Lag hij ook naar de muur te staren? Te wachten tot het daglicht de beelden van het paard liet zien en van de kleindochter waar hij zo van hield? Beeldde hij zich in dat hij op verloren paarden zat die hij ooit had gekend, stil en intens geconcentreerd terwijl ze door een of andere enorme ring dansten? Of hadden ze hem zo veel medicijnen gegeven dat hij half sliep, kwijlde, en ruw werd gewassen door een van die zusters van het uitzendbureau die tegen hem sprak alsof hij niet alleen te oud was om iets te kunnen begrijpen, maar ook te dom? Sarah trok haar knieën dichter tegen zich aan en huiverde.

De avond ervoor had *grand-père* haar hand in zijn bevende vingers genomen. Zijn huid voelde als perkament en zijn vertrouwde geur had plaatsgemaakt voor iets scherps en antibacterieels. Hij was zichzelf niet meer. Telkens als ze hem zag, wat ze ook beweerden over zijn herstel, was hij weer iets verder weg, iets vertwijfelder, alsof de stukjes die hem *grand-père* maakten, de Captain, oma's geliefde echtgenoot, met elke ademtocht verdreven werden. Soms kon ze zich precies inbeelden hoe hij zich moest voelen.

Drie kilometer verderop werd Natasha wakker van het geluid van het vollopende bad van de buren, en dacht slaperig na over hoe egocentrisch mensen waren die het acceptabel vonden om hun televisie op vol volume te zetten terwijl het pas kwart over zes was. Waarom moest iemand zo nodig de televisie aan hebben als hij in bad zat? Kon zo iemand echt niet even in stilte zitten?

Een nieuwsuitzending. Die van halfzeven. Dat kon ze verstaan door de dunne muren. Ze duwde zich overeind, voelde een zware hoofdpijn opkomen en wist heel even niet precies waar ze was, met een knagend gevoel dat er iets was gebeurd, iets nog veel ergers dan dit. Er schoof een wolk over haar heen. O, kijk, een dekbed dat ze niet herkende. Haar handtas die over de rugleuning van een stoel geslingerd was. Beige tapijt met een patroontje. Een bijna lege fles rode wijn.

De vorige avond kwam langzaam boven en ze leunde achterover tegen de kussens van het hotel en deed haar ogen dicht. Zoals dat mens naar haar had gekeken, alsof ze er totaal niet toe deed. Die lach in haar ogen waaruit onthulde geheimen, een belachelijk gemaakt verleden sprak. Hoe kon hij? Ze veegde haar ogen af. Maar ja, waarom ook niet? Dit was toch niet meer dan de laatste stap voor hun scheiding? Wat had ze dan gedacht? Zo veel beelden: Mac, toen ze nog samen waren, omringd door vrouwen die in haar niets meer zagen dan een obstakel. Hoe hij eruitzag: een man waar alle vrouwen naar keken, altijd een stapje hoger op de ladder van aantrekkelijkheid, en dat wisten ze allemaal. En ze hadden het haar laten voelen ook. Eerst dacht ze nog dat het er niet toe deed, omdat al die charme alleen op haar gericht was, en ze zich geliefd voelde, gewild. Ze had hem op feestjes gekscherend gezegd: 'Ga maar lekker flirten.' En dan keken ze elkaar aan en zijn blik zei haar dat al die vrouwen bij haar in het niet vielen.

En toen raakte ze bij elke miskraam steeds meer vertrouwen in haar vrouwelijkheid kwijt. Ze zat stilletjes de vruchtbaarheid van andere vrouwen in te schatten en altijd stak ze er ongunstig bij af. In haar ogen leken ze perfect geschikt om te baren. Jong. Ze was zich oud gaan voelen, verdord. En daar stond hij iedereen om zijn vingers te winden, misschien al bezig om iemand uit te zoeken die jonger was, en mooier. Eentje die hem kinderen kon geven. Je kon toch niet verwachten dat hij nu nog bij haar zou blijven? Hij werd kwaad als ze zulke dingen zei. Uiteindelijk was het gemakkelijk om maar helemaal niks meer te zeggen. Conor was de eerste die haar het gevoel gaf dat Mac juist de mazzelaar was.

Mac was niet van haar. Het zou goed kunnen dat hij dat nooit was geweest. Dat feit was gewoon even verhuld doordat ze samenwoonden en door de kunstmatige vriendschap die hen door de omstandigheden opgedrongen was.

Natasha stapte met loodzware benen uit bed, sjokte naar de badkamer en draaide de kranen open. Toen liep ze terug naar de slaapkamer en zette de televisie aan. Heel hard.

Sarah was heel goed geworden in het stilletjes rondsluipen. De afgelopen weken was het regelmatig voorgekomen dat ze uit het niets achter hem op de trap stond of naast hem in de keuken. Het was alsof ze had besloten om zo min mogelijk op te vallen, om geen ruimte in te nemen, om de stilte in huis met geen enkel geluid te verstoren. Normaal zou hij het lichte kraken van een meisje dat de trap af liep niet opmerken, maar Mac lag al uren wakker.

De avond ervoor was Maria iets voor elf uur weggegaan, een dik halfuur nadat Natasha weggereden was. Het had weinig zin om achter haar aan te gaan: hij had geen idee waar ze naartoe ging of wat hij had moeten zeggen als hij haar zou vinden.

Maria had honend gesnoven toen hij de trap weer op kwam, somber op het bed ging zitten en het glas dat ze voor hem ophield afsloeg. 'Is ze pissig om die wijn? Ik koop wel een nieuwe fles. Het is trouwens gewoon wijn uit de supermarkt.' Ze nam een slok. 'In Polen is het heel onbeleefd om zo ongastvrij te zijn.'

Hij wist dat Maria wist dat het niet om de wijn ging en op dat moment had hij even schoon genoeg van haar. Ze was opzettelijk wreed geweest en ze had ervan genoten.

'Ga maar,' had hij gezegd.

'Wat maakt het jou nou uit?' had ze uitgeroepen terwijl ze haar spijkerbroek overdreven met haar heupen schuddend aantrok. 'Je hebt haar een jaar niet gezien. En over een paar weken ben je gescheiden. Dat heb je me zelf verteld.'

Hij moest haar het antwoord schuldig blijven. Was het dat hij Natasha niet wilde kwetsen? Dat hij, toen hij hier pas weer ingetrokken was, zo stom en optimistisch was geweest om te denken dat ze op de een of andere manier vrienden konden worden? Dat zodra ze de ellende en het trauma van de scheiding eenmaal achter de rug hadden, die grappige, ironische, briljante vrouw toch gewoon in zijn leven bleef? Of omdat de aanblik van haar gezicht, wit van de schok en de pijn, het verwijt dat in de glinsterende woede in haar blik besloten lag, hem tot in de kleine uurtjes zou achtervolgen?

Hij stond op, plensde koud water in zijn gezicht, trok zijn spijkerbroek aan en kloste naar beneden. Sarah was in de keuken in haar keurig gestreken schooluniform en stond boterhammen te smeren. 'Sorry,' zei hij slaperig, 'ik had je lunch moeten maken.' Hij wreef over de stoppels op zijn kin en vroeg zich af of hij nog tijd had om zich te scheren.

'Natasha doet het meestal,' zei ze.

'Ik weet het. Ik was er gisteren niet helemaal bij, geloof ik. Ga je naar de manege?' Hij keek op de klok. 'Dan moet je snel zijn.'

'Het komt wel goed.'

'Ik zou je anders een lift geven, maar ik heb –'

'Ik heb geen lift nodig,' viel ze hem in de rede.

'Wil je een appel voor Boo?' Hij stak zijn hand uit naar de fruitschaal en gooide er eentje naar haar toe, in de verwachting dat zij hem zou vangen. Dat was een vast grapje tussen hen geworden. Maar ze deed een stap opzij en liep de appel op de stenen vloer vallen.

Hij raapte hem op en bestudeerde haar smalle rug, die ze stijf rechtop hield. 'Ben je soms boos op me?'

'Het zijn mijn zaken niet,' zei ze, en ze stopte de boterhammen in haar schooltas.

Mac pakte de waterkoker en liet hem vollopen. 'Sorry voor gisteravond.'

'Ik ben niet degene tegen wie je sorry moet zeggen.' Ze trok haar jas aan.

'Ik wist niet dat ze nog thuiskwam.'

'Het is nog altijd haar huis.'

'Ons huis.'

'Whatever.' Ze haalde haar schouder op. 'Zoals ik al zei, het gaat mij verder niet aan.'

Hij zette een kop koffie, verbluft dat een meisje van veertien hem zo'n slecht gevoel over zichzelf kon geven. Dat Natasha kwaad was, wist hij wel. Maar dit had hij niet verwacht.

'Heb je misschien wat geld voor me?' Ze stond achter hem, klaar om te vertrekken.

'Tuurlijk,' zei hij, blij dat hij iets kon doen, wat dan ook, om haar minachting af te kopen. Hij voelde in zijn zakken.

'Vijftig?' opperde ze.

Hij bekeek het geld in zijn hand. 'Hier,' zei hij en hij hield een zilveren munt op.

'Vijftig pence?'

'Wilde je vijftig pond dan? Heel grappig. Luister, ik moet zo werken. Maar ik ga vanmiddag wel even naar de geldautomaat en dan haal ik een tientje voor je. Koop maar wat lekkers. Ga een hamburger eten met je vriendinnetjes of zo.'

Ze leek niet zo opgetogen als hij had gehoopt. Maar het was beter als hij zich niet druk hoefde te maken over het eten vanavond, en als Sarah niet in de buurt zou zijn.

Want hij moest met Natasha praten. Al had hij geen flauw idee wat hij tegen haar moest zeggen.

Als een Britse advocaat een opdracht kreeg – behalve van de overheid – dan werd de informatie over de zaak altijd opgerold en met een roze lintje bij elkaar gehouden. Dit anachronisme was niet alleen een kwestie van ordelijkheid. Het lintje diende een doel: het stond symbool voor het vermogen van de advocaat om zich emotioneel van de zaak te distantiëren. De advocaat huurde je in juist omdat hij onafhankelijk was en objectief. Als men de zaak niet wilde aannemen, bond men het lintje weer om de documenten. Een advocaat moest zich alleen met de feiten bezig kunnen houden.

En toch, dacht Natasha toen ze tegenover Michael Harrington zat, was het in sommige zaken gemakkelijker om objectief te zijn dan in andere. Ze hadden afgesproken op zijn kantoor om de scheiding van de Perseys te bespreken, want de zaak zou bijna voorkomen. 'Je ziet er moe uit, Natasha,' zei hij en hij belde zijn stagiaire. 'Ik hoop niet dat deze zaak je uit de slaap houdt.'

'Absoluut niet.'

'Ik denk dat we mevrouw Persey morgen nog even moeten spreken. Ik zie dat we ook nog wachten op een verklaring van de gerechtelijke accountants. Kun je ervoor zorgen dat zij ook aanwezig zijn bij dat gesprek? En ik wil graag afspreken wie van ons welke getuige voor zijn rekening neemt.'

Hij keek haar aan en ze wist niet hoelang ze al naar de papieren had zitten staren.

'Natasha? Alles in orde?'

'Ja, hoor.'

'Kan jij morgen?'

Ze keek in haar agenda; die dag was al gruwelijk volgepland. 'Ik maak er wel tijd voor.'

'Uitstekend. Goed. Dat was het dan voor vandaag.' Hij stond op en wachtte tot ze haar spullen had gepakt. 'Nee, nee, ik bedoelde niet dat je al weg moest. Heb je nog een paar minuten? Misschien tijd voor een borrel, even snel?'

Ze dacht terug aan de vorige avond. 'Thee graag,' zei ze en ze ging weer zitten.

'Oké.'

Zijn stagiaire stak haar hoofd om het hoekje.

'Beth, kun je ons allebei een kop thee brengen, alsjeblieft? Suiker? Allebei zonder suiker. Bedankt.'

Ineens begon hij over een heel ander onderwerp. Hij had het over zijn volwassen kinderen, en zijn herontdekte passie voor zeezeilen. Ze roddelden over een advocaat die ze allebei kenden en die onlangs bij een pro-Deoschandaal betrokken was geweest. 'Er is iets dat ik je al een poosje wilde vragen. We willen de balans tussen mannen en vrouwen op kantoor verbeteren, dus binnenkort hebben we waarschijnlijk een vacature.'

Ze wachtte af.

'Ik heb jouw carrière met belangstelling gevolgd. Jouw werk in de zaak Richmond versus Turner en die zaak met de ontvoerde drieling. Je naam gaat rond in het vak en men heeft alleen maar goede dingen over je te zeggen.'

'Dank je.'

'Als er hier een vacature komt, zou je dan geïnteresseerd zijn?'

Natasha wist niet hoe ze het had. Toen ze haar opleiding deed, was Harrington Levison de absolute top onder de moderne, progressieve advocatenkantoren, en ze hadden een geduchte reputatie. En nu werd zij gevraagd door Michael Harrington, de man die het had opgericht. 'Ik voel me gevleid,' zei ze. Zijn stagiaire kwam binnen met de thee. Ze wachtten tot ze de deur achter zich dichtgetrokken had. 'Ik moet je wel zeggen dat er een kans is dat ik partner word bij mijn huidige kantoor.'

'Ik weet niet wat voor jou de beste zet zou zijn. Bij ons kun je die stap ook binnen twee jaar zetten.'

Ze probeerde tot zich door te laten dringen wat de implicaties waren van wat hij zei. Ze zou haar huidige chaotische werk, het voorbereiden van zaken, achter zich kunnen laten en zich volledig op het pleiten kunnen richten. Ze zou zich niet meer dagelijks bezig hoeven te houden met de levens van haar cliënten. Sinds Ali Ahmadi wist ze niet of ze dat nog wel wilde. 'Michael, het zou natuurlijk een grote stap zijn,' zei ze, en ze dacht aan Conor. 'Ik moet er heel goed over nadenken.'

Hij krabbelde iets op papier en gaf het aan haar. 'Dat zijn mijn telefoonnummers. Probeer me maar niet te bellen via het secretariaat, die schermen me af als een stel waakhonden – bel me maar direct als je vragen hebt – over geld, assistenten, je kantoor, wat dan ook.'

'Heb je referenties nodig?'

'Ik weet alles al wat ik moet weten.' Hij glimlachte. 'Waar ga je nu heen? Volgende vergadering?'

Ze staarde naar het roze lintje en dacht aan waar dat voor stond. 'Zoiets, ja,' zei ze uiteindelijk, en ze zette haar kop en schotel op het bureau. 'Ik bel je nog, Michael. Bedankt. Ik zal goed over je aanbod nadenken.'

Er was weinig wat het onderscheidde van de andere moderne huizen met hun saaie voorgevels van lelijke baksteen, en de deurbellen bij de ingang waren de enige aanwijzing dat deze kleine huisjes opgedeeld waren in nog veel kleinere appartementjes. Maar een eenzaam, verfrommeld en vuil geworden stuk politielint dat door de wind omhooggeblazen werd vanonder de ligusterhaag vertelde zijn eigen verhaal. De contrasterende kleuren verwezen naar de ernst van wat er zich achter die deur had afgespeeld.

Natasha stond op de stoep en keek omhoog naar de nietszeggende, met vitrage beklede ramen. Waar zou de winkelbediende van zesentwintig nu zijn? Stond ze daar door haar vitrage te kijken, of lag ze nog in het ziekenhuis? Was ze te bang om naar huis terug te keren? Had ze veel nagedacht over de gebeurtenissen die die jongeman op haar pad hadden gebracht?

Waarom had Ali Ahmadi nu juist dit adres uitgekozen? Hoe kon het dat zijn heldhaftige reis vanaf de andere kant van de wereld was geëindigd met zes passen naar deze specifieke voordeur? Hoe was het mogelijk dat een kleine nalatigheid van haar kant, of van iemand anders, tot zo'n rampzalige gebeurtenis had geleid?

Er liep een oude dame voorbij met een geruite boodschappentas op wieltjes. Natasha stapte opzij, deed een poging tot glimlachen, maar de vrouw keek haar aan met waterige ogen en vervolgde vastberaden haar eenzame weg.

Natasha voelde een brok in haar keel. Misschien was ze hier niet om naar aanwijzingen te zoeken. Misschien was ze hier alleen om stilzwijgend haar excuses aan te bieden. Ik had zijn gangen na moeten gaan, zei ze in stilte tegen de vrouw. Als ik de naam van die stad had gecheckt, en de afstand die hij naar zijn zeggen had afgelegd, dan had ik je misschien kunnen redden. Als ik niets had gedaan om hem te redden, had ik jou misschien kunnen redden.

Ze werd onderbroken door haar telefoon.

'Ben je je afspraak van kwart over vier vergeten? Ik dacht dat je nu wel weer terug zou zijn.' Het was Ben.

'Verzet die maar,' zei ze. Ze stond bij de auto en staarde naar twee meisjes met buggy's die aan de overkant van de straat voorbijliepen. Ze liepen allebei te bellen, zonder acht te slaan op hun baby's of op elkaar.

'Wat?'

'Zeg maar af. Ik kom vandaag niet meer op kantoor.'

Het bleef lang stil.

'Wat zeg ik dan tegen Linda? Gaat het wel goed met je?'

'Ja. Of nee, eigenlijk niet. Ik voel me niet zo denderend, dus ik ga naar huis. Zeg maar dat het me vreselijk spijt. En maak een nieuwe afspraak voor later deze week. Het is Stephen Hart. Hij begrijpt het wel.'

Pas toen ze had opgehangen, realiseerde ze zich dat naar huis gaan helemaal geen optie meer was.

Jessica Arnold had drieëntwintig vriendjes gehad, veertien uit haar eigen jaar, vier uit het jaar erboven en de rest van buiten de school, allemaal uit het Sandown-complex en de omringende flatgebouwen. Tegenwoordig waren haar vriendjes allemaal oudere mannen die bij de schoolpoort stonden te wachten in omgebouwde auto's op lage banden, die zodra ze instapte de straat uit reden met een ronkende uitlaat en stampende muziek. Ze was met de meesten van hen naar bed geweest – dat was niet om te pochen, zoals de meeste anderen deden in hun jaar die beweerden dat ze 'ervaring' hadden – het bleek uit de dingen die mensen over haar op de plees schreven, uit de lege doosjes van de pil die weleens uit haar rugzak waren gevallen en uit de blikken van die kerels in hun auto's. Het waren geen types die tevreden zouden zijn met hartstochtelijke kussen op een bankje in het park. Jessie droeg de paarse zuigzoenen in haar nek als eretekenen. Zo moest ze zich wel gedragen, alsof het haar keuze was, alsof dit was wat ze zelf wilde, anders zouden ze haar een snol noemen.

Als Jessica zich aan het ene eind van het spectrum van seksuele activiteit in hun schooljaar bevond, dan stond Sarah helemaal aan het andere eind, samen met Debbie Dermott, die een bril met dikke glazen en een beugel had, en Saleema, die een boerka moest dragen als ze buiten school was en die nooit met jongens sprak, laat staan met ze kuste. Niet dat Sarah lelijk was, ze was alleen niet zo geïnteresseerd in hen.

Met de jongens die ze kende zou ze het niet over Boo kunnen hebben en zijn gestage voortgang in de oefeningen van de *basse école* naar de moeilijker sprongen van de *haute école*. Ze zouden niet mee willen naar de manege en samen met de bus weer naar huis willen rijden. Ze zouden alleen maar domme opmerkingen maken over dat het stonk bij de stallen, en ze zouden schreeuwen en de paarden van slag maken, en roken in de buurt van het stro. Ze zouden niets van haar leven begrijpen.

Ze had het nooit tegen *grand-père* gezegd, maar soms, als ze 's avonds laat nog wakker lag en alles haar te veel werd en haar lichaam pijn deed van een soort verlies dat ze niet begreep, stelde ze zich voor dat ze bij le Cadre noir zat. Ze zou de beste ruiter zijn die ze ooit hadden gezien. Er zou een knappe jonge kapitein zijn in een zwart uniform met gouden epauletten. Die zou ook fantastisch kunnen rijden, en die zou alles begrijpen wat zij wilde. Hij zou niet met auto's die onder de stickers zaten onverzekerd rondrijden tussen de flatgebouwen, en opscheppen over hoe vaak hij al door de politie opgepakt was, en slobberkussen uitdelen die naar kebab en chilisaus smaakten. Het zou een kuise romance zijn, waarin de paarden centraal stonden, en er zou van alles zijn waar zij nog helemaal niets van afwist. Dingen waar Jessica's rugzak en de graffiti naar verwezen.

Ze was er altijd van uitgegaan dat haar toekomst er zo uit zou zien; ze wist het even zeker als ze wist hoe Boo's toekomst zou zijn. Maar ze had maar zeven pond en vijftien pence van de verkoop van haar cd's en beeldjes, tien pond van Mac, en een obligatie die ze moest innen, wat minstens drie weken zou duren, en waar ze de handtekening van haar opa voor nodig had.

Dus het zag ernaar uit dat het gat in haar kennis zich heel wat sneller zou vullen dan ze had gedacht.

'Ik moet met je praten.'

'Heb je mijn geld?'

'Daar wil ik dus over praten.'

'Nou, praat maar.'

Ze neeg met haar hoofd naar de mannen de verderop stonden. 'Niet met hen erbij.'

Hij was bezig zijn borstels op te ruimen. Stuk voor stuk glanzend en onberispelijk schoon, alsof ze nog nooit bij een stoffig paard in de buurt waren geweest. Hij schoof de laatste op zijn plek en keek haar nu aan. 'Wat wil je, circusmeisje?'

Ze draaide het bandje van haar schooltas om haar linkerpols en zei zachtjes: 'Ik wilde weten hoeveel... hoeveel je me zou kwijtschelden... als...' Hij gaf eerst geen antwoord. Hij lachte niet. Hij toonde geen verbazing, plezier. Hij barstte ook niet, zoals ze ergens had gehoopt, in lachen uit omdat het allemaal maar een grapje was geweest en wat dacht ze wel dat hij voor man was?

Hij knikte heel licht, alsof hij iets bij zichzelf bevestigde, keek haar toen aan en draaide zich om. Hij liep naar zijn mannen, die rond de kachel stonden. Hun adem maakte wolken in de koude lucht, zodat ze niet kon zien wat de rook was en wat gewoon koude lucht. Hij gebaarde naar hen en zei iets wat Sarah niet kon verstaan. Ze haalden hun schouders op, klopten op hun zakken om te voelen of ze hun sleutels en sigaretten nog hadden en gooiden restjes papier in het vuur. Ralph keek naar haar vanaf de andere kant van het terrein alsof hij haar wilde inschatten. Misschien was hij gewoon jaloers dat Sal aandacht aan haar besteedde, maar ze vermoedde dat ze inmiddels anders was in zijn ogen. Niet meer de kleindochter van de Captain, een vriendin met wie hij af en toe avonturen beleefde, maar gewoon iemand die zich liet verhandelen en die dus waardeloos was. Toen hij wegliep, keurde hij haar geen blik meer waardig.

Ze liep naar Boo's stal en ging naar binnen. Ze klooide wat aan zijn deken en legde haar hoofd tegen zijn warme huid om er wat troost uit te putten. Hij bracht zijn enorme hoofd naar achteren om haar te onderzoeken, om te zien wat ze aan het doen was, en ze aaide hem en liet haar vingers over de beenderen onder de zachte vacht glijden.

Door de staldeur zag ze Sal met zwierige passen lopen, een sigaret lichtjes tussen zijn duim en wijsvinger. Hij salueerde, en schreeuwde iets in het Maltees terwijl de mannen het hek door liepen. Toen de laatste auto verdwenen was trok hij de hekken dicht, en trok de zware ketting erdoor. Het was inmiddels donker, en Sheba liep rusteloos heen en weer, misschien in afwachting van de terugkeer van Cowboy John.

En toen kwam hij naar Boo's stal, fluitend als iemand die totaal geen zorgen kende.

'En?' zei ze toen hij bij de deur was. Ze probeerde stoer te klinken en deed de meisjes in Sandown na, de meisjes die zo hard naar de jongens gilden die op fietsen voorbijkwamen. Hard. Nonchalant. Alsof ze door niets te raken waren. 'Hoe gaan we dit doen?'

Hij deed alsof hij haar niet had gehoord. Hij nam een forse trek van zijn sigaret en liep de stal in en deed de deur dicht. Boo was niet meer geïnteresseerd in haar, had zich weer op zijn hooi gestort en stond kalm te kauwen. Er was nu alleen nog wat licht van de straatlantaarns buiten. Ze kon zijn gezicht nauwelijks zien, hoewel ze zag dat de lichtbundel op haar viel, en ze bijna spookachtig oranje was.

'Doe je trui uit.'

Hij zei het zo achteloos; alsof hij haar vroeg om het hek even op slot te doen.

'Wat?'

'Doe je trui uit. Ik wil je bekijken.' Hij nam nog een trek van zijn sigaret en bleef haar strak aankijken.

Ze staarde hem aan. *Niet nu al*, dacht ze. *Ik ben er nú nog niet klaar voor. Ik wilde alleen weten wat je voorstel was.* 'Maar –'

'Als je dit niet geregeld wil hebben...' Hij deed alsof hij zich omdraaide. 'Je dacht dat het een spelletje was. En ik maar denken dat ik je serieus kon nemen.'

Hij haalde de sigaret met twee vingers uit zijn mond en gooide hem op het beton. Hij gloeide even op voor hij uitdoofde door het vocht. Toen zag ze zijn kille, harde blik en haar hersens begonnen op volle toeren te draaien.

Bijna nog voor ze wist wat ze deed, trok ze haar trui over haar hoofd. Ze voelde de koude lucht om haar heen blazen, de tocht die met ijzige vingers doordrong tot wat eerst nog warm en beschermd was.

Hij draaide zich weer terug. Ze kon zijn ogen niet zien, maar ze voelde ze branden. Hij bekeek haar heel precies om te zien wat ze waard was. Het was kennelijk niet aan haar om haar prijs te noemen. Ze had het gevoel dat hij dwars door haar huid keek, en haar rauwe vlees kon zien. *Het is snel voorbij*, hield ze zichzelf voor en ze dwong zichzelf om rechtop te blijven staan, bijna opstandig in haar houding. *En daarna ben ik hem helemaal niets meer verschuldigd. Dan is alles weer goed.*

'En je beha.'

Hij sprak langzaam, maar het was een commando. De stem van iemand die altijd precies kreeg wat hij wilde.

Ze controleerde of ze hem goed verstaan had. 'Je hebt niet gezegd wat –'

'Zeg jij mij nou wat ik moet doen? Schrijf jij de regels voor?' Zijn stem verhardde.

Ze huiverde, en kreeg kippenvel op haar armen.

Ze deed haar ogen dicht. Haar hart ging zo tekeer dat ze hem bijna niet kon verstaan.

'Uit.'

Ze slikte moeizaam en stak haar hand toen achter haar rug, haar kaken op elkaar geklemd om haar uit angst of van de kou klapperende tanden te stoppen. Zonder haar ogen te openen deed ze haar beha uit. Het was een goedkoop geval, ietsje te groot voor haar. *Grand-père* was toen sokken gaan kopen, en ze geneerde zich zo dat hij zou zien wat zij kocht in het warenhuis, dat ze hem niet eens had gepast. Sal pakte hem af en gooide hem naast haar op de grond. Ze was naakt vanboven. Ze voelde de koude lucht op haar huid, en haar tepels verhardden als protest. Ze hoorde dat hij zijn adem inhield, en de voetstappen die hem dichterbij brachten, en ze besefte dat ze in een afgrond stortte. En ze wist niet eens dat die er was geweest.

Ze kon haar ogen niet openen, kreeg geen lucht. Daar stond ze, een ding, niets waard, en ze maakte zich los van haar lichaam zodat dit niet Sarah was die hier naakt in de stal stond, terwijl Sals nieuwe paard onder de volgende boog stond te hinniken en de hond buiten aangeslagen was omdat hij op straat iemand hoorde praten. Dit was zij niet, met de warme, droge hand van die man die over haar koude huid gleed, zijn warme adem vlak bij haar gezicht, en zijn smerige, onbekende woorden in haar oren. Ze rook een vreemde geur, en zijn scherpe riem prikte pijnlijk in haar heup toen hij haar tegen de kille stenen muur duwde. De werkelijkheid viel weg tot alleen hij nog over was, en die woorden, en zijn vasthoudende, meedogenloze aanraking die zij niet bij machte was tegen te houden. Zij was het niet. Zij niet. Wat was er trouwens überhaupt met Sarah gebeurd? Dit was haar leven niet meer, haar gezin, haar toekomst. Ze had nergens meer iets over te zeggen. Dus wat maakte het dan nog uit dat deze man nu bezit van haar nam, en haar centimeter voor centimeter betastte, onderzocht, met zijn hete adem op haar? Ze was gehypnotiseerd, afwezig. Ze was niets.

En het was niet haar hand die hij nu omvatte en van haar rillende zij naar zich toe trok, terwijl ze haar angst verbeet tussen haar opeengeklemde kaken. *Het duurt maar even*, herhaalde ze, met haar stem in de repeteerstand in haar hoofd, *het duurt maar even, en dan is het voorbij*. Ze hoorde het geluid van een rits, zijn zware ademhaling die steeds heviger werd, raspend. Ze hoorde de woorden en dacht, afgestompt: *o ja?*, en voelde ruwe spijkerstof onder haar vingertoppen, en toen iets zachts en warms, wat niet meegaf. Iets wat ze niet hoorde aan te raken, zei haar instinct haar.

Ze kon er niets aan doen. Ze trok haar hand met een ruk terug terwijl zijn sterke vingers haar weer terugtrokken naar het warme vlees, dwingend, niet eens vragend. Ze had niks te weigeren. Maar het maakte iets los in haar. Er ontsnapte een kreet uit haar, en ze begon tegen hem te duwen, hem te slaan, tegen hem te gillen – '*Blijf van me af! Blijf van me af!*' En Boo schrok en sprong opzij, waarbij hij met zijn hoeven tegen de muur van de stal schopte. Hij liet los, en zij greep haar tas en rende de donkere stalruimte uit, holde naar het hek, trok het open, schoot de stoep op, naar de felle lichten van het spitsuur in de winkelstraat, onderwijl haar trui over haar hoofd trekkend.

'Ik vroeg me al af of je hier soms was.' Conor stond voor haar met een glas bier in zijn hand. 'Richard wilde vanmiddag met je praten. Ik moest een smoes voor je ophangen.' Toen ze niet reageerde, voegde hij eraan toe: 'En Linda maakte zich zorgen om je.'

Ze leunde achterover in de nis. 'Linda moet zich niet zo met andermans leven bemoeien. Zoals je ziet – met mij gaat alles goed.'

Conors ogen gleden naar de lege glazen die voor haar op tafel stonden. Hij trok zijn jas uit en ging tegenover haar in de nis zitten. De werkdag zat erop en de pub liep vol. Hij nam een slok van zijn bier. 'Ik heb je nog thuis gebeld. Maar je – je jonge logeetje was net binnen en zei dat ze niet wist waar je was.'

Ze nam een slok van haar drankje. Als je maar genoeg witte wijn dronk, smaakte het als een soort zuur druivensap. 'Ik slaap daar niet.'

Hij keek haar aan. 'Oké, Natasha. Wat is er aan de hand?'

'O, dus nu ben je ineens weer geïnteresseerd?'

'Luister, ik zie echt wel dat er iets met jou loos is. Je hebt in al die vijf jaar nog nooit een afspraak afgezegd, en ineens neem je de heel middag vrij zonder opgave van redenen.' Hij zei niet: en je bent dronken. Dat hoefde niet.

'Briljant, Sherlock.' Haar stem klonk laag en afgemeten. Ze bedacht ineens dat ze chardonnay eigenlijk heel lekker vond, ook al was het niet meer in de mode. Waarom had ze dat niet veel eerder ontdekt? 'Ik ben naar het huis wezen kijken van de vrouw die door Ali Ahmadi is mishandeld.'

'Waarom in godsnaam?'

'Weet ik veel.'

'Ik dacht dat je dat allemaal achter je gelaten had. Waarom zit je daar nou nog steeds over in?'

Ze knipperde met haar ogen. 'Omdat het me nog steeds dwarszit. Ik moet steeds aan haar denken. Ik moet steeds maar aan hém denken.' Een paar slanke, gebruinde handen werden smekend in de lucht gestoken. En diezelfde handen om de nek van een vrouw.

'Dit slaat nergens op, Natasha. Je bent niet... je bent niet rationeel.'

'Ah. Dat is waarschijnlijk omdat ik dronken ben.'

'Oké. Ik stop je in een taxi, dan kan je naar huis. Kom op, Hotshot.' Hij nam haar bij de hand, maar ze trok zich los.

'Ik ga niet naar huis.'

'Waarom niet?'

'Omdat ik in een hotel logeer.'

Hij keek naar haar zoals je naar een niet-ontplofte bom zou kijken, 'Je logeert in een hotel.'

'De Holiday Inn.'

'Mag ik vragen waarom?'

Nee, wilde ze gillen. Nee, want jij bent hem meteen gesmeerd toen het een beetje moeilijk was. Nee, want je hebt me genegeerd en je geeft me al weken een rotgevoel. Nee, want je doet net alsof mijn geluk totaal niet jouw zorg is. 'Dat was gewoon het makkelijkst.'

Ze hoorde de vraag in zijn stilzwijgen. Daar zat hij, aan de andere kant van haar tafeltje. Waarom ging hij niet gewoon weg? 'Het was gewoon gemakkelijker, oké? Je had gelijk. Het werd thuis te complex. Het was een grove inschattingsfout van mij om te denken dat ik dat zou trekken. Nou blij?'

Hij zei niets. Ze slikte moeizaam en probeerde zich te concentreren op de glazen voor haar, maar het bleef een vage massa. Ze bleef er fronsend naar kijken tot ze zich gehoorzaam lieten tellen.

Ze gaf het op en keek naar hem. Zijn ogen stonden vriendelijk en bezorgd.

'O, Hotshot. Het spijt me.' Hij stond op en liep om de tafel heen, ging naast haar zitten en slaakte een zucht. 'Het spijt me,' zei hij nog eens.

'Laat maar. Het was ook belachelijk om het zelfs maar te proberen. Ik was niet goed snik.'

'Dat is waar.' Hij sloeg zijn arm om haar schouders en trok haar tegen zich aan. Met enige tegenzin leunde ze tegen hem aan, maar hield zich stijf. 'Sorry,' mompelde hij tegen haar haar. 'Ik ben een jaloers monster. Het was niet mijn bedoeling dat jij er zo ongelukkig onder was.'

'Leugenaar.'

'Goed dan. Ik wilde gewoon niet dat je gelukkig was met hem. Maar... dit was niet mijn bedoeling.'

'Het gaat prima.'

'Ja, dat zie ik. Maar met mij gaat het niet prima. En dat is mijn eigen stomme schuld.' Hij zakte op zijn knieën, nam haar gezicht in zijn handen en draaide het zijn kant op. 'Ga met mij mee naar huis.'

'Wat?'

'Je hoorde me wel.'

Ze maakte zich los uit zijn omhelzing. 'Conor,' zei ze. 'Ik weet het niet. Mijn leven is één puinhoop. Ik heb er een geweldige zooi van gemaakt en ik weet niet hoe ik er weer uit moet komen.'

'Ik weet het wel.' Hij veegde het haar uit haar ogen. 'Kom met mij mee.'

'Ik zei toch, ik moet –'

'En blijf.' Hij zweeg. 'Kom bij me wonen, als je dat wilt.'

Ze verroerde zich niet, want ze wist niet zeker of ze hem wel goed had verstaan.

'Laat Mac die rotzooi maar opruimen,' vervolgde hij. 'Hij heeft het tenslotte allemaal veroorzaakt. En jij komt... jij komt bij mij wonen.'

'Dat hoeft echt niet, hoor.'

'Dat weet ik wel. Maar geloof me, ik heb de afgelopen paar weken nergens anders aan gedacht. Dan stelde ik me voor dat jullie met zijn tweeën aan tafel zaten, te kletsen, en...' hij wreef over zijn gezicht, 'God mag weten wat nog meer. Vertel me dat trouwens maar niet, want ik wil het niet weten. Maar het heeft me wel aan het denken gezet. En nu denk ik vooruit met de geit.'

'"Vooruit met de geit",' herhaalde ze. 'Ach, want ben je toch een romanticus.'

Hij had het gezegd. Hij had haar precies aangeboden waar ze maanden op had gehoopt, ook al wilde ze het niet bij zichzelf toegeven. Misschien kwam het door de schok van de vorige avond, of door de afgelopen weken, maar ze wist niet wat ze moest zeggen. 'Dat is een grote stap, Conor. We zitten allebei...'

'... in de rotzooi. Dus dat past goed.'

'Jemig, wat klinkt het zo aanlokkelijk.'

'Ik meen het, Natasha.' Hij aarzelde. 'Ik hou van je.'

Ze dronk haar glas leeg. 'Ik weet het niet. Dit komt nogal uit de lucht vallen.'

'Dus je slaapt liever in de Holiday Inn. Ik wist wel dat je het leuk vond, daar aan die rotonde.' Hij sprak nu iets te snel, en zijn lach klonk breekbaar.

Plotseling werd ze door tederheid overmand, en ze pakte zijn hand. 'Ik kom vanavond,' zei ze. Ze leunde tegen hem aan, en liet zich door hem inpakken. Ze deed haar ogen dicht terwijl hij zijn kin op haar schouder legde zonder acht te slaan op de blikken van de mensen aan het tafeltje naast hen. 'Maar verder doen we het rustig aan.'

# 16

*'Wanneer men dicht bij de vijand in de buurt komt, dient men zijn paard goed in de hand te houden. Zo kan hij de vijand veel schade berokkenen, terwijl men zelf zo min mogelijk risico loopt.'*
Xenophon, *Over de rijkunst*

Mac had vijftien keer geprobeerd om haar te bellen, tussen maandagavond en vanochtend, en iedere keer kreeg hij meteen haar voicemail te horen. Op kantoor beweerden ze dat ze 'op de rechtbank' zat. Uit het feit dat ze hem niet vroegen waar hij voor belde, maakte hij op dat ze hun had geïnstrueerd om hem niet door te verbinden. Hij gaf al geen boodschappen meer door, behalve zijn naam. Hij was allang vergeten wat hij ook weer wilde zeggen.

Hij schonk nog een kop koffie in en vervloekte Natasha's koffiepot die altijd morste, al deed je nog zo voorzichtig. Hij herinnerde zich ineens het prachtige Italiaanse espressoapparaat dat ze als huwelijkscadeau hadden gekregen, een glanzende Gaggia die in de opslag stond, ergens in het westen van Londen. Het leek hem nu zo stom dat hij per se dat waar hij recht op meende te hebben veilig had willen stellen, ook al hield dat in dat niemand hem ooit gebruikte. Hij zou dat apparaat aan haar geven, besloot hij. Hij had het al een jaar niet gebruikt. Hij zou het echt niet missen. De afgelopen dagen had hij zich een paar van dat soort dingen voorgenomen.

Boven lag Sarah te slapen. Ze was meteen naar haar kamer gegaan toen ze maandagavond thuisgekomen was, weigerde te eten of te drinken en wilde niet praten. Ze ontweek hem, meed alle oogcontact en verschanste zich in haar kamer, en hij begon te geloven dat ze hem nog steeds afstrafte. Best vreemd dat ze ineens zo loyaal aan Natasha was. Hij wilde eigenlijk op haar deur kloppen om haar terecht te wijzen, om haar te zeggen dat Natásha strikt genomen degene was die als eerste ontrouw was. Maar toen realiseerde hij zich hoe belachelijk het zou zijn om zijn daden goed te praten bij een meisje van veertien.

Gisteren had ze gezegd dat ze ziek was en was de heel dag op haar kamer gebleven. Ze zag inderdaad pips, haar huid was ziekelijk doorschijnend. Ze hoefde niet veel te doen om hem over te halen haar ziek te melden.

Om tien voor halfzeven, zesendertig uur nadat Natasha was vertrokken, hoorde hij een sleutel in de voordeur. Ze deed hem zachtjes dicht, deed haar schoenen uit op de deurmat en liep op kousenvoeten de hal in. Ze droeg het pak dat ze aanhad toen ze verdween, maar met een T-shirt eronder. Zijn T-shirt, dacht Mac.

Ze keken elkaar aan.

'Ik heb een belangrijke zaak,' zei ze. 'Dus ik kom alleen kleren halen, en mijn oplader.' Ze zag bleek, had geen make-up op, en haar haar was nog een beetje dof van de slaap. Ze leek doodop.

'Ik heb geprobeerd om je te bellen. Heel vaak.'

Ze zwaaide met haar telefoon. 'Leeg. Ik zei toch, ik heb mijn oplader nodig.' Ze begon de trap op te lopen.

'Natasha, wacht nou even vijf minuten. We moeten echt praten.'

'Ik heb vandaag geen tijd. Ik moet binnen een uur weer op kantoor zijn.'

'Maar we moeten wel echt praten. Kom je vanavond thuis?'

Ze bleef halverwege de trap staan. 'Ik ben heel laat. En ik moet werken aan de zaak.'

'Ben je nog kwaad op me? Vanwege Maria?'

Ze schudde haar hoofd maar het was weinig overtuigend.

Hij nam de trap met twee treden tegelijk, liep langs haar heen zodat hij hoger kwam te staan dan zij, en keek omlaag. 'Kom op, zeg,' zei hij. 'Alsof jij geen vriendje hebt. Jezus.'

'Ik neem hem nooit mee naar huis om jou te vernederen,' vuurde ze terug. 'Luister, ik zit hier nu niet op te –'

'Nee. Dat zit je nooit. Maar aangezien we toch bezig zijn, hoezo is het een vernedering dat Maria er was? Jij en ik zijn toch niet meer bij elkaar? Je bent er altijd volmaakt open over geweest dat je een vriendje had. Dus het enige wat er nu is gebeurd, is dat je haar hebt ontmoet. Ik zeg niet dat het diplomatiek was, maar het was een oprechte vergissing. Ik dacht dat jij er niet was. Ik had haar nooit mee naar binnen genomen als ik wist dat...'

Ze weigerde hem aan te kijken.

'Tash?'

Toen ze het uiteindelijk toch deed, was haar blik vreemd leeg. Ze leek verslagen. 'Ik trek dit nu niet, Mac. Oké? Jij wint. Het huis is van jou tot het is verkocht. Je kunt hier uitnodigen wie je maar wilt. Het kan mij niet meer schelen.'

'Wat kan jou niet meer schelen?'

'Ik denk dat het voor iedereen beter is als we een eind maken aan deze schijnvertoning.'

Mac spreidde zijn armen over de trap zodat ze er niet langs kon. 'Ho, ho, ho. Wat? Jij vertrekt doodleuk? Hoe zit dat dan precies? Hoe doen we dat dan met Sarah? Je weet best dat ik dat niet alleen kan.'

'Ik ga weg zodra ze een nieuwe plek voor haar hebben kunnen regelen. Dat was toch binnen een paar weken nodig geweest. We schuiven het alleen wat naar voren.'

'Kan je echt niet nog even blijven? Die paar weken?'

Ze sprak de woorden uit alsof ze ze had ingestudeerd: 'Jij weet net zo goed als ik dat haar grootvader niet meer beter wordt. Wat ze nodig heeft is een stabiel gezin dat fatsoenlijk voor haar kan zorgen. Ergens waar ze niet wordt gebruikt als een soort buffer tussen twee grote mensen die kennelijk anders niet in staat zijn om op een volwassen manier met elkaar om te gaan.'

'Dus zo zie jij dat?'

'Wil jij soms zeggen dat het anders zit?' Ze klom nog een trede hoger, zodat hij achteruit moest, anders zouden ze elkaar raken. Ze nam nog een trede.

'En het paard?'

'Geloof het of niet, Mac, maar dat paard staat momenteel niet boven aan mijn lijstje met prioriteiten.'

'Dus jij keert je gewoon van haar af?'

'Waag het niet,' zei Natasha. 'Waag het niet om haar te gebruiken. Dit gaat over jou en mij. Hoe wij ons ook hebben gedragen waar zij of wie dan ook bij was, een gelukkig gezinnetje waren we nooit geworden, Mac, en dat weet jij heel goed.' Haar knokkels waren wit, zo stevig had ze de leuning vast. 'Ik heb de afgelopen zesendertig uur nergens anders aan gedacht. We hadden haar hier nooit onderdak moeten bieden, aangezien het voor ons al niet eens meer een thuis was. Het was niet fair van ons om te doen alsof dat wel zo was.'

'Dat meen je niet.'

'Dat meen ik wel. Het is hoog tijd dat we eerlijk zijn – tegen haar en tegen onszelf. En nu moet ik me echt omkleden.' Ze liep langs hem en liep naar boven.

'Tash.'

Ze negeerde hem.

'Tásh – we kunnen dit niet zo laten eindigen.' Hij stak zijn hand naar haar uit. 'Kom op, ik heb gewoon een fout gemaakt.'

Ze keerde zich om en haar gezicht was een mengeling van emoties – woede, verwijt, verdriet. 'Hoe had het dan moeten eindigen, Mac?'

'Ik weet het niet. Maar dit vind ik zo vreselijk. Ik haat het als je... zo bent. Ik dacht gewoon dat we...'

'Dat we wat? Dat we hartelijk afscheid namen en de zonsondergang tegemoet zeilden?'

'Dat denk ik helemaal –'

'Een scheiding is nooit netjes, Mac. Zal ik je eens wat zeggen? Er zullen soms mensen zijn die jou niet mogen. Soms werkt die beroemde Mac-charme niet meer. En –'

'Tash –'

Ze slaakte een lange, beverige zucht. 'En ik... ik wil niet meer de hele tijd bij je in de buurt zijn.'

Buiten bleef een auto staan, met onbehoorlijk harde muziek, gezien het vroege tijdstip. Ze stonden op een paar centimeter bij elkaar vandaag op de trap, allebei roerloos. Mac wist dat hij naar beneden moest gaan, maar hij kreeg zijn voeten niet opgetild. Hij rook iets van parfum, maar hij herkende het niet meer als het hare. Hij keek naar haar hand, die zich nog steeds aan de leuning vastklampte, omdat ze niet zonder de steun kon.

'Weet je wat nog het ergste is?' Hij wachtte op de volgende verbale knal. 'Weet je wat ik echt niet trek?'

Hij kon geen woord uitbrengen.

'Dat dit... dat het weer precies zo voelt als toen je een jaar geleden wegging.' Haar stem brak. Toen liep ze moedeloos naar haar slaapkamer.

Boven deinsde Sarah terug van de balustrade en holde snel haar kamer in. Natasha's woorden dreunden na in haar hoofd. Alles stortte in. Natasha ging weg, en zij zou ook weg moeten. *We hadden haar hier nooit onderdak moeten bieden.* Ze had niet alles kunnen verstaan wat ze zeiden, maar dát had ze wel meegekregen. Ze staarde naar zichzelf in de spiegel. Ze droeg haar grootste, dikste trui en een wollen maillot onder haar spijkerbroek. Toch had ze het ijskoud. Zou Ruth haar weer opwachten bij school, met haar spullen in zwarte tassen op de achterbank, klaar om haar weer naar een ander huis te brengen? Ze hadden niet eens het lef gehad om het haar zelf te vertellen.

Sarah ging op de grond zitten, naast het bed, en sloeg haar vuisten voor haar ogen om de tranen te stoppen. De hele vorige dag en gisteravond had ze Sals handen op haar huid gevoeld, en zijn weerzinwekkende woorden in haar oren gehoord. Ze had zich afgeschrobd met Natasha's dure crèmes en wondermiddeltjes in een poging zich van zijn lucht te ontdoen, en van het onzichtbare spoor van zijn mond. Ze huiverde bij de gedachte dat iemand haar beha zou vinden, want die lag nog in Boo's stal. Om de een of andere manier was het idee dat hij daar nog in het stro lag schokkender dan al het andere.

In de kamer naast haar hoorde ze dat Natasha lades open- en dichttrok, en het zachte klikje van haar ingebouwde kledingkasten.

Ze zou het tegen *grand-père* moeten zeggen. Ze zou die ochtend niet naar school kunnen, maar als ze op de manege was geweest, zou ze tegen hem zeggen dat hij mee naar huis moest – dat het écht moest. Zij zou wel voor hem zorgen, wat ze verder ook zeiden. Het kon niet anders. Als Sal wist dat *grand-père* weer terug was, zou hij haar met rust laten.

Natasha klopte op haar deur. 'Sarah?'

Ze klom snel in bed en dwong zichzelf zo neutraal mogelijk te kijken om zich niet te verraden. 'Hoi,' zei ze.

Natasha's gezicht was vlekkerig en haar huid zag wit van het slaapgebrek. 'Ik kom alleen even zeggen dat ik het een beetje druk heb en dat ik vanavond waarschijnlijk pas laat thuis ben, maar misschien kunnen we later even praten?'

Ze knikte. *Even praten. Gewoon even om te zeggen dat ik je weer op de vuilnishoop teruggooi.*

Natasha bestudeerde haar. 'Alles goed?'

'Prima,' zei Sarah.

'Mooi. Nou ja, zoals ik zei, we spreken elkaar vanavond. Met z'n drieën. En bel me als er iets is. Je hebt mijn mobiele nummer.'

Toen ze vertrok, hoorde Sarah iets tegen de voordeur bonken. Tien minuten later kwam Sarah beneden en zag Macs schoen daar liggen.

Sals terreinwagen stond voor het hek van de manege, een glimmende, vierkante belediging, een aanblik die haar maag ineen deed krimpen, en defensief sloeg ze haar armen voor haar borst. Ze haalde diep adem, trok haar jas stevig om zich heen en liep toen het hek door.

Hij stond aan de andere kant van het terrein met Ralph en zijn trawanten te praten, ze warmden hun handen bij de kachel en dronken koffie uit plastic bekertjes. Ralph kreeg haar in de smiezen en stortte zich snel op het borstelen van een van Sals paarden. Ze hoopte maar dat dit niet betekende dat hij Boo gisteren niet had gevoerd. Ze was zelf niet gekomen, want het leek haar beter om Sal een dag te laten afkoelen.

Dat was niet de enige reden, maar ze had zich misschien geen zorgen hoeven maken: Sal keurde haar geen blik waardig, al had hij haar vast door het hek horen komen. Ze bad dat hij het of niet had gemerkt, of het beter vond om te doen alsof dat van laatst nooit was gebeurd. Misschien schaamde hij zich zelfs wel, hoewel ze vermoedde dat Sal zich nooit ergens voor schaamde.

Ze deed haar kast open en verruilde haar schoolschoenen voor haar rijlaarzen, haar oren gespitst voor het mompelen aan de andere kant van het terrein. *Kom alsjeblieft niet hierheen.* Ze frunnikte aan de knopen van haar jas om zich om te kleden en weer weg te kunnen voor hij binnen kon komen. Ze deed Boo's ontbijt in een emmer, vulde een hooinet, dat ze over haar schouder gooide, en liep snel naar de stal, met haar hoofd omlaag, vastbesloten om niemand aan te kijken.

Het duurde heel even voor ze doorhad dat zijn deur openstond. Ze liet het hooinet vallen.

Boo was er niet. Zijn staldeur zwaaide open en zijn stro lag nog vol vijgen. Ze keek om zich heen. Waarom hadden ze hem naar een andere stal verhuisd?

Ze liep langs de stallen om te kijken waar hij was. Er kwamen allerlei hoofden een kijkje nemen, gevlekte, rossige. Maar geen Boo. Haar keel kneep samen en de paniek steeg op uit haar borst. Half lopend, half rennend ging ze naar de mannen toe, haar angst sterker dan haar wens om Sal niet te hoeven spreken. 'Waar is Boo?' Ze probeerde zo kalm mogelijk te klinken.

'Welke Boo?' Sal keerde zich niet eens om.

'Kiekeboe!' mompelde een van zijn mannen en hij lachte vals.

'Waar is hij? Heb je hem verplaatst?'

'Zit er soms ergens een kat in het nauw? Ik hoor zo'n gek geluid.' Sal zette zijn hand aan zijn oor. 'Een soort gemiauw.'

Ze liep om de mannen heen zodat hij haar wel aan moest kijken. Haar ademhaling versnelde en de paniek verspreidde zich met het koude zweet dat haar aan alle kanten uitbrak. 'Waar is hij? Waar heb je hem neergezet? Sal, dit is niet grappig'

'Zie je mij lachen, dan?'

Ze greep hem bij de mouw van zijn jas. Hij schudde haar van zich af. 'Waar is mijn paard?' vroeg ze op hoge toon.

'Jouw paard?'

'Ja, mijn paard.'

'Ik heb míjn paard verkocht, als je dat soms bedoelt.'
Ze schudde haar hoofd een beetje en fronste.
'Ik heb mijn paard verkocht. Jij hebt helemaal geen paard.'
'Waar heb je het over?'
Hij stak zijn hand in zijn zak trok er een leren notitieboekje uit, sloeg het open en hield het voor haar gezicht. 'Acht weken huur, dat is wat jij mij verschuldigd was. Acht weken. Plus hooi en voer. In je contractvoorwaarden staat dat als je acht weken lang niet betaalt, je paard van mij is. Dus ik heb hem verkocht, om je rekening te vereffenen.'
De geluiden van de straat maakten plaats voor gegons in haar oren. De grond onder haar voeten begon gevaarlijk te bewegen, alsof ze op een schip stond, midden in de hoge golven. Ze wachtte op de clou van zijn grap, waarin hij het allemaal weer zou ontkennen.
'Ik heb je paard verkocht, Sarah, mocht het nog niet helemaal duidelijk zijn.'
'Maar – maar je kunt hem helemaal niet verkopen! Dat mag jij niet doen! Welk contract? Waar heb je het over?'
Hij hield zijn hoofd een beetje schuin. 'Iedereen heeft een exemplaar van mijn algemene voorwaarden gekregen. Dat van jou ligt in je kast. Misschien heb je het niet zien liggen? Als eigenaar van deze manege sta ik volledig in mijn recht.' Zijn ogen waren zo zwart als stinkend, brak water. Ze keken dwars door haar heen, alsof ze niets voorstelde. Ze keek naar Ralph, die tegen een loszittende kei schopte. Dus het was waar. Ze zag het aan zijn ongemakkelijke gezichtsuitdrukking.
Ze wendde zich weer tot Sal, met hersens die op volle toeren draaiden. 'Luister,' zei ze, 'het spijt me van het geld. Sorry voor alles. Ik zal ervoor zorgen. Morgen heb je het. Geef hem nou maar gewoon terug. Ik zal – ik zal alles voor je doen.' Het interesseerde haar niet meer wie het allemaal kon horen. Ze zou doen wat Sal van haar wilde. Ze zou stelen van de Macauleys, wat dan ook.
'Je snapt het geloof ik niet helemaal, hè?' Sals toon werd nu ruw, onaangenaam. 'Ik heb hem ver-kocht, Sarah. Dus zelfs al was ik genegen om hem aan je terug te geven, dan nog kon het niet.'
'Aan wie? Aan wie heb je hem verkocht? Waar is hij?' Ze had hem nu met twee handen vastgegrepen.

Hij duwde haar van zich af. 'Het is verder niet mijn probleem. Ik zou maar zorgen dat ik voortaan op tijd aan mijn financiële verplichtingen voldeed, als ik jou was.' Hij stak zijn hand in zijn zak. 'Ik kreeg niet bepaald een goede prijs voor hem. Slecht karakter. Net als zijn eigenaar.' Hij keerde zich om naar zijn mannen en wachtte op hun onvermijdelijke lach. 'Dit is wat er nog over was, met aftrek van je schuld.' Terwijl ze daar vol ongeloof stond te kijken telde hij vijf briefjes van twintig uit die hij aan haar overhandigde. 'Dus nou staan we quitte, circusmeisje.'

Ze zag aan de halve lachjes op de gezichten van de mannen dat die wisten wat zij wist: dat hij haar nooit zou vertellen aan wie hij Boo had verkocht. Ze had hem dwarsgezeten en hij had wraak genomen.

Haar benen voelden slap. Ze strompelde terug naar haar kast en ging op een baal hooi zitten. Ze staarde naar haar trillende handen en er ontsnapte een diep gekreun aan haar. In de hoek van de kastruimte, achter de deur, hing een getypt vel wit papier, met de zogenaamde algemene voorwaarden, die dreigend oplichtten in het vage licht. Dat had hij er waarschijnlijk gisteren opgehangen.

Ze liet haar hoofd op haar knieën zakken en sloeg haar armen eromheen. Ze zag voor zich hoe haar paard doodsbang in een vrachtwagen werd gestopt, met wijd open ogen en zijn hoofd angstig omhoog. Haar tanden klapperden. Ze keek op en door het gat in de deur zag ze de mannen praten en vervolgens ergens over in de lach schieten. 'Kiekeboe,' jammerde een van hen spottend. Iemand gooide een sigaret op de grond en vermorzelde hem met zijn voet. Ralph keek heel even in de richting van de kasten en zag haar misschien opgevouwen zitten, in de schaduw. Toen keerde ook hij zich van haar af.

'Mooi werk,' zei Harrington toen ze wegliepen uit de rechtszaal. 'Je liet geen spaan heel van die getuige. En dat op zo'n luchtige toon. Dat was een goed begin.'

Natasha gaf haar notities aan Ben en zette haar pruik af. Ze was nog warm van de adrenaline en de pruik was gaan jeuken. Ze trok de twee klemmetjes uit haar haar en stak die in haar zak. 'Morgen wordt het een stuk minder eenvoudig,' zei ze.

Ben worstelde met de dossiermappen en gaf er eentje aan haar. 'Dit is het rapport van de andere accountant waar we nog op zaten te wachten. Volgens mij staat er niet veel nieuws in, maar je kunt nooit weten.'

'Ik zal het vanavond doornemen.'

Conor kwam de gang in gelopen. Hij gaf haar een knipoog en ze wachtte tot Ben diepgaand in gesprek was met Harrington voor ze naar hem toe liep. 'Hoe ging het?' vroeg hij, terwijl hij haar op haar wang kuste.

'O, niet slecht. Harrington heeft gehakt gemaakt van hun financiële eisen.'

'Daar wordt hij voor betaald. Wil je eerst terug naar kantoor?'

Ze keek naar Ben. 'Nee, ik heb alle documenten die ik nodig heb al beneden. Kom, we gaan.'

Conor nam haar bij de arm, een ongewoon bezitterig gebaar. 'Hebben we nog steeds een afspraak, vanavond?'

Ineens zag ze Mac voor zich, op de trap. *Je hebt een vriendje*, had hij gezegd. *Dus wat maak je je druk over Maria?* 'Ik kan niet blijven,' zei ze. Ze hees zich in haar jas. 'Ik heb tegen Sarah gezegd dat we met haar zouden praten over haar toekomst. Maar lekker lang in jouw bad met een glas wijn voor ik daarheen moet, lijkt me wel wat.'

Hij bleef staan. 'De wijn is geen probleem, maar het bad moet een ander keertje.'

Ze begreep hem niet.

'Ik heb de jongens uitgenodigd. Ik vond dat je ze maar eens moest ontmoeten.'

'Vanavond?' Ze kon haar ongenoegen niet verbloemen.

'We hebben er lang genoeg mee gewacht. Ik heb het met hun moeder besproken. Ik dacht dat je blij zou zijn.'

'Maar...' ze slaakte een zucht, '... ik zit midden in een enorme rechtszaak, Conor. Ik had ze liever ontmoet als ik iets minder... afgeleid was.'

Hij wuifde haar bezwaar weg. 'Je hoeft helemaal niets te doen, Hotshot. Alleen maar een beetje glimlachen en gewoon je geweldige zelf zijn. Het is al genoeg dat je er bent. Desnoods ga je inderdaad in bad. Wij klieren wel wat in de zitkamer. We doen wel net of je er niet bent.'

Ze glimlachte even.

'Dan wachten we nog even voor jij op je knieën moet om paardje te spelen.' Bij het woord 'paardje' kromp ze inwendig even ineen, maar hij had lol om zichzelf en had kennelijk een soort visioen van hen met z'n viertjes bij hem thuis. Ze dacht aan Sarah, aan het gesprek dat ze met haar moest voeren, en wat het voor haar zou betekenen. Maar Conor trok haar al mee naar de deur. 'En ik kook, ouwe mazzelkont. Je krijgt vissticks op witbrood met tomatenketchup. Lekker toch?'

Ze kon de woorden voor op de bus niet zien. Ze zat nu al bijna een uur in het bushokje te staren terwijl de rode bussen voorbij rolden, met sissende remmen de ene lading passagiers uitlieten en de volgende opslokten, de remlichten fel afstekend tegen de donkere stadslucht. Ze zag helemaal niets. Haar ogen waren wazig van de tranen, haar vingers en tenen verdoofd van de kou. Ze was als verlamd, niet in staat te beslissen welke bus ze zou nemen, zelfs al had ze kunnen lezen waar ze naartoe reden.

Alles was kapot. *Grand-père* kwam nooit meer thuis. Boo was weg. Ze had geen thuis, geen familie. Ze zat op de koude plastic bank, trok haar jas om zich heen en negeerde de onverschillige blikken van de mensen die kwamen, wachtten en weer doorgingen met hun eigen levens.

Hij had haar naam al twee keer genoemd voor ze hem hoorde. Ze was zo opgesloten in haar pijn, zo verdoofd.

Ralph kwam voor haar staan, met een sigaret in zijn mondhoek.

'Gaat het?'

Ze kon niks zeggen. Dat hij het überhaupt kon vragen!

Hij zakte door zijn knieën in een hoekje, zodat hij schuilging in het bushokje en achter de mensen die in de rij stonden te wachten. 'Het spijt me, oké? Ik had er niets mee te maken.'

Ze kon nog steeds geen woord uitbrengen. Ze wist niet of ze haar mond ooit nog wel open zou doen.

'Hij heeft het gisteren gedaan. Hij zei dat jij hem heel veel geld verschuldigd was, Sarah. Ik heb het nog geprobeerd, maar je weet hoe hij is… Ik weet niet wat je hebt gedaan, maar hij was echt heel pissig.'

Ze brachten paarden naar het buitenland, had ze weleens gehoord. Met z'n allen in grote vrachtwagens, zonder voedsel en water. Sommige waren zo zwak dat ze alleen op de been werden gehouden door de druk van de andere paarden eromheen. Er gleed een traan over haar gezicht.

'Maar goed.' Hij tufte op de stoep, wat hem een woedende blik opleverde van een Nigeriaanse vrouw. 'Ik ga je iets vertellen, maar hij mag niet weten dat je het van mij hebt, oké?'

Ze keek langzaam op.

'Want als jij het weet, dan weet hij dat het van mij komt. Dus ik ga nog steeds niet met je praten op de manege of op straat of waar dan ook. Ik doe gewoon alsof ik je niet ken, snap je?'

Ze knikte. Er begon iets in haar te branden.

Hij keek haar even aan, wierp toen een blik achterom en nam een lange trek van zijn sigaret. 'Hij zit in Stepney, achter het autokerkhof. De zigeuners hebben hem. Sal gaat overmorgen tegen hem racen met de grijze merrie, tegen hem en die vos.'

'Maar Boo kan helemaal geen sulky trekken. En hij heeft nog nooit in zijn leven geracet.'

Ralph keek ongemakkelijk. 'Inmiddels wel. Sal heeft hem in zijn paardentrailer gestopt en is er voor het ontbijt mee naartoe gereden.' Hij haalde zijn schouders op. 'Hij was best goed. Niet zo snel als de grijze merrie, maar hij bokte helemaal niet of zo.'

Dat komt door al dat trainen aan de lange teugel, dacht Sarah onwillekeurig. Hij zal best gedaan hebben wat Sal van hem vroeg. 'Waar is de race?'

'Waar het altijd is. Bij de fly-over. Om een uur of halfzeven.'

'Wat moet ik doen?' vroeg ze. 'Hoe kan ik hem weer terugkrijgen?'

'Ik heb geen idee, Saartje. Ik heb al veel te veel gezegd.'

Hij wilde weglopen, maar ze greep hem bij de pols. 'Ralph. Toe nou. Help me.' Ze pijnigde haar hersens. 'Alsjeblieft.'

Hij schudde zijn hoofd.

'Ik kan het niet alleen,' zei ze. Maar haar gedachten bleven heen en weer schieten. Ze zat daar, met haar andere hand in haar jaszak gebald, terwijl Ralph aan zijn sigaret trok en deed alsof ze hem niet aanraakte.

'Ik moet gaan, man,' zei hij uiteindelijk. 'Ik heb van alles te doen.'

'Laten we ergens afspreken,' zei ze. 'Niet in de buurt van de race – Sal hoeft je niet te zien. Laten we afspreken achter in de vrachtwagen van de meubelfabriek. Met Boo's zadel en hoofdstel.' Ze haalde de sleutels van de manege uit haar zak en drukte die tegen hem aan. 'Hier. Haal ze maar voordat Sal komt.'

'Wat heb je daar nou aan?'

'Ik heb ze nodig om hem te kunnen berijden.'

'Wat? Dus je gaat hem gewoon opzadelen? En wegrijden? Alstublieft, meneer, mag ik mijn paardje terug?'

'Kom nou maar gewoon, Ralph.'

'Nee. Wat heb ik eraan? Als Sal erachter komt dat ik er iets mee te maken had, slaat hij me in elkaar.'

Ze liet zijn pols niet los, maar fluisterde zodat de andere wachtenden het niet zouden horen: 'Een creditcard, een gouden.'

Hij lachte. 'Ja, hoor.'

'Met de pincode. Van iemand met heel veel geld. Daar kan je heel veel geld mee pinnen voor ze hem blokkeren. Ik denk wel een paar duizend pond.'

Hij keek haar vorsend aan en trok zijn arm uit haar greep. 'Ik zou maar geen geintjes maken als ik jou was.'

'Beloof dat je er zult zijn,' zei ze. 'Geen zadel, geen deal.'

Hij keek weer achterom, spuugde toen in zijn hand en stak die naar haar uit. 'Vrijdagochtend bij de meubelfabriek. Als jij er om zeven uur nog niet bent, ben ik weg.'

Liam prikte met zijn vork in de pasta en trok zijn neus op. 'Ik lust geen snot,' zei hij.

'Het ziet er helemaal niet uit als snot,' zei Conor flegmatiek. 'En Joseph, niet zo tegen de tafelpoot schoppen, lieverd. Straks vallen onze glazen nog om.'

'En het smaakt ook als snot,' hield Liam vol. Hij keek even naar Natasha.

'Het is pesto. Je moeder zei dat jullie dat heel vaak eten.'

'Ja, maar déze pesto is vies,' zei Joseph, en hij duwde zijn bord met kracht van zich af. Het was dat Natasha er op tijd bij was, anders was zijn sinaasappelsap over haar pasta gevallen.

De jongens hadden geen zin in papa's vissticks. Ze wilden naar de pizzeria. Ze zaten er nu al bijna drie kwartier, en zij en Conor hadden nog nauwelijks een woord gewisseld, behalve om de drankjes te bestellen.

'Joseph, ga eens rechtop zitten. Zo zit je thuis ook niet.'

'Maar ik ben niet thuis.'

'Dit is een restaurant,' zei Conor, 'dus hier is het nog veel belangrijker dat je rechtop zit.'

'Maar ik vind deze stoelen niet fijn. Mijn billen glijden er de hele tijd af.'

Conor zette zijn jongste voor de veertiende keer recht op zijn stoel en Natasha was verbaasd dat hij zo geduldig bleef. Eten met zijn zoons was zoiets als een school vissen bijeenhouden terwijl je ondertussen onderhandelingen moest voeren met de potentaten van twee strijdende groeperingen in de Balkan. Telkens als je de ene oorlog had beslecht, begonnen ze de volgende, of het nu ging over stokbrood of servetten of over een stoel die blijkbaar te glad was voor een paar kleine billen. En ze spraken alleen met hun vader. Ze hadden haar aanwezigheid niet erkend en ook niet hun best gedaan om haar bij het gesprek te betrekken.

Had hun moeder hen soms ingefluisterd? Had ze hun opgedragen om informatie over papa's vriendin te verzamelen? Haatten ze Natasha al lang voordat ze haar ooit hadden ontmoet?

Ze voelde Liams blik en lachte geforceerd. Ondertussen probeerde ze niet na te denken over de tijd die ze in de voorbereiding van haar zaak had kunnen steken. 'En,' zei ze terwijl ze haar mond afveegde met haar servet, 'houden jullie van *Thomas de Trein*? Mijn neefje is er gek op.'

'Nee,' zei Liam honend. 'Dat is voor baby's.'

'Maar je hebt supermooie treinen van *Thomas*, mooi genoeg voor grote mensen. Ik heb ze zelf gezien.'

Ze keken haar aan met uitgestreken gezichten.

'Wat vinden jullie dan leuk?' vroeg ze tam. 'Wat zijn jullie hobby's?'

'Jullie rijden graag op jullie fietsen, hè, jongens?' zei Conor. 'En jullie houden van computergames.'

'Joseph heeft mijn PlayStation kapotgemaakt,' zei Liam. 'En mama zei dat we niet genoeg geld hebben om hem te laten maken.'

'Ik heb hem helemaal niet kapotgemaakt,' protesteerde Joseph, en hij voegde er zachtjes en boos aan toe: 'Poepkont.'

'Mama zegt dat we helemaal geen geld hebben. Helemaal geen geld voor leuke dingen meer.'

'Nou, dat is niet waar, hoor,' zei Conor. 'Jullie moeder krijgt een heleboel geld van mij. En als jullie dingen tekortkomen, moeten jullie dat gewoon tegen me zeggen. Je weet dat ik altijd doe wat ik kan.'

'Mama zegt dat je ons het absolute minimum geeft.'

'Ik wil een Nintendo,' zei Liam. 'Iedereen op school heeft er een.'

'Dat is niet zo.' Conor begon nu gespannen te klinken.

'Wel waar.'

'Mijn neefjes en nichtjes mogen helemaal geen computergames,' zei Natasha. 'En die hebben toch gewoon heel veel lol.'

'Nou, dan zijn ze dus stom.'

Ze haalde diep adem en prikte wat pasta aan haar vork.

'Kom op, jongens. Laten we Natasha eens vertellen over alle leuke dingen die we samen doen. Soms gaan we met de fiets naar Richmond Park, hè? Want we houden van fietsen.'

'Niet waar,' zei Joseph. 'Jij ging tegen me schreeuwen omdat ik niet hard genoeg ging.'

'Ik ging helemaal niet tegen je schreeuwen, Joe. Ik wilde je alleen niet uit het oog verliezen.'

'Maar jouw wielen zijn heel groot en die van mij zijn heel klein.'

'En we houden van schaatsen,' ging Conor verder.

'Jij zei dat het afzetters waren,' zei Liam.

'Ik vond het wel een tikje aan de dure kant, ja.' Conor wierp een blik haar kant op. 'Maar toch was het hartstikke leuk, of niet soms?'

'Jij en mama zitten altijd te zeuren over geld,' zei Joseph somber.

Natasha had al weinig eetlust, maar nu al helemaal niet meer. Ze vouwde haar servet en legde hem naast haar bord. 'Jongens,' zei ze, en ze pakte haar jasje. 'Ik vond het heel leuk om jullie te ontmoeten, maar ik vrees dat ik moet gaan.'

'Nu al?' Conor legde zijn hand op haar arm.

'Het is al bijna acht uur en je weet dat ik morgen een heel belangrijke dag heb.'

‘Ik dacht dat je ons voor zou laten gaan, vanavond,’ zei hij. ‘Gezien de bijzondere gelegenheid.’

‘Conor…’

‘Ik breng ze over een halfuur naar huis. Zo lang is dat niet, of wel dan?’

‘Hoor eens,’ zei ze zachtjes, ‘probeer je eens in Sarah te verplaatsen. Ze is nog maar een kind, en ze wordt binnenkort voor de vierde keer binnen een paar maanden naar een ander gezin gebracht. En jouw jongens kan ik hierna nog tot in de eeuwigheid zien.’ Ze raakte zijn hand even snel aan, zich ervan bewust dat de jongens naar haar keken. ‘Ik denk zelfs dat het beter is als we de eerste ontmoeting kort houden. Ik leer ze heus nog wel kennen, Conor, maar ik moet eerst mijn eigen dingen regelen. Ik heb de verantwoordelijkheid op me genomen, dus ik kan niet zomaar weglopen.’

‘Tuurlijk.’ Hij klonk beledigd. Hij stortte zich weer op zijn eten terwijl zij haar tas van de rugleuning haalde en vroeg toen langs zijn neus weg: ‘Is Mac er ook?’

‘Ik heb geen idee.’

‘Nee,’ zei hij, ‘dat zal best.’

Lang voordat hij fotograaf werd, had Mac een levensstrategie die misschien niet zozeer zijn uiteindelijke carrière voorspelde, maar waar wel een zekere mate van aanleg uit bleek. Als een situatie ongemakkelijk of te emotioneel werd, als hij geen zin had om zich daadwerkelijk betrokken te voelen bij wat er zich voor zijn ogen afspeelde, zette hij in zijn hoofd het geluid uit, en bekeek hij het tableau als van een afstandje, alsof hij er een foto van wilde maken. Rauwe emotie werd door zijn lens gefilterd en teruggebracht tot een prachtige compositie, een bijzonder spel van lijnen en licht. Op zijn drieëntwintigste had hij op die manier naar het lichaam van zijn vader gekeken toen die in zijn kist lag; het vertrouwde gezicht was te stil, te koud, alsof zijn vader het lang geleden verlaten had. Hij had het beeld geframed, en met een afstandelijk oog gekeken hoe de dood de spieren had ontspannen en alle lang binnengehouden spanning had vervaagd, en alle uitdrukking in het gezicht had gladgestreken. Hij wist nog dat hij keek naar Natasha, die in bed lag na haar tweede miskraam, met opgetrokken benen onder het dekbed, haar foetushouding een onbewuste herinnering aan wat ze had verloren. Ze had zich al van hem afgekeerd, zich afgesloten. Hij voelde haar leegte in zichzelf, tot hij het bijna niet meer aankon, en in plaats daarvan had hij zich geconcentreerd op de manier waarop het licht speelde met de plooien van het dekbedovertrek, de fijne lokken van haar haar, de wazigheid van de vroege ochtend.

En nu deed hij het ook, met die twee vrouwen die tegenover hem zaten, de oudere op het puntje van de bank, in haar werkkleding, terwijl ze aan de jongere uitlegde waarom ze morgenochtend uit het huis zou vertrekken en niet meer terug zou komen, en waarom het meisje uiteindelijk naar een ander, beter gezin zou moeten verhuizen.

Sarah schreeuwde niet en smeekte niet, zoals hij had gevreesd. Ze keek alleen naar Natasha terwijl die praatte en ze knikte, zonder vragen te stellen. Misschien had ze dit al meteen aan zien komen zodra ze hier binnenkwam. Misschien had hij zichzelf voor de gek gehouden met zijn hoop dat ze dit wel zouden redden met zijn allen.

Maar het was Natasha op wie zijn oog het meest viel. Zo tegen de lichte kussens van de bank, met haar rug zo recht en kalm, was het alsof er een storm over haar heen getrokken was die een lucht had achtergelaten die misschien niet blauw was, maar wel rustig. Een lucht waardoor je verschrikkelijk ver vooruit kon kijken. Ze heeft het losgelaten, zag hij. Wat ik ook maar heb gedaan, laatst, ik heb er de banden mee doorgesneden. Die gedachte bracht onverwachte pijn met zich mee en hij besefte dat hij, vanaf een afstandje, het meest emotioneel van de drie was: hij was de enige die moest vechten tegen de tranen. ‘We regelen het wel, Sarah,’ zei hij toen het stilviel in de kamer. ‘Ik betaal de huur van je paard wel, als het moet. We laten je echt niet zakken.’

Toen stond Natasha op. ‘Goed,’ zei ze, en ze keek hem voor het eerst recht in de ogen. ‘Dan weet iedereen precies waar we staan. Vinden jullie het goed als ik nu ga pakken?’ Een vrouw van vijfendertig, kleiner dan gemiddeld, met bijna geen make-up op en haar dat al sinds die ochtend niet meer was geborsteld. Geen model en geen styliste, geen toonbeeld van klassieke schoonheid. Mac keek haar na. Sarah richtte haar blik diplomatiek op Natasha's handtas.

'Gaat het?' vroeg hij aan haar. Boven hoorden ze Natasha's hakken van en naar de linnenkast lopen.

'Prima,' zei Sarah rustig. 'Ik heb wel een beetje trek.'

Hij sloeg tegen de zijkant van zijn hoofd en lachte geforceerd. 'Het eten. Ik wist wel dat ik iets vergat. Ik ga koken. Kom je mee?'

'Ik kom zo,' zei ze.

Het was alsof ze aanvoelde dat hij even alleen wilde zijn. Tenminste, dat dacht hij toen. Later kwam hij erachter dat ze een heel andere drijfveer had.

# 17

*'Op momenten dat er gevaar dreigt, vertrouwt de meester zijn leven toe aan het paard.'*
Xenophon, *Over de rijkunst*

Sarah stond achter de twee fly-overs en merkte niet dat haar adem kleine wolkjes waren die verdampten in de vochtige lucht. Ze zat hier nu al een halfuur, lang genoeg om geen enkel gevoel meer in haar tenen te hebben vanwege de koude ochtendlucht, en om een doornatte jas te hebben vanwege de gestage miezer. Ze stond onder het licht van de straatlantaarn op het verlaten stuk weg waar het moerasland overging in de stad, onder het web van elektriciteitsmasten dat de onvermijdelijke opmars naar verstedelijking aangaf.

Ze had al bijna de hoop opgegeven toen ze de eerste vrachtwagens aan zag komen. Ze ging anders staan in een poging het gewicht van de rugzak om haar schouders gemakkelijker te kunnen dragen, maar ze wendde haar blik niet af van de wagens die hun passagiers op de invoegstrook afzetten. Vanaf waar ze stond kon ze de mannen van Sal de Maltees zien, in hun handen klappend tegen de kou, lachend, en sigaretten uitdelend, de toeschouwers die uit de achterkleppen kwamen. Het was een grote race, groter dat ze ooit had gezien. De zijweg van de fly-over vulde zich snel met voertuigen, waar een kleine menigte uit kwam. De sfeer was uitgelaten, verwachtingsvol, ondanks het vroege tijdstip en de deprimerende setting. Hier zou de race eindigen, aan het begin van haar eigen race. Kijkend naar al die mannen, de wagens, voelde ze dat ze huiverde. Ze legde haar vingers op de geruststellende randjes van de plastic kaart in haar zak.

Het was vijf over halfzeven.

Ze kromde haar tenen in haar laarzen bij wijze van test en vroeg zich af of ze kon rennen op voeten die ze niet meer kon voelen. De mannen, sommigen met felgekleurde paraplu's, stonden in kleine groepjes te kletsen alsof dit niet meer was dan hun vaste ochtendpraatje. Ze had Ralph drie keer gevraagd of hij het zeker wist, en telkens had hij haar bezworen van wel. Maar kon ze hem vertrouwen? Kon de vriendschap die hij voor haar voelde wel op tegen zijn aanbidding van Sal de Maltees? Was dit een val? Ze dacht er steeds maar aan dat hij zich van haar afgekeerd had op de manege. Ralph leefde volgens zijn eigen regels: op zichzelf, egocentrisch. Onbetrouwbaar. Maar ze moest hem wel vertrouwen: ze had geen andere keuze.

Haar maag rammelde. Het was bijna tien over halfzeven. Ze hadden er allang moeten zijn. Waarschijnlijk hadden ze de plannen omgegooid. Het was een andere race. Boo kwam niet, dacht ze, en de moed zonk haar in de schoenen. Ze had geen idee wat ze moest als hij niet kwam; ze had geen plan B. Alles was kapot, stuk, vanaf het moment dat ze de deur van de Macauleys achter zich dichtgetrokken had. Ze dacht even aan Mac en Natasha, die nu waarschijnlijk wakker waren. Hoelang zou het duren voor ze erachter kwamen wat ze had gedaan?

Er reed een auto langzaam voorbij, en de bestuurder bekeek haar nieuwsgierig door de traag heen en weer bewegende ruitenwissers. Ze deed alsof ze in haar zak naar iets op zoek was, alsof ze een normaal mens was, aan het begin van een normale dag.

Het was negentien minuten voor zeven.

Ze hoorde een vertrouwde stem die op de wind naar haar toe

kwam. 'Kom eens over de brug jongens.' Cowboy John slenterde door de rijen met busjes, zijn oude hoed glimmend van de regen, zijn hand uitgestrekt terwijl hij iedereen begroette. Ze kon nog net de gloeiende askegel van zijn sigaret zien.

'Kom je soms regelrecht van het vliegveld? Want je hebt duidelijk last van je jetlag, Cowboy.'

'Ik zou me niet druk maken over waar ik last van heb. Ik zou eerder inzitten over de benen van dat paard. Ik heb paarden met maar drie benen gezien die beter kunnen versnellen dan dat paard van jullie.' Er werd gelachen. 'Zijn ze al begonnen? Ik kreeg een berichtje van Sal dat jullie om halfzeven begonnen. Ik hoor eigenlijk in mijn bed te liggen, maar mijn hele systeem is in de war door die verschillende tijdzones'

'Ze zijn bij de Old Axe begonnen. Ze kunnen elk moment komen.'

Haar hoofd schoot omhoog bij het toeteren van een claxon en een luide kreet.

Ineens viel al het verkeer stil, geen auto's, geen dof geronk van voertuigen boven hen. Er ontstond een vacuüm in de atmosfeer; de mannen bewogen niet meer, alsof ze eerst bevestiging wilden van wat ze zagen, en holden toen naar voren, de natte invoegstrook op, waar ze een beter uitzicht hadden. Eerst een kleine stip, toen een duidelijk silhouet – daar was hij, de fly-over af dravend, tussen de stangen van een lichtblauwe sulky, zijn hoofd angstig in de lucht gestoken terwijl een man met grijs haar en een dikke nek hard aan de teugels trok vanaf het zitje van de sulky achter hem. De grijze merrie van Sal de Maltees, een kleine stukje erachter, draafde braaf door terwijl Sal vooroverleunde om tijdens het passeren iets beledigends naar de andere man te schreeuwen.

Ze kon haar ogen niet van haar paard af houden, zijn enorme gespierde lijf gevangen tussen die twee bomen, zijn hoeven een waas op het harde wegdek terwijl hij langs haar vloog. Ze waren nu op de uitvoegstrook, even uit beeld toen ze het kruispunt op gingen, om vervolgens in een vloeiende bocht op het publiek af te stevenen, terwijl het verkeer op de fly-over boven hen weer op gang kwam. De mannen op de grond liepen hun tegemoet, en Sarah ging achter het witte busje staan en hield haar adem in. Ze zag de twee paarden terugkomen via de zijweg. Onder luid gejoel en het slaan met autoportieren en protesterend geschreeuw liepen ze tussen de hoge betonnen pilaren door. Boo wist niet zeker of hij nu moest stoppen, zijn hoofd werd ruw naar achteren getrokken, zodat hij bijna achterover kantelde.

Ze hoorde Cowboy Johns stem: 'Wat doet híj hier in vredesnaam?'

Wat als het niet zou lukken? Wat als het allemaal misliep? Ze voelde haar adem in haar keel stokken, om vervolgens haar gespannen longen met een huivering te verlaten. *Denk na. Wat is de situatie?* Ze had haar slapeloze uren doorgebracht met het lezen van Xenophons advies aan cavaleristen en nu kwam er een zin in haar op: *Vooraf van de situatie van de vijand op de hoogte te zijn, op zo groot mogelijke afstand, leidt altijd tot succes.*

Ze ging verder achter het witte busje staan en bleef naar haar paard kijken. *Ik ben er, Boo,* zei ze tegen hem en ze zette zich schrap om in actie te komen.

Mac hoorde Natasha de douche aanzetten, wierp een blik op de wekker en huiverde toen deze bevestigde hoe belachelijk vroeg het was. Hij bleef nog even liggen, zich vaag bewust van het feit dat hij iets moest doen. Vervolgens drong de betekenis van die ochtend met een dreun door tot zijn bewustzijn. Ze ging weg. Dat was het dan. Dit was het einde.

Hij kwam overeind. Aan de andere kant van de gang stroomde de douche en klonk het flauwe, aarzelende gezoem van de ventilator. Ze zou met zo min mogelijk toestanden willen vertrekken.

'Ik kom het huis opruimen voor de oplevering,' had ze tegen hem gezegd toen Sarah de avond ervoor naar bed was gegaan. 'De verhuizing regelen. De bouwinspectie. Wat dan ook. En ik wil ook wel bellen met de maatschappelijk werkster, als jij dat liever niet doet. Maar ik slaap hier niet meer.' Ze had hem nauwelijks aangekeken toen ze het zei, en pakte ondertussen wat boeken van een plank.

'Dat hoeft echt niet, Tash,' zei hij zachtjes.

Maar ze had geen acht geslagen op zijn woorden. 'Ik heb een belangrijke zaak, Mac. De grootste zaak in mijn carrière tot nu toe.

Ik moet me kunnen concentreren.' Er was geen rancune, geen woede. Dit was de Natasha die hij zo had gehaat: de gesloten, onbereikbare versie van zijn vrouw. Degene wier koele, gemaakte beleefdheid symbool stond voor alles wat hij kennelijk verkeerd gedaan had in hun huwelijk.

Hij hoorde de deurbel, schril en storend. De postbode? Op dit tijdstip? Natasha hoorde het niet vanwege het kletterende water. Zuchtend trok hij een T-shirt aan en liep de trap af.

Conor stond op de stoep. Mac bekeek het nette pak, de gladgeschoren kin, en voelde, niet voor het eerst, dat hij een hekel aan deze man had.

'Mac,' zei Conor toonloos.

'Conor.' Hij zou het hem niet gemakkelijk maken. Hij bleef staan en wachtte af.

'Ik kom Natasha afhalen.'

Haar afhalen. Alsof hij bij de Chinees was. Mac aarzelde en liet hem toen in de hal, maar voelde bittere weerzin bij elke stap die Conor in zijn huis zette. Conor had een air alsof hij het hele huis in bezit kwam nemen, sloeg links af de zitkamer in, en nam plaats op de bank met het ontspannen zelfvertrouwen van iemand die hier vaker kwam, om vervolgens zijn krant open te slaan.

Mac beet op zijn lip. 'Sorry, maar ik blijf niet kletsen,' zei hij. 'Ik zal mijn vrouw zeggen dat je er bent.'

Hij liep de trap op en voelde een hartstochtelijke woede om wat er allemaal gebeurde. Die man op de bank die Mac nog had uitgekozen en betaald, die daar zat te wachten om zijn vrouw bij hem weg te halen. Maar op het moment dat hij dit holbewonersgegrom in zichzelf erkende, kwam er een beeld bij hem boven van een schaars geklede Maria met twee glazen wijn in haar hand. Haar valse pret om Natasha's pijn.

De douche was opgehouden. Hij klopte op de slaapkamerdeur en wachtte. Toen er geen reactie kwam klopte hij nog eens, en deed de deur toen voorzichtig open. 'Tash?'

Hij zag haar spiegelbeeld voor hij haar zelf zag. Ze stond voor de spiegel met een handdoek om haar middel en het water liep nog in druppeltjes van haar natte haar over haar blote schouders. Ze schrok toen hij binnenkwam en haar hand schoot onbewust naar

haar hals. Dat defensieve gebaar voelde als een tik op zijn vingers.
'Ik klopte nog.'
De kamer stond vol met half ingepakte tassen. Nog even en ze kon ontsnappen, dacht hij.
'Sorry. Ik zit helemaal in mijn eigen wereld. Het komt door die zaak...'
'Conor is er.'
Ze keek verbaasd. 'Ik wist niet dat hij zou komen.'
'Nou, hij zit beneden te wachten, want hij kwam je afhalen.' Het kwam er wat sarcastisch uit.
'O,' zei ze. Ze pakte haar badjas van het bed en trok hem om zich heen. Ze boog voorover en begon haar haar af te drogen met een handdoek. 'Zeg maar...' begon ze. 'Ach nee, laat maar.'
Hij liet zijn hand over de rand van een oude koffer glijden. Veel van de kleren die erin gelegd waren herkende hij niet. 'Dus dit was het dan,' zei hij. 'Je gaat gewoon weg.'
'Ja. Net als jij gewoon weggegaan bent,' zei ze kortaf en ze kwam overeind om haar haren te borstelen. 'Is Sarah al op?'
'Ik heb nog niet gekeken.'
'Door al dat gedoe gisteren ben ik helemaal vergeten dat ze nog een formulier had dat ondertekend moest worden. Voor een of ander schoolreisje.'
'Ik doe het wel.'
Ze legde haar mantelpakje op het bed, hield eerst een blouse en toen een andere tegen het donkerblauwe jasje. Toen ze pas getrouwd waren vroeg ze hem altijd wat hij van de combinatie vond, en meestal koos ze dan alsnog iets anders. Dat was een vast grapje van hen, de eerste paar jaar.
Hij sloeg zijn armen over elkaar. 'Dus... waar moet ik je post naartoe sturen?'
'Dat is niet nodig. Ik kom om de paar dagen even langs. Bel maar gewoon als je iets te bespreken hebt. Wat wil je nou met die maatschappelijk werkster? Zal ik bellen als ik vanmiddag klaar ben op de rechtbank?'
'Nee,' zei hij, 'ik wil het er eerst nog met Sarah over hebben. Om te bepalen wanneer het...' Hij kreeg het niet over zijn lippen: "het beste moment". Voor haar was geen enkel moment goed. 'Tash...'

Ze stond met haar rug naar hem toe. 'Ja?'

'Ik vind dit verschrikkelijk,' zei hij. 'Ik weet best dat het allemaal wat complex was, maar ik zie niet in waarom het zo moet eindigen.'

'Dit gesprek hebben we al gevoerd, Mac.'

'Nee, dat hebben we niet. We wonen hier nu bijna twee maanden samen en we hebben niet één keer een fatsoenlijk gesprek gehad. We hebben het nooit gehad over wat er precies met ons is gebeurd en waar we in godsnaam –'

Hij draaide zich ineens om. Conor stond in de deuropening. 'Ik dacht dat je wel wat hulp kon gebruiken met je tassen.'

Hij had aftershave op, rook Mac. Wie gebruikte er nou zo vroeg op de dag al aftershave?

'Zijn het deze op het bed, Natasha?'

Ze wilde antwoord geven, maar Mac zei: 'Ik heb liever dat je beneden wacht, als je het niet erg vindt.' En hij ging voor Conor staan.

Er viel een korte, beladen stilte.

'Ik kom Natasha's spullen halen.'

'Je loopt mijn slaapkamer in,' zei Mac langzaam, 'en dat wil ik niet hebben.'

'Strikt genomen is het niet –'

Mac keek hem aan. 'Luister, vriend,' zei hij, en hij hoorde de nauwelijks bedwongen vijandigheid in zijn eigen stem, 'dit is nog altijd voor de helft mijn huis. En ik vraag je vriendelijk om mijn slaapkamer uit te gaan – onze slaapkamer – en om beneden te wachten zodat ik mijn gesprek met de vrouw die in elk geval op papier nog altijd mijn echtgenote is kan afronden. Tenminste, als jij daar geen bezwaar tegen hebt.'

Natasha was gestopt met borstelen. Ze keek van de een naar de ander en knikte toen nauwelijks merkbaar tegen Conor.

'Ik zal de bank in de auto even neerklappen,' zei Conor en hij liep weg, demonstratief rammelend met zijn autosleutels.

Het werd heel stil in de kamer. 'Goed, dan was dit het dus.' Hij probeerde te glimlachen, maar zijn mond stond scheef. Hij voelde zich heel dom.

Hij kon haar gezichtsuitdrukking niet thuisbrengen. 'Ja,' zei ze, met een strak vertrokken kaak. 'Ik moet opschieten, Mac, als je het niet erg vindt. Maar bel me vanavond als jij en Sarah afspraken hebben gemaakt over hoe en wat.' Ze pakte haar mantelpakje op en verdween in de badkamer.

Het was een race met twee paarden, Sals merrie en Boo. Niemand had gedacht dat Boo zou winnen, zei Ralph tegen haar; er was zwaar tegen hem gewed, ondanks het feit dat hij er zo goed uitzag, en uiteraard kwam hij als laatste over de finish.

Vanuit haar uitkijkpunt achter het busje zag ze de jockey uit de sulky springen, een teugel pakken en keihard tegen Boo's achterbeen schoppen. Boo schoot opzij, zijn hoofd gebogen van de pijn. Ze slaakte een protesterende kreun en haar voeten liepen onwillekeurig zijn kant op. Toen herstelde ze zich, dook omlaag, kneep haar ogen stevig dicht en dwong zichzelf zich te concentreren, en nu niets onnadenkends te doen. Op een kleine honderd meter bij haar vandaan hield een van Sals mannen de zwetende merrie bij een teugel vast terwijl hij zijn handen om de vlam van zijn aansteker vouwde en probeerde om zijn sigaret aan te steken.

'Wat heb je dit beest voor vreemde vitamines gevoerd, Sal?' zei hij en hij stak de aansteker weer in zijn zak.

'Mijn paard had nergens last van.'

'Deze is bang voor de wind. Aan die kant kregen wij hem vol in onze mik.'

'Ik zei net al, Terry, de race is gelopen.'

Boo bewoog onrustig, niet blij met het gewicht van de sulky, bang voor nog een trap van een laars, en de man bond hem ruw aan de zijspiegel van zijn truck en gromde naar hem, hief zijn hand dreigend op en liep weg. Ze vuurde onzichtbare kogels op de bolle kop van de kerel af en schopte hem in gedachten even hard als hij Boo had geschopt. Ze was nog nooit zo woest geweest. Ze dwong zichzelf om rustig te ademen. Ze zag Cowboy John staan, niet ver bij haar vandaan, hevig in gesprek met Sal. Hoofdschuddend keek hij naar Boo, zijn hoed druipend van de regen. Sal haalde zijn schouders op en stak nog maar eens een sigaret op. John legde een hand op zijn schouder en probeerde hem weg te leiden van alle anderen, maar Sal werd weer naar de groep mannen geroepen omdat het geld uitgedeeld werd.

Ze was nu kalm. Ze keek met het oog van een jager, met de strategische berekening van Xenophon, terwijl ze voetje voor voetje naar voren liep, gecamoufleerd door de geparkeerde auto's en de gigantische betonnen palen waar de fly-over op rustte. Ze was nu nog maar een paar meter bij Boo vandaan, dichtbij genoeg om het zweet op zijn nek te kunnen zien, zijn door de regen donkergekleurde huid, dichtbij genoeg om te bepalen met hoeveel riemen hij vastzat aan de kleine sulky. *Niet tegen me hinniken*, waarschuwde ze hem. De mannen stonden te bekvechten naast de grijze merrie, en Sal beweerde met luide stem dat hij de winnaar was, dat hij Boo opeiste terwijl een andere man hem tegensprak. Sals paard was wel een keer of drie uit draf gegaan, bracht hij tegen Sal in. Hij moest dus gediskwalificeerd worden. Er klonk afkeurend, maar ook instemmend gemompel.

'We moeten weg hier,' riep iemand met een Ierse tongval. 'Naar huis. De juten kunnen elk moment komen.'

Ze was nu bij Boo's achterhand en zag dat het paard zijn hals rekte om te bepalen wie dit nu weer was, maar hij zat vast en had oogkleppen voor. 'Sssj,' zei ze tegen hem, terwijl ze haar hand over zijn zwoegende flank liet gaan en ze zijn oren heen en weer zag flapperen omdat hij haar herkende. Ze keek naar de mannen, en liet de bomen uit het paardentuig glijden. Ze had hartkloppingen. De stemmen van de mannen zwollen weer aan en dit keer brak er echt ruzie uit. Ze stak haar nek uit en zag dat er geld werd verdeeld, bediscussieerd en in handpalmen werd gesmeten, en ze wist dat dit het beste moment was: zolang de biljetten geteld werden, zou niemand deze kant op kijken.

Ze had maar een paar seconden. Haar vingers beefden toen ze aan de riempjes frunnikte, terwijl de adrenaline het bloed in haar oren pompte, zodat ze het geluid van het verkeer boven hen niet meer hoorde. *Ik kom je hier weghalen, Boo*. Drie riempjes, twee riempjes, nog maar één. Ze mompelde zachtjes. *Kom op*.

Het was toen ze met het laatste riempje stond te worstelen, en haar vingers over het natte leer gleden, dat ze het hoorde, de gevreesde uitroep: 'Hé, jij daar!'

De grote kerel met de nek die breder was dan zijn hoofd liep op haar af met grote, dreigende passen. 'Hé! Wat spook je daar uit?'

Boo huppelde opzij, aangestoken door haar angst, en ze siste tegen hem dat hij moest blijven staan. 'Kom op,' zei ze zachtjes tegen de gesp terwijl ook andere mannen achteromkeken en zagen dat er iets mis was, dat het meisje niet een van hen was. Toen zag ze Johns verwarring, Sals gezicht, zijn plotselinge schok van herkenning. *Kom nou.*

De man begon te rennen. De laatste gesp wilde niet loskomen. Ze wrikte eraan en hijgde nu in hoorbaar korte stootjes. En toen, met de man op nog maar een paar meter bij haar vandaan, vielen de bomen van de sulky met een klap op de grond. Boo was vrij. Ze greep hem bij zijn manen terwijl ze het touw van zijn bit losmaakte en sprong op zijn rug, omhooggestuwd door haar angst. 'Lopen!' schreeuwde ze, ze knelde haar benen tegen zijn flanken en het grote dier sprong in de richting van de zijweg, alsof hij op dit moment had gewacht. Zijn spieren spanden zich met zo veel kracht onder haar dat ze haar vingers in zijn manen moest vlechten omdat ze er anders vanaf zou vliegen.

Er brak een chaos uit. Ze hoorde mannen schreeuwen, het geluid van startende motoren, en ze liet zich om zijn hals zakken, panisch roepend: 'Harder!', en ze trok onhandig aan de rechterteugel, terwijl de veel te lange leidsels al rond zijn benen bungelden. Ze voerde hen via de smalle invoegstrook naar de fly-over en in drie, vier passen was ze boven en hoorde het gepiep van banden, en de claxons terwijl ze over de tweebaansweg vloog.

En daar galoppeerde ze over de fly-over, hoog boven de stad, racend tussen de auto's door, zich nauwelijks bewust van de bestuurders die hun stuur moesten omgooien om haar te ontwijken. Ze zag niets anders dan de moeraslanden in de verte, wist niets anders dan dat ze vast en zeker achter haar aan zouden komen. Ze wist hoe ze moest rijden: ze had bijna de hele nacht over haar ontsnappingsroute nagedacht, steeds maar weer. En daar was hij al, recht voor haar. Ze zag de afslag naar links, wist dat ze zodra ze die had genomen, en links af zou slaan het industrieterrein op, niet meer bij haar konden komen.

En op dat moment reed de kleine blauwe hatchback ineens de berm in, omdat de bestuurder te laat besloot om van rijstrook te wisselen, niet wetend dat er een galopperend paard achter hem aan kwam. Ze schrok en probeerde Boo's vaart te minderen. Ze zag dat ze geen kant uit kon nu die auto daar stond en de andere twee rijstroken vol stonden met verkeer. Ze keek recht vooruit de snelweg over. Als ze de barrière in het midden van de weg over sprong, zou ze midden tussen het tegemoetkomend verkeer terechtkomen. Er was geen uitweg meer. Ze wierp een blik onder haar arm door, en achter zich zag ze Sals rode terreinwagen, claxonnerend terwijl hij zich een weg baande tussen alle andere auto's door. Ze slikte en proefde de metalige gal van angst.

Ze keek naar de auto, waar ze nog steeds opaf denderde, en wenste vurig dat hij vanzelf opzij zou gaan. Ze had geen enkele andere keuze. 'Vergeef me, *grand-père*,' zei ze zachtjes en ze greep Boo's manen en dwong hem in de richting van de motorkap van de auto.

Boo, die niet precies begreep wat er van hem gevraagd werd, aarzelde, voelde de bevestigende aansporing van haar benen, hoorde haar aansporende woorden, en ineens ging hij de lucht in en zijn enorme gespierde rug strekte zich uit terwijl hij over de auto heen sprong. En ze was Xenophon, en hoorde de geluiden van de strijd onder zich, terwijl haar hele lijf, haar hele wezen zich overgaf aan de moed van het dier onder haar. Ze was almachtig, beschermd, begenadigd. Ze was macht en glorie, en het enige wat ze wilde was overleven. De wereld viel stil. Een stille kreet ontsnapte aan haar. Ze hield haar ogen dicht, opende ze toen, en zag alleen maar lucht, de uitwijkende auto's op haar pad, en toen, met een kreun, landden ze op de grond, hij half struikelend op de glibberige ondergrond, zij half over zijn hals vallend, zich uit alle macht vastgrijpend aan de veel te lange teugels of manen, wat ook maar houvast gaf, om niet van hem af te vallen.

Hij galoppeerde als een bezetene de weg af, met een grom van inspanning, en ze stak haar linkerarm omhoog, greep het tuig en hees zich dwars over hem heen. En weg waren ze, de zijweg over die naar het kanaal leidde, terwijl het geluid van het vastgelopen verkeer en de ongelovige claxons langzaam achter hen wegstierf.

'Wie is je eerste getuige?'

Natasha tikte alweer driftig een berichtje voor Ben, waarin ze hem vroeg om nog een keer te checken of hij wel de juiste stukken bij zich had voor die ochtend en of hij niet vergat dat hij over een halfuur voor de rechtbank moest staan. Ze zat met Conor in een koffiezaak.

'De kinderpsycholoog. Een van ons. We gaan de echtgenoot het vuur na aan de schenen leggen met de suggestie dat we de beschuldigingen van huiselijk geweld kunnen bewijzen, terwijl Harrington en het team achter de schermen met mevrouw P in onderhandeling gaan om haar ervan te overtuigen dat ze toch akkoord moet gaan met een bezoekregeling in ruil voor een betere financiële deal.'

Ik ben geen kneus of zo

reageerde Ben.

Dat bepaal ik wel

typte ze terug.

'Dat mens krijgt precies wat ze wil,' zei Conor bitter. 'Ze hoeft nooit meer iets te doen en die vader, waar helemaal niets mis mee is, wordt totaal door het slijk gehaald. Ik had niet gedacht dat jij het ooit zo smerig zou spelen.'

Ze gaf hem een duwtje. 'Dit is de enige manier om ervoor te zorgen dat het kind bij haar moeder kan blijven. Kom op, Conor, het is een echtscheidingszaak. Jij zou precies hetzelfde doen als je in mijn schoenen stond.' Ze kneep haar ogen samen en keek naar de spiegelwand. 'Zit mijn haar goed? Harrington denkt dat er pers voor de rechtbank staat voor deze zaak.'

'Het zit prima.'

Ze kon zich nu geen fouten veroorloven. Het was niet alleen cruciaal om de zaak te winnen, maar ook om zich van haar beste kant te laten zien voor Michael Harrington. Zijn aanbod speelde voortdurend door haar hoofd als een klein cadeautje aan zichzelf als ze het niet meer zag zitten vanwege alle toestanden in de rest van haar leven. Zou het heel slecht zijn om die overstap te maken? Het was vast veel prettiger om niet zelf al het voorbereidende werk te hoeven doen en niet meer zo veel met cliënten in contact te zijn. Ze dacht aan Ali Ahmadi. Als ze naar Harrington Levinson zou overstappen, zou ze nooit meer zo'n fout maken.

Ze had het niet met Conor over het aanbod gehad. Ze wilde liever niet aan zichzelf toegeven waarom dat zo zou kunnen zijn.

Hij raakte haar voet aan met de zijne. 'Ik heb het vanochtend niet zo druk, dus ik ga je spullen even thuisbrengen als ik jou dadelijk heb afgezet.'

Dit had haar verbaasd. 'Weet je het zeker?'

'Ja, wat natuurlijk niet wil zeggen dat ik het ook voor je uitpak. Denk maar niet dat ik nu ineens een huisman word.'

'Bedankt, Conor.'

'Geen probleem, Hotshot. Zoals ik al, ik heb wel een uurtje over.'

'Nee, ik bedoel bedankt dat ik bij je mag logeren.'

Hij bestudeerde zijn schoenen en keek haar toen wat bevreemd aan: 'Waarom zeg je dat zo? Je bent toch geen gast?' Hij fronste. 'Wil je soms zeggen dat dit maar tijdelijk is? Dat ik een tussenoplossing ben?'

'Doe niet zo raar. Maar ik weet eerlijk gezegd niet hoelang ik blijf. Ik heb nog helemaal geen tijd gehad om hier eens goed over na te denken. Ik weet niet of ik wel van de...'

'... regen in de drup moet stappen.'

'Dat zeg ik niet. Maar je hebt zelf al gezegd dat we allebei in de puinhopen zitten.'

Natasha realiseerde zich dat ze vooraan in de rij voor de koffie stond. 'O, sorry. Een latte met magere melk, graag. Cafeïnevrij.'

'Ook wel de je-kunt-net-zo-goed-thee-nemen-koffie geheten,' zei Conor. Het meisje achter de toonbank schonk hem een flauw lachje, alsof ze de grap die dag al zevenhonderd keer had gehoord. 'Ik wil graag een macchiato met een dubbele shot espresso.'

'Laat me nu eerst deze zaak afronden, Conor. Ik kan momenteel toch nergens anders aan denken.'

Ze wachtte tot hij iets zou zeggen en toen dat niet gebeurde stak ze, vastbesloten om vrolijk te blijven doen, haar hand in haar tas. 'Ik reken wel af,' zei ze. 'Dat is wel het minste wat ik kan doen, aangezien jij je ontbijt voor me hebt overgeslagen. Wil je er anders ook een muffin bij?' En toen keek ze in haar portemonnee.

Ze zag hem niet. Ze stoof de binnenplaats van de meubelfabriek op en reed hijgend de hoek om, waar de bestelbusjes de parkeerplaats onzichtbaar maakten vanaf de openbare weg. De regen gutste over haar gezicht, zodat ze steeds haar ogen moest afvegen om te kunnen blijven zien. Ze gleed van Boo af. Boo zweette, afgemat door de gebeurtenissen van de afgelopen twee dagen, maar koelde nu snel af door de slagregen. Ze moest aan de teugels trekken om te zorgen dat hij haar bleef volgen.

'Ralph?' riep ze.

Er kwam geen antwoord. De geblindeerde ramen van het kantoorgebouw keken ongeïnteresseerd toe en haar stem werd door het stromende water gesmoord. De luiken van de meubelfabriek waren nog niet open. Het zou nog een halfuur duren voor er iemand zou komen om er aan het werk te gaan.

Ze deed een stap naar voren en wierp een blik achter een bestelbus. 'Ralph?'

Niets.

Ze veegde de regen van haar gezicht en voelde het vertrouwen samen met de adrenaline van het afgelopen halfuur wegsijpelen. Ze was alleen nog maar een meisje op een parkeerplaats en er kon niets goeds van komen.

Hij was er niet. Natuurlijk was hij er niet. Wat naïef van haar om te denken dat hij wel zou komen. De kans was veel groter dat hij Sal had verteld waar ze met hem had afgesproken. Ze bleef staan, maar bedacht dat Sals mannen haar in dat geval wel klemgereden hadden.

Ze drukte de opkomende paniek de kop in en probeerde strategisch na te denken. Kon het ook zonder zadel? Kon het ook met dat verdomde hoofdstel met die oogkleppen? Het antwoord lag voor de hand: ze had geen keuze. Ze kon niet het risico nemen om hier te blijven wachten op wie haar straks dan ook maar zou vinden. Ze pakte de teugels in haar linkerhand en maakte zich op om weer op Boo's rug te springen.

'Je hoeft niet zo te schreeuwen, circusmeisje.' Ralph stapte uit een portiek en slenterde op haar af terwijl hij zijn capuchon over zijn hoofd trok. 'Kolere,' zei hij met een blik op het paard.

Ze holde naar hem toe en trok de onwillige Boo achter zich aan. 'Heb je het bij je?' vroeg ze dringend.

Hij stak zijn hand uit. 'Eerst het plastic.'

'Ik belazer je heus niet, Ralph.' Ze stak haar hand in haar zak en trok er een stapel geld uit.

'Waar is de kaart?'

'Daar kon ik niet aan komen, maar hier heb je twintig pond.'

'Flikker op. Denk je soms dat ik gek ben?'

'Vijftig.'

'Ik kan het zadel voor meer dan vijftig verkopen. Honderdvijftig.'

'Honderd. Meer heb ik niet.'

Hij hield zijn hand op. Ze telde het geld uit. Sals geld. Ze was blij dat ze ervanaf was.

'Waar is het zadel?'

Hij wees achterom naar het portiek en telde het geld nog een keer na. Ze vroeg hem om Boo vast te houden terwijl zij hem opzadelde, nog steeds snel ademend terwijl ze de singel aanspande. Toen deed ze de oogkleppen af, slingerde ze met het bijbehorende hoofdstel over de muur op het braakliggende land erachter voor ze Boo's eigen hoofdstel omdeed.

Ralph propte het geld in de zak van zijn spijkerbroek en zei: 'Je hebt wel lef, meisje. Dat moet ik je nageven.'

Ze zette een voet in de stijgbeugel en sprong op de rug van haar zadel. Boo deed wat passen naar achter, want hij wilde graag weer door.

'Waar gaan jullie heen? Sal gaat je zoeken, hoor. Het heeft geen zin om in de buurt van Stepney te blijven of om naar een van de maneges in Whitechapel te gaan. Maar misschien kan je het ten zuiden van de rivier proberen.'

'Ik blijf in elk geval niet in de buurt. Hoor eens, Ralph, je moet nog één ding voor me doen.'

'O, nee.' Hij schudde zijn hoofd. 'Ik heb al meer dan genoeg voor je gedaan, circusmeisje.'

'Ga naar het St Theresa's. Zeg tegen mijn opa… zeg tegen hem dat Boo en ik op onze vakantie zijn gegaan. Hij weet wel wat ik bedoel. Zeg maar dat ik hem dan wel bel.'

'Waarom zou ik überhaupt nog iets voor je doen? Man, ik ben vanochtend al om kwart over zes opgestaan voor jou. Dat is bijna illegaal.'

'Alsjeblieft, Ralph. Het is echt heel belangrijk.'

Hij klopte op zijn zak en slenterde naar de weg. 'Misschien,' zei hij, met zijn veel te grote sneakers om zijn twaalf jaar oude voeten. 'Maar ik heb een druk leven…'

'Ik kan nu niet praten, Natasha. Ik sta op het punt om weg te gaan.' Mac liet zijn fototas op de grond in de hal zakken,

'Mijn creditcard, Mac, ligt die op de salontafel, waar ik gisteravond mijn tas had staan?'

Mac verbeet zijn reactie: zij was weggegaan dus ze hoefde echt niet te verwachten dat hij nu nog het huis voor haar doorzocht op dingen die uit haar handtas gevallen waren. Hij wierp een blik om de deur. 'Nee,' zei hij, 'ik zie niks.'

Het bleef even stil. Hij hoorde geklets op de achtergrond, het gekletter van kopjes. 'Verdomme,' zei ze.

Hij trok een wenkbrauw op. Natasha vloekte anders nooit. 'Wat is het probleem?'

'Is ze daar nog?'

'Nee, ik heb even in haar slaapkamer gekeken. Ze is waarschijnlijk al weggegaan voor wij opstonden.'

'Ze heeft hem gestolen.'

'Wat?'

'Je hebt me wel gehoord.'

Hij keek naar het plafond. 'Doe toch niet altijd zo negatief over haar. Je hebt hem waarschijnlijk zelf ergens neergelegd.'

'Nee, Mac. Ik doe net mijn portemonnee open en een van mijn creditcards is weg.'

'En je weet zeker dat zij hem heeft?'

'Nou, jij zal hem niet hebben, neem ik aan. Ik zeg het je, Mac, ze heeft hem gejat, verdomme.'

'Maar ze kent je pincode helemaal niet.'

Ze hoorde verstomd gepraat en toen kwam Natasha weer aan de lijn. 'Shit. Ik moet nu de rechtbank in. Ik kan echt niet te laat komen. Mac, wil jij –'

'Ik haal haar straks op van school. Ik zal het er wel met haar over hebben.'

'Ik weet niet of ik tijd heb om hem te blokkeren.'

'Dat hoeft toch ook niet. In de schoolkantine kan ze er niets mee. Laat mij nu maar eerst met haar praten. Ik weet zeker dat er een onschuldige verklaring voor is.'

'Een onschuldige verklaring? Voor het jatten van mijn creditcard?'

'Hoor eens, we weten niet eens of zij hem wel heeft. Laten we nou eerst gewoon met haar praten, ja? Zei jij niet dat ze wat spullen voor de oude baas wilde kopen?'

Het bleef heel lang stil.

'Ja, dat zei ze, maar daarom is het nog niet acceptabel dat ze me besteelt.'

Hij begon weer te protesteren, maar ze viel hem in de rede: 'Zal ik je eens wat zeggen, Mac? Die kinderen hebben misschien een zwaar leven, maar dat wil nog niet zeggen dat ze altijd het slachtoffer zijn.'

Hij hing op en bleef in de hal staan. Aanvankelijk was hij geïrriteerd door Natasha's opmerking en hij had zijn tong af moeten bijten om er niet instinctief op te reageren. Hij kon zich niet herinneren dat ze ooit zo cynisch over haar cliënten was geweest. Het viel hem van haar tegen.

Hij wilde net zijn cameratas weer oppakken toen hij zich herinnerde hoe vreemd kalm Sarah de avond ervoor was geweest, en dat ze liever in de zitkamer wilde blijven toen hij naar de keuken ging om te koken. Hij had gedacht dat ze dat uit kiesheid deed. Dat geloofde hij nog steeds.

Hij bleef nog even zo staan en liep toen langzaam de trap op naar Sarahs kamerdeur.

Je voelde je onwillekeurig een dubieuze indringer als je de kamer van een puber binnenging. Mac stak zijn handen in zijn zakken, bang om iets aan te raken. Hij wist niet waar hij naar op zoek was, alleen dat hij gerustgesteld wilde worden dat alles precies zo was als het hoorde te zijn. Dat hij dit meisje best begreep. Hij deed de kledingkast open en slaakte een zucht van verlichting. Haar kleren, spijkerbroek en schoenen lagen er nog gewoon. Haar bed was keurig opgemaakt. Hij wilde net de kamer weer uit lopen, toen hij zich ineens omdraaide.

De ingelijste foto van haar opa was weg. Net als het Griekse boek over rijkunst dat ze aan het lezen was. Hij staarde naar de lege plek op het nachtkastje waar zowel de foto als het boek had gelegen, en liep toen de badkamer in. Geen tandenborstel. Geen haarborstel. Geen zeep. En over de radiator hing haar schooluniform. Ze had maar één schooluniform.

Mac rende naar beneden en pakte de telefoon weer op. 'Tash?' vroeg hij, toen vloekte hij zachtjes. 'Ja, ik weet wel dat ze in de rechtszaal zit. Kan je haar even halen voor me? Het is dringend. Zeg maar... zeg maar dat we een probleem hebben.'

# 18

*'Als ik ruiter word, denk ik dat ik een man op vleugels zal zijn.'*
Xenophon, *Over de rijkunst*

Het was gestopt met regenen. Sarah draafde snel over de eindeloze grasstroken in de richting van de Royal Docks, op weg naar City Airport, en zag Boo's huid lichter opkleuren naarmate hij meer opdroogde. Hij was inmiddels kalmer, gerustgesteld door het vertrouwde gevoel van haar op zijn rug en van haar stem. Maar haar eigen hart bonkte nog altijd oncomfortabel in haar borst en haar nek deed pijn van het vele achteromkijken.

Hier was veel meer ruimte en de lucht was een grijze oneindigheid, niet onderbroken door torenhoge gebouwen. Zij en Boo konden hier sneller vooruit, maar het feit dat iedereen hen hier kon zien betekende dat ze steeds maar door wilde en in de berm bleef, zodat ze gemakkelijk van de weg kon, als dat zou moeten. Ze keek of er verkeer aan kwam en stak toen een geasfalteerde weg over. Boo's hoeven weerklonken in de lege ruimte. Toen ze weer op het gras waren ging ze over in draf, springend over afvoergootjes.

De grijze wolken trokken weg en ineens zag ze het vliegveld voor zich opdoemen. Ze had de Londense bruggen overwogen, maar vermoedde dat het daar te druk was – een meisje te paard zou daar zeker de aandacht trekken – en dus was ze naar het oosten gereden, dwars door de eindeloze flatwijken in Newham en Beckton, dwars door de vlakten ten noorden van Woolwich, en had ze de glimmende torens van Canary Wharf achter zich gelaten.

De spits was inmiddels voorbij en de eindeloze stroom voertuigen in de richting van de City begon uit te dunnen. Af en toe vloog er nog een auto aan haar voorbij die misschien een kortere weg naar de Blackwall Tunnel wist, of naar het Isle of Dogs, maar niemand besteedde aandacht aan haar. De man die zijn boterham at achter het stuur niet en de jongen die keihard voorbij racete met zijn stampende muziek ook niet. Ze had haar windjack aan, met de capuchon omhoog, zodat haar gezicht niet te zien was. Dit was geen gebied om te stoppen als het niet strikt noodzakelijk was; met al die opslagplaatsen en goedkope hotels midden tussen de vierbaanswegen, was dit het soort oord waar je alleen maar doorheen reed, en waar je voornamelijk rondreizende verkopers tegenkwam.

Boo raakte vermoeid. Ze hield hem in, zodat hij gewoon kon stappen en even op adem kon komen, en ze keek op de borden. Er stond een eenzame pub midden in een woestenij van verdord gras, met een paar treurige huisjes vlak in de buurt. Verderop stonden rijen pas gebouwde appartementencomplexen (je mocht het tegenwoordig geen 'flats' meer noemen), en ze zag de fletse weerspiegeling van de Theems, met hier en daar een strook die oplichtte door de doorbrekende zonnestralen. Daar, aan het eind van een slecht geasfalteerde weg, geflankeerd door betonnen gebouwen, lag de terminal van de veerboot. Ze hield in, keek achterom en reed die kant op.

'Meneer Elsworth, kunt u alstublieft uw volledige naam noemen?'

'Mijn naam is Peter Graham Elsworth.'

'Dank u. En kunt u de rechter vertellen wat uw beroep is?'

'Ik heb een praktijk voor psychotherapie en ben gespecialiseerd in de behandeling van kinderen, met name kinderen die een traumatische ervaring achter de rug hebben.'

'U bent al ruim dertig jaar praktiserend en wordt gezien als een van de meest vooraanstaande deskundigen op uw vakgebied, of niet?'

Elsworth ging iets rechter zitten. 'Ik heb inderdaad in verschillende wetenschappelijke tijdschriften gepubliceerd, ja.'

Natasha bekeek haar aantekeningen. Achter haar tikte mevrouw Persey gespannen met een in een kek schoentje gestoken voet en slaakte nauwelijks hoorbaar zuchten van irritatie en frustratie.

'Meneer Elsworth, zou u zeggen dat kinderen een trauma in het algemeen allemaal op dezelfde manier verwerken?'

'Nee. Ze doen dat op net zo veel verschillende manieren als volwassenen dat doen.'

'Dus er is geen standaardreactie op een traumatische gebeurtenis.'

'Dat is juist.'

'Kunnen we dan ook stellen dat sommige kinderen openlijk reageren op een traumatische gebeurtenis – bijvoorbeeld door te huilen, of door hun vriendjes of een volwassene in vertrouwen te nemen – terwijl anderen, die even schokkende dingen hebben meegemaakt, juist heel weinig laten blijken?'

Elsworth dacht even na. 'Het hangt af van de ontwikkeling van het kind en de relatie met de mensen om het kind heen – en natuurlijk ook van de aard van het trauma.'

'Als een kind bijvoorbeeld denkt dat een van zijn ouders boos of verdrietig wordt als hij hem of haar vertelt dat hem iets naars is overkomen, kan het dan zijn dat het kind het liever voor zich houdt?' Haar pruik, waar ze nog niet helemaal aan gewend was, begon te jeuken. Ze moest zich inhouden om niet op haar achterhoofd te krabben.

'In mijn ervaring zeker.'

Meneer Persey zat naar haar te staren. Hij was een lange, brede man met vlezige wangen, een huidskleur die blijk gaf van drie lange vakanties per jaar, en een priemende blik waar Natasha zich in andere omstandigheden behoorlijk ongemakkelijk onder had gevoeld. Ze begreep wel waarom mevrouw Persey zo nerveus en hysterisch was.

'Is het in uw ervaring ook zo dat als het gaat om ouders die, laten we zeggen, met elkaar in conflict zijn, het kan zijn dat een kind bewijs van een trauma verhult als het bang is dat het dat conflict nog verder aanwakkert?'

'Dat is een bekend psychologisch fenomeen. Het kind probeert de ouders te beschermen als het denkt dat het de ouders nog verder in de problemen brengt als het iets zegt.'

'Zelfs als een van de ouders schuldig is aan het trauma?'

'Edelachtbare, wij maken bezwaar.' De advocaat van meneer Persey was gaan staan. 'Edelachtbare, we hebben reeds vastgesteld dat er geen enkel bewijs is dat meneer Persey zijn kind ooit heeft mishandeld, en als we dit verhoor op deze manier voortzetten, in zulke suggestieve bewoordingen, dan is dat uiterst misleidend.'

Natasha knikte naar de rechter. 'Edelachtbare, ik wil alleen vaststellen dat in dergelijke gevallen de afwezigheid van duidelijk materiaal of fysiek bewijs, of zelfs een woordelijke getuigenis van het kind, niet wil zeggen dat een dergelijk trauma niet heeft plaatsgevonden.'

De advocaat van meneer Persey, een zwaargewicht genaamd Simpson, snoof duidelijk hoorbaar. 'Je kunt evengoed stellen dat een vrouw die beweert dat ze mishandeld wordt door haar partner haar blauwe plekken niet hoeft te laten zien. En in dit geval beweert het kind niet eens dat het mishandeld is.' Hij was het soort advocaat dat haar, met haar gebrek aan ervaring in de rechtszaal, eigenlijk te min vond.

'Edelachtbare, als ik verder mag, zal ik proberen aan te tonen dat kinderen juist om die reden een uitzondering vormen. Het is heel waarschijnlijk dat zij een trauma verborgen houden in een poging de mensen om hen heen te beschermen.'

De rechter keek niet op. 'Gaat u verder, mevrouw Macauley.'

Ze zat over haar papieren gebogen toen Ben over het bankje leunde en haar een notitie in de hand drukte. *Dringend Mac bellen*, stond er. Ze keek hem verward aan en fluisterde: 'Wat wil hij dan?'

'Geen idee. Hij zei alleen dat het heel belangrijk was dat je hem belde.'

Dat kon nu helemaal niet.

'Mevrouw Macauley? Zou u misschien verder willen gaan?'

'Ja, edelachtbare.' Ze wuifde Ben met een kort gebaar weg. 'Meneer Elsworth, zou het... Is het dan denkbaar, naar uw mening, dat een kind dat bang was voor de ene ouder de problemen in deze relatie verborgen houdt voor de andere ouder?'

'Edelachtbare –'

'Ik laat de vraag toe, meneer Simpson. Mevrouw Macauley, hou het kort, alstublieft.'

Elsworth keek even naar de rechter. 'Dat hangt uiteraard af van hun leeftijd en van de omstandigheden, maar, ja, dat is denkbaar.'

'Leeftijd en omstandigheden. Wat bedoelde u daarmee?'

'Nou, onder mijn jongere cliënten zie ik vaak dat hoe jonger het kind is, hoe minder goed ze zijn in het verborgen houden van een traumatische gebeurtenis. Het wordt doorgaans vanzelf zichtbaar – zelfs als ze niet zelf in staat zijn hun problemen onder woorden te brengen. Het blijkt dan uit hun gedrag: bedplassen, dwanghandelingen, zelfs agressie bij kinderen die anders nooit agressief zijn.'

'En op welke leeftijd is volgens u een kind in staat om zijn problemen verborgen te houden... doeltreffend verborgen te houden? Zodanig dat het geen gedrag vertoont zoals u zojuist noemde?'

'Dat hangt van het kind af, maar ik heb kinderen gezien van zeven of acht die verbazingwekkend doeltreffend waren in het verbergen van dingen die hun waren overkomen.'

'Zeer traumatische gebeurtenissen?'

'In sommige gevallen, ja.'

'Dus het is niet uitgesloten dat een tienjarig kind dit ook zou kunnen.'

'Zeer zeker niet, nee.'

'Meneer Elsworth, hebt u weleens gehoord van het ouderverstotingssyndroom?'

'Jazeker.'

'Het is... en ik citeer: "een stoornis waarbij kinderen obsessief gepreoccupeerd zijn met afkeuring door en/of kritiek van een ouder. Met andere woorden, onterechte en of overdreven kleinering." Is dit naar uw mening een juiste definitie?'

'Ik ben geen deskundige op dat gebied maar, ja, het lijkt me een juiste definitie.'

'Meneer Elsworth, u bent, zoals u zelf al zegt, een wetenschapper die al jarenlang veel artikelen publiceert in toonaangevende psychologietijdschriften. Gelooft u in het klinisch bestaan van het ouderverstotingssyndroom?'

'Nee, dat geloof ik niet. Maar ik weet niet of dat een juiste –'

'Goed, ik zal het anders formuleren. Kunt u mij zeggen hoeveel kinderen u hebt behandeld?'

'In het algemeen? Binnen mijn eigen praktijk? Dat zullen er in de loop der jaren een paar duizend zijn geweest. Ruim tweeduizend, misschien.'

'En heeft een van uw jonge cliënten weleens symptomen vertoond van wat u verstaat onder het ouderverstotingssyndroom?'

'Ik heb heel veel kinderen behandeld die slechte dingen over een van de ouders ingefluisterd hebben gekregen, en zelfs velen die een animositeit jegens die ouder hebben ontwikkeld die wel een aantal jaar aanhield. Ik heb veel kinderen behandeld die ernstig beschadigd waren door de scheiding van hun ouders. Maar ik kan niet zeggen dat ik geloof dat dergelijke psychologische aandoeningen bewijs vormen van dat syndroom. Dat lijkt me overdreven.'

Ze liet dit even op zich inwerken. 'Meneer Elsworth, weet u iets over aantallen van valse meldingen van fysiek of seksueel geweld jegens kinderen tijdens scheidings- of voogdijzaken?'

'Ik heb begrepen dat er recent een aantal artikelen over gepubliceerd is.'

'Zijn dit ook artikelen in academische tijdschriften, van gerespecteerde onderzoekers? Hebt u een idee hoeveel van dit soort beschuldigingen later vals blijken te zijn?'

'Volgens mij blijkt uit onderzoek uit 2005 dat er vrij weinig valse aangiftes zijn, in dit soort gevallen. Ik geloof dat het gemiddeld, over een dwarsdoorsnede van zaken, zo tussen de 1 en 7,6 % lag.'

'Tussen de 1 en 7,6 %.' Natasha knikte, alsof ze dit voor zichzelf wilde bevestigen. 'Dus in ruim 90 % van de gevallen is de aangifte van mishandeling terecht? Komt dat overeen met de ervaringen binnen uw eigen praktijk?'

Hij bleef even stil. 'Mevrouw Macauley, kindermishandeling wordt eerder veel te weinig gerapporteerd, zowel tijdens als buiten scheidings- en voogdijzaken.'

Ze zag Michael Harrington tevreden grijnzen. Zelf kon ze een glimlach ook nauwelijks onderdrukken. 'Ik heb verder geen vragen, edelachtbare.'

De veerpont die bij Woolwich in zuidelijke richting ging was helemaal leeg. Op de *Ernest Bevin* stond een rijtje eenzame, lege bankjes, waar een paar minuten geleden nog mensen in pakken hadden gezeten, die op weg waren naar de Docklands Light Railway. Toen de nieuwe passagiers aan boord mochten aarzelde ze even, maar toen leidde ze Boo de lange loopplank op naar het voertuigendek en zette hem een heel eind van de hut neer. Boo staarde om zich heen en zocht houvast op de olieachtige vloer terwijl de motoren begonnen te trillen, maar leek zich verder niet op te winden over dit vreemde vervoermiddel. Er waren geen vrachtwagens, geen auto's aan boord, alleen zij, Boo en dit verder lege dek. Ze keek weer achterom en wenste dat de veerpont snel zou vertrekken, biddend dat ze die terreinwagen niet zou zien. Rationeel wist ze best dat de kans niet groot was dat ze haar tot hier hadden kunnen achtervolgen, maar de angst was doorgedrongen tot elke vezel. Ze zag die wagen overal, als een schim, om elke hoek, voor haar geparkeerd. Een continue dreiging.

Terwijl ze daar stond met Boo's teugels stevig in de hand, kwam de conducteur uit de hut tevoorschijn. De lange, enigszins krom lopende man met een peper-en-zoutkleurige baard bleef even staan alsof hij zijn ogen niet kon geloven, en liep toen langzaam op haar af. Sarahs grip op Boo's teugels verstrakte en ze zette zich schrap voor een discussie. Maar toen hij dichterbij kwam, begon de man te lachen. 'Dat is het eerste paard dat ik hier in dertig jaar heb gezien,' zei hij. Op een paar meter afstand van Boo bleef hij staan en schudde zijn hoofd. 'Mijn vader werkte in de jaren dertig en veertig op het veer. Hij kon zich nog herinneren dat alle karren door paarden werden voortgetrokken. Mag ik hem even aaien?'

Bijna slap van opluchting knikte Sarah zwijgend.

'Prachtige jongen, hoor.' De man liet zijn hand over Boo's hals glijden. 'Schitterend dier. Paarden boven, de mannen hier vooraan, zo was het vroeger.' Hij wees naar de enorme brug die de boot overspande. 'Maar dat was natuurlijk nog bij de oude boten. 'Dit is een prima jongen, toch? Hij weet zich te gedragen?'

'Ja,' stamelde Sarah, 'zeker.'

'Hoe heet hij?'

Ze aarzelde. 'Baucher,' zei ze, en zonder precies te weten waarom voegde ze eraan toe: 'Hij is vernoemd naar een beroemde Franse ruiter.'

'Chique naam, hoor.' De man wreef over Boo's voorhoofd. 'Chique naam voor een chique jongen. Ik heb hier nog ergens een ansichtkaart van de oude trekpaarden hier aan boord. Van jaren geleden. Ik zal hem je laten zien als we zo varen.'

'Hoeveel is het?' vroeg ze. 'Voor hem, bedoel ik? Hoeveel moeten we betalen?'

Hij keek verbaasd. 'Je hoeft hier niet te betalen, lieverd. Nee, nee. Er heeft hier al sinds 1889 niemand betaald voor deze overtocht.' Hij grinnikte. 'Toen begon ik zo ongeveer met werken...' Hij liep stram terug naar zijn hut en verdween.

De pont begon te trillen en gleed toen soepel van de noordzijde van de Theems weg door het troebele, kolkende water. Ze stond in haar eentje op het open dek naast haar paard en staarde over de desolate rivier naar de hoge hijskranen, de glimmende kappen van de waterkering, de Thames Barrier, de blauw met zilveren opslagplaatsen van Tate, de suikerfabriek, en ademde de vochtige lucht in.

Ze had honger. Het was de afgelopen twaalf uur niet bij haar opgekomen dat haar maag iets anders zou kunnen voelen dan samengebalde angst. Ze haalde haar rugzak van haar rug, deed hem open en haalde er een koekje uit. Ze brak er een stukje af dat ze aan Boo gaf, wiens fluwelige lippen dringend tegen haar jas duwden tot ze toegaf en hem nog wat gaf.

Ze stond met haar paard midden op de rivier, met op de achtergrond dat wonderlijke achterland, een vreemde droom waar ze nog niet helemaal uit ontwaakt was. Maar misschien was het wel helemaal niet zo vreemd; misschien was Boo wel helemaal niet zo'n bijzonder paard. En naarmate de afstand met de oever groter werd en haar ademhaling kalmer, werden haar gedachten helderder, alsof ze uit een enorme schaduw was gestapt. De terreinwagen was op de noordelijke oever, bij alle ellende en spanning die haar al maanden had verstikt. Ze merkte dat ze glimlachte, dat er spieren in beweging kwamen die de afgelopen weken weggekwijnd leken.

'Hier,' zei ze terwijl ze Boo nog een stukje koek gaf. 'Het was tijd om te gaan.'

Ben gaf haar nog een briefje. *Hij heeft Linda al vier keer gebeld.*

Natasha keek op terwijl ze haar pruik rechtzette en probeerde de haardspeld door het gaas te steken. Het was echt wennen, de pruik die je als advocaat in de rechtbank diende te dragen.

'Bel hem maar terug,' fluisterde ze en ze gaf hem haar uitgeschakelde mobieltje. 'Zijn nummer staat in mijn adresboek. Zeg maar dat ik pas kan bellen als de zitting straks wordt geschorst.'

'Ze zei dat hij panisch klonk. Het was iets met... Sarah die wegging.'

Aan de andere kant van de zaal deed Simpson een poging om de verklaring van Elsworth te ondermijnen. Daar zou hij nog een flinke kluif aan hebben, dacht Natasha. Hij was een van de beste mensen in zijn vakgebied – dat bleek wel uit het honorarium dat hij vroeg voor zijn optreden als getuige-deskundige.

'Zeg hem maar dat we wel een datum afspreken als hij haar over mijn creditcard heeft gesproken. En zeg meteen dat het geen zin heeft dat hij blijft bellen, want ik kan toch niet opnemen.'

Ze begon aantekeningen te maken en probeerde haar gedachten bij de zaak te houden.

'Je hebt hem te pakken, toch?' Aan de andere kant van het bankje sloeg mevrouw Persey haar slanke vingers om haar pols. 'Alles wat je hebt gezegd bewijst dat hij haar mishandeld heeft.' Haar ogen waren groot en de spanning was zichtbaar onder de zorgvuldig aangebrachte make-up.

Natasha zag dat de rechter naar hen keek, het ergerde hem dat ze praatten. 'We hebben het er buiten wel over. Maar, ja, het ging goed,' fluisterde ze en ze leunde voorover om zich op Simpson te concentreren.

Binnen een paar minuten was Ben weer terug. *Ze ís al weg*, stond er op het briefje. *Verdwenen.*

Ze krabbelde: *??? Waarnaartoe?*

*Dat weet hij niet. Is ze familie van jullie?*

Natasha liet haar gezicht in haar handen zakken.

'Mevrouw Macauley,' zei een stem voor in de zaal. 'Gaat het wel goed met u?'

Ze trok haar pruik recht. 'Zeker, edelachtbare.'

'Hebt u misschien even een korte pauze nodig?'

Ze dacht snel na: 'Als u dat toestaat, edelachtbare, er heeft zich onverwacht iets zeer dringends aangediend dat mijn aandacht vergt.'

De rechter wendde zich tot Simpson, die haar aankeek met nauwelijks verholen woede, alsof ze dit zo had gepland. 'Heel goed, dan schors ik de zitting voor tien minuten.'

Hij pakte de telefoon al op voor hij tijd had om over te gaan.

'Ze is weg,' zei hij. 'Verdwenen, met de helft van haar spullen.'

'Heb je de school al gebeld?'

'Ik wil nog even wat tijd winnen. Dus ik heb gebeld om te zeggen dat ze ziek is. Ik dacht, als ze toch op school zat, kon ik altijd nog zeggen dat ik me vergist had.'

'Maar daar is ze dus niet.'

'Ze is weg, Tash. Foto's, tandenborstel, alles is weg.'

'Ze is waarschijnlijk naar de manege. Of bij haar opa.'

'Ik heb het ziekenhuis gebeld. Hij heeft geen bezoek gehad. Dat weten ze heel zeker. Ik ben nu op weg naar de manege.'

'Ze laat haar paard echt niet achter,' zei ze vol vertrouwen. 'Denk na, Mac. Dat zou ze nooit doen en ze zou ook niet ver bij haar grootvader vandaan gaan. Die is belangijker voor haar dan wie dan ook.'

'Ik hoop dat je gelijk hebt. Mij bevalt dit niet.' Mac klonk zenuwachtig, wat niets voor hem was.

Ineens zag ze voor zich hoe Sarah de vorige avond alles zwijgend had geaccepteerd. Ze wist dat er iets niet klopte. Maar ze was zo blij dat het meisje de aanstaande verhuizing aanvaardde zonder een scène te maken dat ze op dat moment verder geen vragen had gesteld. 'Ik moet de rechtszaal weer in. Bel me als je bij de manege bent, oké? Ze heeft mijn creditcard, weet je nog wel? Zoals je zelf al zei, ze is waarschijnlijk gewoon die verdomde pyjama's voor haar opa aan het kopen.'

De cowboy stond tegen de roestende auto geleund en praatte met een van de jonge jongens toen Mac door het hek liep en de Duitse herder probeerde te negeren die waarschuwend gromde toen hij het terrein op kwam. Hij wierp een blik in de richting van de spoorboog; de staldeur van het paard stond open. Daar was duidelijk niemand binnen.

'Ach... meneer, eh, John? Ik ben Mac – weet u nog? Een vriend van Sarah?'

De cowboy stak zijn shagje in zijn mond en schudde Mac de hand. Hij kneep zijn lippen samen. 'Ja, jou herinner ik me wel,' zei hij.

'Ik ben op zoek naar Sarah.'

'Dan ben je niet de enige,' zei de oude man. 'Iedereen zoekt haar, van hier tot de Tilbury Docks. Ik zou weleens willen weten wat er is gebeurd toen ik weg was.'

De jongen keek van John naar Mac en weer terug. 'Ik zei toch al, John, ik ben hier bijna niet geweest.'

'Wat heb ik nou aan jou?'

'Ik bemoei me nergens mee. Dat weet je.'

'Is ze hier geweest?' vroeg Mac.

'Ik heb haar maar heel even gezien. Ze heeft mij niet verteld wat er aan de hand was. Maar dat het een zooitje is, dat is wel duidelijk.' Cowboy John schudde bedroefd zijn hoofd.

'Wacht even – dus je hebt haar wel gezien? Vandaag nog?'

'Dat kan je wel zeggen, ja. Ik zag haar om zeven uur vanochtend. En toen ik haar voor het laatst zag, vloog ze over de fly-over alsof dat verdomde circuspaard vleugels had. Dat ze zich niet doodgereden heeft, is iets tussen haar en de Almachtige.'

'Is ze aan het rijden?'

'Rijden?' Cowboy John keek hem aan alsof hij niet goed snik was. 'Weet je het dan niet?'

'Wat moet ik dan weten?'

'Ik ben de hele ochtend al naar haar op zoek. Ze is weg. Ze heeft dat paard gepakt voor iemand doorhad wat ze aan het doen was, en nu is ze weg.'

'Waar is ze naartoe?'

'Tja, als ik dat wist, stond ze hier nu ook!' Cowboy John zoog geïrriteerd door zijn tanden.

De jongen stak een sigaret op, zijn gezicht laag over de vlam van zijn aansteker gebogen.

Mac liep naar Sarahs kast. 'Heb je hier een sleutel van?'

'De manege is niet meer van mij. Ik heb –'

'Ik heb er eentje,' zei de jongen. 'Sarah heeft hem aan mij gegeven zodat ik haar paard kon voeren als zij er niet was,' verklaarde hij.

'En jij bent...'

'Dean.'

'Ralph,' zei Cowboy John terwijl hij de jongen een duw gaf. 'Hij heet Ralph.'

De jongen haalde een enorme bos sleutels uit zijn zak. Hij bekeek ze allemaal nauwkeurig tot hij de juiste te pakken had, die hij in het hangslot stak. Mac duwde de deur open. Er lag helemaal niks in de kast. Er was geen zadel, geen hoofdstel, er lagen alleen wat borstels in een doos. 'John? Zeg je nou dat ze ervandoor is met het paard?'

Cowboy John sloeg zijn ogen ten hemel en gaf Ralph een por. 'Wat is hij vlug van begrip, hè?' zei hij. 'Inderdaad, ze heeft dat verdomde paard meegenomen en het enige wat ze heeft achtergelaten is een enorme hoop stront. En een paar mensen die echt helemaal niet blij met haar zijn. Ik heb het gevoel dat hier van alles is gebeurd waar ik niets van afweet.' Hij keek Ralph dreigend aan. 'Om te beginnen moet ik bedenken hoe ik de Captain straks in het ziekenhuis moet vertellen dat ik geen flauw idee heb waar zijn kleindochter uithangt.'

Mac kneep zijn ogen heel lang dicht. Toen slaakte hij een diepe zucht. 'Dan hebben we dat met elkaar gemeen.'

De zon stond op zijn hoogste punt, wat gezien de tijd van het jaar niet erg hoog was. Hij hing nu aan de andere kant zodat ze hem in haar gezicht had en ze haar ogen half dicht moest knijpen onder haar cap. Ze maakte een paar berekeningen in haar hoofd om te bepalen hoe ver ze zou kunnen komen voor het donker werd. Voor Boo te moe zou zijn om nog verder te kunnen.

Een goed getraind paard kon tachtig, misschien honderd kilometer per dag afleggen. Dat had ze weleens gelezen. Voor zulke afstanden moesten de paarden langzaam op dat niveau worden gebracht door hun spieren te harden met eindeloos veel trainen, en je moest hun rug en benen sterker maken door regelmatig heuvels op en af te rijden. En hun hoefijzers moesten gecontroleerd en hun benen beschermd worden.

Dat had ze met Boo allemaal nooit gedaan. Sarah praatte tegen hem toen ze in een stevige draf door de buitenwijken liepen, de borden richting Dartford volgend. Ze voelde dat zijn passen minder veerkracht kregen, zag aan zijn oren en zijn afnemende tempo de hoop dat ze hem misschien zou laten rusten. *Nog niet*, zei ze zachtjes tegen hem, met een vaag kneepje van haar benen en een vriendelijke aansporing met haar zit. *Nog niet.*

Het was hier drukker, een meisje op een paard trok nieuwsgierige blikken en af en toe een kreet van passerende autobestuurders of kinderen die in hun schoolpauze in de rij bij de patatzaak stonden. Maar ze bleef omlaagkijken en sprak alleen met haar paard. Meestal was ze alweer voorbij voor de mensen zich realiseerden wat ze precies hadden gezien.

Pas toen ze een rustige straat had gevonden, durfde ze naar een geldautomaat te gaan. Ze steeg af, liep met Boo over de stoep, haalde Natasha's creditcard uit haar zak en toetste het nummer in dat ze uit haar hoofd kende. Het brandde in haar geweten. De machine zoemde en dacht schijnbaar oneindig lang na over haar verzoek. Haar hart begon te bonzen. Misschien wisten ze het inmiddels al. Natasha had ontdekt wat ze had gedaan, hoe ze hen had verraden. Ze had een briefje achter willen laten om het uit te leggen, maar ze kon de woorden niet vinden, omdat haar gedachten zo warrig waren door de angst, de schok en het verlies. En ze kon het risico niet lopen dat iemand wist waar ze naartoe ging.

Uiteindelijk begon de mededeling te knipperen op het scherm. Hoeveel geld wilde ze opnemen? 10, 20, 50, 100 of 250 pond? Na wekenlang puzzelen en zich zorgen maken over elk pondstuk, duizelden de bedragen haar. Ze wilde niet stelen, maar ze wist dat zodra de Macauleys erachter kwamen dat zij de kaart had meegenomen, ze hem zouden blokkeren.

Dit was misschien haar enige kans.

Sarah haalde diep adem en plaatste haar vingers op het toetsenbord.

Hij stond voor de rechtszaal te wachten toen Natasha eruit kwam. Hij stond met zijn rug naar haar toe en draaide zich met een ruk om toen hij haar stem hoorde. 'Al nieuws?'

'Ze heeft het paard meegenomen.'

Hij keek hoe Natasha dit in fases verwerkte: eerst een soort wezenloos onvermogen om tot zich door te laten dringen wat hij had gezegd en daarna hetzelfde ongeloof dat hij zelf ook had gevoeld. En een soort genegeerd half lachje, omdat het zo'n krankzinnig idee was.

'Hoe bedoel je, ze heeft het paard meegenomen?'

'Ik bedoel, ze is weggelopen met het paard.'

'Maar waar kan ze naartoe met een páárd?'

Haar ogen dwaalden af van zijn gezicht en vielen op Cowboy John, die neuriënd door de gang slenterde. Het duurde even voor hij de trap op was. 'Ik snap niet waarom je niet even had kunnen bellen,' zei hij met piepende adem en hij legde een hand op Macs schouder. Hij rook naar oud leer en natte hond.

Mac deed een stap naar achteren, zodat de oude man naar voren schoot. 'Natasha, dit is... Cowboy John. Hij runt de manege waar Sarah haar paard heeft staan.'

'Runde. *Hell*, als ik de boel niet had verkocht, zaten we nu niet zo in de penarie.' Cowboy John schudde haar even de hand en boog toen voorover en rochelde in zijn zakdoek.

Natasha gruwelde en liet haar hand in de lucht hangen. Een groepje mensen wierp steelse blikken hun kant op. Verderop in de gang viel een dunne, duur geklede vrouw geschrokken stil.

'Wat doen we?'

'Haar zoeken, dat lijkt me een goed begin. Ik denk dat we ons in groepjes moeten opdelen en rondvraag moeten doen. Een meisje op een paard, dat moet toch opvallen.'

'Maar je zei dat je vanochtend al hebt rondgevraagd en dat je niks hebt gehoord. John heeft haar in de buurt van het moerasland gezien,' verklaarde Mac.

John raakte de rand van zijn hoed aan en zijn tranende ogen keken in de verte. 'Ze wist waar ze naartoe ging, dat kan ik je wel zeggen. Had een rugzak op haar rug en ging behoorlijk hard.'

'Ze heeft het gepland. We moeten de politie bellen, Tash.'

John schudde zijn hoofd hevig. 'Ik zou die bemoeiallen er niet bij halen. Daarom zit ze juist nu zo in de penarie. En trouwens – de politie? Neeneeneeneenee. Dat meisje heeft helemaal niks misdaan. Oké, ze heeft er een puinhoop van gemaakt, maar ze heeft niet écht iets misdaan...'

Mac ving Natasha's blik. Ze zeiden geen van beiden iets. Hij wachtte af, op het verkeerde been gezet door haar gereserveerdheid. Toen bracht hij haar in herinnering: 'Jij was degene die beweerde dat we de wettelijke plicht hadden om haar als vermist op te geven.'

Natasha keek de gang in en knipperde hevig met haar ogen.

'Tash?'

Ze zei iets, en hij boog zijn hoofd naar voren, niet zeker of hij haar wel goed had verstaan.

'Luister, ik wil haar liever nog niet als vermist opgeven. De vorige keer kwam ze ook weer boven water, weet je nog?' Natasha wendde zich tot John. 'U kent haar. Waar zou ze naartoe gegaan zijn?'

'De enige plek waar dat meisje ooit naartoe wilde, was haar opa.'

'Laten we daar dan naartoe gaan,' zei Mac. 'We moeten die oude baas spreken. Misschien heeft hij een idee. Tash?' Ze staarde hem alleen maar aan. 'Wat?'

'Ik kan niet weg, Mac. Ik zit midden in een zaak.'

'Tash. Sarah is vermíst.'

'Dat begrijp ik, maar ze is al eerder verdwenen. En ik kan niet telkens alles uit mijn handen laten vallen als zij besluit om een paar uur onvindbaar te zijn.'

'Ik heb eerlijk gezegd niet het idee dat ze van plan is om snel weer terug te komen.' Cowboy John zette zijn hoed af en krabde boven op zijn hoofd.

'Ik kan nu niet weg bij deze zaak.' Ze gebaarde door de gang naar de dunne blonde vrouw, die inmiddels een kasjmier sjaal omgeslagen had, zodat ze eruitzag als iemand die net een ongeluk had gehad. 'Dit is de belangrijkste zaak van mijn carrière. Dat weet je heel goed.' Ze wendde haar blik af en bloosde. Zijn maag vertrok van woede.

'Ik kan echt niet alles laten vallen, Mac.'

'Dan spijt het me dat ik je heb lastiggevallen,' zei hij kortaf. 'Ik bel je wel bij Conor zodra we haar gevonden hebben.'

'Mac!' protesteerde ze, maar hij had zich al omgedraaid. Hij was nog nooit zo teleurgesteld in haar geweest.

'Mác!'

Hij hoorde Cowboy John piepend achter hem aan schuifelen. 'Ah nee, hè, moet ik nou al die trappen ook weer af?'

'Hoe breder de borst, des te mooier en sterker... de hals beschermt dan de ruiter en deze kan goed zien wat er voor hem gebeurt.'

Ze kon zich niet herinneren dat *grand-père* ooit zijn armen om haar heen geslagen had – niet zoals oma dat altijd deed, alsof het even natuurlijk was als ademhalen. Als ze thuiskwam uit school liep ze altijd naar oma's stoel en dan nam oma haar in haar armen en trok haar tegen haar nylon schortjas aan, en haar warme, zoete, poederige geur vulde Sarahs neus, ze leunde tegen haar donzig zachte boezem, een oneindige bron van liefde en geborgenheid. Als ze Sarah welterusten wenste, hield ze haar altijd langer vast dan nodig was.

Toen oma overleden was, leunde Sarah, overweldigd door haar verdriet, soms tegen *grand-père* aan en dan gaf hij haar een klopje op haar schouder. Maar het was voor hem geen natuurlijk gebaar en ze had altijd het gevoel dat hij opgelucht was als ze weer ophield met huilen. Sarah voelde het gebrek aan menselijk contact als een zeurende pijn, al lang voor ze begreep wat ze precies miste.

Ongeveer een jaar geleden zat haar grootvader aan de keukentafel. Ze was eerder dan verwacht terug van de manege, kwam binnenlopen en had hem gevraagd wat hij aan het lezen was. Het boek kwam haar bekend voor, zo bekend dat ze er nooit nieuwsgierig naar was geweest. En haar grootvader begon, terwijl hij het boek voorzichtig neerlegde op het kunststof tafelblad, te vertellen over een man die het talent van een dichter had, het militaire inzicht van een generaal, een van de eersten die had gepleit voor een relatie met een paard die niet was gebaseerd op wreedheid of dwang. Hij had haar een paar passages voorgelezen. De woorden waren weliswaar ouderwets vertaald, maar ze hadden zo uit een modern handboek over de rijkunst kunnen komen: '*Wanneer men hem dus weet te overtuigen om zich te gedragen volgens zijn natuurlijke neigingen, en hij graag zijn schoonheid wil tonen, lijkt het alsof hij er daadwerkelijk plezier in heeft te worden bereden, en heeft hij een nobel, ontzagwekkend en aantrekkelijk uiterlijk.*'

Ze ging iets dichter bij hem zitten op haar stoel.

'Dit is waarom ik je altijd zeg dat je nooit je geduld moet verliezen met een paard. Je moet hem vriendelijk behandelen, met respect. Alles staat hierin. Hij is de vader van de rijkunst.' Hij tikte op het boek.

'Hij moet heel veel van paarden hebben gehouden,' had Sarah gezegd.

'Nee.' *Grand-père* had zijn hoofd met klem geschud.

'Maar hij zei –'

'Het gaat niet om liefde,' zei hij. 'Het woord "liefde" valt niet één keer in dit boek. Hij is niet sentimenteel. Het enige wat hij doet is je inzicht geven in hoe je het maximale uit je paard kunt halen. Dat is de enige *douceur* die hij toont. Dit is hoe de man en het paard samen kunnen excelleren. Maar hij heeft het niet over al dat gekus-kus.' Hij trok een vies gezicht en Sarah was in de lach geschoten. 'Het is allemaal niet zo emotioneel. Hij weet hoe het paard en de mens elkaar het best kunnen leren begrijpen en elkaar respecteren.'

'Ik snap het niet.'

'Een paard wil helemaal geen schoothondje zijn, *chérie*. Het wil geen vlechten met lintjes, het wil niet dat je voor hem zingt, zoals die domme meisjes in de manege doen. Een paard is *dangereux*, machtig. Maar het kan ook heel gewillig zijn. Als je een paard reden geeft om zijn best voor je te doen, je te beschermen door te begrijpen wat het paard zelf zou willen, dan kun je heel mooie dingen bereiken.'

Hij had haar aangekeken om zich ervan te verzekeren dat ze hem begreep. Maar ze was teleurgesteld. Boo hield van haar. Ze wilde dat hij achter haar aan liep door de manege, niet omdat ze misschien iets te eten voor hem had, maar omdat hij bij haar wilde zijn. Ze wilde hem niet zien als een middel tot een doel.

Hij gaf haar een klopje op haar hand. 'Wat Xenophon vraagt is beter. Hij vraagt om respect, om de best mogelijke verzorging, om consistentie, eerlijkheid, vriendelijkheid. Zou het paard er gelukkiger van worden als hij ook over liefde schreef? *Non.*'

Ze was zó vast van plan geweest om het niet met hem eens te zijn.

'Uiteraard zie je wel dat hij dingen met liefde doet,' had hij gezegd en zijn ogen rimpelden in de hoeken. 'Er zit liefde in wat hij doet, waar hij... toe bereid is. Het feit dat hij het er niet over heeft, wil niet zeggen dat er niet in elk woord liefde schuilt. Want zo is het, Sarah. In. Alles. Wat. Hij. Doet.' Hij had erbij op de tafel geslagen.

Toen zag ze het niet, maar nu wel. Duidelijker had hij haar niet kunnen vertellen hoeveel hij van haar hield.

Ze hadden wat uitgerust vlak buiten Sittingbourne en Sarah had Boo aan een lange teugel langs de weelderige randen van de weilanden laten grazen en ze had zelf zo'n honger dat ze eindelijk een van de broodjes die ze had meegenomen opat. Ze was in een stil laantje op een plastic zak gaan zitten om zich tegen het natte gras te beschermen en keek naar haar paard, dat af en toe zijn hoofd optilde als hij afgeleid werd van het eten door een verre kraai of een hert dat uit een kreupelbosje stapte.

Sarah was snel door het open landschap gereden, galopperend langs de randen van omgeploegde akkers en over ruiterpaden als dat kon, zo veel mogelijk door de berm om Boo's benen te beschermen. Ze zorgde er steeds voor dat ze de snelweg aan haar rechterkant hield, het gegons van het verkeer binnen gehoorsafstand, zodat ze zeker wist dat ze niet zou verdwalen. Boo had nieuwe energie gekregen van het groen. Hij had een paar keer gebokt toen ze hem voor het eerst op een lang vlak stuk had laten lopen, met zijn grote hoofd schuddend van opwinding en zijn staart in de lucht. Ze moest lachen en spoorde hem aan om harder te gaan, al wist ze dat ze eigenlijk zijn energie moest sparen voor de uren die ze nog voor zich hadden.

Wanneer was hij ooit zo vrij geweest? Wanneer hadden zijn ogen alleen de verre groene horizon voor zich gezien en werden zijn hoeven opgevangen door de zachte grond? Wanneer was zij ooit zo vrij geweest? Een paar heerlijke kilometers lang dacht ze niet aan wat ze achter zich liet en ging ze helemaal op in het pure plezier van het samengesmolten zijn met dit schitterende dier en het delen van zijn plezier in de omgeving, en ze voelde hoe geweldig het was dat zo'n superieur, machtig dier zich aan haar wil onderwierp. Ze vlogen langs de weiden, sprongen over lage heggen en sloten vol brak water. Boo, aangestoken door haar stemming, ging sneller, weigerde zich te laten intomen bij het oversteken van laantjes, maar sprong eroverheen, met zijn oren rechtovereind, en zijn lange benen schoten over de grond eronder.

*Als ik ruiter word, denk ik dat ik een man op vleugels zal zijn.*

Het was inderdaad alsof ze op vleugels ging, net als Xenophon. Ze spoorde hem aan om sneller te gaan, happend naar lucht, lachend, met tranen die zich in haar ooghoeken vormden en dan horizontaal over haar gezicht stroomden. Hij reageerde op zijn bit, rekte zich en rende, zoals paarden al sinds het begin der tijden hebben gerend, uit angst, voor hun plezier, voor de glorie. Ze liet hem begaan. Het deed er niet toe waar hij naar op weg was. Haar hart was als van elastiek, stroomde over. Dit was wat *grand-père* bedoelde, niet de eindeloze uren schaven aan de perfecte beweging van zijn benen, niet de cirkels, de *passage*, het zorgvuldig afwegen van waar hij toe in staat was. Eén zinnetje van *grand-père* bleef maar door haar hoofd schieten, ritmisch, op de maat van de hoeven die de grond raakten.

Zo kun je ontsnappen, had hij gezegd.

*Zo kun je ontsnappen.*

'Dit is vandaag al de tweede keer dat hij bezoek krijgt. Dat zal hij leuk vinden.' De zuster had net de deur achter zich dichtgetrokken toen ze bij de kamer van de Captain aangekomen waren. Ze aarzelde. 'Ik moet wel zeggen, het gaat de laatste dagen niet zo goed met hem. Vanmiddag komt de specialist kijken, maar we vermoeden dat hij nog een hersenbloeding heeft gehad. Het is misschien een beetje moeilijk om met hem te communiceren.'

Mac zag het ongenoegen op Johns gezicht. Hij wilde al per se een lange rookpauze, buiten op het parkeerterrein, voor hij deze confrontatie aankon.

'De tweede keer dat hij bezoek krijgt?' vroeg Mac. 'Is zijn kleindochter dan ook langs geweest?'

'Kleindochter?' zei ze opgewekt. 'Nee... een jongen. Hij leek hem te kennen. Aardig joch.'

Cowboy John leek het nauwelijks te horen. Hij schudde licht met zijn hoofd, alsof hij zichzelf bij de kladden moest grijpen, en toen gingen ze de kamer in.

Het hoofd van de Captain lag schuin achterover in de kussens en zijn mond hing een beetje open. In een paar dagen tijd was hij nog tien jaar ouder gaan lijken.

Ze gingen ieder aan een kant zitten, zachtjes, om hem niet wakker te maken. Mac trommelde met zijn vingers op zijn knieën en vroeg zich af of ze hier eigenlijk wel moesten zijn. John keek naar de oude man en staarde toen naar de foto's van Sarah en Boo en naar de touwtjes waaraan al heel vaak gebruikte kerstversieringen langs de muren bungelden. 'Mooie plaatjes,' zei hij. 'Goed dat hij daarnaar kan kijken.'

Ze bleven een poosje zo zitten, want ze wilden geen van beiden de oude man wakker maken om hem het verschrikkelijke nieuws te brengen, dat ze hem allebei zo verschrikkelijk teleurgesteld hadden. De Captain haalde oppervlakkig adem, alsof elke ademhaling hem moeite kostte. Het klonk alsof zijn lichaam eigenlijk te moe was om veel meer te doen dan er te zijn. Zijn linkerhand, ooit zo sterk, lag nu als een slappe klauw op zijn borst, nauwelijks bedekt door het laken. Zijn wangen waren ingevallen en de huid was droog en doorschijnend, de lichtpaarse aderen pijnlijk zichtbaar. Een doorzichtige beker halfvol met thee met melk stond op het tafeltje naast hem. Er zat een rechte drinktuit op.

Mac verbrak de stilte. 'We kunnen het hem niet vertellen, John,' fluisterde hij.

'Je hebt het recht niet om het hem niet te vertellen. Ze is zijn naaste familie. Ze is vermist en hij heeft het recht om ons te helpen haar te vinden.'

*Hoe dan?* wilde Mac vragen. *Hoe kan deze wetenschap iets anders doen dan hem kapotmaken?* Hij leunde met zijn ellebogen op zijn knieën en liet zijn hoofd zakken. Hij zou overal liever zijn dan hier. Hij wilde de straten uitkammen, mensen ondervragen. Hij zou liever op een politiebureau zitten, zijn falen als pleegouder opbiechten en Sarahs vriendinnen optrommelen. Een meisje en een paard konden toch niet zomaar in het niets oplossen? Iemand moest hen toch hebben gezien.

'Hé... hé, Captain.'

Mac keek op. Cowboy John glimlachte. 'Hoe gaat het, luie donder? Verveel je je al een beetje?'

De Captain draaide zijn hoofd langzaam zijn kant op. Het leek hem buitensporig veel moeite te kosten.

'Kan ik iets voor je doen?' vroeg John terwijl hij naar voren leunde. 'Een slokje water? Iets sterkers? Ik heb bourbon in mijn zak, hoor.' Hij grijnsde.

De Captain knipperde met zijn ogen. Misschien wilde hij aangeven dat het hem amuseerde. Maar misschien was het niet meer dan knipperen.

'Ik hoorde dat je je niet al te best voelt.'

De oude man bleef hem recht aankijken.

Mac zag dat zelfs John niet goed meer wist wat te zeggen: hij keek Mac aan en toen richtte hij zich weer tot de oude man.

'Captain, ik – ik moet je iets vertellen.' Hij slikte. 'Ik moet je vertellen dat jouw Sarah een beetje de kolder in haar kop heeft gekregen.'

De oude man bleef staren. Zijn lichtblauwe ogen knipperden nu niet meer.

'Ze is ervandoor met dat paard van jullie. En – en het zou goed kunnen dat ze ons straks op de manege staat op te wachten. Maar eerlijk gezegd denk ik dat ze...' Hij haalde diep adem. 'Ik denk dat ze ergens met hem naartoe is.' Achter hem lachte Sarah in zwartwit, tegen de hals van haar paard geleund, een haarlok voor haar mond.

'We willen niet dat u zich zorgen maakt,' begon Mac. 'En ik wil erbij vertellen dat ze het bij ons prima deed. Echt. Ze was gelukkig – voor zover ze gelukkig kon zijn zonder dat u er was – en ze heeft ons nooit aanleiding gegeven om ons zorgen te maken. Maar vanochtend liep ik haar kamer in, toen was dat boek van u weg en haar rugzak, en toen ik in de badkamer keek –'

'Mac,' onderbrak John hem.

'Haar tandenborstel was weg. Het kan wel zijn dat ze, zoals John al zei, gewoon weer terug is op de manege en dat ze ons straks uitlacht, maar ik vroeg me af of u misschien een idee hebt waar ze misschien naartoe zou kunnen –'

'Mac, hou je klep.'

Hij zweeg.

John neeg naar de oude baas. 'Hij probeert iets te zeggen.' Hij boog zich dichter naar hem toe en zette zijn hoed af, zodat hij zo dicht mogelijk bij de mond van de oude man kon komen. Zijn ogen zochten die van Mac. 'Nee?' zei hij verwonderd.

Mac nam zijn plaats in en moest zich enorm inspannen om het zachte gefluister te kunnen verstaan, met het geluid van de machines en het geklets van de zusters op de achtergrond. Hij ging rechtop zitten. '"Ik weet het",' herhaalde hij.

Hij realiseerde zich dat de oude man totaal niet onder de indruk was van hun nieuws. Zijn gezicht vertoonde geen spoor van spanning. Mac zocht Johns ogen. 'Hij zegt dat hij het wéét.'

# 19

*'Een ongehoorzaam paard is niet alleen nutteloos, vaak speelt hij zelfs een echte verradersrol.'*
Xenophon, *Over de rijkunst*

De regen was halverwege de middag gaan stromen. Eerst waren het nog een paar voorzichtige druppels, maar de zwarte wolken die langs de hemel joegen waarschuwden haar voor wat eraan zat te komen. Het was alsof het daglicht binnen een paar minuten weg was zonder geleidelijke overgang naar de avond, geen vriendelijke zonsondergang. Het was het ene moment licht en toen, nog maar een paar minuten later, pikdonker, met zware regen waar je doornat van werd.

Een automobilist trok aan zijn stuur en stopte. Ze hield Boo in, maar de man stak zijn hoofd uit zijn raam. 'Ben je gek of zo? Je moet reflecterende kleding dragen,' schreeuwde hij. 'Ik had jullie allebei omver kunnen rijden.'

Toen ze haar stem terug had klonk hij hees, omdat hij gekaapt was door de schrik: 'Het spijt me. Ik – ik heb niks bij me.'

Het was nu helemaal donker. Het regende nu al bijna een uur en

Boo, die zijn sprankeling van eerder die dag kwijt was, sjokte en draafde lusteloos verder, en hield zijn hoofd zo laag als zij toeliet, met zijn manen tegen zijn nek geplakt. Sarah probeerde hem aan te moedigen, maar zelf had ze ook overal pijn. De rugzak vol met spullen die haar zo belangrijk hadden geleken sneed al bijna twintig kilometer lang in haar schouders, en ze had zo'n last van haar stuitje dat ze af en toe ging verzitten, een vruchteloze zoektocht naar iets meer comfort. Haar zadel was donker verkleurd van het water en ondanks haar regenkleding was ook haar spijkerbroek doorweekt. Ze wist dat de stof haar onderkoelde huid zou schaven als ze nog lang door zouden rijden. Maar ze zag de lichten van het stadje al voor zich liggen. Ze zouden nu snel kunnen rusten, zei ze tegen hem.

Toen ze bij de grote weg aankwamen, was het verkeer oorverdovend. Ze bleef in de berm, en negeerde de knipperende koplampen, het verschrikkelijke gebulder, en liep langs de vrachtwagens die stilstonden op de extra brede vluchtstrook langs het laatste gedeelte van de snelweg. Ze passeerde cabines met dichtgetrokken gordijnen waar de chauffeurs waarschijnlijk achter lagen te slapen, en andere waarin kleine televisieschermpjes een schaduw wierpen op een bijna huiselijk interieur, met bloemengordijntjes en kerstversieringen. Ze zag Tsjechische vrachtwagens, Poolse vrachtwagens, foto's van gezinnen en posters van naakte vrouwen, handgemaakte bordjes met de waarschuwing: DEZE VRACHTWAGEN WORDT REGELMATIG GECONTROLEERD en ILLEGALE IMMIGRANTEN WORDEN VERVOLGD. Een of twee chauffeurs zagen haar voorbijkomen; eentje schreeuwde iets wat ze niet kon verstaan.

Boo was te moe om zich door dat alles te laten storen. Hij begon onvast te voelen en zijn benen konden de afstand bijna niet meer aan. En daar was het, het enorme bord dat de weg overspande. Ze ging iets rechter zitten en pakte de teugel strakker vast. Toen ze boven op de heuvel aankwamen zag ze de veerboten met hun verlichte patrijspoorten in de haven liggen en de elegant gebogen flyovers die het verkeer naar hen toe leidden.

Nog drie kilometer. Ze voelde een sprankje opwinding vanbinnen. Ze haalde haar hand over de hals van haar uitgeputte paard en smeekte of hij het nog even wilde volhouden. 'Je kunt het,' zei ze.

'Breng ons er maar heen. Dan beloof ik je dat ik je nooit meer alleen laat.'

'Wilt u uw volledige naam noemen, alstublieft?'

'Constance Devlin.'

'En kunt u zeggen wat uw beroep is?'

'Ik ben lerares op de Norbridge School. Ik ben coördinator van de bovenbouw en die functie bekleed ik al elf jaar.' Ze zweeg om wat water te drinken en keek omhoog naar de dakramen waar de regen op kletterde.

'Mevrouw Devlin, hoelang kent u Lucy Persey al?'

'Nou ja, het is een kleine school. Ik ken haar al sinds ze op school kwam en verleden jaar heb ik haar zelf in de klas gehad. Ik geef ook bijles in talen en Lucy heeft al bijna twee jaar bijles.'

'Kunt u wat harder praten?' vroeg de rechter. 'Ik kan u moeilijk verstaan.'

De vrouw verschoot van kleur. Natasha glimlachte naar haar in een poging haar gerust te stellen. Buiten de rechtszaal was Constance Devlin een ongewoon gespannen getuige geweest. Ze vond het niet fijn dat ze hierin meegesleept werd, had ze Natasha een paar keer gezegd. Het was haar taak niet. Ze was nog nooit in een rechtszaal geweest. En ze wist ook heel zeker dat de school het ook niet prettig zou vinden dat ze bij een scheidingszaak betrokken was. Natasha had haar meteen een stempel gegeven: ouwe vrijster, alleen op haar gemak in haar eigen wereldje, een wereldje vol beschaafde jonge meisjes en de besloten, exclusieve sfeer van een privéschool. Ze was vast enorm toegewijd aan haar werk en schoot waarschijnlijk al in de stress als men het verkeerde merk biscuitjes had ingekocht voor in de personeelskamer. 'Ik heb liever dat u me zo weinig mogelijk vragen stelt.' Haar bevende handen vormden een contrast met haar vastberaden toon.

'Zou u zeggen dat u uw leerlingen goed kent, mevrouw Devlin?' Natasha zette een zo vriendelijk mogelijke stem op.

'Ja. Waarschijnlijk beter dan de meeste leraren.' Ze keek op naar de rechter, gespannen draaiend met een zakdoekje tussen haar mollige vingers. 'We hebben heel kleine klassen. Het is een nogal… goede school.'

'En wat vindt u van Lucy, nu u haar al zo lang kent?'

Constance Devlin zweeg even. 'Nou, ze is nooit wat je noemt een extraverte leerling geweest. Zelfs als klein kind was ze al vrij verlegen. Maar ze was wel altijd heel opgewekt. En ze is slim. Ze kan goed rekenen en haar leesvaardigheid ligt ver boven het gemiddelde.' Ze glimlachte een beetje, denkend aan het kind. Toen verdween de glimlach. 'Hoewel ze verleden jaar... een beetje een terugval had.'

'Een terugval?'

'In haar cijfers. Ze had het moeilijk met haar schoolwerk.'

'En is haar gedrag ook anders geworden?'

'Ze is steeds meer in zichzelf gekeerd – maar dat is mijn mening.'

Ben kwam de rechtszaal binnen en ging zachtjes achter haar zitten. Ze verwachtte half dat hij nog een briefje zou hebben, maar in plaats daarvan overhandigde hij haar een map met schoolrapporten, en haar gedachten dwaalden af. Mac zou nu wel in het ziekenhuis zijn. Als hij Sarah daar aangetroffen had, zou hij haar dan bellen om het haar te laten weten?

'Er staat hier, mevrouw Devlin, dat Lucy veel afwezig is geweest.'

'Dat is vrij regelmatig gebeurd, ja.'

'Gemiddeld vijftien dagen per trimester. Was dat met medeweten van haar ouders?'

'Daar... daar ging ik wel van uit. We spreken meestal alleen met mevrouw Persey.'

'U spreekt meestal alleen met mevrouw Persey.' Natasha liet dit even bezinken. Verderop zag ze meneer Persey dringend tegen zijn advocaat fluisteren. 'En welke redenen gaf mevrouw Persey voor de afwezigheid van haar dochter, op die dagen?'

'Het was nooit heel specifiek. Ze zei dat Lucy zich niet lekker voelde. Of soms dat ze hoofdpijn had. Een paar keer gaf ze helemaal geen reden op.'

'En wat vond de school van deze absenties?'

'We waren wat bezorgd over hoe vaak het voorkwam. En... over de omslag in Lucy's gedrag.'

'Het feit dat ze zo teruggetrokken was en zo terugviel in haar prestaties?'

'Ja.'

'Mevrouw Devlin, hoelang zit u al in het onderwijs?'

De oudere dame begon nu regelmatiger te ademen en haar stem veerde wat op: 'Al vierentwintig jaar.' Ze keek de zaal rond.

Natasha lachte bemoedigend. 'Als een kind een verandering in gedrag vertoont en een terugval in prestaties in combinatie met een toenemend aantal absenties, welke conclusie verbindt u daar dan aan, op basis van uw ervaring?'

'Ik maak bezwaar.' Simpson kwam overeind. 'U vraagt de getuige te extrapoleren.'

'Ik ben van mening dat mevrouw Devlins ervaring op dit gebied ertoe doet, edelachtbare.'

'Kunt u uw vraag anders formuleren, mevrouw Macauley?'

'Mevrouw Devlin, is het uw ervaring dat dergelijke veranderingen in het gedrag duiden op problemen thuis?'

'Ik maak bezwaar, edelachtbare.'

'Ga zitten, meneer Simpson. Ik wil graag dat u het anders formuleert, mevrouw Macauley.'

'Als er problemen thuis zijn, mevrouw Devlin, welke veranderingen in het gedrag ziet u dan doorgaans op school?'

'Nou...' mevrouw Devlin keek ongemakkelijk naar meneer Persey, '... ik zou zeggen, slechte prestaties... misschien óf teruggetrokken óf verstorend gedrag. Het kan ook tussen die twee dingen heen en weer gaan.'

'En hebt u in uw carrière voor de klas veel kinderen lesgegeven die thuis problemen hadden?'

'Ach, ja,' zei ze wat vermoeid. 'Ik vrees dat het feit dat wij een privéschool zijn de kinderen niet vrijwaart van huiselijke problemen.'

'Mevrouw Devlin, als er thuis iets ernstigs aan de hand was, als Lucy bijvoorbeeld een ernstiger trauma had opgelopen dan dat van alleen de scheiding, denkt u dan dat u dat zou merken?'

Er viel een lange stilte, zo lang dat de rechter stopte met waar hij mee bezig was en verwachtingsvol met zijn pen begon te tikken. Terwijl Natasha wachtte tot haar getuige haar gedachten op een rijtje had, schreef ze snel een briefje voor Ben: *Heeft Mac nog gebeld?*

Hij schudde zijn hoofd.

'Mevrouw Devlin?' zei de rechter. 'Hebt u de vraag gehoord?'

'Ja, ik heb hem gehoord,' zei ze met zachte stem, maar heel precies. 'Ik heb hem gehoord en het antwoord is dat ik het niet weet.'

*Verdomme*, dacht Natasha.

Mevrouw Devlin legde haar handen op het hout voor zich. 'Ik weet alleen dat een kind dat zich terugtrekt lijdt. Alles aan Lucy – haar stilzwijgen, haar gebrek aan plezier in de dingen waar ze ooit zo blij van werd, het feit dat ze zich terugtrok van haar vriendinnen – vertelt me dat ze lijdt.' Ze haalde diep adem. 'Maar ik weet niet precies wat het lijden van een kind zoals Lucy veroorzaakt, want ze vertrouwen ons onvoldoende om het ons toe te vertrouwen. Ze vertellen het niet aan hun leraren en ze vertellen het niet aan hun ouders, omdat ze bang zijn dat die boos worden als ze hun iets vertellen wat ze niet willen horen. Dus, nee, mevrouw Macauley, ze vertellen het ons niet, want de helft van de tijd luistert toch niemand naar wat ze zeggen.'

Het was heel stil in de rechtszaal. Mevrouw Devlin sprak de ouders nu rechtstreeks toe, met rode wangen, en een stem die toenam in volume en dringendheid. 'Ik zie dit week in, week uit, jaar in, jaar uit, begrijpt u? Ik zie hoe de wereld van die kinderen in duigen valt, hoe hun vertrouwde leventje oplost in het niets, zonder dat ze daar zelf ook maar iets over te zeggen hebben. Ze hebben geen enkele macht over waar ze gaan wonen, met wie ze hun tijd doorbrengen, wie hun nieuwe vader en moeder worden – mijn hemel, soms krijgen ze zelfs ineens een andere achternaam – en wij, de leraren, de zogenaamde rolmodellen, worden geacht tegen ze te zeggen dat het allemaal oké is, dat het leven nu eenmaal soms zo loopt, dat ze er maar aan moeten wennen. O, en of we er wel voor willen zorgen dat hun schoolprestaties niet achteruitgaan.'

'Mevrouw Devlin –' begon de rechter.

Het was alsof er een dam doorgebroken was: 'Maar het is niet normaal, het is verraad. Het is verraad en wij houden allemaal onze mond omdat... nou ja, omdat het leven moeilijk is, en soms moeten die kinderen dat maar gewoon leren, of niet soms? Zo ís het leven nu eenmaal. Maar als u het eens kon zien vanuit mijn standpunt, die verdwaasde kinderen, die verdwáásde kinderen, die met hun ziel onder de arm rondlopen, zo eenzaam, dat gelooft u gewoon niet... en al dat potentieel dat verloren gaat... Enfin, wat mij betreft maakt het dan eerlijk gezegd niet uit of zo'n kind wel of niet geslagen wordt.' Ze veegde met haar mollige hand over haar gezicht.

'O ja, ik weet best wat u van me vraagt, mevrouw Macauley. Maar dit is mijn antwoord – dat het voor mij geen verschil maakt. En met het feit dat ik hier sta en dat me wordt gevraagd om heel precies aan te geven welk deel van dat kind is gekwetst en wie daar schuld aan heeft zodat jullie kunnen bepalen wie het best uit deze gruwelijke scheidingsstrijd komt, maakt u mij in feite medeplichtig.'

Mevrouw Persey zat er als bevroren bij. Haar man, verderop in de bank, mompelde inmiddels furieus tegen zijn advocaat: 'Ik wil hier niet verder naar luisteren! Dat mens is duidelijk hysterisch.'

'Mevrouw Devlin –' Verder kwam Natasha niet, want de vrouw stak haar hand op.

'Nee,' zei ze stellig. 'U hebt me gevraagd hieraan mee te doen, dus ik zal het u vertellen. En zij overleven het wel, hoor.' Ze knikte sarcastisch met haar hoofd.

'Zoals jullie jezelf ongetwijfeld wijs zullen maken, worden dit soort kinderen gewoon wat sneller volwassen, wat eerder wijs. Maar zal ik jullie eens wat vertellen? Ze vertrouwen niemand meer. Ze worden cynischer. Ze wachten hun hele leven tot de boel weer volkomen in de soep zal lopen.

'Want het komt bijna nooit, bijna nóóít voor dat iemand zijn eigen pijn voor zich kan houden en het kind toch nog de steun en het begrip kan geven dat het nodig heeft. In mijn ervaring hebben de meeste ouders daar geen tijd of energie meer voor. Of misschien zijn ze gewoon te egocentrisch. Maar wie ben ik om dat te zeggen? Ik heb zelf geen kinderen. Ik ben niet eens getrouwd. Ik ben gewoon maar een van de arme zielen die de brokstukken weer aan elkaar mogen lijmen.'

Ze zweeg. Het was nu volkomen stil in de zaal, en iedereen wachtte af. De griffier, die als een dolle had zitten typen, pauzeerde even. Maar mevrouw Devlin haalde diep adem. Toen ze zichzelf weer onder controle leek te hebben, wendde ze zich tot de rechter. 'Wilt u mij permissie geven om te vertrekken? Ik zou nu echt graag weg willen.'

De rechter wist duidelijk niet hoe hij het had. Hij keek even naar Natasha. Die knikte zwijgend, ze was zich vaag bewust van het feit dat Simpson hetzelfde deed.

Mevrouw Devlin pakte haar tas en liep vastberaden naar de deur. Toen ze de bank passeerde waar de Perseys zaten bleef ze even staan. Haar oren waren roze en haar stem haperde toen ze zachtjes zei: 'Lucy kan zomaar het verkeerde pad kiezen. Het enige wat daarvoor nodig is, is dat u niet meer naar haar luistert.'

Natasha bleef heel stil staan en keek de kleine, keurig geklede gestalte na die door de zware houten deur verdween. Ze hoorde ontevreden gemompel rechts van haar. Ze zag het tafereel ineens alsof ze er door de ogen van een ander naar keek, geframed, zoals Mac dat altijd deed: de ouders, die voor de verandering bozer waren op een gezamenlijke vijand dan op elkaar; haar assistent, die zat te grijnzen omdat hij wel lol had in deze onverwachte wending; de rechter, die iets fluisterde tegen de griffier. Toen haalde ze de spelden uit haar pruik. 'Edelachtbare,' zei ze, 'ik verzoek u nogmaals om een schorsing.'

'Je wilt wat?'

Ze stond bij het loket voor voetgangers, haar jas druipend op de grond van de reusachtige Portakabin. Ze had haar cap afgezet, maar de aanblik van een meisje in rijlaarzen en een natte spijkerbroek trok toch wel de aandacht. Ze voelde de ogen van de andere passagiers branden. 'Ik wil graag tickets voor een persoon en een paard,' zei ze zachtjes.

'Neem je me nou in de maling?' De dikke man keek langs haar naar de rij wachtende mensen, op zoek naar bevestiging. *Horen jullie dit?* sprak uit zijn gezicht.

'Ik weet dat jullie paarden vervoeren. Er gaan de hele tijd paarden op en neer over het Kanaal.' Ze hield Boo's paspoort op. 'Mijn paard komt zelfs uit Frankrijk.'

'En hoe denk je dat hij hier is gekomen.'

'Op een boot.'

'Heeft hij zelf geroeid?'

Er werd achter haar gelachen.

'Op een veerboot. Ik weet zeker dat er zo vaak paarden met de veerboot overgaan. En ik heb gewoon geld. En we hebben allebei een paspoort. Ik moet gewoon...'

Hij gebaarde naar iemand die even verderop stond achter de grote glazen wand. Een collega, gestoken in dezelfde bedrijfsblazer, stond op en kwam naar het raam toe. Ze nam Sarahs doorweekte kleren in zich op en het paspoort dat ze in haar hand had. 'Je kunt niet tussen de voetgangers met een paard,' zei de vrouw toen de man haar de situatie had uitgelegd.

'Dat weet ik wel.' Sarah stem verhardde van de spanning. 'Ik ben niet dom of zo. Ik wil alleen weten hoe ik aan een kaartje voor hem kom.'

'Hij moet in een paardentrailer. Dat moet je regelen met een gespecialiseerd bedrijf. En hij heeft papieren nodig van de veearts. Er zijn regels wat betreft het vervoer van vee.'

'Hij is geen vee. Hij is een Selle Français.'

'Al was hij een pekinees. Er zijn heel strikte regels voor het vervoer van dieren over het Kanaal, dus tenzij je kunt bewijzen dat hij eigenlijk een tweevoeter is, is hij wat mij betreft een dier.'

'Kunt u me niet helpen? Kunt u me zegen waar ik zo'n bedrijf kan vinden? Het is heel dringend.'

De vochtige, felverlichte ruimte kwam op haar af. Ze had Boo aan een witte reling buiten vastgebonden, door het raam zag ze dat hij braaf bleef staan, ook al stond er nu een groepje mensen om hem heen, en kinderen die hun handen uitstaken om hem aan te raken.

'Ik moet vanavond nog over,' zei ze, en haar stem brak.

'Dat gaat echt niet lukken zonder papieren. We kunnen niet zomaar een paard op een personenveerboot zetten.'

Iemand begon afkeurende geluiden te maken. Ineens was ze zo moe, de tranen van frustratie prikten in haar ogen. Het had geen zin. Ze hoorde het aan hun stemmen. Zonder iets te zeggen draaide ze zich om en liep naar de deur.

'Wat denkt ze wel? We zijn de ark van Noach niet.' Ze hoorde hen lachen en liep naar buiten, waar de koude wind haar opzij duwde.

Ze maakte Boo los. Een paardentrailer? Papieren? Hoe had zij dat allemaal moeten weten? Ze staarde naar de veerboot. De loopplank was neergelaten en de auto's staken langzaam het gat tussen het land en het schip over, in hun smalle rijtjes geleid door mannen in neonkleurige hessen. Er was geen enkele kans dat ze haar zouden doorlaten. Geen schijn van kans. Er kwam een enorme onderdrukte snik uit haar borst omhoog. Hoe had ze zo stom kunnen zijn?

Er kwam een man op haar af. Hij bekeek Boo met de goedmoedige blik van iemand die verstand had van paarden. 'Ben je op een soort sponsorrit?' vroeg hij.

'Nee. Ja,' zei ze, en ze veegde in haar ogen. 'Ja, ik ben op een sponsorrit. Ik moet naar Frankrijk.'

'Ik hoorde wat je zei, daarbinnen. Je moet naar een *lairage*,' zei hij.

'Een *lairage*?'

'Dat is een soort paardenhotel. Een kilometer of vijf verderop zit er eentje. Die kunnen je wel helpen. Hier.' Hij schreef een naam op een visitekaartje en gaf het aan haar. 'Je moet hier terug bij de rotonde, daar neem je de derde afslag, en dan is het nog drie of vier kilometer rijden. Het is er vrij eenvoudig, maar het is er schoon en het is niet zo duur. Zo te zien kan je paard wel wat rust gebruiken.'

Ze staarde naar het kaartje. *Willett's Farm*, had hij erop geschreven. 'Dank u wel,' riep ze, maar hij was al weg, en haar stem werd door de wind meegevoerd naar zee.

Natasha leunde achterover in haar stoel en nam het zilveren paard beurtelings in de ene en de andere hand. Hij was een beetje uitgeslagen, ze wreef erover en zag de grijze vlek verkleuren onder haar vingers.

Richard, de senior partner, was in gesprek met een cliënt. Zijn bassende stem en de treurige akoestiek van het oude gebouw zorgden ervoor dat je hem over de hele gang kon horen. Hij zat te lachen, een joviaal, explosief geluid. Ze vroeg zich even af wat Linda de afgelopen jaren allemaal had opgevangen van haar eigen telefoongesprekken: de afspraken voor APK-keuringen, gemiste uitstrijkjes, de gesputterde bezwaren die haar mislukte huwelijk met zich meebrachten.

Het was kwart voor vier.

De documenten die ze voor zich had waren allemaal keurig gestapeld en van etiketten voorzien. Ze zette het kleine paard er voorzichtig bovenop. Sarah was eigenlijk niet zo heel anders dan Ali Ahmadi, op haar eigen manier. Ze had een kans gezien en die had ze gepakt; die weg gingen alle kinderen die al sinds hun vroege jeugd op zichzelf aangewezen waren. Haar gedrag was weliswaar onvoorspelbaar, maar niet onverklaarbaar.

En hoewel Natasha kwaad was, wist ze ook dat ze het het meisje niet kwalijk kon nemen. Ze nam het zichzelf kwalijk dat ze had gedacht dat ze Sarah in haar leven kon toelaten zonder dat ze er een prijs voor moest betalen, zonder dat het rimpelingen zou veroorzaken in haar zorgvuldig georganiseerde leventje. En net als bij Ali Ahmadi was dat haar duur komen te staan.

Het had haar bijna drie kwartier gekost voor ze mevrouw Persey ervan had weten te overtuigen dat Richard bij uitstek geschikt was om haar zaak over te nemen.

'Maar ik wil jou,' had ze geprotesteerd. 'Jij weet precies hoe mijn man is. Je zei dat jij het zou doen.'

'We hebben Michael Harrington er niet voor niets bij gehaald. Hij is de allerbeste, hardste advocaat op dit gebied. Geloof me, mevrouw Persey, u zult geen enkel nadeel hebben van het feit dat ik er niet bij ben. Met een beetje geluk ben ik over een dag of twee weer terug en in de tussentijd is Richard volledig op de hoogte en klaar voor uw zaak.'

Ze was gedwongen om een korting te geven, vanwege het 'ongemak'. Die zou, had Richard zakelijk gezegd, uit haar eigen honorarium betaald moeten worden. Natasha vermoedde dat mevrouw Persey niet eens zou merken of die korting op de uiteindelijke rekening zou verschijnen of niet – en ze zou het bedrag een stuk minder voelen dan Natasha – maar ze was zo'n type dat je het gevoel moest geven dat ze er iets bij te winnen had. Als dat nodig was om de cliënt te behouden, had Richard gezegd, dan moest het maar. Zijn korte 'hm' van ongenoegen toen ze de woorden 'noodgeval binnen de familie' uitsprak, zorgde ineens voor medeleven met haar collega's met kinderen.

'Maak je soms een geintje, Natasha?' Conor kwam zonder kloppen de kamer binnen. Ze had het al verwacht.

'Nee, dat is het niet,' zei ze en ze stond op en zocht in een la naar haar sleutels. 'Ja, ik draag de Persey-zaak over en ja, iedereen kan prima een paar dagen zonder me. Als het goed is, ben ik morgen alweer terug.'

'Je kunt niet zomaar alles uit je handen laten vallen. Dit gaat om veel geld, Natasha. En de zaak staat in de kranten.'

'Richard handelt hem af zolang ik weg ben. Ze heeft Harrington voor de financiële kant van de zaak en na vandaag zou het me zeer verbazen als ze het ook niet snel eens worden over de bezoekregeling. Mevrouw Devlin heeft ons allemaal een enorme dienst bewezen.'

Conor kwam aan haar kant van het bureau staan en legde zijn handen op het blad. 'Mevrouw Persey wil jóú. Je kunt niet haar handje vasthouden in de aanloop en haar dan laten vallen als de boel in volle gang is.'

'Ik heb het al met haar besproken. Ik heb zelf geen getuigen meer om te verhoren, dus ik kan de rest aan Harrington overlaten.'

Hij begon zijn hoofd te schudden maar ze denderde door. 'Conor, ze zijn geen van beiden geïnteresseerd in het welzijn van Lucy – dit gaat allemaal alleen maar over geld en over wraak. Zoals de meeste scheidingen, zoals jij maar al te goed weet.'

'Maar waar moet je dan heen?' vroeg Conor.

'Dat weet ik niet precies.'

'Dat wéét je niet precies?'

Linda kwam binnen met een beker thee en Ben in haar kielzog. 'Interessant allemaal,' mompelde ze.

'Noodgeval in de familie,' zei Natasha, en ze klapte haar koffertje dicht.

Conor gaapte haar aan. 'Dat meisje, dus. Ik dacht dat je haar weer zou overdragen aan Jeugdzorg. Ze was toch niet meer jouw probleem?'

Haar ogen legden hem het zwijgen op. Ze zag de nieuwsgierige blikken van Ben en Linda.

'Laat Mac het maar oplossen.'

'Dat wil ik niet.'

'Mac?' herhaalde Linda, die niet eens meer deed alsof ze niet luisterde. 'Mac, je ex? Wat heeft die er nou weer mee te maken?'

Natasha negeerde haar. 'Mac weet niet waar hij moet beginnen,' zei ze. 'Hij kan dit niet in zijn eentje.'
'O ja. En we moeten natuurlijk altijd alles opzijzetten voor Mac.'
'Zo zit het helemaal niet.'
'Dan laat je het toch over aan de politie. Het is diefstal.'
Linda zette de thee op tafel. 'Kan ik soms ergens mee helpen?' vroeg ze.
Natasha zei niets.
Conor liet zich niet kennen. 'Natasha, ik zal je één ding zeggen: als jij op dit moment wegloopt bij deze zaak, dan pleeg je professionele zelfmoord, wat dit kantoor betreft.'
'Ik heb geen keus.'
'Doe toch niet zo dramatisch.'
'"Professionele zelfmoord"? Wie doet hier nou dramatisch?'
'Natasha. Het is de scheiding van de Pérseys. Jij hebt zelf Michael Harrington erbij gehaald. De uitkomst van deze zaak kon weleens bepalen of je partner kunt worden of niet. Het kan de reputatie van dit kantoor maken of breken. Je kunt de boel niet laten vallen om achter een of ander dubieus kind aan te gaan dat jou waarschijnlijk vanaf het begin al een loer heeft gedraaid.'
Natasha stond op en liep naar het raam. 'Lin, Ben, kunnen jullie ons even alleen laten, alsjeblieft?' Ze wachtte tot ze weg waren. Ze had het sterke vermoeden dat ze voor de deur stonden te luisteren, en zei met zachte stem: 'Conor, ik –'
'Ze heeft je toch bestolen? En je zag het meteen al niet zitten met haar. Vanaf dag één.'
'Je kent het hele verhaal niet, Conor.'
'Hoe zou dat nou komen?'
'Oké. Wat zou jij dan doen als het een van jouw kinderen was?'
'Maar zij ís helemaal niet jouw kind. Dat is het hele punt, mens.'
'Ik ben wettelijk verantwoordelijk voor haar. Het is een meisje van veertien.'
'Een meisje dat je vanochtend nog hebt vervloekt omdat ze je creditcard heeft gestolen.'
'Dat zij een dief is, ontslaat mij nog niet van mijn verantwoordelijkheid.'
'Maar is zo'n jatmoos jou je carrière waard? Jezus, Natasha, een

paar weken geleden was je nog bang dat dat joch met dat kilometerprobleem je je baan zou kosten. En nu gooi je alles weg voor een of ander rotkind dat niet eens je cliënt is.'

Ze hoorde zijn woorden zoals die kinderen ze zouden horen: *rotkind, dief,* woorden die hen afschreven. Ze pakte haar jas.

'Luister,' zei hij. 'Het spijt me. Zo bedoelde ik het niet. Ik probeer je alleen maar te beschermen.'

'Maar dit gaat helemaal niet om mij, of wel, Conor? Jij wilt helemaal niet mijn carrière beschermen.'

'Wat bedoel je daar nou weer mee?'

'Dit gaat over Mac. Je trekt het niet dat ik haar samen met hem in huis heb gehaald en dat ik door haar verdwijning weer met hem samen moet werken.'

'Ach, doe toch normaal.'

'Waar gaat het je dan om?'

'Ik ben partner bij dit kantoor, Natasha. Als jij hem halverwege een zaak smeert, dan verliezen we niet alleen geld, maar dan krijgt onze reputatie ook een gigantische deuk. En denk jij dat zwaargewichten als Harrington ooit nog met ons willen samenwerken aan een belangrijke zaak als ze denken dat we hem halverwege smeren?'

'Wie hoeft dat verder te weten? Voor hetzelfde geld ben ik er morgen weer. En ik leg het wel uit aan Harrington, hoor. Die begrijpt het wel.'

'Ik begrijp hier echt helemaal geen moer van. Jij gooit álles' – hij legde heel veel nadruk op dat woord – 'weg voor een kind dat je niet eens mag en een ex die jou het leven alleen maar zuur gemaakt heeft. Nou, ik wens je veel plezier,' zei hij. Zijn stem klonk ijzig. 'Ik hoop dat het het waard was.'

Het gebouw was toch al niet erg solide. Maar dit keer werd de deur zo hard dichtgeslagen dat de deur trilde in zijn sponning en er een paar boeken van de planken vielen.

Boo hoorde het eerder dan zij. Hij was de laatste kilometer zo kapot dat ze bij elke stap kon huilen van schuldgevoel. Hij sleepte met zijn hoeven en zijn hoofd hing heel laag. Met elke spier smeekte hij haar te mogen stoppen. Maar ze had geen keus: zelf ook doodmoe en met overal spierpijn, moest ze hem aansporen om door te lopen. Toen ze eindelijk het bord zag dat haar zei dat Willett's Farm na vijfhonderd meter aan de rechterkant te vinden was, was ze afgestapt en gaan lopen, zodat hij het een klein beetje gemakkelijker had. De tranen van uitputting vermengden zich met de regen op haar gezicht.

En toen hoorden ze het. Het kwam op hen af, gedragen door de gure wind: een kabaal, gekreun en gekrijs, schreeuwende mannenstemmen, die weer verdwenen toen de wind even van richting veranderde. Het had een schokeffect op Boo. Zijn hoofd schoot omhoog en hij was zijn uitputting vergeten. Hij bleef staan en zijn hele lijf concentreerde zich op dit onverwachte geluid. Paarden zijn cynisch van aard, had *grand-père* haar ooit verteld. Ze denken altijd overal het slechtste van. Boo, al was hij nog zo dapper, begon te trillen en ze moest zich inspannen om te horen wat hij hoorde, en onderdrukte een rilling. Het vage geluid leek op dat van iets gruwelijks verderop op de weg.

Ze liepen door, Boo met de voorzichtige, zwevende passen van een dier dat bang is voor wat het te zien krijgt maar dat toch de blik niet kan afwenden; het paardenequivalent van de vrouw in de nachtpon in een horrorfilm.

Ze stonden voor de toegangspoort en staarden naar het tafereel voor hen. Een enorme vrachtwagen stond midden op het erf geparkeerd, met de felle achterlichten naar hen toe, het onverwachte rood te fel in het donker. Een vrouw in een doorgestikte jas stond aan de rand van de loopplank met haar handen voor haar gezicht geslagen, terwijl twee mannen worstelden met een paard dat vreemd door zijn knieën gezakt was, met zijn achterhand omlaag, zijn voorhand niet zichtbaar. Er was een scheidingswand op hem gevallen en de mannen, schreeuwend en gebarend naar elkaar, probeerden hem te bevrijden.

Overal lag bloed. Het stroomde over de vloer, was tegen de metalen zijkanten van de trailer gespat. Het dreef in een fijne mist Sarahs kant op, zodat ze een lichte ijzersmaak op haar lippen proefde. Boo snoof en liep angstig achteruit.

'Ik kan het niet stelpen. Ik heb nog een verband nodig, Bob.' Een van de mannen knielde op de hals van het paard neer, en gaf hem een injectie. Hij gooide de spuit van zich af. Zijn armen waren vuurrood, zijn gezicht was besmeurd. De benen van het paard bewogen schokkend en de zwaardere man bij de achterhand vloekte toen hij tegen zijn knie geraakt werd door een hoef.

'De dierenarts komt eraan,' schreeuwde de vrouw, 'maar het duurt een paar minuten. Hij zit bij Jake.' Ze stapte de trailer in en probeerde de scheidingswand van het paard te trekken.

'Dat duurt te lang.'

'Kan ik iets doen?'

De vrouw draaide zich om, keek naar Boo, naar Sarahs cap – symbolen waaruit bleek dat ze misschien van nut zou kunnen zijn. Ze gebaarde met haar hoofd in de richting van de stal. 'Zet hem daar maar neer, meisje, dan kan je me helpen tillen.'

'Ze is niet verzekerd, Jackie,' gromde de oudere man, terwijl hij met een grendel in de vloer worstelde.

'Anders lukt het nooit om dat ding van hem af te krijgen,' zei de man achterin met een zwaar Iers accent. 'Jezus, ouwe dibbes, hoe heb je dit voor elkaar gekregen?' Zijn hoofd verdween achter de scheidingswand. 'Die verdoving doet helemaal niks. Heb je nog een injectie, Jackie?'

Sarah duwde Boo de stal in en holde terug naar de trailer.

'In het kantoortje staat een kast,' blafte de vrouw tegen haar. 'Die staat open. Haal het flesje waarop staat – shit, hoe heet het nou? – romifidine. En een injectienaald. En dan snel weer terugkomen.'

Ze vloog weg, aangespoord door de verschrikkelijke situatie, het wanhopige getrap en gebonk dat nog steeds in de trailer te horen was. Snel doorzocht ze het kastje tot ze een klein doorzichtig flesje vond en een in plastic verpakte injectienaald. Toen ze terugkwam, hield de vrouw haar hand al uitgestoken.

'Jezus, Jackie, ik denk dat hij hem gebroken heeft,' hoorde ze de radeloze stem in de trailer zeggen. Het bloed droop van de rubber matten het bestrate erf op. Ze zag hoe het zich in olieachtige kringen verspreidde op de stenen.

'Geef hem toch maar een verdoving. Het maakt voor hem toch niet uit als dat inderdaad zo is, en als hij op het randje zit, houden we hem misschien net lang genoeg rustig. Waar blijft die vervloekte dierenarts nou?'

'Hier,' gebaarde Jackie naar Sarah. 'Probeer dat eens omhoog te houden.'

Sarah klom de trailer in en greep de onderkant van de geknikte scheidingswand vast. Haar handen gleden langs de rand, die glibberig was van het bloed. Ze staarde naar het erf om niet naar het paard naast haar te hoeven kijken.

Jackie scheurde het plastic om de naald met haar tanden weg. Ze draaide het flesje open, stak de punt van de naald erin en trok de spuit omhoog voor ze hem aan de man verderop in de trailer gaf. Sarah sprong op toen er een achterbeen haar kant op getrapt werd.

'Gaat het, meisje?'

Ze knikte zwijgend. De twee mannen waren doorweekt van het bloed, achter het paard lag een misselijkmakende plas, die zich rustig, dreigend, bijna pulserend uitbreidde. Sarah zag dat haar eigen spijkerbroek en haar jasje ook al onder zaten.

'Rustig, jongen, rustig maar.' De Ier probeerde het paard te sussen. 'Zo dan. Hij doet zijn ogen dicht, Jackie. Ik denk dat deze wel werkte. Maar ik kan niet bij het been als we niet eerst dit wandje van hem af krijgen.'

Sarahs rug deed pijn, maar dat kon ze niet tegen hen zeggen. Koplampen kwamen het erf op en verblindden haar, en toen hoorde ze een portier dichtslaan, en natte voetstappen. Een man met rood haar kwam de loopplank op gerend. Hij had zijn tas al open. 'Kolerezooi, dit ziet er niet best uit.'

'We denken dat hij zijn been gebroken heeft, Tim.'

'Dat is wel heel erg veel bloed. Hoelang bloedt hij al zo?'

'Een paar minuten. We hebben een tourniquet aangelegd maar we hoorden een allejezus hard gekraak toen dat ding naar beneden kwam.'

Het paard bewoog zijn benen inmiddels niet meer, op een paar zwakke schopjes na. Sarah keek naar de dierenarts die op zijn hurken zakte, met zijn rug naar haar toe, en zijn onderzoek begon. Wat hij precies deed kon ze niet zien omdat de Ier tussen hen in kwam staan en het deel van de scheidingswand dat nog wel op zijn plek hing ervoor zat.

'Ik heb geen idee hoe hij dit heeft gedaan. Hij raakte in paniek toen we de jaarling uit de trailer haalden. Hij bokte en toen is zijn voorbeen op de een of andere manier over het wandje geschoten. Toen probeerde hij zich weer naar achteren te bewegen en heeft dat hele ding meegenomen. Het gebeurde zo snel, ongelofelijk.'

'Het blijft me verbazen, de ellende die paarden zichzelf soms op de hals halen. Kom, dan halen we eerst de wand weg. Als jullie het achterste stuk nemen, dames, dan trekken we hem naar ons toe en dan is hij hiervoor vrij.'

Sarah zette zich schrap, zwetend inmiddels, zich ervan bewust dat de vrouw met de krullen naast haar paars aangelopen was van inspanning. Haar jasje rook naar bloed en sigarettenrook. Eindelijk kwam er beweging in de zware scheidingswand. Ze hielden hem schuin, droegen hem voorzichtig de vrachtwagen uit en zetten hem tegen de zijkant.

Jackie veegde haar handen af aan de voorkant van haar spijkerbroek, zich kennelijk niet bewust van de vlekken die ze maakte. 'Gaat het?'

Sarah knikte. Haar eigen broek was inmiddels donkerrood.

'Kom,' zei de vrouw. 'Je kunt hier nu toch niks meer doen. We gaan naar het kantoortje, dan zet ik thee. Wil je ook?'

De gedachte aan een beker warme thee was zo verleidelijk dat Sarah er even geen woorden voor had. Ze liep achter Jackie aan en ging zitten op de stoel die haar werd aangewezen. Het grijze plastic stoeltje zat meteen onder het bloed van haar kleren.

'Wat een ellende,' zei Jackie terwijl ze de waterkoker vulde. 'We verliezen er maar een paar per jaar, maar ik ben er altijd weer van ondersteboven. Thom kon er niks aan doen. Hij is juist altijd heel voorzichtig.' Ze keek achterom. 'Suiker? Dat is goed tegen de schrik.'

'Ja, graag.' Ze zat te trillen. Toen de wand weggehaald was, had ze het paard goed kunnen zien: hij leek precies op Boo.

'Ik geef je er twee. Ik neem er zelf ook twee. Dat verdomde paard.'

Aan de muur hing een groot whiteboard met een stuk of veertien paardennamen erop geschreven. Ernaast hingen allerlei documenten, richtlijnen en lijsten met nummers voor noodgevallen. Een aantal transportbedrijven had kaartjes aan de muur gehangen, naast een stuk of wat kerstkaarten en foto's van naamloze paarden. Sarah herkende Jackie naast een paard op een van de foto's.

'Hier.'

Ze nam de thee aan, blij met de warmte van de beker tegen haar verkleumde handen.

'Ik wacht wel tot ze weer de wagen uit komen voor ik voor hen thee zet. Als ze hem kunnen redden zal het nog wel een poosje duren.'

'Denk je dat hij het overleeft?'

Jackie schudde haar hoofd. 'Ik betwijfel het. Ik heb nog nooit meegemaakt dat een paard zichzelf zoiets aandeed. Hij moet echt hard geschopt hebben als je ziet hoe die scheidingswand geknikt is. En die volbloedpaarden hebben toch al zulke zwakke benen...' Ze ging moedeloos achter haar bureau zitten en wierp een blik op de klok. Toen keek ze Sarah aan alsof ze haar voor het eerst zag. 'Jij bent ook nog laat aan het rijden. Je komt niet uit de buurt, of wel?'

'Ik... Iemand gaf me tip om hiernaartoe te gaan. Ik heb een stal nodig voor de nacht.'

Jackie bekeek haar eens goed. 'Ben je ergens naar op weg?'

Sarah nam een slok van haar thee. Ze knikte. Als ze de afgelopen maanden iets had geleerd, dan was het wel om zo min mogelijk te zeggen.

'Je lijkt me nog erg jong.'

Sarah keek haar recht in het gezicht. 'Dat zegt iedereen altijd.' Ze forceerde een glimlachje.

Jackie sloeg een groot boek open dat voor haar lag. 'Nou, een stal hebben we zeker. Zo te zien hebben we er eentje extra vrij. Hoe heet je paard?'

'Baucher,' zei Sarah.

'Paspoort?'

Sarah stak haar hand in haar rugzak en overhandigde die. 'Hij is helemaal bij met zijn inentingen,' zei ze.

Jackie bladerde hem door, noteerde het nummer en gaf hem terug. 'Het kost hier vijfentwintig pond per nacht, inclusief hooi en voer. Hardvoer kost extra. Vertel me maar wat hij nodig heeft, dan regel ik het.'

'Kunnen we ook een paar dagen blijven? Ik moet het volgende deel van mijn reis regelen.'

Jackie speelde met haar balpen. 'Je kunt hem hier zo lang laten als je wilt, meisje, als ik maar een nummer heb waar ik je kan bereiken.'

'Kan ik hier dan niet ook logeren?'

'Alleen als je in het stro wil liggen.' Jackie slaakte een zucht. 'Heb je geen hotel geregeld dan?'

'Ik dacht dat jullie hier ook bedden voor mensen hadden.'

'We doen hier niet aan mensen, meisje. Dat is me te veel gedoe. De chauffeurs slapen meestal in hun wagen en de anderen gaan naar een bed and breakfast in de buurt. Ik kan je wel een nummer geven als je wilt? Hier.' Ze wees naar een lijst aan de muur. 'De Crown heeft meestal nog wel plek op korte termijn. Veertig pond per nacht, met eigen badkamer. Kath zorgt wel voor je. Ze heeft het niet zo druk, rond deze tijd van het jaar. Ik bel haar wel even.'

'Is het ver?'

'Een kilometer of zes verderop.'

Sarah liet haar schouders hangen. Ze zat erdoorheen en vergat haar stem onder controle te houden toen ze zei: 'Ik ben hiernaartoe komen rijden. Ik heb verder geen vervoer.' Ze was zo verschrikkelijk moe, ze kon niet meer. Ze zou Jackie smeken of ze hier in het kantoortje op de grond mocht slapen.

Er klonk een gedempt schot.

Ze keken op. Jackie haalde een pakje sigaretten uit de lade, haalde er eentje uit met een snelle polsbeweging en stampte hem aan op het bureau. Ze wachtte even voor ze weer iets zei: 'Zei je nou dat je hiernaartoe gereden bent? Waar kom je dan vandaan?'

Sarahs hart was nog van slag van het schot. 'Het... het is een lang verhaal.'

Jackie stak de sigaret op, leunde achterover in haar stoel en inhaleerde diep. 'Zit je soms in de nesten?' Haar stem verhardde.

Sarah kende die toon. Het was de toon van iemand die het slechtste van je dacht. 'Nee.'

'Is dat wel jouw paard?'

'U hebt zijn paspoort toch gezien.'

De vrouw staarde haar nu aan.

'Daar staat mijn naam in. Luister, hij kent me. Ik wil hem wel even naar me laten hinniken, als dat helpt. Ik heb hem al sinds zijn vierde.'

De dierenarts kwam de trailer uit, met een dichte tas.

'We hebben achterin een logeerkamer. Vijfentwintig pond, en dan geef ik je ook nog wat te eten aangezien je verder nergens naartoe kan. Ik heb Thom beloofd dat hij mocht blijven eten, dus nog iemand aan tafel maakt dan ook niet uit. Maar,' ze leunde naar voren, 'ik zet je niet in de boeken. Er klopt hier iets niet. Ik zal je onderdak geven, maar ik wil er verder niets mee te maken hebben.'

Hun gesprek werd onderbroken toen de deur openging. De twee mannen kwamen binnen, het kleine kantoortje was meteen vol. De Ier schudde zijn hoofd.

'God, wat zonde,' zei Jackie zachtjes. 'Hier, Thom, ga zitten. Ik zal even thee voor je zetten. Jij ook, Bob. Ga maar naast...'

'Sarah,' zei ze. Ze hield haar handen om haar beker heen, bang dat ze haar slaapplek zou kwijtraken als ze te veel zei of deed.

'Een breuk voor en een doorgesneden slagader. Die arme jongen had geen schijn van kans.' Het gezicht van de Ier was bleek van de shock en zat onder de rode vegen waar hij zich onbewust had aangeraakt. 'Tim had niet eens meer tijd om de papieren te ondertekenen. Hij heeft een merrie die aan het werpen is. Eentje eruit, eentje erin, zullen we maar zeggen.'

'Ach, laat ook maar met die thee.' Jackie klapte de waterkoker weer dicht. 'Dit vraagt om iets medicinaals.' Ze trok de andere bureaula open en haalde er een fles met amberkleurige vloeistof uit. 'Jij niet, Sarah.' Ze schonk haar een waarschuwende blik.

Ze had geraden hoe oud ze was, dacht Sarah. En ze wilde zich niet nog meer problemen op de hals halen.

Sarah keek omlaag. 'Ik heb liever thee,' zei ze.

# 20

*'Zorg dat je bij hem uit de buurt blijft als je heetgebakerd bent.*
*Woede, ongeduld, angst... vrijwel elke menselijke emotie ondermijnt*
*de doeltreffende communicatie met het paard.'*
Xenophon, *Over de rijkunst*

Ondanks de regen stond ze al buiten het kantoor, ongemakkelijk in haar nette mantelpakje en op hakken, en ze ijsbeerde met kleine, ongeduldige pasjes over de stoep. Zodra ze zijn auto zag, holde ze eropaf, met haar koffertje en handtas onder haar arm. Hij was opgelucht: Natasha had toch nog iets wat hij begreep. Hij glimlachte toen hij over de open passagiersportier leunde, ze stapte in en lette niet op de claxons van het achteropkomende verkeer. 'Ik dacht dat je –'

'Zeg maar niets,' viel ze hem vastberaden in de rede, haar haar doornat van de regen. 'En zodra we haar hebben gevonden hoeven jij en ik elkaar verder niet meer te zien, oké?'

Macs glimlach bestierf op zijn lippen. Hij wilde eigenlijk net weer de weg op rijden, maar bleef nog even staan. 'Wat fijn dat je de hele stad door rijdt om me op te halen, Mac.'

'Wil je dat ik je bedank? Goed, hoor. Bedankt, Mac. Ik kan je niet zeggen hoe ik me verheug op dit uitstapje. Nou goed?' Ze had rode vlekken op haar wangen van woede.

'Je hoeft niet mee, zoals je zelf al duidelijk had gemaakt.'

'Ze is ook mijn verantwoordelijkheid. Zoals jíj al duidelijk hebt gemaakt.'

Macs geduld was al bijna op. 'Ik zal je dit zeggen: het is al moeilijk genoeg zonder jouw gezeik erbij. Als je mee wilt, prima, maar als je zo gaat doen, zet ik je nu meteen thuis af. Dan gaan we wel ieder in onze eigen auto.'

'Mijn gezeik? Heb jij enig idee wat ik heb moeten doen om überhaupt mee te kunnen om haar te zoeken? En wat dit met mijn reputatie heeft gedaan?'

'Leuk om je weer te zien.' Natasha schrok toen Cowboy John zijn hoofd in de ruimte tussen de stoelen stak. 'Maar ik wil je er wel even aan herinneren dat jullie publiek op de achterbank hebben.' Hij stak een sigaret op.

Ze keek Mac met open mond aan.

'Hij heeft verstand van paarden,' verklaarde hij. 'En hij kent Sarah al van kinds af aan.'

Toen Natasha niet reageerde, voegde hij eraan toe: 'Wilde jij soms met het paard terug als we ze hebben gevonden, Tash?'

Ze rommelde wat in haar handtas. 'En, waar is ze? Hebben jullie al iets gehoord? Ik moet zo snel mogelijk weer terug naar kantoor.'

'Ja,' mompelde Mac, toen hij eindelijk invoegde. 'Jij bent immers de enige met belangrijk werk.'

'Ik zit midden in een heel belangrijke zaak, Mac.'

'Ja. Dat was me duidelijk.'

Ze draaide zich half om en keek hem aan. 'Wat bedoel je daar precies mee?'

'Daar bedoel ik mee dat je tot nu toe niets anders hebt gedaan dan zeggen hoe lastig dit allemaal voor jou is. Dat het jouw leven op zijn kop zet. Dat ík jouw leven op zijn kop heb gezet.'

'Dat is niet eerlijk.'

'Maar het is wel waar. Heb je weleens stilgestaan bij de mogelijkheid dat dit allemaal jouw schuld is?'

Cowboy John leunde achterover en zette zijn hoed schuin over zijn gezicht. '*Oh Lord.*'

'Míjn schuld?'

Het was gruwelijk druk in de stad. Mac stak zijn rechterarm uit het raam en dwong een plek af in een andere, maar net zo trage rij. 'Jouw schuld, ja,' zei hij. Misschien kwam het doordat hij het gevoel had dat hij de hele dag al in kringetjes rondreed. Misschien kwam het door de angst om waar het meisje nu uithing. Misschien was het de aanblik van Natasha, in haar tuttige pakje, die hem altijd maar als de vijand behandelde, de schuldige partij, de pispaal. 'Jij bent degene die weggelopen is, Natasha. Je bent degene die de zorg voor haar op zich heeft genomen en die het toen ineens allemaal te lastig vond.' Hij voelde haar blinde woede, maar het kon hem niks schelen. 'Denk je soms dat jij de enige bent die hier last van heeft? Ik heb ook klussen moeten afzeggen en John heeft ook wel wat beters te doen.'

Hij klampte zich vast aan het stuur en scheurde de buitenste baan in. Het voelde alsof de auto om hem heen kromp. 'Als jij was gebleven, als je Sarah belangrijker had gevonden dan je eigen gekrenkte trots, zaten we nu niet in deze ellende.'

'Jij geeft míj de schuld?'

'Ik wijs je alleen op je rol.'

Ze schreeuwde: 'En wie heeft zijn vriendinnetje mee naar huis genomen en in haar ondergoed rond laten paraderen waar Sarah bij was?'

'Ik heb haar niet rond laten paraderen!'

'Ze had bijna geen kleren aan. En ik kom mijn eigen huis in – ons huis – en dan staat daar zo'n godvergeten prepuberaal glamourmodel een potje besmuikt tegen me te doen in haar onderbroek!'

'Ik zou ook weleens bij jullie thuis willen komen. Klinkt goed!' zei John.

'Denk je soms dat het leuk voor Sarah was om dát mee te maken? Terwijl wij de hele tijd het gelukkige gezinnetje uitgehangen hadden?'

'Doe nou alsjeblieft niet net of dat iets mee te maken heeft met het feit dat Sarah nu weg is.'

'Nou, de sfeer werd er anders niet harmonieuzer op, of wel soms?'

'Ik heb toch al gezegd dat het me speet?' Mac beukte op het

stuur. 'Ik heb je gezegd dat het niet meer zou gebeuren. En kom op zeg, jij hebt jouw vriendje ook zo vaak in huis gehaald, of niet soms? In mijn slaapkamer.'

'Het is jouw slaapkamer niet.'

'Het was onze slaapkamer.'

'Het wordt steeds leuker,' zei John, terwijl hij nog een trekje nam.

'Hij is anders niet één keer langs geweest toen jij er woonde. Dus kom nou niet met –'

'Dat was alleen omdat jullie ergens anders heen konden.'

'O.' Ze zakte achterover en sloeg haar armen over elkaar. 'Ik vroeg me al af hoelang het zou duren voor je daarmee kwam.'

'Voor ik waarmee kwam?'

'Met mijn tweede huis. Ze hadden me al gewaarschuwd.' Ze schudde haar hoofd. 'Had ik er maar naar geluisterd.'

Hij keek haar aan. 'Wat bedoel je daar nou weer mee?'

'Dat je het tegen me zou gebruiken als we een financiële regeling zouden treffen.'

'Godallemachtig, jij bent echt niet goed snik. Denk je nou echt dat dat huurhuis van je mij een bal kan schelen? Al bracht je je weekenden door op de *Queen Elisabeth 2*, dan nog interesseerde het mij geen zak.'

'Ik vind het vervelend om jullie te onderbreken,' zei John terwijl hij weer vooroverleunde en een lange rookpluim uitblies, 'en geloof me, ik zou hier graag nog úren naar luisteren, maar denken jullie ook niet dat we op deze manier het doel uit het oog verliezen?'

Macs hart bonkte onprettig tegen zijn ribben.

Ze ging zo ver mogelijk bij hem vandaan zitten als redelijkerwijs mogelijk was voor in de kleine, tamelijk overbeladen auto – alsof hij besmet was, alsof ze overal liever zou willen zijn dan hier.

'Lieve mensen, zullen we een wapenstilstand sluiten?' vroeg John. 'Tot we haar gevonden hebben? Dat zou ik... op prijs stellen.'

Ze zaten er zwijgend bij terwijl Mac in oostelijke richting door de stad reed. Hij hield zijn kaken op elkaar geklemd.

'Ik vind het best,' zei ze met een klein stemmetje. Ze pakte de beduimelde stratengids. 'Waar gaan we trouwens naartoe?'

'Dit gaat ze leuk vinden,' grinnikte John.

Mac bleef strak voor zich kijken. 'Naar Frankrijk,' zei hij, en hij gooide haar paspoort in haar schoot. 'Ze is op weg naar Frankrijk.'

Het duurde het hele eind door de verstopte Blackwall Tunnel om uit te leggen wat er in het ziekenhuis was gebeurd. Ze had hun een paar keer gevraagd of ze hem wel goed verstaan hadden, en of de oude baas überhaupt nog wel bij zijn verstand was, totdat het Cowboy John begon te irriteren. 'Hij is ziek, maar hij is net zo bij de pinken als jij, lady,' had hij gegromd. Hij mocht Natasha niet, merkte Mac. Hij keek naar haar zoals hij naar de sissende ganzen op de manege keek, met kleine, achterdochtige ogen.

'En zelfs al hebben jullie het goed verstaan, dan nog kan ik niet geloven dat Sarah denkt dat ze een reële kans heeft om helemaal naar... Waar was het ook weer?'

'Kijk maar op de kaart.' Mac wees met een vinger en hield zijn blik op de weg gericht.

Natasha kneep haar ogen half dicht. 'Dat gaat haar toch niet lukken, of wel?'

'Ze komt niet voorbij de kust. Tenzij ze het paard het Kanaal over laat zwemmen.'

'John en ik denken dat ze het zelfs niet haalt tot Dover.'

Ze reden de donker wordende avondlucht in, en de moed zonk Mac in de schoenen toen hij zag dat het verkeer aan de andere kant van de tunnel al even druk en traag was. Hij gaf richting aan en reed de tweebaansweg op. 'Hij zegt dat het paard eerst een hele poos moet uitrusten.'

Natasha hoestte nadrukkelijk en draaide haar raampje omlaag. Ze snoof en draaide zich toen om in haar stoel. Er viel een dreigende stilte. 'Is dat wat ik denk dat het is?' vroeg ze.

'Hoe moet ik dat weten?' vroeg John. 'Ik kan niet in je hoofd kijken.'

'Is het.... wiet?'

Hij haalde het shagje tussen zijn lippen vandaan en bekeek het eens goed. 'Ik mag het wel hopen, als je nagaat wat ik ervoor heb betaald.'

'Dat kan je niet roken in de auto. Mac, zeg dan wat.'

'Ik kan toch moeilijk even buiten gaan staan, lady, of wel soms?'

Natasha liet haar hoofd even in haar handen zakken. Mac ving Johns geamuseerde blik in de spiegel.

Natasha keer weer op. Ze haalde diep adem. 'Meneer Cowboy, of hoe je ook mag heten, ik zou het op prijs stellen als je geen drugs gebruikte in de auto. In elk geval niet zolang we nog in de file staan.' Ze keek naar de auto's aan weerszijden van die van hen.

'Het helpt tegen wagenziekte. En bovendien word ik gestrest van dat geruzie van jullie. En stress is niet goed voor oude mensen zoals ik. Je hebt zelf gezien wat het met de Captain heeft gedaan.'

Natasha slikte. Ze leek duidelijk aan het kortste eind te trekken. 'Wacht even, hoor. Dus als we jou geen illegale drugs laten roken in Macs auto ga je ofwel overgeven, of je gaat dood aan stress.'

'Zo is het.'

Mac zag hoe ze haar best deed om rustig te blijven ademen. Het duurde wel even. Voor het eerst in dagen moest hij lachen.

Er was een tijd, volgens Cowboy John, dat het spitsuur in Londen inderdaad precies een uur duurde. Tegenwoordig begonnen de files al als mensen hun kinderen van school gingen halen en meestal duurde het een uur of vier voor de spits voorbij was. Met de afstandelijkheid van een toeschouwer – of misschien van iemand die net een flinke joint had gerookt – zei hij dat ze geen beroerder tijdstip hadden kunnen kiezen om te vertrekken. O, en of ze even ergens konden stoppen, want hij moest plassen. Alweer.

Om de spanning nog wat verder op te voeren was het heel hard gaan regenen. Macs auto stond in een lange rij op de A2, en de stroom van rode remlichten had wel iets weg van de staart van een enorme rode draak die af en toe opdook tussen de piepende ruitenwissers door.

Natasha had al een halfuur niets gezegd, maar zat met haar telefoon in haar hand, bladerde door haar papieren en maakte aantekeningen. Op fluistertoon voerde ze een verhitte discussie, vermoedelijk met Conor. Toen ze boos ophing, was hij stiekem een beetje blij. Hij klooide voor de vijftiende keer met de radio op zoek naar actuele verkeersinformatie.

'Ik snap niet waarom je dat steeds doet,' zei ze bits. 'Het lijkt me duidelijk dat we in de file staan.'

Mac liet het gaan. Hij zag wel dat haar telefoongesprek en de berichtjes haar dwarszaten. Het zou de zaak er niet beter op maken als hij haar zou uitleggen dat hij op zoek was naar berichten over een ongeluk met een paard.

'Mijn gevoel zegt me dat ze inmiddels Londen uit is,' zei hij, en hij tikte met zijn vingers op het stuur. 'Laten we bij de volgende afslag de A2 af gaan en misschien een stukje over een provinciale weg gaan, want daar zal ze al wel een poos op zitten. Met een beetje mazzel halen we haar in.'

Hij stak zijn hand uit het raam naar iemand die hem liet invoegen in de rij die voor de afslag stond te wachten. 'Ik stel voor dat we doorrijden tot waar we denken dat ze kan zijn, en als we haar om acht uur nog niet hebben gevonden bellen we de politie.'

Op de achterbank was van John alleen nog zijn hoed te zien. Die knikte. 'Dat lijkt me een goed plan,' zei de hoed. 'Hoewel ik nog steeds niet sta te juichen bij het idee van de politie.'

'Omdat je dan je voorraadje uit het raam moet gooien?'

'Liefje, over mijn lijk dat ze mijn wiet krijgen.'

'Dat kan geregeld worden,' zei ze zoet.

Mac keek haar aan. 'Ik bedenk ineens iets. Als we jouw creditcard laten blokkeren heeft ze geen geld. Dan moet ze wel weer naar huis.'

Natasha dacht hier even over na. 'Maar als ze helemaal geen geld heeft, loopt ze nog veel meer risico.'

Cowboy Johns stem onderbrak hen: 'Ik denk niet dat ze zich laat tegenhouden door geldgebrek. Ze is nogal vastberaden.'

'Het hangt er ook vanaf hoeveel ze al heeft opgenomen,' zei Mac, 'maar als ze hem kan blijven gebruiken, kan ze overal wel naartoe. Dan sponsoren we haar wegloopactie in feite.'

'Weten jullie honderd procent zeker dat ze die creditcard heeft meegenomen?' vroeg John. 'Want ik moet je zeggen, ik ken dat meisje al heel lang en het is niet het type dat steelt.'

Mac wachtte tot Natasha iets zou zeggen over de vissticks of het geld dat ze bij hen thuis had gestolen. Maar ze was blijkbaar diep in gedachten verzonken. 'Tash?'

'Als ze hem blijft gebruiken,' zei ze, hardop nadenkend, 'dan weten we precies waar ze is geweest. Je kunt de details van je laatste kaarttransacties opvragen.' Ze keek hem aan, en voor het eerst lag er geen enkele beschuldiging in haar blik. 'Zo kunnen we haar in de gaten houden zonder de politie erbij te halen. En als ze een hotel geboekt heeft, helemaal mooi. Dan kunnen we rechtstreeks daarnaartoe gaan.' Ze gunde zichzelf een glimlachje. 'Misschien vinden we haar zelfs vanavond al.'

Cowboy John blies een lange rookpluim uit. 'Ze is niet zo dom als ze eruitziet, dat vrouwtje van je.'

'Ik ben zijn vrouwtje niet,' zei Natasha kortaf, en ze pakte haar telefoon weer op. 'Doe je raampje eens open, Cowboy. Het stinkt hier.'

'Dartford,' zei ze even later triomfantelijk. 'Ze heeft honderd pond opgenomen in Dartford, iets voor twaalven. We zitten goed.'

Op de kaart leek het zo simpel, dacht Natasha. De A2 liep redelijk rechttoe rechtaan door Sittingbourne, Gillingham en dan door naar Canterbury. Maar terwijl de auto doorreed in het donker en de file in beweging kwam en weer inhield, de regen en de adem van drie mensen de raampjes ondoorzichtig maakten, was er nog geen enkel teken dat het meisje en haar paard ooit hadden bestaan, laat staan dat ze deze kant op gereden waren.

Ze zat er zwijgend bij. Hoe verder ze van Londen af raakten, des te zwaarder voelde de steen op haar maag. Met elke kilometer zag ze een beetje meer in hoe enorm de taak was die hun wachtte. Sarah kon wel overal zijn binnen een straal van tachtig kilometer. Ze had in oostelijke richting kunnen rijden, vanaf Dartford. Misschien zag ze wel in dat een opsporingsteam meteen naar Dover zou gaan en had ze besloten om naar een van de kleinere havens te gaan. Of erger nog, misschien zaten ze er überhaupt naast, en was ze helemaal niet op weg naar Frankrijk.

Tegen de tijd dat ze bij Canterbury aankwamen, was Natasha ervan overtuigd dat ze te ver waren gereden. 'Ze zou nooit tot hier gekomen zijn,' zei ze tegen de mannen. 'Moet je het weer eens zien.' Ze kneep haar ogen half dicht, speurend naar een meisje en een paard die er niet waren in de vage verlichting van de straatlantaarns, afgeleid door andere mensen, hier en daar een auto. 'Laten we maar weer teruggaan,' zei ze.

Maar Mac hield vol dat Sarah deze route moest hebben afgelegd, en als dat niet zo was, dan betekende dat juist dat ze moest blijven zoeken. 'Ze is om zeven uur vanochtend de stad uit gegaan,' zei hij. 'Dus dan is ze nu al een heel stuk verder.' Hij zat over het stuur gebogen en hij tuurde naar de donkere horizon.

John wist het nog zo net niet. Het paard was sterk en hij zou doen wat het meisje van hem vroeg...

'Wat?' Natasha draaide zich om en keek hem aan. 'Wat wilde je zeggen?'

Het was nu donker in de auto en ze kon Johns gezicht niet zien. 'Ik wilde zeggen, tenzij ze een ongeluk hebben gehad.'

Tegen zeven uur was het verkeer wat uitgedund, en waren er steeds meer borden die de weg naar Dover wezen. Ze stopten vier keer, als John weer eens verkondigde dat hij moest plassen, of als ze bij hotels en B&B's gingen vragen of er soms een meisje met een paard logeerde. Zonder uitzondering keken de receptionisten Natasha aan alsof ze gestoord was. Ze kon het hun niet kwalijk nemen: zelf vond ze het ook te gek voor woorden.

Telkens als ze weer in de auto stapte vroeg ze de twee mannen nog maar eens of ze wel zeker wisten dat de grootvader had gezegd dat ze naar Frankrijk was gegaan, totdat Mac antwoordde dat ze niet steeds moest doen alsof ze gek waren. En al die tijd hielden Bens berichtjes haar trouw op de hoogte van de partnervergadering die nu zonder haar plaatsvond. Hij besloot met:

Linda zegt dat je je geen zorgen moet maken.

Volgens Natasha was dat een teken dat ze zich heel erg zorgen moest maken.

Ergens was ze tijdens het afgelopen halfuur het vertrouwen kwijtgeraakt. Mac bleef alles maar doorrekenen: welke afstand konden een meisje en een paard afleggen als ze gemiddeld vierentwintig kilometer per uur rijden en gegeven de weersomstandigheden en het gebrek aan voedsel. 'Ik denk dat ze ergens bij Canterbury in de buurt zijn,' concludeerde hij. 'Of misschien moeten we weer terug naar Sittingbourne.'

'Ze zullen wel doorweekt zijn,' zei John treurig en hij veegde het raampje af met zijn mouw.

'Ik denk dat we ergens moeten stoppen en dan alle hotels bellen om te vragen of ze haar hebben gezien,' zei Natasha. 'Maar mijn telefoon is bijna leeg, dus het moet met die van jullie.'

Mac stak zijn hand in zijn zak en gaf hem aan haar. Toen ze hem aannam, dacht ze terug aan het laatste jaar van hun huwelijk, waarin die telefoon, net als de hare, verborgen bleef, omdat er flirterige berichtjes op stonden, of omdat er andere tekenen op te zien waren van hun stuklopende relatie. 'Laat maar,' zei ze. Ze wilde hem bij nader inzien toch liever niet gebruiken. Ze wilde niet het risico lopen dat ze berichtjes zou zien van dat mens, en gemiste telefoontjes over de dingen die hij op dit moment liever zou doen.

'Ik moet plassen,' zei John weer.

'We moeten zo tanken,' zei Mac. 'Laten we naar Dover rijden. Als ze daarnaar op weg is, maakt het ook niet uit of we haar al voorbij zijn.'

'Maar als ze in Canterbury is gebleven, is ze pas morgen in Dover.'

'Ik weet het anders ook niet,' zei Mac. 'We zien geen hand voor ogen meer, dus we kunnen niet de hele avond blijven rondrijden. Laten we nou maar naar Dover gaan en dan doen wat jij al voorstelde, Tash, maar dan zoeken we ergens een vaste telefoon. Dan bellen we rond en dan gaan we even een hapje eten. We zijn allemaal doodmoe.'

'En dan?' Natasha legde Macs telefoon voorzichtig op het dashboard.

'Nou... dan moeten we maar hopen dat we erachter kunnen komen waar ze slaapt op basis van jouw creditcardgegevens. Verder heb ik geen flauw idee.'

Het hotel was zo'n anonieme tent uit een internationale keten bestaande uit twee lage gebouwen van rode baksteen die via een glazen doorgang met elkaar verbonden waren. Natasha stond in de enorme receptieruimte, in haar gekreukte en bezwete pakje, en ze wilde ineens niets liever dan ergens rustig zitten en wat eten en drinken. Mac stond voor haar te kletsen met de receptioniste, die naar hem glimlachte op een niet bijster professionele manier. Natasha merkte het somber op en wendde zich af. Cowboy John zat in een leunstoel bij de muur, met zijn benen uit elkaar en zijn hoofd tussen zijn magere schouders gezakt. Natasha registreerde dat de overige gasten wat op afstand bleven en voelde zich even ongemakkelijk in zijn plaats. Toen keek hij op en gaf een wellustige knipoog aan een jonge vrouw, en ze bedacht dat haar medeleven waarschijnlijk niet aan hem besteed was.

'Oké,' zei Mac, terwijl hij zijn portemonnee weer in zijn zak stak. 'We hebben een kamer met een tweepersoonsbed en eentje met twee eenpersoonsbedden.'

'Maar we hebben toch drie kamers nodig?'

'Dit was alles wat ze nog hadden. Als je het verderop wil proberen, ga je gang, maar ik ben helemaal kapot. Ik vind het prima, zo.'

In welke kamer ga jij dan slapen? wilde ze hem vragen. Maar zijn gezicht stond zo gespannen dat ze in plaats daarvan zwijgend achter hem aan liep naar de liften.

Het was John die de zaak beklonk. 'Ik ga in bad en iets eten,' zei hij terwijl hij een sleutel van Mac aannam en de liftdeur op de tweede verdieping openging. 'Roepen jullie maar als jullie weten wat we hierna gaan doen.' Hij slenterde de gang in en toen stond ze ineens wat verlegen alleen met Mac in de lift.

Zoals elke hotelkamer waar ze ooit in had geslapen, lag ook deze kamer in een uithoek van het gebouw. Ze liepen zwijgend door de met tapijt beklede gang. Toen ze bij de deur waren wilde ze net iets zeggen, maar Mac gaf haar de sleutel. 'Ga jij maar vast rondbellen. Ik ga nog even naar de terminal van de veerboot om te kijken of ze daar soms is.'

'Moet je dan niet eten?'

'Ik haal onderweg wel iets.'

Ze keek hem na terwijl hij weer terugliep door de gang, naar zijn schouders die ineens zo afhingen, en het drong tot haar door hoe verschrikkelijk verantwoordelijk hij zich voelde voor Sarah.

Door de aanblik van zijn wanhoop schoot ze de kamer in, en probeerde niet na te denken over wat er in haar afwezigheid met haar carrière gebeurde, of aan haar ex die door de regenachtige straten in Dover zwierf, en het afschuwelijke, beschamende feit dat ze de hele tijd alleen maar verongelijkt was geweest en niet de dingen had gevoeld die ze had moeten voelen. Natasha Macauley deed wat ze altijd deed als het echte leven haar te moeilijk werd: ze zette de waterkoker aan, pakte een notitieblokje, een pen en de telefoon en ging aan de slag.

Het was al bijna halfelf toen Mac weer terugkwam. Ze had een telefoonboek geleend bij de receptie, en had niet alleen alle hotels in Dover gebeld, maar ook de hotels en B&B's binnen een straal van tien kilometer om Dover heen. Niemand had ooit gehoord van Sarah Lachapelle en niemand had een meisje met een paard gezien. Ze vroeg zich af of ze Mac had moeten bellen, maar het had geen zin. Als hij iets wist, had hij wel gebeld. Dat zou ze zelf ook hebben gedaan.

Cowboy John had haar een halfuur eerder vanaf zijn kamer gebeld met de mededeling dat hij als er verder niks ging gebeuren, een paar uur ging tukken. Ze zei dat hij dat lekker moest doen, en hoopte maar dat hij zijn kamer niet in de brand zou steken met zijn sigaretten. Met een stijve nek en de uitputting nabij bestelde ze iets te eten en een fles wijn bij de roomservice, en liep toen de kamer op en neer. Ze was net bezig haar armen uit te rekken toen ze hoorde kloppen.

Mac stond in de gang. Hij zei niets terwijl hij langs haar liep en moedeloos op een van de twee bedden ging zitten. Hij liet zich achterovervallen, met een arm voor zijn ogen om die tegen het licht in de kamer te beschermen.

'Niks,' zei hij. 'Het lijkt wel alsof ze in het niets opgelost zijn.'

Natasha schonk een glas wijn voor hem in en hield het hem voor. Vermoeid hees hij zich overeind en nam het glas van haar aan. Zijn kin was grijs van de stoppels en hij rook nog licht naar zilte zeelucht. 'Ik ben heel Dover door gegaan. Ik heb zelfs nog over het strand gelopen, voor het geval ze daar was.'

'Ben je ook naar de kaartverkoop van de veerboten geweest?'

'Ik heb de mannen die de auto's inladen gesproken. Die zouden haar anders wel gezien hebben, dacht ik. Ze vertelden me dat alle dieren per trailer vervoerd moeten worden. Dus ze kan niet verder gekomen zijn dan tot hier, Tash. Dat is gewoon onmogelijk.'

Ze zaten er zwijgend bij en dronken hun wijn.

'Wat als ze naar een andere haven is gegaan? Ik dacht meteen aan Dover... maar wat als ze naar Harwich is? Of Sittingbourne?'

'Als ze naar Harwich wilde, is ze verkeerd gereden.'

'Je onderschat haar. Ze heeft dit gepland, Mac. Ze heeft mijn creditcard. Ze zit vast ergens waar ze veilig is.'

'Maar jij hebt toch alle hotels gebeld?'

Ze haalde haar schouders op. 'Dan is ze misschien nog niet zo ver gekomen. Ik kan moeilijk alle hotels in heel Zuid-Engeland bellen. En voor hetzelfde geld slaapt ze ergens op een boerderij. Of op een manege. Misschien heeft ze wel vrienden, hier in de buurt. Er zijn wel een miljoen plekken waar ze zou kunnen zijn.'

'En dat is precies de reden waarom we de politie moeten bellen.'

Natasha zat op het voeteneind van het andere bed en kreunde van frustratie. 'Jezus, Sarah. Wat is dit voor spelletje?' De woorden waren haar mond al uit voor het tot haar doordrong dat ze ze hardop had uitgesproken.

'Ik geloof niet dat ze een spelletje speelt, Tash.'

'Denk je dat ze mijn creditcard per ongeluk heeft gestolen?'

'Ik denk dat ze geen andere uitweg zag.'

'Hoezo niet? We gaven haar alles waar ze om vroeg. We hebben voor het paard gezorgd. Ik wilde met haar gaan shoppen om spullen voor haar opa te kopen.' Ze schudde haar hoofd. 'Nee,' zei ze. Ze was dwars van de angst en de vermoeidheid. 'Ik denk dat ze het allemaal te veel gedoe vond. Ze vond onze regeltjes maar niks. Het stond haar niet aan dat ze niet naar haar paard kon als ze daar zin in had. Van ons moest ze naar school, Mac, en ze mocht niet komen en gaan zoals het haar beliefde. Wij dwongen haar orde op. En zo zet ze het ons betaald.'

'Ze zet het ons betaald?'

'Jij denkt maar dat zij net zo redeneert als wij. Dat ze net zo ís als wij. Maar je zult toch moeten toegeven dat ze steeds zo gesloten is geweest als een oester. We hebben geen idee wie Sarah Lachapelle werkelijk is.' Ze keek op en zag dat Mac haar aanstaarde.

'Wat is er nou?' vroeg ze, toen ze zenuwachtig werd van zijn blik.

'Jezus. Wat ben jij hard geworden.'

Dat was een klap in haar gezicht.

'Ik ben hard geworden,' herhaalde ze langzaam. Er kwam een brok in haar keel die ze probeerde terug te dringen. En hoe denk je dat dat komt? wilde ze tegen hem zeggen. Wie heeft me zo gemaakt, denk je? 'Oké, Mac. Waarom ga jij er altijd maar van uit dat Sarah het slachtoffer is?'

'Omdat ze pas veertien is? Omdat ze helemaal niemand heeft?'

Ze zag Ali Ahmadi weer voor zich. 'Dat wil nog niet zeggen dat ze een engeltje is. Ze heeft ons bestolen, ze heeft mijn creditcard meegepikt, dingen voor ons verborgen gehouden. En nu is ze ook nog eens weggelopen.'

'Jij hebt altijd alleen maar het slechte in haar willen zien.'

'Nee, jij hebt haar altijd alleen maar door een roze bril willen zien.'

'Wat doe je hier dan eigenlijk? Waarom zou je haar überhaupt willen vinden?'

'Het feit dat ik haar zie zoals ze is, wil nog niet zeggen dat ik me geen zorgen maak over haar welzijn.'

'Gaat dit wel echt om haar welzijn? Of wil jij gewoon niet dat anderen jou zien falen?'

'Wat bedoel je daar nou weer mee, verdomme?'

'Nou, jij staat mooi voor schut zo, of niet soms? De advocate van zielige kinderen krijgt het zelf niet voor elkaar om er voor eentje te zorgen. Ik denk dat dat de werkelijke reden is waarom je de politie er niet bij wil halen.'

'Hoe durf je?' Ze vocht tegen de neiging om haar wijn in zijn gezicht te gooien. 'Ik zie dit soort kinderen dag in, dag uit. Ik zie hoe ze hulpeloos en zielig in de rechtszaal zitten, en moet me vervolgens drie kwartier later vrolijk door hen de huid vol laten schelden als ik ze vrij heb weten te pleiten, of als ik een plek voor ze geregeld heb waar ze kunnen wonen. Ik weet dat de helft van hen meteen weer ergens een auto gaat stelen of nog een vuilniszak vol kleren gaat jatten. Ik ken dat soort kinderen. Ze hebben me zo vaak een rad voor ogen gedraaid. Ze zijn niet dom en ze zijn niet altijd zo hulpeloos.'

Ze trok haar schoenen uit en smeet ze op de grond. 'In bepaalde opzichten is Sarah een prima kind, maar verder is ze geen haar beter dan al die anderen. En het feit dat ik dat inzie, maakt mij nog geen slecht mens, wat jij verder ook van me denkt.'

Ze ging de badkamer in, gooide de deur achter zich dicht en ging op de wc-deksel zitten. Ze hield haar handen voor zich uit en zag dat ze trilden. Toen slingerde ze een badmat en twee handdoeken naar de deur in een machteloos gebaar van woede.

Er kwam geen geluid uit de slaapkamer.

Ze bleef zo zitten terwijl de minuten voorbij tikten en wachtte tot Mac zou opstaan en de kamer uit zou lopen. Hij zou nu even graag bij haar weg willen als zij bij hem. Ze zou hem wel gaan zeggen dat hij beter naar de kamer van Cowboy John kon gaan.

Maar het ergste was dat er een kern van waarheid zat in wat hij had gezegd. Ze wilde inderdaad de politie er niet bij halen. Ze wilde niet hoeven uitleggen waarom ze Sarah in huis hadden genomen en dat ze zo gruwelijk had gefaald om voor haar te zorgen. Te zorgen dat haar niets overkwam. Als ze haar nu maar gewoon konden vinden, zou Sarah stiekem toch weer iemand worden die ergens goed voor was.

Ze slaakte een lange, bevende zucht. Lekker makkelijk voor Mac om zo verontwaardigd te doen, om weer de *good cop* uit te hangen, zoals altijd. Zoals hun hele huwelijk al. Natasha liet haar hoofd in haar handen zakken en wachtte tot ze weer helder kon denken. Ze wilde niet dat hij zou zien hoe erg hij haar kon raken. Ze wilde dat hij haar überhaupt niet meer zou zien.

Toen ze de badkamer uit kwam, met een kalm gezicht en de discussie die ze had geoefend in haar hoofd, was het stil in de slaapkamer. Mac lag te slapen, nog steeds met een arm half over zijn gezicht. Ze liep zachtjes naar het andere eenpersoonsbed en staarde naar hem, de man die binnenkort haar ex zou zijn, en ze voelde ineens een enorm verdriet omdat hij dichtbij was en omdat hij haar zo vreselijk vond.

Ze kon haar ogen niet van hem af houden en besefte hoe weinig ze de afgelopen twee maanden naar hem had gekeken. Haar blik gleed naar zijn armen, de borst onder het vale T-shirt. Hoe vaak had ze zich niet in die armen gewurmd? En hoe vaak, dacht ze, had ze zich ervoor afgewend, met stevig dichtgeknepen ogen om de tranen tegen te houden? Hoe was het mogelijk dat hij haar zo verachtte na alle liefde die ze hem had gegeven?

Natasha schonk de rest van de wijn in haar glas en dronk het in één boze teug leeg. Toen pakte ze, bijna met tegenzin, de opengeslagen sprei aan het voeteneind van Macs bed op en trok die over hem heen, tot aan zijn borst.

Ze deed het licht uit. Ze ging zelf niet in haar bed liggen, maar pakte een stoel bij het raam en staarde naar de winderige parkeerplaats, de verre inktzwarte zee, en toch, tegen beter weten in, verwachtte ze dat ze de contouren van een meisje en een paard zou zien die samen door de donkere straat liepen.

Toen ze wakker werd, met een stijve nek en pijnlijke armen en benen, werd de kamer verlicht door waterig blauw ochtendlicht. En Mac was weg.

# 21

*'Als je een paard wilt leren om zijn plicht te vervullen, doe je er goed aan om hem vriendelijk te behandelen als hij doet wat je van hem vraagt.'*
Xenophon, *Over de rijkunst*

Sarah was net met Jackies laatste stal bezig toen ze schrok van Thoms stem.

'Ik wilde je niet laten schrikken,' zei hij vanaf de andere kant van de staldeur.

'Ik – ik had je gewoon niet gehoord.' Ze sprak in haar sjaal, en haar warme adem sloeg terug in haar gezicht.

'Ik kwam vragen of je trek hebt in ontbijt. Jackie is het nu aan het maken. Ze is heel blij dat jij alle paarden al voor haar hebt gedaan.'

Sarah kneep haar ogen dicht tegen de laaghangende zon. 'Ik was vroeg wakker. En zij heeft mijn broek gewassen en zo.'

'Kijk eens aan, goede manieren én werkethos. Je ouders hebben mooi werk verricht.' Hij grijnsde. Hij was al een uur bezig geweest met het schoonmaken van de grote trailer. Ze had de hogedrukspuit wel gehoord, achter de stallen, het water dat van de metalen delen spatte en het schrobben, terwijl hij er vastberaden opgewekt bij bleef fluiten. De vorige avond was hij bij het eten somber geweest, van zijn stuk gebracht door de dood van het paard. Hij had wat in zijn eten zitten prikken en het was Jackie niet gelukt om hem op te vrolijken. Sarah was al even stil, zo moe van de gebeurtenissen van die dag dat ze ter plekke in slaap had kunnen vallen. Ook zij had bijna zwijgend haar bord leeggegeten, en toen ze wazig begon te zien van uitputting was ze dankbaar naar de logeerkamer verdwenen. Jackie en haar man vonden het duidelijk gezellig dat er bezoek was: terwijl ze in slaap viel, hoorde ze hen nog steeds lachen en praten.

Ze was iets na halfzeven wakker geworden en wist even helemaal niet waar ze was. Toen, terwijl haar geheugen als in een reflex terugkwam, was ze uit bed gesprongen, en was ze in haar T-shirt het huis uit gerend, op zoek naar Boo.

Toen hij zijn hoofd over de staldeur stak en hinnikte, kon ze weer ademhalen. Ze ging de stal in, huiverend in de ochtendlucht. Hij stond rustig onder zijn geleende deken, en je kon niet aan hem zien wat voor reis hij de dag ervoor had gemaakt. Ze had zijn benen gecontroleerd, zijn voeten opgetild, en toen ze gerustgesteld was, duwde ze haar gezicht in zijn hals voor ze weer terugliep naar het huis, waar ze zich had aangekleed om zijn stal uit te mesten. Want slapen lukte toch niet meer.

Het uitmesten van de andere stallen was geen goede daad, wat Thom ook scheen te denken: ze had geen duidelijk plan voor ogen, dus moest ze er alles aan doen om nog een nacht te mogen blijven. Er was een *lairage*-systeem waar ze nog nooit van had gehoord: voor pony's van gezinnen die emigreerden; racepaarden en showpaarden die ongelofelijk veel geld waard waren, op weg naar hun nieuwe eigenaren. Net als zij, wachtte iedereen hier een nieuw leven dat ze nog niet kenden. De paarden die minder waard waren, de bejaarde en gehandicapten, de paarden die in veewagens naar het continent werden gebracht, kwamen hier niet om uit te rusten. Die moesten in de wagen blijven tot ze bij het slachthuis uitgeladen werden.

'Gisteren… was moeilijk voor jou om aan te zien. Ik hoop niet dat je er nachtmerries van hebt gehad.' Thom had ogen die of heel veel lachten, of hij was veel buiten in de zon en moest ze vaak dichtknijpen. Je kon al zien dat hij Iers was nog voor hij een woord had gezegd.

Ze leunde op haar hooivork en dacht aan het gewonde paard. 'Denk je dat hij erg heeft geleden?'

'Nee. Ze raken in shock. Net als mensen. En de dierenarts heeft hem vrij snel uit zijn lijden verlost.'

'Ben je verdrietig?'

Hij haalde zijn schouders en leek een beetje verbaasd. 'O... nee. Het was niet mijn eigen paard. Ik heb zelf geen paarden, ik vervoer ze alleen.'

'Denk je dat de eigenaar verdrietig zal zijn?'

'Ik hoop niet dat je het erg vindt, meisje, maar dat denk ik niet. Hij was maar een mislukt steeplechasepaard met moeilijke benen. De eigenaar had hem aan een Franse dealer verkocht met nog wat andere paarden. Toen ik hem vanochtend belde maakte hij zich eerlijk gezegd vooral druk over de verzekeringsclaim.'

Sarah schopte een stukje opgedroogde modder op de vloer los met de punt van haar laars. 'Hoe heette hij?'

'Het paard? Jemig, daar vraag je me wat...' Hij keek omhoog naar de lucht. Pas toen durfde Sarah hem te bekijken; ze zag tot haar ontzetting, hoewel het ergens ook wel interessant vond, dat zijn linkerhand niet echt was, maar dat hij van vleeskleurig rubber was gemaakt.

'Diablo,' zei hij en hij keek haar ineens weer aan. Sarah bloosde, ze geneerde zich dat ze betrapt was op staren. 'Nee, Diablo Blue. Zo heette die ouwe jongen. Oké. Zal ik tegen Jackie zeggen dat je zo ook komt? Ik moet nu Dover in om die scheidingswand te laten maken.'

Ze dacht erover na. Misschien kwam het doordat hij gisteravond zo veel meer aangedaan leek dan Jackie en haar man of door hoe hij de paarden over hun neus aaide terwijl hij langs de stallen liep, zich niet eens bewust van wat hij deed. Misschien kwam het ook wel door die hand. Maar iets aan Thom zei haar dat hij geen bedreiging vormde.

'Mag ik een lift?' vroeg ze en ze trok haar jas aan. 'Ik moet naar een geldautomaat.'

In theorie woonde Thom Kenneally in Ierland, maar in de praktijk was hij meestal onderweg met paarden tussen Engeland, Ierland en Frankrijk. Hij was ooit jockey geweest, vertelde hij haar, tot hij een deel van zijn arm kwijtgeraakt was bij een ongeluk tijdens het paardrijden. Daarna had hij moeite met het vinden van werk, tot hij dit transportbedrijf was begonnen.

Niet iedereen kon dit, zei hij. Veel paarden wilden zich niet graag laten vervoeren, en met alleen geduld en kalmte kwam je er niet als je ze veilig wilde in- en uitladen; je moest de paarden echt begrijpen, en al voor ze een voet op de loopplank hadden gezet kunnen zien of ze zich terug zouden trekken, zouden gaan schoppen of steigeren als ze bovenaan waren, soms zelfs voor de paarden dat zelf wisten. Hij vervoerde oude pony's, ervaren showpaarden, soms ook racepaarden met ranke benen en een prijskaartje waarvan het klamme zweet hem uitbrak. Tot gisteravond had hij in zes jaar tijd nog maar één keer een paard verloren. Maar, nee, hij zou zich er niet door laten weerhouden het werk te blijven doen.

'Dit werk past bij me,' zei hij. Ze hadden de wand bij een lasser gebracht, die beloofde dat hij tegen het middaguur klaar zou zijn. Thom zou na de lunch met de rest van zijn vracht vertrekken. 'Ik houd van de paarden. En bovendien heb ik een onafhankelijke vriendin. Die heeft veel ruimte nodig.'

'Houdt ze ook van paarden?'

Hij grinnikte. 'Niet zo. Ze wist wel dat ik of dit zou doen, of iets bij een of andere renstal. En nu hoeft ze in elk geval niet zelf de hele dag in de paarden te zitten.'

'Ik zou het juist geweldig vinden,' zei Sarah, en ze bloosde.

'Daar heb je een geldautomaat.'

Hij parkeerde de vrachtwagen voor een supermarkt. Sarah klom uit de cabine en holde de straat over. Ze trok de kaart uit haar zak, stak hem in de machine en toetste de cijfers in. Ze wierp een blik achterom naar waar hij stond te wachten, en hield haar adem in.

Ze had half verwacht dat de kaart zou worden geweigerd of, haar grootste nachtmerrie, dat er een alarm zou afgaan. Maar de machine was verbluffend welwillend. Ze nam nog honderd pond op en stak het diep in haar zakken, ondertussen in stilte haar verontschuldiging aanbiedend aan *grand-père*, Mac en Natasha. Net toen ze de weg weer over wilde steken, zag ze een telefooncel staan, zo'n ouderwetse rode, met glazen deur met vakjes. Thom zat de krant te lezen, dus ze schoot de telefooncel in en trok haar neus op omdat het er uiteraard naar urine stonk. De telefoon accepteerde de creditcard en ze belde het nummer.

Hij ging een paar keer over in de verte. Toen ze al bijna op wilde hangen, werd hij eindelijk opgenomen. 'Afdeling Neurologie.'

'Zou ik meneer Lachapelle mogen spreken?' Ze moest schreeuwen om boven het geluid van een passerende vrachtwagen uit te komen.

'Wie zegt u?'

'Meneer Lachapelle.' Ze hield haar hand voor haar andere oor. 'U spreekt met Sarah, zijn kleindochter. Kunt u me aan hem geven? Hij ligt in kamer 4.'

Het bleef even stil.

'Wacht.'

Sarah stond in het kleine hokje en staarde afwezig naar de drukke weg. Thom zag vanuit zijn cabine dat ze stond te bellen en knikte om aan te geven dat ze rustig aan kon doen.

'Hallo?' Een andere stem.

'O. Ik wilde graag meneer Lachapelle spreken. Met Sarah.'

'Hallo Sarah. Je spreekt met zuster Dawson. Ik loop even naar binnen met de telefoon. Ik moet je wel zeggen dat hij een beetje een terugval heeft gehad. Als er bij jou veel lawaai is, kan je hem misschien niet zo goed verstaan.'

'Gaat het wel goed nu?'

Er klonk heel even een aarzeling, lang genoeg om Sarah de schrik om het hart te doen slaan.

'Hoe laat kom je? Dan zorg ik dat er iemand is die jou en je pleeggezin te woord kan staan.'

'Ik kan niet komen,' zei ze. 'Ik kan vandaag niet naar jullie toe.'

'Oké. Nou ja, hij maakt het... redelijk. Maar zijn spraak is momenteel niet zo best. Je zult zelf duidelijk moeten praten. De lijn is heel slecht. Maar ik geef je even aan hem.'

Het geluid van voeten en krakende deur. Een verstomde stem: 'Meneer Lachapelle, ik heb uw kleindochter aan de lijn. Ik houd de telefoon even aan uw oor, is dat goed?'

Sarah hield haar adem in. '*Grand-père*?'

Niets.

'*Grand-père*?'

Een lange stilte. Misschien een geluid. Het viel niet te zeggen met het verkeerslawaai op de achtergrond. Ze sloeg haar hand stevig voor haar andere oor. De zuster nam de hoorn weer over: 'Hij kan jou wel verstaan, hoor, Sarah. Je kunt het best gewoon tegen hem aan praten. Maar hij zal niet veel reageren.'

Sarah slikte. '*Grand-père*?' zei ze nog eens. 'Met Sarah. Ik... ik kan vandaag niet komen.'

Een geluid, en toen de aanmoediging van de zuster: 'Hij hoort je, hoor, Sarah.'

'*Grand-père*, ik ben in Dover. Ik moest weg met Boo. Het werd te moeilijk voor ons. Maar ik bel om te zeggen...' Haar stem brak. Ze kneep haar ogen stijf dicht en dwong zichzelf om niet te gaan huilen, en om hem niet te laten horen hoe ze zich voelde. 'We gaan naar Saumur, Boo en ik. Ik kon het je pas vertellen als we eenmaal weg waren.'

Ze wachtte of ze iets kon horen en probeerde zijn reactie in te schatten. De stilte die haar tegemoetkwam, deed pijn. Ze las er duizenden dingen in, en hoe langer het stil bleef, hoe minder vastberaden ze zich voelde.

'Het spijt me, *grand-père*,' riep ze in de hoorn, 'maar ik had het niet gedaan als het niet echt nodig was. Dat weet je wel. Dat weet je toch?' Ze was nu gaan huilen, dikke, zilte tranen die op het beton onder haar voeten druppelden. 'Het was de enige manier om te zorgen dat hij veilig was. En ikzelf.

'Alsjeblieft niet boos zijn,' fluisterde ze, in de wetenschap dat hij het niet kon verstaan.

Hij zei nog steeds niets.

Sarah huilde zachtjes tot de zuster weer aan de lijn kwam.

'Heb je alles gezegd wat je wilde zeggen?' vroeg ze opgewekt.

Sarah veegde haar neus aan haar mouw af. Ze zag hem zo scherp voor zich, daar in zijn bed, zijn gezicht een masker van spanning en van nauwelijks onderdrukte woede. Zelfs nu hij al die kilometers verderop aan bed gekluisterd was, werd ze koud van zijn afkeuring. Hoe kon hij het ook begrijpen?

'Sarah? Ben je daar nog?'

Ze snoof. 'Ja,' zei ze met een vreemd hoog stemmetje. 'Ja, ik verstond u niet. Er reed een vrachtwagen langs. Ik sta in een telefooncel.'

'Nou, ik weet niet wat je hebt gezegd maar hij wil dat ik iets tegen je zeg.'

Sarah kneep haar ogen weer dicht tegen de opkomende tranen.

'Hij zegt: "Goed."'

Sarah bleef even stil. 'Wat?'

'Ja. Ik weet het zeker. Hij zegt: "Goed." En hij knikte erbij. Oké? Tot snel!'

Toen ze weer in de vrachtwagen stapte, bleef ze opzij uit het raam kijken om haar rode ogen niet aan hem te laten zien. Ze liet haar haren voor haar gezicht vallen en wachtte tot hij de motor zou starten.

*Goed. Grand-pères* ene woord gonsde door haar hoofd.

Thom startte de motor niet. Toen ze haar hoofd uiteindelijk naar hem toe draaide, keek hij haar recht in de ogen. 'Oké, meisje. Vertel nou eens wat er aan de hand is.'

Hij trapte er niet in, in de sponsorrit. Nu ze haar stem weer onder controle had, had ze het hem verteld, het verhaal dat ze bijna de hele ochtend bij zichzelf had geoefend, met een uitgestreken gezicht en een vlakke stem.

'Naar Frankrijk,' herhaalde hij. 'Je doet een sponsorrit naar Frankrijk. Om geld op te halen voor slachtoffers van een hersenbloeding. En je hebt helemaal geen papieren.'

'Ik dacht dat ik die wel kon regelen in Dover. Ik wilde jou nog vragen hoe ik het aan moet pakken.'

Ze zaten in een chauffeurscafé. Hij had een muffin voor haar gekocht en die lag nog in het plastic naast haar thee op het dienblad.

'En je reist helemaal in je eentje.'

'Ik ben heel onafhankelijk.'

'Dat blijkt.'

'En, kan je me helpen?'

Hij leunde achterover tegen zijn rugleuning en bestudeerde haar even. Toen glimlachte hij. 'Weet je wat, Sarah, ik zal je ook sponsoren. Geef me maar een sponsorformulier.'

Ze schrok en wendde haar blik af, maar hij had het al gezien.

'Ik geloof... dat die nog in mijn tas zitten.'

'Tja, dat is dan lastig.'

'Maar wil je wel helpen om aan de goede papieren te komen voor Boo?'

Hij wilde iets zeggen, maar deed zijn mond weer dicht. In plaats daarvan staarde hij uit het raam naar de auto's met zwaarbeladen imperialen die in een rij naar de terminal van de veerboot reden. Ze prutste wat met de verpakking van de kleffe muffin. Er stond geen houdbaarheidsdatum op. Voor hetzelfde geld was het ding al drie jaar oud.

'Ik heb een stiefdochter die een beetje op jou lijkt,' zei hij zachtjes. 'Toen ze jouw leeftijd had haalde ze zich allerlei problemen op de hals, omdat ze nooit ergens over wilde praten en dacht dat ze het zelf allemaal wel kon regelen. Maar uiteindelijk – en dan bedoel ik ook echt uiteindelijk' – hij glimlachte wrang om een herinnering die hij verder niet deelde – 'wisten we haar ervan te overtuigen dat iets nooit zo erg is dat je het niet met iemand kunt delen. Wist je dat? Echt helemaal niet.'

Maar hij had ongelijk, wist Sarah. Want ze zat juist in deze ellende omdát ze de waarheid had gezegd. Als ze Natasha die eerste avond niet over *grand-père* zou hebben verteld...

'Sarah, zit je soms in de problemen?'

Ze was inmiddels een meester in het opzetten van een uitgestreken gezicht. Dat deed ze nu ook, maar tegelijk had ze het vreemde gevoel dat ze daar haar excuses voor aan moest bieden. Dit is niet persoonlijk, wilde ze tegen hem zeggen. Maar wat nu als je zo bent als de rest? Snap je dat dan niet? Jullie bedoelen het goed, maar jullie zien niet hoeveel schade jullie aanrichten.

'Wat ik al zei,' zei ze kalm. 'Ik doe een sponsorrit.'

Hij kneep zijn lippen opeen, niet zozeer onvriendelijk als wel omdat hij zich erbij neerlegde. Hij nam een slok van zijn koffie. 'Jackie had eigenlijk geen zin om jou daar te laten logeren, wist je dat? Ze heeft een neus voor problemen.'

'Ik heb haar betaald wat ze vroeg.'

'Dat is zo.'

'Ik ben net als iedereen.'

'Ja hoor. Je bent een heel doorsnee meisje dat met haar paard de zee over wil.'

'Ja. En ik kan jou ook gewoon betalen, als het moet.'

Ze wachtte tot hij op zou kijken van zijn koffie, die hij blijkbaar heel fascinerend vond.

'Zou je me je creditcard even willen laten zien?'

'Wat?'

'Die kaart die je hebt gebruikt om geld uit de muur te halen.'

'Ik betaal je contant.' Ze voelde haar maag samentrekken.

'Ik heb liever dat je met creditcard betaalt, anders kan ik niets voor je doen. Dat is toch zeker geen probleem?' Hij keek haar in de ogen. 'Tenzij je naam natuurlijk niet dezelfde naam is als die op de kaart.'

Sarah duwde haar bord van zich af en stond op. 'Ik had alleen een lift nodig. Ik zit er niet op te wachten dat jij zo gaat lopen zeuren, alleen omdat je me toevallig naar een geldautomaat hebt gebracht. Als je me toch niet wilt helpen, laat me dan gewoon met rust.' En daarmee liep ze de deur uit en beende over de parkeerplaats naar de weg.

'Hé!' riep hij achter haar. 'Hé!'

Toen ze niet omkeek, schreeuwde hij: 'Je kunt geen papieren krijgen zonder doktersverklaring. En dat kost je dagen, soms zelfs weken. En je moet achttien zijn om de papieren te mogen ondertekenen. En ik weet vrij zeker dat jij geen achttien bent, Sarah. En ik weet niet hoelang Jackie nog zin in je heeft, hoeveel stallen je ook voor haar uitmest. Dus ik zou nog maar eens heel goed nadenken.'

Ze bleef staan.

'Luister, meisje, misschien moesten jullie maar weer eens naar huis.' Hij keek haar vriendelijk aan. 'Jij en je paard.'

'Maar dat kán niet. Het kan echt niet.' Tot haar ontzetting stonden de tranen in haar ogen en ze deed er alles aan om ze in te slikken. 'Ik heb helemaal niks fout gedaan, oké. Ik ben geen slecht mens. Maar ik kan niet meer terug.'

Thom bleef haar aanstaren. Ze sloeg haar ogen neer en probeerde zijn blik te mijden. Het was alsof hij alles kon zien, haar oneerlijkheid, haar kwetsbaarheid, niet zoals Sal de Maltees door haar heen keek, alsof hij haar beroofde van alles wat van waarde was, maar met een soort medeleven. Wat nog veel erger was.

'Ik moet daar echt heen.' De auto's scheurden aan hen voorbij over de grote weg. Ze dacht even hoe oneerlijk het was dat die stalen monsters wel zomaar het Kanaal over mochten. 'Ik kan je er verder niets over zeggen. Maar ik moet echt naar Frankrijk.'

Ze had haar jas in de vrachtwagen laten liggen. Ze stond daar op de koude parkeerplaats en de zeewind blies haar haar in het gezicht, en ze sloeg haar armen over elkaar. Thom bleef nog even naar haar kijken en draaide zich toen om. Ze vroeg zich af of hij weer terug naar zijn wagen zou lopen, maar hij deed een paar stappen en bleef toen staan. Toen keerde hij zich weer om. 'En als ik je niet help… wat ga je dan doen?'

'Dan zoek ik iemand die dat wel doet,' zei ze opstandig. 'Er is heus wel iemand die me wil helpen.'

'Dat is precies waar ik bezorgd om ben,' mompelde hij gelaten. Hij zweeg en dacht na. 'Oké,' zei hij. 'Misschien kan ik je wel meenemen naar Frankrijk. Ja,' zei hij meteen, toen ze hem in de rede wilde vallen, 'jou én je paard. Maar dan wil ik wel dat je me het verhaal vertelt. Dat is de deal, Sarah. Ik help je niet als je me niet vertelt wat er precies aan de hand is.'

'Diablo Blue' had geen zin om de loopplank op te gaan. Hij snoof, plantte allebei zijn voeten onder aan de plank, en liet zijn oogwit zien. Hij trok zijn rug krom, spande de spieren in zijn hals, en zijn oren schoten heen en weer terwijl zijn benen ongemakkelijk trappelden met de beschermhoezen om zijn hoeven die Thom omgebonden had.

Thom was niet onder de indruk: hij bleef rustig naast hem staan en praatte zachtjes toen het paard weigerde om vooruit te lopen terwijl hij de spanning op de lange lijn liet vieren op momenten dat het dier achteruitliep. Hij had Sarah gevraagd om het hoofdstel om te doen en had toen die lange lijn door het bit gehaald, over zijn hoofd heen, langs zijn oren en dan weer naar beneden, door de andere kant van het bit. 'Als hij terugtrekt, voelt hij druk,' legde hij uit. 'Het is een soort straf voor verkeerd gedrag, maar het is een stuk milder dan de andere instrumenten die sommige transporteurs gebruiken. Hé, het is goed. Niet zo bezorgd kijken. We nemen de tijd.'

'Jackie zei dat ze om halftwee terug zou zijn.'

'Nou, dan zijn wij allang weg.' Thom stond op de loopplank en stak zijn hand op om het paard over zijn neus te aaien. Het leek alsof hij alle tijd van de wereld had.

Sarah deelde zijn zorgeloosheid niet. Jackie zou vragen stellen, verklaringen eisen. Erger nog, ze zou Thom er misschien van weten te overtuigen dat hij een fout beging. 'Ze is voer halen, dus dat duurt niet lang. Mag ik het zelf anders niet proberen?'

'Nee,' zei Thom, 'jij bent veel te gespannen. Sterker nog, het feit dat je hier staat helpt al niet. Ga maar vast in de cabine zitten.'

'Ik wil niet –'

Uit zijn toon bleek dat hij geen tegenspraak duldde. De paarden die al in de vrachtwagen stonden hinnikten nerveus en eentje trok aan een baal hooi, om vervolgens zijn kastanjebruine hoofd over de scheidingswand te steken om te zien wat er daarbuiten allemaal gebeurde. Sarah keek gespannen naar de grote vos aan het eind van Thoms lijn, en deed toen wat hij haar had opgedragen.

Ze klom op haar stoel en voelde in haar zak of de creditcard er nog zat. 'Wat heb je over voor de overtocht?' had Thom gevraagd, en ze was achteruitgedeinsd, bang dat ze hem verkeerd ingeschat had. 'Kom, dan gaan we weer even terug naar het restaurant.'

Wat had ze hem toen veracht. Alweer zo'n bedrieger, zo'n ritselaar. Totdat hij zijn telefoon uit zijn zak haalde. Ze waren weer aan hetzelfde tafeltje gaan zitten. Haar muffin zat nog steeds in het plastic.

'Clive? Met Thom Kenneally. Ik bel over die paarden.'

Ze had zwijgend tegenover hem gezeten aan het formicatafeltje terwijl hij aan een onbekende man – die hij zo goed kende dat hij naar diens kinderen informeerde – uitlegde dat hij een probleem had met zijn vrachtwagen. 'Ik vrees dat ik wel een probleem heb met de verzekering. Volgens de lasser miste er een bout uit de scheidingswand. Niet dat ik het zelf had kunnen zien, maar de verzekeringsmaatschappij kan er zo misschien onderuit. Snap je? En als dat zo is, dan kan je fluiten naar je geld, en mijn verzekeringspremie zal wel gigantisch omhooggaan. Ja... Ja, zeg dat wel. Luister. Die Diablo Blue van jou, ik zie hier in de papieren dat hij bepaald niet van dezelfde klasse was als Desert Orchid. Snap je waar ik naartoe wil?' Hij schoot in de lach. 'Ja, inderdaad. Ik vond het inderdaad geen toppaard. Ik vroeg me af of jij me een plezier zou kunnen doen. Als ik jou nu compenseer voor je verlies, zouden we deze dan uit de boeken kunnen houden? Heb jij daar ook wat aan? Minder gedoe en zo?'

Hij bleef nog vijf minuten doorkletsen en drukte Clive op het hart dat de wagen tiptop gerepareerd was en dat hij met alle plezier vrijdag nog twee paarden wilde vervoeren. Dat hij hoopte dat ze inmiddels lang genoeg samenwerkten om... enzovoort enzovoort. Toen hij eindelijk ophing, duurde het even voor de vastberaden glimlach om zijn mond verdween. Hij stak de telefoon weer terug in zijn zak. 'Oké, meisje. Jij bent meneer Clive driehonderd en vijftig pegels verschuldigd voor zijn dode paard. Als we weer terugrijden naar die geldautomaat, denk je dan dat jouw kaart dat aankan?'

'Ik snap het niet...'

'Dat is de prijs van de nieuwe papieren van je paard,' zei hij. 'God beware me dat ik me hiermee inlaat, maar dat is de prijs van je ticket.'

Het kostte nog tien eindeloos lange minuten waarin ze haar twee overgebleven nagels afbeet, voor een dof hoefgekletter en een bonk haar vertelden dat de loopplank eindelijk omhoog was. Toen hoorde ze dat de wagen vergrendeld werd. Het portier aan de bestuurderskant ging open, zodat er een golf koude lucht binnenkwam, en Thom stapte de cabine in. 'Dat ging toch helemaal niet zo slecht? Die andere twee kunnen prima tegen reizen. Ze helpen hem wel.' Hij grijnsde. 'Je kunt weer rustig ademhalen.'

Hij startte de motor. De vrachtwagen trilde en de enorme motor kwam grommend tot leven. Sarah pakte haar stoelriem.

'Heb je dat briefje nog achtergelaten voor Jackie?' Hij verstelde zijn spiegel.

'En het geld. Ik zei dat ik een andere route zou nemen en dat ik naar Deal ging.'

'Goed zo. Ach kom op, meid. Niet zo gespannen. We hebben luchtvering – supercomfortabel voor de paarden. Ze hebben minder last van de rit dan wij. Ik durf te wedden dat hij voor het eind van de oprit al met zijn neus in zijn hooinet zit.'

Ze kon niet tegen hem zeggen dat ze niet bang was voor Diablo Blue's gedrag. Het was de mogelijkheid dat de douaniers te goed naar de beschrijving van het paard zouden kijken. Het was het idee dat iemand die verstand van paarden had zou zien dat Diablo Blue in de drie weken nadat zijn reispapieren waren uitgegeven ineens tien centimeter gegroeid was.

'Weet je dit heel zeker?' vroeg Thom. 'Het is nog niet te laat, je kunt nog terug, hoor. Ik weet zeker dat we wel iets kunnen regelen met je pleeggezin als ik met hen praat.'

*Goed*, had *grand-père* gezegd. *Goed*. De zuster wist het zeker. 'Ik wil gewoon gaan. Nu,' voegde ze eraan toe.

Ze keek in de zijspiegel. Achter de manege, uit het zicht, lag een paard dat nu Baucher heette onder een zeil te wachten tot het plaatselijke abattoir hem zou ophalen. De paspoorten en reispapieren zaten in een beduimelde map voor haar.

'Oké.' Thom gooide het stuur om en de vrachtwagen reed richting grote weg. 'Dan gaan we naar de grote *bateau*, jij, ik en Mr Diablo Blue.'

# 22

*'Een temperamentvol paard moet worden afgeremd om niet voluit te gaan, en men moet al helemaal voorkomen dat het met een ander paard de strijd aanbindt. Want in de regel zijn de paarden met het meeste temperament ook de paarden met de meeste eerzucht.'*
Xenophon, *Over de rijkunst*

Cowboy John ging zitten met zijn vierde bord vol eieren, spek en toast, en wreef in zijn handen. 'Niet slecht,' zei hij terwijl hij zijn servet in zijn kraag stak. 'Helemaal niet slecht voor snelwegvoer.'

Mac nam nog een slok van zijn koffie. 'Ik snap niet dat iemand vier borden kan wegwerken,' zei hij met een blik op het geplunderde ontbijtbuffet.

'Ik heb ervoor betaald,' zei John. 'Dus dan wil ik er ook gebruik van maken.'

Ik dacht dat ík ervoor betaald heb, dacht Mac. Maar het was een opluchting om bij iemand te zitten die zo goedgemutst was, dus zei hij niets. Om hen heen gonsde de ontbijtzaal van de Tempest International van de reizigers; verkopers die druk in gesprek waren op hun telefoon, gestreste moeders die kleine kinderen aan met cornflakes bezaaide tafeltjes probeerden te houden, terwijl de vaders achter een krant verdwenen. Af en toe kwam er een Oost-Europees meisje met een rond gezicht naar hen toe om te vragen of ze koffie bij kon schenken, waarop John steeds antwoordde: 'Nou, graag! Fijn!'

Hij kwam die ochtend als herboren aan tafel, met een nog iets bredere glimlach onder zijn oude bruine hoed, en hij had zijn kraag en manchetten keurig geperst. Mac, wiens kleren er altijd uitzagen alsof hij ze al een paar dagen aanhad, voelde zich vreselijk slonzig in zijn gezelschap. Hij was voor dag en dauw opgestaan, want hij kon niet meer slapen, en omdat hij niets zinvols kon doen, was hij weer langs het verlaten strand gaan lopen en keek hij naar de vroege veerboten die af- en aanvoeren terwijl het steeds lichter werd. Hij luisterde naar de meeuwen die boven zijn hoofd rondjes draaiden en vroeg zich misselijk van angst af waar Sarah in vredesnaam kon zijn.

Iets na achten was hij weer terug, ging de kamer in en zag dat Natasha niet meer in de stoel bij het raam zat, zoals toen hij weggegaan was, maar dat ze nu op het andere bed lag. Het was stil in de kamer, met alleen het verstomde gemompel op de gang dat de stilte doorbrak. Ze had haar knieën opgetrokken tot haar kin, een wonderlijk kinderlijke houding, haar haar viel half over haar gezicht en ze fronste, zelfs in haar slaap. Op het bureau lag haar telefoon te flitsen, ondanks het vroege tijdstip. Hij overwoog om de telefoon even op te pakken, voor het geval Sarah had gebeld, maar het idee dat Natasha wakker werd en zou zien dat hij haar privacy schond, hield hem tegen. In plaats daarvan nam hij een douche, deed zijn best om zich wat op te frissen met de niet-schuimende hotelzeep en ging toen naar beneden, waar Cowboy John kennelijk al een poosje bezig was.

'En, chef, wat is het plan voor vandaag?' John veegde een plasje ei op met een stukje toast.

'Ik heb geen idee.'

'Want weet je... ik heb zitten denken, en ik durf er iets om te verwedden dat ze hier ergens in de buurt is. Dat meisje is nog nooit ergens geweest, tenminste, niet zolang ik haar ken. Ze kan moeilijk met dat vervloekte paard naar Frankrijk zwemmen. Dus ik zou zeggen, of ze laat hem hier ergens achter en gaat te voet naar Frankrijk, in dat geval heeft iemand haar misschien zien rondhangen bij de ticketverkoop, of ze heeft al bedacht dat ze hier vastzit, en blijft hier tot ze een ander plan bedenkt.'

'Ik kan me niet voorstellen dat ze haar paard achterlaat.' Mac dacht aan hun afgebroken logeerpartij in Kent.

John grijnsde. 'Dat dacht ik nou ook, vriend. Dus moet ze nog hier ergens zijn. Laten we de plaatselijke politie bellen. We moeten zeker weten dat we er alles aan gedaan hebben. We moeten de maneges afbellen, hotels vragen of er kinderen hebben ingecheckt met Natasha's creditcard.'

Mac zakte achterover in zijn stoel 'Zoals jij het zegt, klinkt het simpel.'

'De beste plannen zijn vaak het simpelste. Dus tenzij jij een beter plan hebt...'

Natasha kwam naar hun tafel. Haar haar was nat en ze leek op haar hoede, alsof ze bang was dat ze haar zouden bekritiseren dat ze zo laat op was.

'Hier.' Mac trok een stoel voor haar naar achteren. 'Wil je koffie?'

'Ik had helemaal niet willen uitslapen. Jullie hadden me wakker moeten maken.'

'Ik dacht dat je wel wat rust kon gebruiken.' Hij zag heel even iets over haar gezicht schieten en dat ze probeerde om dat te onderdrukken. Een onschuldige opmerking kon zomaar verkeerd uitgelegd worden als elk gesprek beladen was door hun geschiedenis.

'Je telefoon,' zei ze, en ze gaf hem het toestel. 'Die had je in de kamer laten liggen. Je vriendin heeft gebeld.'

'Waarschijnlijk over een klus die ik vanochtend had zullen doen...' begon hij, maar ze was al naar het buffet gelopen.

John leunde voorover. 'Ik heb nog iets anders bedacht.'

Mac luisterde nauwelijks. Ze stond bij de broodmand en schudde met haar hoofd terwijl ze woorden afvuurde tegen haar telefoon.

'Misschien maken we ons we veel te druk. Die ouwe van haar. Die heeft dat paard behoorlijk goed getraind, beter dan alle paarden die ik ooit in mijn leven heb meegemaakt, en ik zit al heel lang in de paarden.'

'En?'

'Ze is veilig met hem in de buurt.'

'Met wie?' Natasha ging zitten met een stuk toast tussen haar tanden geklemd.

'Het paard. John denkt dat ze veilig is, als ze met het paard is.'

Natasha legde de toast op haar bord. 'Hoezo, is het soms Champion het Wonderpaard? Gaat het haar redden van nesten ratelslangen? Of gaat het wilde indianen bij haar vandaan houden?'

Cowboy John gaf zijn hoed een tikje naar achteren en keek haar boos aan. Hij wendde zich nadrukkelijk tot Mac: 'Ik bedoel dat ze snel weg kan als de situatie haar niet bevalt. En veel mensen zijn geïntimideerd door paarden. Die zullen haar wel met rust laten, mensen die anders wel geïnteresseerd zouden zijn in een klein meisje dat helemaal in haar eentje is.' Hij dronk zijn koffiekopje leeg. 'Zoals ik het zie, is ze een heel stuk veiliger met dat paard dan zonder.'

Natasha dronk wat sap. 'Of ze is ervanaf gegooid. Of eronder gevallen. Of mishandeld door iemand die het paard van haar wilde stelen.'

John keek haar bedachtzaam aan. 'Tjonge, wat ben jij een vrolijke noot. Ik zie wel waarom je advocaat bent geworden.'

De jonge serveerster hing rond bij hun tafeltje. Mac glimlachte en hield zijn beker op. Toen ze wegliep zag hij dat Natasha naar hem keek. Het was geen vriendelijke blik.

'Ik denk dat Mac liever had gehad dat ik serveerster was.'

'Wat bedoel je daar nou weer mee, verdomme?'

'Ik bedoel,' ze richtte zich tot John, 'dat hij zo'n man was die altijd zei dat hij hield van intelligente vrouwen. Tot bleek dat "intelligent" eigenlijk "gecompliceerd" betekende en "te slim", toen had hij toch liever serveersters van tweeëntwintig en fotomodellen.' Ze liep rood aan.

'En jij wilt beweren dat daar iets mis mee is?' zei John grinnikend.

Mac verschool zich achter zijn koffie. 'Misschien vond ik het wel gewoon makkelijker om met mensen te zijn die niet de hele tijd maar kwaad op me waren.'

Dat raakte haar. Hij zag haar kleur en schaamde zich, gek genoeg.

John stond stram op. 'Ik moet zeggen, als ik jullie zo zie, weet ik weer waarom ik nooit getrouwd ben, tortelduifjes. Misschien kunnen jullie een actieplan bedenken, dan ga ik nu mijn tanden poetsen. Ik ben over vijf minuten weer beneden.'

Ze keken hem na terwijl hij de ontbijtzaal uit slenterde. Natasha kauwde op haar toast. 'Sorry,' zei ze met haar blik op haar bord, 'ik had niet moeten –'

'Tash?'

Ze keek op.

'Kunnen we misschien de wapens neerleggen? Ik vind het allemaal... vrij vermoeiend.'

Een flits van woede. Hij zag het wel, haar onuitgesproken: *Vermoeiend? Is dit soms allemaal mijn schuld?*

'Je hebt gelijk,' zei ze. 'En ik zei al sorry.'

Aan de andere kant van de zaal had John zijn hoed opgelicht voor de serveerster. Mac zag dat hij een hoffelijke buiging voor haar maakte. 'Oké, wat is je plan? Ik heb namelijk geen idee.'

'Ze kan nooit ver weg zijn,' zei Natasha. 'Ik zou zeggen, we geven haar tot... vier uur? Als we haar dan nog niet hebben gevonden, bellen we de politie.'

Natasha en Cowboy John zaten op een bankje voor de ticketverkoop, met hun hoofd in hun jas gedoken om zich te beschermen tegen de wind, terwijl de meeuwen boven hen krijsten. Ze hadden die ochtend bijna heel Zuid-Engeland gebeld vanaf de twee hotelkamers en toen ze het beu waren om zo opgesloten te zitten en de spanning hun te veel werd, waren ze naar Mac gegaan, die buiten was. De tijd kroop, en elk uur dat voorbijging zonder enig spoor van Sarah deed de angst toenemen. Ze zaten voor een sombere Portakabin en keken naar de stroom passagiers die uit bussen kwam en die kaartjes wilde kopen of de toiletten wilde gebruiken. Af en toen belde Ben met een of andere vraag, vaak namens Richard, en dan tetterde ze het antwoord om boven de wind van zee uit te komen. Zo nu en dan stond Cowboy John op om een stuk over het asfalt te lopen en uitdrukkingsloos te roken, waarbij hij af en toe een slanke hand opstak om zijn hoed op zijn plek te houden.

'Het bevalt me niks,' zei hij, starend over zee. 'Dit is niks voor Sarah.'

Ze hoorde hem nauwelijks. Ze dacht aan wat Linda had gezegd

toen ze had gevraagd of Conor het voor haar opgenomen had gisteravond tijdens de partnervergadering. 'Hij probeerde het nog wel,' had ze geantwoord, met een stem waaruit bleek dat hij niet echt zijn best had gedaan. 'Gek genoeg was het Harrington die het echt voor je opnam. Tijdens een conference call. Ik... eh... hoorde het toevallig. Hij zei dat jouw strategie... innovatief was, en dat het feit dat je weg moest geen verschil maakt voor de zaak.' Ze was verbaasd dat Natasha niet wat blijer was met dit nieuws.

Het was die ochtend goed gegaan op de rechtbank. Richard had de huisarts aan de tand gevoeld en Harrington had de gerechtsaccountant ondervraagd, en gehakt gemaakt van meneer Perseys bewering dat hij financieel zo veel verlies draaide. Hij was er zo van ondersteboven, zei Ben, dat Harrington achteraf had gezegd dat het hem zou verbazen als ze de volgende dag niet een deal zouden sluiten. Natasha zei dat dat geweldig was en probeerde de jaloezie te negeren die het in haar losmaakte.

Mac kwam nu in zijn handen klappend op hen af. Zijn haar was rechtovereind geblazen door de wind. Toen ze hem zo zag, werd ze zich bewust van haar eigen gekreukte pakje en de licht bedompte geur van haar blouse. Haar voeten deden pijn van het vele lopen op haar hoge hakken. Ze moest maar nieuwe kleren kopen als ze Sarah niet snel zouden vinden.

'Nog niks?'

Natasha schudde haar hoofd. 'Niemand herinnert zich een paard. Maar ze zeiden dat er gisteravond andere mensen aan het werk waren op het kantoortje. En ze willen ons de passagierslijst niet laten zien – privacywetgeving.'

Mac vloekte zacht. 'En ook geen nieuws van de creditcard?'

'Dat wil niks zeggen. Het duurt soms een paar uur voor een betaling is verwerkt.'

Ze hadden geen ideeën meer. En bij gebrek aan een vastomlijnd plan was het dringende gevoel van gisteren langzaam weggeëbd, om plaats te maken voor een vreemd soort melancholie.

De dag sleepte zich voort. Ze gingen ieder ergens anders op zoek, gingen om beurten door Dover lopen of rijden, of terug naar het hotel om de rest van het telefoonboek af te werken. De eigenaar van een snoepwinkel in Castle Street durfde te zweren dat ze de avond ervoor een meisje te paard had gezien, maar had verder geen informatie. Mac, die steeds gefrustreerder raakte, hield mensen staande op straat, sprak met winkeliers en mensen die bij de veerboot werkten. Cowboy John had zich teruggetrokken op zijn hotelkamer om de hotels die ze gisteren al hadden gebeld nog een keer te bellen, voor het geval dat, en viel af en toe in slaap. Natasha kreeg nog meer telefoontjes van haar werk, en moest uitleggen dat ze toch niet vanavond al weer terug zou komen. Ze liep door de natte straten van Dover, vechtend tegen haar steeds grotere wanhoop.

Ze hadden om zes uur afgesproken in een pub bij het strand. Natasha had liever in het hotel willen eten, maar John had gezegd dat hij gek zou worden als hij nog een minuut langer in dat nare, steriele gebouw moest blijven. De pub, die nog niet aangetast was door modieuze luimen, stonk intens naar bier en schrale sigarettenrook. Toen hij ging zitten, leek hij wat te ontspannen. 'Dit is een stuk beter,' zei hij, en hij klopte op de met sleets velours beklede stoelzitting, alsof hij zich er thuis voelde.

Natasha wachtte tot de mannen naar de bar gingen voor ze het nummer intoetste. Ze ging zitten en hield haar andere hand tegen haar oor om het lawaai van de sportuitzending op de televisie die boven haar hing niet te horen.

Hij liet hem acht keer overgaan voor hij opnam. Ze vroeg zich af of hij soms had gezien wie er belde en hij niet kon beslissen of hij nu wel of niet zou opnemen.

'Conor?'

'Ja.'

'Ik vroeg me af hoe het met je ging.'

'Heb je haar al gevonden?'

'Nee.'

'Waar ben je nu?'

'In Dover. Ze is zeker deze kant op gegaan, maar we kunnen haar nergens vinden.' Ze had het nog niet gezegd, of ze wenste dat ze dat 'we' had weggelaten.

'Aha.'

Er viel een lange stilte. Natasha keek achterom naar Mac, die met het meisje achter de bar stond te praten, misschien om uit te leggen waarvoor John en hij in Dover waren. Ze zag dat het meisje haar wenkbrauwen optrok en met haar hoofd schudde. Ze had deze reactie de afgelopen vierentwintig uur al zo vaak gezien dat ze de woorden niet eens meer hoefde te horen.

'Conor?'

'Ja?'

'Ik vroeg me af...' Ze haalde haar vingers door haar haar. 'Ik wilde alleen even weten of het nog goed is, tussen ons. Ik vind het vreselijk zo.'

Het bleef even stil voor hij antwoordde: 'Je wilde even weten of het nog goed is?'

'Het spijt me dat ik zo halsoverkop weg moest, maar je moet begrijpen dat ik het Mac niet allemaal in zijn eentje kon laten regelen.'

Boven het geluid van de televisie uit hoorde ze zijn ademhaling. 'Jij snapt het echt niet, hè, Hotshot?'

'Ik heb je uitgelegd hoe het zit met de zaak. En ik hoorde dat Harrington het vandaag geweldig heeft gedaan bij de rechtbank. Dus het feit dat ik er niet was –'

'Nee. Je snapt het niet.' Hij klonk nu zachter.

'Wat snap ik niet?'

'Je hebt het me niet één keer gevraagd, Natasha. Niet één keer, terwijl je je hele leven overhoophaalt, is het niet één keer bij je opgekomen om mij om hulp te vragen.'

'Wat?'

'Je hebt het niet eens overwogen, of wel soms? Wat zegt dat over ons?'

Mac stond inmiddels met het meisje te lachen.

'Ik dacht dat je niet zou...' zei ze. 'Aangezien je zo...'

'Nee. Het kwam niet eens bij je op om het te vragen. Ik weet niet wat er aan de hand is met jou en Mac, maar ik wil niks met iemand die niet eerlijk kan zijn over haar gevoelens.'

'Dat slaat nergens op. Ik –'

Maar hij had al opgehangen.

Sarah zwaaide met een stuk brood door de lucht, zich niet bewust van het feit dat haar hoge Engelse stem de aandacht trok van de

Fransen die aan de andere tafeltjes zaten te eten. 'Het is een soort broederschap. Ze dragen zwarte petten en zwarte uniformen...'

'Aha. Ik dacht al dat het je om de kleren ging,' plaagde Thom haar.

Sarah negeerde hem. '... en ze kunnen echt álles met hun paarden. Ze kunnen ze een *capriole* laten doen. Weet je hoe moeilijk dat is, een *capriole*?'

'Ik kan me er alles bij voorstellen.'

'*Grand-père* zei altijd dat hij zich voor het eerst in zijn leven begrepen voelde toen hij bij le Cadre noir kwam. Alsof er maar een paar mensen op de hele wereld waren die zijn taal spraken en al die mensen precies op die plek woonden.'

'Dat gevoel ken ik.'

'Maar ze werkten er ontzettend hard. Hij begon al om zes uur 's ochtends en soms ging hij de hele dag door, met verschillende paarden, verschillende sprongen. Sommige sprongen waren van het *basse école*-niveau – dat is eenvoudiger – en sommige waren *haute école*. De paarden zijn allemaal in verschillende sprongen gespecialiseerd. Zijn lievelingspaard was dus in de *capriole* gespecialiseerd. Weet je wat dat is?'

'Nee.'

Ze blies haar wangen op. 'Het is echt een van de moeilijkste dingen die je een paard kunt laten doen. Het was oorspronkelijk een krijgsmanoeuvre en is al duizenden jaren oud. Het paard springt op vanaf zijn achterbenen en als het dan, zeg maar, in de lucht hangt, schopt het zijn benen naar achteren. Ik dacht vroeger altijd hoe het moest zijn geweest als je op een slagveld was, en dat iemand je dan van achteren wilde neersteken en je paard ineens *beng!* deed.' Ze beeldde het schoppen van de hoeven uit.

'Lijkt me best eng.'

'Blijkbaar werkte het, want anders waren ze er niet zo lang mee doorgegaan.'

Ze wilde per se betalen. Het zat hem niet lekker dat zijn avondmaal werd gefinancierd door een gestolen creditcard, maar ze had hem verzekerd dat ze alles tot op de laatste penny zou terugbetalen als *grand-père* weer beter was, en het punt met Sarah was dat je haar wel moest geloven.

Toen ze in Frankrijk aangekomen waren en ze de *autoroute* op gingen, was ze steeds enthousiaster geworden en je kon je nauwelijks voorstellen dat dit meisje dat zo vrolijk en vol vertrouwen kletste hetzelfde stille, achterdochtige kind van de vorige avond was.

'*Grand-pères* vriend John zegt altijd voor de grap dat het circuskunstjes zijn, maar het zijn helemaal geen kunstjes. Je begrijpt het pas als je het ziet. De paarden doen het omdat ze het zelf zo geweldig vinden. Je moet ze zo trainen dat ze het zelf willen doen. Want als ze dan moeten optreden is er geen stress, geen spanning. En om die reden leer je het ze heel langzaamaan, stapje voor stapje, zodat ze begrijpen wat je van ze wilt, zonder dat ze ertegen in opstand komen.' Ze nam een hap van haar chocolademousse. 'Worden racepaarden ook zo getraind?'

Thom verslikte zich bijna in zijn koffie. 'Nee. Niet bepaald, nee.'

De deur van het de wegrestaurant ging open en dicht, en liet het zoveelste Franse gezin binnen. Terwijl ze dooraten keken ze hoe de moeder haar twee kinderen toesprak en naar de dingen wees die ze van het buffet mochten kiezen.

'Hoelang woon je al alleen met je opa?'

'Vier jaar.'

'Heb je nog contact met je moeder?'

'Die is vóór oma al overleden.'

'Wat erg.'

'Het geeft niet. Ik wil niet overkomen als een naar mens, maar... ze was iemand die altijd maar problemen veroorzaakte. Ik was nog heel jong toen ze me in de steek liet. Maar mijn oma mis ik wel heel erg.' Sarah stak haar voet onder zich en brak een stukje chocola af.

'We waren heel gelukkig, mijn oma en *grand-père* en ik. Mensen geloven me nooit als ik zeg dat ik mijn moeder niet mis, maar ik heb haar echt nooit gemist. Nog geen dag. Alles wat er is gebeurd toen ik nog bij haar was, voelt heel naar. Niet dat ik me nog veel herinner, maar ik weet nog wel dat ik altijd bang was. Toen mijn grootouders me in huis namen, ben ik nooit meer bang geweest. Op een dag,' zei ze, en ze gebaarde naar het Franse platteland, 'neem ik *grand-père* hier weer mee naartoe. We zouden hier eigenlijk in november al naartoe. Dat wilde hij zo graag. Maar toen kreeg hij die hersenbloeding en werd het allemaal...' Ze zweeg en probeerde haar emoties onder controle te krijgen. 'Als hij hoort dat ik daar ben, dan zal hem dat helpen, denk ik. Als hij fit genoeg is, kan hij ook komen. Hij zal zo blij zijn.'

'Je bent er nogal zeker van dat het je gaat lukken.'

'Mijn opa was een van de beste ruiters van Frankrijk. Hij kon een paard laten zweven en dingen laten doen die het paard zelf nooit voor mogelijk had gehouden.' Ze stopte de chocola in haar mond. 'Het enige wat ik doe is proberen om daar te komen.'

Thom keek het kind aan, met haar verstekeling-paard. Zoals zij het vertelde, klonk het allemaal volkomen logisch.

Natasha deed haar telefoon weg en vloekte. Het was al donker, en ze liepen met zijn drieën doelloos door Dover, nadat ze terugkwamen van een geldautomaat in een slaperig, industrieel deel van de stad, vol garages en nietszeggende kantoorgebouwen. Volgens de creditcardgegevens was dat de plek waar voor het laatst geld opgenomen was. Dat ze zo dichtbij waren en verder toch geen spoor van haar konden vinden, had de spanning in het kleine autootje langzaam maar zeker opgevoerd. Niemand had het nog over de belofte van eerder die dag dat de politie erbij gehaald zou worden: ze wísten dat ze in de buurt was. Dat stukje plastic was het bewijs. Maar hoe kwam een meisje te paard op die plek terecht?

Natasha draaide zich om naar Cowboy John. 'Zeg John. Hoe komt Sarahs opa daar eigenlijk terecht? Het is... het is toch niet de leukste plek om te wonen?'

'Denk je dat het zijn plan was om daar terecht te komen? Denk je dat dat zijn doel in het leven was?'

Mac haalde zijn schouders op. 'Wij weten verder niks van hem, behalve dan dat hij kennelijk een kind heeft opgevoed dat de zwaartekracht kan tarten.'

John ging er eens goed voor zitten. 'Oké. Ik zal jullie vertellen over Henri. Hij komt uit een behoorlijk rouwdouwersgezin. Boeren, ergens uit het zuiden. Hij had problemen met zijn vader, en toen Henri nog jong was, is hij hem zo snel mogelijk gesmeerd om bij het leger te gaan.'

Ze dacht al dat John graag verhalen vertelde, en ze vond het prima om naar hem te luisteren: dan hoefde ze tenminste niet na te denken. En Mac zou het ook wel niet erg vinden: die was dol op de levensverhalen van andere mensen. Hij hoorde ze al jaren aan van de mensen die hij op de foto zette.

'En via het leger kwam hij op een paard terecht, bij de bereden wapens of zo. In de jaren vijftig heeft hij zich opgewerkt tot hij aangenomen werd bij le Cadre noir, toen ze dat weer aan het opbouwen waren na de oorlog.' Hij keek naar de twee mensen voor zich. 'Dat is een hele prestatie, zal ik je zeggen. Het is de top van het land. Een academie voor de elite. Man, wat hield hij van die school. Als hij erover sprak, ging hij altijd een beetje rechter staan – snap je wat ik bedoel?'

'Hoe kwam hij dan in godsnaam in Sandown terecht?'

'De vrouwtjes.' John keek Natasha misprijzend aan, alsof die er iets mee te maken had. 'Hij werd verliefd.'

In 1960 was le Cadre noir op een van zijn eerste internationale tournees, en toen zag Henri Lachapelle voor in het publiek een vrouw met donker haar zitten. Ze was er alle voorstellingen. En de grap was dat ze helemaal niet van paarden hield; ze was met een vriendin meegekomen, maar ze was zo gebiologeerd door die jongeman met zijn stijve zwarte boord die het er zo magisch uit liet zien, dat paardrijden.

Op een avond was hij na het optreden naar haar toe gegaan en, zoals hij jaren later aan John had verteld, het was alsof alles in zijn leven tot dat moment maar een repetitie was geweest.

'Ik geloof niet dat hij veel liefde had gekend, en hij kreeg het zwaar te pakken,' zei John terwijl hij nog een sigaret opstak. 'Ze brachten nog drie avonden samen door, en toen schreven ze elkaar een dik halfjaar lang brieven en waren samen als het kon. Het probleem was,' zei hij, 'dat hij chagrijnig werd van het feit dat hij niet bij haar kon zijn. Je weet hoe dat is met jonge geliefden, en Henri deed nooit iets half. Hij was er niet meer bij met zijn hoofd en zijn optredens hadden eronder te lijden. Hij begon vragen te stellen bij de dingen die ze hem op de opleiding leerden. En uiteindelijk hebben ze tegen hem gezegd dat hij zich kon voegen, en dat hij anders mocht opduvelen, dus toen is hij briesend weggegaan. Naar Engeland, waar hij met zijn meisje trouwde, en...'

'Nog lang en gelukkig leefde,' concludeerde Natasha denkend aan de foto die ze had gezien. De vrouw die zo geliefd was.

John reageerde gepikeerd: 'Kom op, zeg. Wie leeft er tegenwoordig nog lang en gelukkig?'

# 23

*'Een ongehoorzaam paard is niet alleen nutteloos, vaak speelt hij zelfs een echte verradersrol.'*
Xenophon, *Over de rijkunst*

Henri Lachapelle realiseerde zich dat eerste jaar al dat hij zich vreselijk had vergist. Florence kon er niets aan doen: ze hield van hem, zorgde ervoor dat ze er altijd mooi uitzag, en deed haar best een goede echtgenote te zijn. Het was niet haar schuld dat haar zenuwen om zijn geluk hem alleen maar een schuldgevoel bezorgden, dat zich regelmatig als een soort irritatie manifesteerde.

Hij had Florence nog de avond van le Carrousel ten huwelijk gevraagd, buiten adem, bebloed en nog steeds onder het zand. Het publiek in de stoelen om haar heen was gaan staan en had hen toegejuicht. Ze hadden urenlang door de straten van Saumur gelopen, laverend tussen de dronkenlappen en de motorfietsen, opgewonden van de dromen. De volgende morgen was hij niet op de vroege training verschenen, maar had zijn schamele bezittingen in zijn plunjezak gestopt en was naar de *grand dieu* gegaan. Die informeerde hij dat hij uit zijn functie ontheven wilde worden.

De *grand dieu* had naar Henri's blauwe oog en gezwollen wang gekeken. Hij legde zijn pen op zijn bureau. Het bleef lang stil.

'Je weet waarom we de achterste hoefijzers van onze paarden afhalen, Lachapelle?' vroeg hij.

Henri knipperde met zijn pijnlijke oog. 'Zodat ze de andere paarden niet kunnen verwonden?'

'En zodat ze zich niet verwonden als ze leren hoe ze hun voeten moeten gebruiken, en wild met hun benen zwaaien en schoppen, wat onvermijdelijk is.' Hij legde zijn handen op tafel. 'Henri, als je dit doet, doe je jezelf meer schade aan dan je beseft.'

'Met alle respect, meneer, ik geloof niet dat ik hier nog gelukkig kan zijn.'

'Geluk? Denk je dat het je geluk gaat brengen als ik je laat gaan?'

'Ja, meneer.'

'Er is geen groter geluk ter wereld dan wat je kunt bereiken als je van je werk houdt. Dit is jouw wereld, Henri. Dat ziet elke dwaas. Je kunt een man niet uit zijn wereld weghalen en denken dat hij dan gelukkig zal zijn.'

'Met alle respect, meneer, ik heb de beslissing al genomen. Ik zou graag uit mijn functie ontheven willen worden.'

Het voelde goed om zo vastbesloten te zijn, om zijn toekomst zo duidelijk voor zich te zien. Het enige moment waarop hij bijna van gedachten veranderd was, was toen hij over het overdekte erf liep om Gerontius nog één keer te zien. Het enorme paard hinnikte toen hij dichterbij kwam, snuffelde aan zijn zakken en legde toen zijn hoofd op Henri's schouder terwijl die zijn neus kietelde. Henri verbeet zijn tranen. Hij had nog nooit iemand van wie hij hield achter moeten laten; tot Florence kende hij helemaal geen liefde. Alleen dit schitterende, zachtaardige paard.

Hij deed zijn ogen dicht en snoof de vertrouwde geur van de warme huid van het dier op, voelde de fluweelzachte neusgaten, de dankbaarheid die hij altijd voelde in zijn aanwezigheid. En toen, terwijl hij zijn plunjezak vastberaden over zijn schouder gooide, draaide Henri Lachapelle zich om en liep naar de poort van de École de cavalerie.

De eerste maanden in Engeland gingen nog wel, want de beproevingen werden gemaskeerd door de kalme tevredenheid die hij ervoer als pasgetrouwde man. Florence straalde door zijn aandacht; hij zag haar wel duizend keer per dag kleine dingen doen die zijn beslissing rechtvaardigden. Haar familie keek natuurlijk een beetje de kat uit de boom met die jonge Fransman die hun dochter zo van haar stuk had gebracht, maar bleef beleefd. Niet zo vijandig als zijn eigen vader zou zijn geweest, met wie hij dan ook thuiskwam. Florence was zo slim geweest om hem te vragen zijn uniform aan te doen bij de eerste ontmoeting; met de oorlog nog vers in hun herinnering kon de generatie van haar ouders alleen maar positief zijn over een man in uniform. 'Maar jullie gaan toch niet in Frankrijk wonen?' had haar vader een paar keer gevraagd. 'Florence is familieziek. Die zou het niet redden, zo ver van huis.'

'Mijn thuis is hier,' zei Henri, en dat geloofde hij ook echt. Florence, die naast hem zat, straalde van blijdschap.

Hij was op kamers gegaan en een paar weken nadat hij in Engeland aangekomen was, trouwden ze voor de burgerlijke stand in Marylebone, zo snel dat de buren een paar maanden Florences buik nauwlettend in de gaten hielden als ze haar tegenkwamen. Hij ging op zoek naar werk en reisde heel Londen en omgeving af op zoek naar een baan als instructeur, maar paardrijden was in die tijd nog alleen weggelegd voor de rijken, en de paar keer dat hij op proef mocht komen, wist hij niemand voor zich te winnen vanwege zijn gebrekkige kennis van de taal, zijn onverstaanbare accent en zijn strenge opvattingen over de rijkunst. Op zijn beurt vond hij de Britse houding ten opzichte van paarden onbegrijpelijk en ondoordacht. Alles draaide om de jacht, men sprong slordig, ongedisciplineerd en, wat nog het ergste was, onvriendelijk met de dieren om. Het leek wel alsof men het paard wilde domineren in plaats van ermee samen te werken of het te stimuleren om het allerbeste van zich te laten zien.

Hij vond Engeland teleurstellend. Het eten was nog veel slechter dan wat hij bij de cavalerie voorgezet kreeg. Mensen vonden het kennelijk geen probleem om alles uit blik te eten; er waren maar weinig markten waar je goedkope, verse spullen kon kopen, het brood was sponzig en smaakloos, het vlees tot bruine drab vermalen en in vormen opgediend met vreemde namen: *faggots*, *rissoles*, *shepherd's pie*. Een paar keer had hij verse etenswaren mee naar huis genomen die hij zelf klaarmaakte: tomatensalade, vis, die hij op smaak bracht met de paar gedroogde kruiden die hij had kunnen vinden. Maar de ouders van Florence zaten met grote ogen aan het diner, alsof hij iets schokkends had gedaan. 'Tikje te scherp voor mij,' zei haar moeder dan, 'maar dank je, Henri. Aardig dat je het wilde proberen.'

'Niet mijn smaak, vrees ik,' zei haar vader en hij duwde zijn bord naar het midden van het tafelkleed.

Hij vond de onheilspellende horizon verstikkend en keerde vaak terug naar het smalle huisje in Clerkenwell met de mededeling dat men hem weer had ontslagen, vaak zonder hem zijn achterstallig loon te betalen. Hij kon onmogelijk in discussie gaan in een taal die hij nog niet begreep. Aan tafel werd de sfeer gespannen. Florences vader, Martin, vroeg tijdens het avondeten of hij al nieuw werk had gevonden, en als het antwoord nee was, of hij dacht dat hij misschien aan zijn Engels kon gaan werken zodat hij een 'fatsoenlijke' baan kon gaan zoeken. En fatsoenlijk werk vond kennelijk plaats achter een bureau.

Florence pakte dan altijd zijn hand vast onder het tafelblad. 'Henri is zo getalenteerd, pa,' zei ze. 'Ik weet zeker dat er binnenkort iemand komt die een functie voor hem heeft.' Na verloop van tijd was hij blij dat door de taalbarrière alleen heel korte gesprekjes mogelijk waren.

's Nachts droomde hij van Gerontius. Dan reed hij de Place du Chardonnet op, in een langzame, schommelende draf, en liet hij zijn dappere paard nu eens wisselen van been en dan weer zijn voeten uitschoppen in *passage*. Hij danste, draaide pirouettes, kwam op zijn rug omhoog in een perfecte *levade* en zag de wereld aan zijn voeten liggen. En dan werd hij altijd weer wakker in Florences kleine slaapkamer, met de saaie bruine meubels, het uitzicht op de winkelstaat, en zijn vrouw die, met haar haar in de krulspelden, zachtjes naast hem lag te snurken.

Nog een jaar later moest hij wel onder ogen zien dat hij een kolossale fout had gemaakt. De Engelsen waren nog erger dan de Parijzenaren, achterdochtig als hij zijn mond maar opendeed, en de oudere mannen maakten denigrerende opmerkingen over de oorlog omdat ze dachten dat hij hen toch niet kon verstaan. De mensen waar hij zich tussen bevond hadden geen enkele behoefte om te leren om hogerop te komen. Het enige wat ze wilden was genoeg geld verdienen om op vrijdagavond met grimmige vastberadenheid stuk te kunnen slaan aan drank. Of ze sloten zich op in hun huizen, zelfs als het mooi weer was, achter dichte gordijnen, gehypnotiseerd door hun nieuwe televisietoestellen.

Florence merkte wel hoe ongelukkig hij was en probeerde het te compenseren door nog meer van hem te houden, hem te prijzen, hem op het hart te drukken dat het wel beter zou worden. Maar hij zag de moedeloosheid in haar ogen, en voelde dat haar aanbidding omsloeg in een zich wanhopig vastklampen, en dan zei hij maar weer dat hij de week erop weer werk zou gaan zoeken, al wist hij dat er helemaal geen werk was. Haar poging om haar teleurstelling te verbloemen wakkerde zijn schuldgevoel en verbolgenheid alleen maar verder aan.

Het was april – bijna vijftien maanden nadat hij was aangekomen – toen hij de moed vatte om Varjus te schrijven. Communiceren was niet zijn sterkste punt en hij hield de brief kort:

*Beste vriend,*
*Denk je dat ze me weer terug zouden nemen? Het valt niet mee om in somberheid te leven.*

Hij bracht de brief naar het postkantoor en voelde zich vreselijk schuldig, maar ook hoopvol. Florence zou het wel begrijpen. Ze wilde toch zeker geen man die niets kon verdienen en die haar zelfs geen dak boven het hoofd te bieden had? Ze zou zich wel aanpassen in Frankrijk. En zo niet – en hij schaamde zich voor deze gedachte – zou het dan echt zo erg zijn als hij nooit meer terugging? Ze was toch zeker zelf ook niet gelukkig op deze manier? Ze zou toch zeker wel begrijpen dat geen enkele man ooit weg kon blijven bij het werk waar hij zo van hield?

Tijdens weer zo'n eindeloos durende maaltijd koesterde hij de wetenschap dat zijn brief onderweg was naar het continent. Het was kip. Mevrouw Jacobs had hem gebakken tot hij de structuur van leer had en ze had er een of andere kaassaus over gedaan. Ernaast lag een klein hoopje onherkenbare groenteprut.

Henri zat er zwijgend bij en stopte ijverig stukjes in zijn mond terwijl meneer Jacobs somberde over 'die Russische kerel' die de ruimte in ging. Hij leek de ontdekkingsreis van de heer Gagarin op te vatten als een persoonlijke belediging. 'Ik snap niet hoe ze het in hun hoofd halen om die kerel de lucht in te sturen,' merkte hij voor de derde keer op. 'Dat is toch allemaal tegen de wetten van de natuur?'

Henri had al snel door dat meneer Jacobs niet van verandering hield en hij wist inmiddels vrij zeker dat het feit dat zijn dochter met een Fransman getrouwd was ook niet iets was waar hij om stond te juichen.

'Ik vind het juist opwindend,' zei Florence.

Henri was verbaasd: ze sprak haar vader bijna nooit tegen.

'Het is romantisch,' voegde ze eraan toe, terwijl ze een stukje kip keurig doormidden sneed. 'Ik vind het een leuk idee dat er daar iemand is, tussen al die twinkelende sterren, die naar ons kijkt.' Ze schonk hem een verholen glimlach. En hij zag dat haar moeder naar hen allebei zat te glimmen.

'Florence heeft je iets te vertellen, Henri,' zei ze toen ze zijn verwarring zag.

Florence veegde haar mond af en legde haar servet in haar schoot. Ze bloosde een beetje.

'Wat is er nou?' vroeg hij.

'Ik wilde het nog even geheimhouden, maar het lukte niet. Ik heb het aan ma verteld. We moeten onze tafel dekken met een extra bord.'

'Hoezo?' zei meneer Jacobs, die opkeek van zijn krant. 'Wie komt er dan?'

Florence en haar moeder barstten in lachen uit. 'Er komt niemand, pa. Ik... ik ben in verwachting...' Ze pakte Henri's hand boven het tafelkleed. 'We krijgen een kindje.'

In Frankrijk pakten ze dingen wel behoorlijk anders aan, zou mevrouw Jacobs later tegen haar man zeggen, toen het jonge stel zich teruggetrokken had op hun kamer. Fransmannen waren zogenaamd zo wereldwijs, nou, ze had nog nooit van haar leven een man zo geschokt zien kijken.

Henri was op weg naar buiten toen hij de postbode tegenkwam op de overloop. Varjus was nog altijd even efficiënt als anders, hij had ook binnen een week teruggeschreven. Hij scheurde de envelop open en las de haastig neergekrabbelde woorden, zijn gezicht onbewogen.

*De* grand dieu *is een beste man. Ik denk dat als je hem nederig benadert, hij je deze ene fout misschien zal vergeven. Want voor alles ben jij een paardenman, en dat weet hij! Ik verheug me op je terugkeer, mijn beste.*

'Goed nieuws?' De postbode stak een dubbelgevouwen tijdschrift in de brievenbus van nummer 47.

Henri maakte een prop van de brief en stak hem diep in zijn zak. 'Het spijt me. Ik spreek geen Engels,' zei hij.

"Twee paden," had de *grand dieu* gezegd. Waarom had hij hem niet gewaarschuwd dat er zo snel al nog maar één pad over zou zijn?

Hij deed de voordeur open en stapte het kleine gangetje in. De lucht was doordrongen van de geur van doodgekookte kool en hij deed even zijn ogen dicht en vreesde in stilte wat hij die avond weer voorgeschoteld zou krijgen. Toen schrok hij van een geluid. In de zitkamer, aan de andere kant van het structuurbehang, hoorde hij een luid snikken.

De keukendeur ging open en Florence kwam tevoorschijn. Ze waggelde door de gang op hem af en gaf hem een zoen.

'Wat is er aan de hand?' vroeg hij, in de hoop dat ze de alcohol in zijn adem niet kon ruiken.

'Ik heb ze gezegd dat wij als de baby er is naar Frankrijk gaan.' Haar stem klonk rustig, en ze hield haar handen kalm voor zich gevouwen. Bij het woord 'Frankrijk' begon er weer een nieuwe ronde luid gesnik.

Henri keek zijn vrouw verward aan.

Ze pakte zijn handen vast. 'Ik loop hier al tijden mee rond. Jij heb me alles gegeven – alles,' ze keek omlaag naar haar buik, 'maar ik weet dat jij hier niet gelukkig bent. Henri. En het zou ook niet eerlijk zijn om dat van je te verwachten, tussen mensen die zo bekrompen zijn, en het feit dat ze hier zo anders met paarden omgaan en zo. En dus heb ik tegen pa en ma gezegd dat je daar voor mij gaat zorgen, zodra de baby er is. Maar zoals je waarschijnlijk al doorhebt, is ma daar niet zo blij mee.'

Ze keek hem onderzoekend aan. 'Denk je dat le Cadre noir je weer terugneemt, liefste? Ik weet zeker dat ik best een klein huisje voor je kan bestieren, als ik eenmaal gewend ben. Maar ik zou de baby liever hier krijgen, omdat ik bang ben dat ik daar niet met de dokters kan praten... en ma zou het verschrikkelijk vinden als ze dan niet bij me kon zijn. Maar zodra de baby er is, gaan we, heb ik gezegd. Ik hoop dat ik daar goed aan gedaan heb... Henri?'

Die dappere, prachtige Engelse vrouw. Henri was onmetelijk ontroerd. Hij was haar niet waard. Ze had geen idee hoe weinig het had gescheeld of hij... Hij deed een stap naar voren en verstopte zijn gezicht in haar haar. 'Dankjewel,' fluisterde hij. 'Je hebt geen idee wat dit voor me betekent. Ik zal ervoor zorgen dat we een betere toekomst krijgen... voor ons en voor ons kind.'

'Dat weet ik wel,' zei ze zachtjes. 'Ik wil dat je weer vliegt, Henri.'

Hij hoorde de baby al huilen nog voor hij thuis was. Een ijl gejammer dat weergalmde door de stille straat. Zelfs voor hij de deur opendeed naar hun kamer wist hij al wat hij zou aantreffen.

Ze zat over de wieg gebogen en maakte sussende geluidjes, terwijl ze haar hand tevergeefs over het kind liet fladderen. Toen Henri binnenkwam, draaide ze zich om. Ze zag bleek, en aan haar ogen zag hij dat ze er lange, bange uren op had zitten.

'Hoelang huilt ze al?'

'Niet zo lang, hoor.' Ze rechtte haar rug en deed een stap opzij. 'Pas sinds ma weg is.'

'Maar waarom...?'

'Je weet dat ik haar niet durf op te tillen als jij er niet bent. Mijn handen doen het weer niet. Ik heb vanmiddag een kopje stuk laten vallen en –'

Hij klemde zijn kaken op elkaar. '*Chérie*, er is helemaal niets mis met jouw handen. Dat heeft de dokter zelf gezegd. Je moet wat meer zelfvertrouwen hebben.'

Hij pakte Simone uit haar wiegje en hield het kleine kindje bedreven tegen zijn borst, ze kwam meteen tot bedaren. Haar mond ging open en dicht tegen zijn overhemd aan, op zoek naar melk. Florence zat op een stoel in de hoek en hield haar armen naar haar uit, en sloot die pas om haar dochter heen toen ze zeker was dat het veilig kon.

Terwijl ze het kind voedde, trok Henri zijn laarzen uit en zette ze keurig naast de deur. Hij deed zijn jasje uit en zette de waterketel op het vuur. Hij had eindelijk werk gevonden, bij de spoorwegen. Het was niet zo erg. Niks was meer erg nu hij wist dat het maar tijdelijk was. Ze zeiden geen van beiden iets, en de stilte in de kamer werd alleen doorbroken door het gretige sabbelen van het kind en een sporadisch voorbijrijdende auto.

'Ben je vandaag wel buiten geweest?'

'Ik wilde wel... maar ik zei toch, ik was bang om haar te dragen.'

'Je ouders hebben toch een wandelwagen voor ons gekocht. Dan kun je haar daar toch in leggen?'

'Het spijt me.'

'Niet zeggen dat het je spijt.'

'Maar het is zo... Henri...'

*Spijt is onnodig. Als je nu maar niet zo moeilijk deed over alles. Als je nu maar niet zo gespannen was over het kind, en met van die belachelijke klachten komt over handen die het zogenaamd niet meer doen, en die ingebeelde duizeligheid.*

'Zenuwen,' had de dokter het genoemd toen Florence, een paar weken na de geboorte van Simone, ineens was gaan klagen dat haar lichaam niet meer deed wat het moest doen. Dat had je soms met jonge moeders, had hij Henri en haar moeder toevertrouwd, toen ze in het smalle gangetje stonden nadat hij haar had onderzocht. Ze zagen overal gevaren die er niet waren. Ze konden zelfs gaan hallucineren.

'Ze heeft in elk geval een band met het kind,' merkte hij op. 'Zij en de baby kunnen nog een poosje bij oma blijven. Tot ze wat meer... vertrouwd is met het moederschap.' Wat had Henri dan moeten zeggen? Hij knikte berustend, verwonderd dat ze niet aan hem konden zien dat elke cel in hem dolgraag het Kanaal weer over wilde.

Florence huilde weer. Hij zag hoe ze met gebogen hoofd veelzeggende tranen van Simones katoenen jurkje veegde. En voelde een verstikkend gewicht over zich heen komen. Hoelang nog? wilde hij tegen haar schreeuwen. Hij dacht aan Gerontius die misschien al op hem stond te wachten met zijn hoofd over de staldeur.

'Het spijt me. Ik weet dat je dacht dat Frankijk voor ons de oplossing zou zijn,' zei ze zachtjes.

Dus dit was het. Dit was wat al weken onuitgesproken tussen hen in gehangen had. Ze redde het niet in haar eentje en hij kon het niet riskeren dat er iets met het kind zou gebeuren. Hij kon niet én terug naar le Cadre noir én haar steunen. Hij had zelf geen familie waar ze ondergebracht kon worden, en geen geld voor een hulp.

Ze zouden hier moeten blijven, bij haar ouders in de buurt.

Hij stond op en liep naar haar stoel. 'Ik zal monsieur Varjus schrijven,' zei hij.

Ze keek op. 'Bedoel je...'

'We blijven nog een poosje in Engeland.' Hij haalde zijn schouders op. 'Het geeft niet. Echt niet.'

Iemand anders zou zijn paard berijden.

De vingers van het baby'tje openden en sloten zich op haar blote huid, eisend, geestdriftig. 'Misschien als ik me weer wat beter voel...' zei Florence zachtjes.

En volgend jaar waren er nieuwe ruiters, *écuyers*, die zijn plaats in zouden nemen.

Toen ze haar arm om zijn nek sloeg en dankbaar snikte tegen zijn pijnlijke schouders, voelde hij tot zijn schande alleen maar wanhoop. Zijn tweede gedachte was nog erger: hoe kon een vrouw die haar handen niet kon gebruiken hem zo stevig vasthouden?

'Ik ontmoette hem ongeveer een jaar later. Hij werkte aan het spoor boven mijn manege. Het was de eerste keer sinds hij zijn eigen land had verlaten dat hij paarden zag die niet voor een kar gespannen waren.' Cowboy John zette zijn hoed schuin op zijn achterhoofd. 'Op een dag keek ik omhoog en toen zag ik hem naar mijn oude merrie staren alsof ze een luchtspiegeling was. We waren toen allebei nieuw in de wijk, allebei outsiders. Ik zwaaide dat hij naar beneden moest komen, en hij at zijn boterhammen voor de stal, terwijl hij ondertussen mijn oude merrie steeds maar over haar neus aaide.

'Veel mensen vonden hem een beetje stijf, maar ik mocht hem wel. We konden prima samen door één deur. Jarenlang zaten we daar in mijn kantoortje thee te drinken en te praten over het boerderijtje in Frankrijk dat hij ooit zou kopen, en de rijschool die hij daar zou beginnen als hij wat geld had verdiend.'

'Wilde Florence dat dan ook?' vroeg Natasha. Ze ging zo op in het verhaal dat ze even vergat waarom ze ook weer met zijn drieën in de bar zaten.

'O, Florence had alles gedaan wat haar man haar zou vragen. Ik geloof dat ze zich schuldig voelde over waar ze hem mee opgezadeld had. Ze wist net als hij dat ze het niet zou redden in Frankrijk, met die ziekte. Dus ze deed er verder alles aan om het goed te maken.'

'Ik begrijp het niet. Wat voor ziekte?'

John keek hen fronsend aan. 'Wisten jullie dat dan niet?'

'Wat wisten we niet?'

'Heeft Sarah dat dan niet verteld? Haar oma had – o, hoe heet het ook alweer – multiple sclerose. Ze heeft jaren in een rolstoel gezeten. Sarah hielp haar opa al om voor de oude dame te zorgen sinds ze kon lopen.'

Ze hadden het geloof in Dover opgegeven en besloten om langs de kustweg richting Deal te rijden. Mac reed in het donker en noemde steeds de namen van hotels voor het geval Natasha die nog niet had gebeld. Of nog niet twee keer had gebeld. Natasha zat nog steeds met John te praten, want de beproevingen van Henri Lachapelle spraken tot haar verbeelding.

'Maar op basis van wat Sarah allemaal gezegd heeft over haar grootouders, zou je denken dat ze heel close waren.'

John snoof. 'Natuurlijk waren ze close, maar het leven van die man hangt van spijt aan elkaar.'

'Je bedoelt Sarahs moeder?'

'O man, Simone was verschrikkelijk. Fel, altijd ruzie zoeken – het tegenovergestelde van hoe hij is. Hij hield alles binnen, zij gooide alles eruit. Florence kon haar niet aan, want ze had de kracht niet, en hij probeerde haar strak in de hand te houden, zoals hij ook bij Sarah doet. Hij is van de ouderwetse discipline. Sommige mensen gaat het te ver. Ze mocht niet omgaan met de jongens uit de buurt, moest vroeg thuis zijn. Door de situatie met Florence was hij waarschijnlijk voorzichtiger dan hij anders zou zijn geweest. Maar Simone ging ertegenin. O man, ze was altijd met hem in gevecht. Hoe meer hij de ene kant op trok, hoe meer zij de andere kant op ging.'

Hij stak nog een sigaret op. 'Het verdrietige is dat hij nu wel inziet dat hij haar helemaal verkeerd heeft aangepakt. Hij had wat gemakkelijker voor haar moeten zijn. Ze leken meer op elkaar dan ze allebei doorhadden. Maar ja, zoiets is heel moeilijk. Als je denkt dat je iets kwijtraakt, gedraag je je vaak niet al te slim.'

Natasha keek naar Mac; hij hing aan Johns lippen.

'Tegen de tijd dat hij doorhad dat hij het verkeerd aangepakt had, was zij al het pad van de drugs ingeslagen en daar kreeg hij haar niet meer vanaf. Toen is ze een jaar of vier, vijf naar Parijs gegaan en hoorden ze nooit meer iets van haar. Behalve als ze geld nodig had, natuurlijk. Ze gingen er helemaal aan onderdoor. En hij geeft zichzelf de schuld.

'En toen, elf jaar geleden, stond Simone ineens bij hen op de stoep met een klein kind en de mededeling dat ze het niet meer trekt. Dat kind had ze in Frankrijk gekregen. Nooit iets van gezegd tegen hen. Het was de schrik van hun leven.

'En ze beweert dat ze nu weer hier wil blijven om zichzelf op de rit te krijgen en ze stalt het kind bij hen. Elke keer blijft ze langer weg. En op een gegeven moment komt ze helemaal niet meer terug en uiteindelijk vragen ze de voogdij aan en die krijgen ze ook. Simone is niet naar de zitting gekomen. Hij was eerst woedend – hij was superbeschermend wat Florence betrof en vond het vreselijk dat ze met de zorg voor een kleintje opgezadeld werd – maar om je de waarheid te zeggen waren ze uiteindelijk blij dat Sarah bij hen was.'

Hij grijnsde. 'Het was alsof ze met zijn tweeën een nieuw leven konden beginnen op de dag dat ze de voogdij toegewezen kregen. De oude man begon weer aan paarden te denken – en ze waren gelukkig. Ik heb ze in elk geval nooit zo gelukkig gezien. Het was een klap toen ze hoorden dat Simone was overleden, maar ik geloof dat het ergens ook een opluchting was. Hij was jaren naar haar op zoek, gaf haar geld, loste haar problemen op als ze zich weer eens in de nesten had gewerkt, deed zijn best haar weer op het rechte pad te krijgen – niet dat Sarah daar iets van weet, dat snap je wel. Hij wilde de kleine meid afschermen van al die dingen... dingen die hij wist...' John huiverde. 'Een meisje hoeft niet te weten dat haar moeder...

'Maar goed, Florence is – hoelang nu alweer? – vier jaar geleden overleden. Na haar begrafenis kregen ze een aanbod van de gemeente, een soort financiële tegemoetkoming als ze hun woning op de begane grond wilden inruilen, omdat ze die nodig hadden voor mensen met een handicap. Nou, dat geld heeft hij aangenomen, en toen zijn ze in die flat in Sandown gaan wonen en heeft hij Baucher gekocht, dat Rolls-Royce-paard van ze. En vanaf dat moment werd hij zichzelf weer. Alles draaide om zorgen dat Sarah het beter zou krijgen.'

'Hij wilde dat Sarah in zijn voetsporen zou treden,' peinsde Natasha.

Cowboy John schudde zijn hoofd. 'Zal ik je eens wat zeggen, mevrouw de advocaat? Hij wilde precies het tegenovergestelde. Wat je ook van haar denkt,' zei hij, en zijn waterige ogen staarden in de verte, 'Sarah opvoeden is het enige wat die man ooit goed heeft gedaan, vindt hij zelf.'

Het meisje was in slaap gevallen. Thom reed door de avond en wierp af en toe een blik op haar. Ze zat met haar benen opgetrokken op haar stoel, haar hoofd tegen het raam geleund. En daarna keek hij automatisch naar de monitor waarop hij haar paard kon zien, tussen de twee andere paarden in. Hij stond er waakzaam bij, alsof hij niet wilde ontspannen, maar zich schrap zetten voor het volgende deel van zijn reis.

Hij had niet aan Kate verteld wat hij aan het doen was – hij wist wel wat ze zou zeggen. Ze zou zeggen dat hij niet goed bij zijn hoofd was, dat hij onverantwoordelijk was dat hij dat kind in gevaar bracht. Hij wist dat zij gek van angst en bezorgdheid zouden zijn als Sabine, zijn stiefdochter, weggelopen was en met een wildvreemde meegelift was naar een ander land.

En hoe kon hij ook uitleggen dat hij het meisje wel móést brengen? Dat hij zelfs een beetje jaloers op haar was, nadat hij haar de afgelopen uren had horen praten. Hoeveel mensen kregen de kans hun droom na te jagen? Hoeveel mensen wisten überhaupt wat ze wilden? Toen ze hem vertelde over haar reis, over haar liefde voor het paard, het ongecompliceerde leven dat ze zag voor zichzelf en haar grootvader, zag hij wel hoe gemakkelijk je vastroestte en ten onder ging aan je alledaagse zorgjes.

Niettemin maakte hij zich voortdurend zorgen en overwoog hij een paar keer om de vrachtwagen aan de kant van de weg te zetten en de politie te bellen. Hij keek weer omhoog naar de monitor. Het paard tilde zijn hoofd een beetje op en staarde even recht in de camera.

'Zorg goed voor haar, ouwe jongen,' zei Thom zachtjes. 'God weet dat ze wel wat hulp kan gebruiken.'

Om kwart over acht stopten ze bij een fastfoodrestaurant om van het toilet gebruik te maken. John vroeg om een grote zwarte koffie met twee klontjes suiker – ook al wees Natasha hem erop dat hij dan alleen nog maar vaker naar de wc zou moeten – en liep naar de telefooncel om het ziekenhuis te bellen. 'Vaste prik,' zei hij opgewekt. Elke dag belde hij of ging hij even langs. De oude man zou willen weten wat er aan de hand was.

'Wat ga je dan tegen hem zeggen?' vroeg ze.

'De waarheid. Dat we weten dat ze in de buurt is, maar dat we nog niet precies weten waar. Hij is een harde, hoor, die ouwe. Waarschijnlijk heeft hij haar verteld waar ze zich voor ons moet schuilhouden.' Hij moest lachen om het idee, en ze zag hem grinnikend naar de telefoon lopen.

Ze liep naar het tafeltje en zette het plastic dienblad voor Mac neer, en probeerde er niet op te letten dat hij zijn telefoon net wegstopte nadat hij een berichtje had gelezen.

'Ze zit wel vol verrassingen, die Sarah.'

'Ze heeft er nooit iets van verteld.'

'We hebben haar nooit iets gevraagd.'

'Maar ze zei echt nooit iets. Ik heb het wel met haar over haar grootouders gehad en het enige wat ze erover zei was dat ze heel gelukkig waren.'

'Misschien,' zei Mac terwijl hij creamer door zijn koffie roerde, 'was dat wel het enige wat er voor haar toe deed.'

Ze hield de zwarte koffie op toen John terugkwam, maar hij schudde zijn hoofd met een somber gezicht. 'Jongens, we moeten ons opsplitsen. Het gaat niet al te best met Henri. En als Sarah er niet is... Nou ja, er moet iemand bij hem zijn.'

'Hoe erg is het?'

'Ze vroegen of ik kwam. Of nou ja, ze vroegen naar Sarah, maar ik zei dat dat nu niet kon.' Hij pakte het kleingeld uit zijn zak, om te tellen hoeveel hij bij zich had. Hij leek ineens zo moe, bijna breekbaar.

Natasha stond op en pakte haar tas. De koffie was al vergeten. 'We brengen je naar het station. Hier.' Ze gaf hem wat geld. 'Voor de trein.'

'Ik heb jouw geld niet nodig, lady,' zei John geërgerd.

'Het is niet voor jou, het is voor hem. Zodat hij niet alleen hoeft te zijn. Godallemachtig, pak gewoon een taxi vanaf het station,' zei ze. 'Je hebt het verdiend.'

Hij keek naar het geld dat ze voor hem ophield en voor het eerst viel er geen alwetende, spottende blik op zijn verweerde gezicht te lezen. Hij nam het aan en tikte tegen zijn hoed. 'Nou, bedankt dan maar,' zei hij. 'Ik bel als ik weet hoe hij eraan toe is.'

Toen ze in de auto zat drong het tot haar door dat de plotselinge afwezigheid van zijn bijtende humor haar meer zorgen baarde dan alles wat er tot nu toe was gebeurd.

Toen ze de parkeerplaats bij het station op reden, ging haar telefoon over. Natasha nam op. 'Ja, daar spreekt u mee,' zei ze, en ze keek even naar John, die uitstapte. 'Sorry – kunt u dat nog een keer herhalen?' De verbinding was slecht en ze wapperde met haar hand naar Mac dat hij de motor af moest zetten. 'Weet u dat heel zeker? Dank u, fijn dat u me daarover belt... Ja, ik neem zelf wel contact op.'

'Alles in orde?' John hield het achterportier open. Hij wilde duidelijk graag weg, maar er was iets aan haar wat hem tegenhield.

Ze legde haar telefoon op haar schoot.

'Wat is er nou?' zei Mac. 'Zit daar niet zo –'

'Dat was mijn creditcardmaatschappij. Dit gaan jullie niet geloven,' zei ze. 'Ze zit in Frankrijk.'

# 24

*'De beste garantie tegen falen… schuilt in een gedegen kennis van het talent van je paard.'*
Xenophon, *Over de rijkunst*

Sarah had gedroomd over paarden, bloed en snelwegen. Ze werd wakker van een stoot koude lucht en zag dat Thom door de deuropening naar binnen keek. Ze duwde zich omhoog. De klok op het dashboard zei haar dat het kwart voor acht was.

'Goeiemorgen.' Hij had zich omgekleed en was fris geschoren, alsof hij al een poosje wakker was.

'Waar zijn we?'

De lucht was wonderlijk helder, alsof de hele wereld een paar tinten lichter was dan in Engeland. Vlakbij zag ze een smetteloos erf bij een manege, honingkleurig, met een laag, rood pannendak, geflankeerd door dichte, rechte heggen. Enorme tobbes met zorgvuldig gesnoeide buxus stonden voor de poort, er was een man bezig om de stallen uit te mesten. Met vrolijk gemak gooide hij het vuile stro met zijn vork in een kruiwagen.

'Even buiten Blois,' zei hij. 'Je hebt lang geslapen.'

'Waar is Boo?' Weer meteen die paniek.

'Meneer Diablo, bedoel je? Die staat daar.' Hij wees met zijn duim naar de stallen. 'We zijn hier gisteravond al aangekomen, maar jij was buiten westen en ik vond het niet eerlijk om jullie er allebei zo laat op de avond uit te gooien. Hij staat in de derde stal links. Het gaat prima met hem. Hij was een beetje opgewonden toen we hier kwamen, maar nu: niks aan het handje.'

Ze knipperde met haar ogen en kon net Boo's neus zien terwijl hij die in een hooinet stak.

'Die nacht betaal ik wel. Maar ik moet nu weer terug naar Calais, miss Sarah, dus ik vrees dat onze wegen hier scheiden.'

Sarah probeerde haar gedachten op een rijtje te krijgen terwijl Thom haar hielp om Boo op te zadelen en haar twee croissants gaf, die hij van de eigenaar van het paardenhotel had gebietst. Hij sloeg een kleine kaart open waarin hij de snelste route voor haar had gemarkeerd.

'Het is een kilometer of honderd in zuidwestelijke richting,' zei hij en hij wees naar een rode weg. 'Als het kon zou ik je erheen brengen, maar ik kan niet nog eens vier uur kwijtraken. Maar het is schitterend weer om te rijden en langs deze wegen is het vrij stil. Dus ik denk niet dat het heel moeilijk wordt. Doe rustig aan, oké?'

Ze was nu heel dichtbij, realiseerde ze zich opgewonden. Ze zag de naam al op de kaart. Dat was maar een paar centimeter hiervandaan.

'Hier zit nog een paardenhotel.' Hij had met balpen een dorpje omcirkeld. 'Hier heb je voor de zekerheid het telefoonnummer. Ik heb vast gebeld, dus ze verwachten je. Ik denk dat je daar wel wat te eten kunt krijgen, maar ik zou onderweg toch zelf wat te eten halen. En vergeet niet dat zij een paard verwachten dat dus...'

'Diablo Blue heet,' zei ze.

'Denk je dat het gaat lukken?' Hij keek ernstig en wat aarzelend.

'Ja, het gaat lukken,' zei ze. Ze wist het zeker. Ze was immers de zee over. Ze was op reis met het beste paard van heel Frankrijk en ze had *grand-pères* zegen.

'Dit is mijn nummer. Doe me een plezier en bel me als je in de problemen zit. En bel me ook als je op je bestemming bent aangekomen.' Hij gaf haar de opgevouwen kaart. 'Bel me maar gewoon. Ik wil graag weten of alles goed met je gaat.'

Ze knikte en stak het stukje papier in haar zak.

'En met niemand praten. Vooral niet met kerels zoals ik. Gewoon – gewoon niemand aankijken en doorgaan tot je er bent.'

Ze knikte nogmaals en glimlachte.

'Je hebt de euro's die we hebben gewisseld?'

Ze stak haar hand in de rugzak en voelde of de envelop er nog in zat.

Thom slaakte een zucht. 'God bewaar me. Je bent de vreemdste liftster die ik ooit heb meegenomen. Maar ik wens jou en dat enorme paard van je veel succes.' Hij aarzelde, alsof hij nog steeds niet wist of hij hier wel goed aan deed.

'Het komt goed, Thom,' hield ze vol. Het gaf haar wel een naar gevoel dat hij nu wegging; ze had zich veilig gevoeld bij hem. Met hem erbij kon haar en Boo niets overkomen. Heel even was ze jaloers op zijn stiefdochter, die hij onder zijn hoede had genomen, en na een korte stilte zei ze: 'Maar bedankt.'

'Poeh,' zei Thom. Hij deed een stap naar voren en stak zijn goede hand naar haar uit. Ze nam hem aan en wist zich even geen raad met zichzelf. Ze grijnsden, alsof ze allebei hetzelfde dachten.

'Het was me een genoegen om met je op reis te zijn, kleine Sarah.' Hij wachtte tot ze op haar paard zat en liep toen terug naar zijn wagen. 'En die opa van jou lijkt me een prima kerel,' riep hij nadat hij zich plotseling nog eens omdraaide. 'Als hij hoort dat je er bent, is hij vast zo trots als een aap.'

De Franse weilanden waren weidser dan die ze onderweg naar Dover had gezien, eindeloze vlakten, zonder begrenzing. Maar de aarde was wel hetzelfde als die in Engeland: een diepe, bruine kleikleur, omgeploegde ruwe kluiten die leken op een ruige zee. Boo was weer helemaal bijgekomen en liep goedgemutst over de grasbermen, met zijn oren naar voren, duidelijk blij om weer vaste grond onder de voeten te hebben. Zijn wintervacht was nauwelijks dikker dan zijn zomervacht. Thom had hem waarschijnlijk geborsteld toen zij lag te slapen, want hij was smetteloos schoon. Ze reden door een landschap dat haar vreemd was, en toch ook weer niet: het was het land uit *grand-pères* verhalen, een taal die ze al vanaf haar vroegste jeugd had gehoord. Nu ze hem op reclameborden en verkeersborden zag, leek het alsof het land tegen haar sprak. Alsof het ervan uitging dat zij het wel zou begrijpen.

Ze kwam door kleine dorpjes, met stille straten, keurige uniforme rijtjes met huizen van dezelfde grijze steen, met hier en daar een mooi verzorgde plantenbak of felgekleurde luiken. Er liep een man voorbij met twee baguettes en een krant onder zijn arm. Hij knikte naar haar, alsof het een heel normale aanblik was, een meisje op een paard. '*Bonjour*,' groette hij.

'*Bonjour*,' antwoordde ze en het gaf haar een blij gevoel. Het was het eerste Franse woord dat ze had gezegd sinds ze hier was. Ze stopte bij een waterbak voor dieren op het pleintje, waar Boo flink uit slobberde terwijl zijn oren komisch heen en weer bewogen. Ze steeg af en bleef een halfuurtje uitrusten, plensde wat koud water over haar gezicht, at haar croissants en liet een moeder met twee kleine kindjes dichterbij komen zodat ze Boo konden aaiden. De vrouw zei dat Boo een prachtig paard was en Sarah antwoordde, in het Frans, dat de Selle Français bekendstond om zijn schoonheid. Ze had *grand-père* altijd Frans horen praten, maar nu ze haar eigen stem zo hoorde, werd ze er verlegen van,

'Ah,' zei de vrouw, '*comme le Cadre noir*.' Het feit dat ze de naam noemde alsof ze ermee vertrouwd was, zag ze als aanmoediging. Ze sprak erover zoals anderen het misschien hebben over de plaatselijke sportclub.

Ze besteeg haar paard weer en ze liepen door tot een bord dat haar naar Tours wees. Ze verliet het dorp aan de andere kant, langs een molen, een brug over, en binnen een paar minuten was ze weer op het platteland. Ze liep onder snelwegen door, door een gigantisch veld met suizende windturbines, en ze voelde het *zoef*, *zoef*, *zoef* van hun enorme wieken als een hartslag. Sarahs humeur werd met de kilometer beter en ze begon te zingen, een kinderliedje dat *grand-père* altijd voor haar zong toen ze nog klein was. Ze trok haar sjaal voor haar gezicht weg en voelde haar enthousiasme groeien: '*Ah, ah, monsieur Chocolat! Oh, oh, monsieur Cacao...*' Haar stem schalde over de lege, berijpte velden. Boo kauwde op zijn bit en schudde met zijn hoofd om haar te vragen of hij harder mocht, en omdat ze zo graag zo snel mogelijk op de plaats van bestemming wilde zijn, die nog maar een paar uur verderop was, spoorde ze hem aan met een kneepje van haar benen. Haar huid voelde strakker door de koude lucht, maar haar lichaam werd gevoed door zijn energie. Haar zintuigen voelden scherper, alsof ze dit nieuwe landschap met elke cel in zich opnam. Ze was alleen met haar paard en niemand hield haar in de gaten, ze was vrij; ze voelde de vrijheid die reizigers te paard al duizend jaren gevoeld moeten hebben.

*Ik ben in Frankrijk, grand-père*, vertelde ze hem zachtjes, *en het is zo mooi.* Ze zag voor zich hoe de oude man in zijn bed lag, dromend van de verre wegen waar zij nu over reed, en dat hij tevreden dacht aan wat ze zou gaan doen. En misschien omdat ze zijn stem hoorde, zijn instructies, ging ze iets rechter zitten, en corrigeerde de hoek van haar onderbenen, kortte haar leidsels in en ging over in draf. Boo plaatste zijn voeten ritmisch en reed elegant door de grasberm op een manier die, als hij het kon zien, een goedkeurend knikje aan haar grootvader had ontlokt.

Zelfs als kind haatte ze lange autoritten al. Ze kon zich de vrolijke campings, caravans aan zee, kermissen, ijsjes en dolblije familieleden waar haar zussen het later altijd over hadden niet meer herinneren. Als je Natasha vroeg naar de vakanties uit haar jeugd, dan kon ze zich alleen de eindeloze ritten over de snelweg herinneren, de kilometers tussen op- en afritten, die gemarkeerd werden door veel 'zijn we er al?', kibbelende ouders voor in de auto, stiekem geschop en geknijp van haar zusjes, elk aan een kant van haar gepropt. Ze herinnerde zich de vieze geur van braaksel, want er was altijd wel iemand wagenziek.

Ze was nu bijna dertig jaar ouder, maar de weerzin had nooit plaatsgemaakt voor de zogenaamde vreugde van de grote weg, de opwinding van een nieuw reisdoel. Terwijl Mac, op de vakanties die ze tijdens hun huwelijk maakten, dol was op roadtrips, graag zomaar ergens mocht stoppen en desnoods de hele avond doorreed als hij daar zin in had, had zij altijd stiekem gewenst dat er een reisplan was. Ze kon slecht tegen de onzekerheid of er wel een maaltijd zou zijn en een bed waar je op kon rekenen. En haar burgerlijke houding, zoals Mac dat blijkbaar zag, gaf haar altijd het gevoel dat ze niet goed genoeg was, en ook een schuldgevoel omdat ze de pret voor hem bedierf. De laatste paar jaar hadden ze zich

– tot beider tevredenheid – tot georganiseerde reizen beperkt. Dan zat zij altijd aan het zwembad te lezen en probeerde te verhullen dat ze stukken van haar werk had meegesmokkeld, terwijl hij het hotelcomplex door struinde als iemand die iets kwijt was en zich probeerde te herinneren waar hij het gelaten had, om vervolgens nieuwe vrienden te maken aan de bar.

Natasha's creditcard was de vorige avond gebruikt in een tankstation langs een Franse snelweg. Het probleem, had de dame van de creditcardprovider haar uitgelegd, was dat de transactie alleen omschreven stond als 'La Bonne Route, Paris', wat op wel zeven tankstations in Noord-Frankrijk kon slaan.

'Ik denk dat we naar die paardenschool moeten,' had Mac de vorige avond op de veerboot gezegd. Ze hadden nog een plek voor de auto kunnen boeken op een late overtocht. Ze had zwijgend uit het raam naar het donker buiten gekeken, het kolkende water beneden haar, en ze probeerde dat wat ze van de creditcardmevrouw had gehoord te verenigen met wat ze zelf voor mogelijk had gehouden. Hoe kon Sarah het Kanaal overgestoken zijn met een paard? Hoe was het haar gelukt om naar Frankrijk te komen? Het was allemaal zo onbegrijpelijk.

'Wat nou als zij het niet is?' vroeg ze.

Mac gaf haar een fles water aan. Hij legde zijn voeten op de stoel naast haar en ze schoof een eindje opzij.

'Hoe bedoel je?' Hij draaide de dop van zijn eigen fles en dronk. 'God, wat heb ik een dorst.' Hij had zich niet geschoren, zijn kin zat onder de stoppels.

'Wat nou als ze die kaart heeft verkocht of als iemand hem van haar heeft gestolen? Wat nou als we achter de verkeerde aan zitten?'

'Zou kunnen, maar het zou wel heel erg toevallig zijn als diegene ook naar Frankrijk wilde. En trouwens, we hebben geen enkele andere aanwijzing.'

Natasha wees op de kaart die tussen hen in op tafel lag. 'Moet je zien wat een afstanden, Mac. John zei dat een paard hoogstens vijftig tot zestig kilometer kan afleggen. Dus het zou al moeilijk genoeg zijn om Dover in zo weinig tijd te bereiken. Maar hoe is ze met een paard het Kanaal over gekomen en vervolgens half Frankrijk door gereden? En kijk, Saumur ligt bijna vijfhonderd kilometer bij Calais vandaan. Zo ver komt ze nooit.'

'Dus wat wil je zeggen?'

Ze leunde achterover in haar stoel. 'We moeten weer terug.' Haar stem klonk onzeker. 'Of misschien moeten we de politie bellen.'

Mac schudde zijn hoofd. 'Luister, we hebben nu dit plan getrokken. Ik denk dat we naar Saumur moeten.'

'Maar wat als we ernaast zitten?'

'Wat als we er niet naast zitten? Het lijkt me logisch om daarnaartoe te gaan. Haar opa denkt dat ze daarnaar op weg is. En je creditcard onderstreept dat.'

Natasha keek uit het raam. 'Ik denk... ik denk dat we een fout hebben gemaakt. We hadden gisterochtend meteen de politie moeten bellen. Je hebt gelijk – ik wilde hen er inderdaad niet bij betrekken omdat ik niet wilde dat dit bekend werd. Ik geef het toe. Maar het is nu te veel uit de hand gelopen, Mac. We zijn verantwoordelijk voor een meisje van veertien dat zoek is, misschien zelfs naar een ander land is gegaan. Ik vind dat we meteen de politie moeten bellen als we van de boot komen. Dat is het verstandigste.'

'Nee,' zei hij onvermurwbaar, 'zodra wij de politie erbij betrekken, is zij haar paard kwijt. En dan heeft ze niets meer. Nee. Ze is alleen zoek in die zin dat wij niet weten waar ze is. Waarschijnlijk weet ze zelf donders goed wat ze doet. Ik durf er wel op te vertrouwen dat ze niet in zeven sloten tegelijk loopt.'

'Het is niet aan jou om daarop te vertrouwen.'

'Dat weet ik wel. Maar ik neem de verantwoordelijkheid op me als het misgaat.'

'Ik ben ook haar pleegouder.'

Als Mac haar zo recht in de ogen keek, werd ze nog altijd een beetje onrustig. 'Zal ik je eens wat zeggen? Als jij de politie er echt bij had willen halen, had je dat gisteren al gedaan. Jij weet heel goed dat we dat allebei niet zien zitten, Tash, ook al hebben we er allebei een andere reden voor.'

Hij was nog nooit in hun hele huwelijk ergens zo vastberaden over geweest.

'Maar goed, we zijn nu toch hier. We hebben een vermoeden

waar ze naartoe is. Dus ik zou zeggen, laten we naar die paardenschool rijden en dan wachten we haar daar op.'

Natasha was zo gekwetst dat ze harder klonk dan haar bedoeling was: 'Als jij het mis hebt en het gaat niet goed met haar, kun je daar dan mee leven?'

Sinds dat moment hadden ze nauwelijks nog gesproken. Mac reed de auto van de veerboot in Calais en reed de nacht in. Hij ging niet over de *autoroute*, maar nam de kleinere wegen, wegen waar een paard over zou kunnen rijden; hij tuurde in het donker om zich heen.

Ze doezelde wat en werd wakker van het geluid van zijn stem. Hij was aan het bellen, zachtjes en dringend. 'Dat is het niet,' zei hij, en even daarna: 'Nee, nee, lieverd. Dat lijkt me geen goed idee. Ik weet het. Ik weet het.' Natasha, die nu klaarwakker was en zich ongemakkelijk voelde, bleef haar gezicht afgewend houden en regelmatig ademhalen, tot hij opgehangen had. Ze wachtte nog tien minuten voor ze ostentatief geeuwde. Toen had hij geopperd dat ze even ergens zouden stoppen om wat te slapen. Het was na een uur 's nachts en de kans was niet groot dat ze nog een hotel zouden vinden. 'Eventjes maar,' zei hij. 'Hoogstens een paar uurtjes. Dan rijden we weer door.'

Na de stille spanning van het afgelopen uur vond Natasha het allang best. Ze sloegen van de lege weg af, het parkeerterrein op van een tankstation, dat deels verlicht werd door een enkele lantaarnpaal. Er stonden geen andere auto's. Aan de andere kant van een lage, verwilderde heg lagen de vlakke weilanden van de Somme er somber bij in het donker, doordrongen van het gewicht van hun geschiedenis. De motor tikte langzaam, tot hij helemaal stilviel.

Ze zaten ongemakkelijk naast elkaar, een surrealistische parodie, dacht ze, van een date, de prelude van een kus.

Mac, die misschien hetzelfde voelde, deed afstandelijk en beleefd. Hij bood haar de achterbank aan en met een al even beleefd bedankje was ze daar gaan liggen, rolde haar jas op tot een kussen en legde daar haar hoofd op, zich ervan bewust dat haar pakje de volgende ochtend nog veel gekreukter zou zijn dan het nu al was.

'Wil je anders mijn jas lenen? Ik heb het niet koud.'

'Nee, dank je.'

Hij viel in slaap, net als toen ze nog getrouwd waren, als iemand die van een klif af stapte. Doordat hij zijn stoel achterover geklapt had, kon ze zijn profiel bij het schijnsel van de straatlantaarn zien, ontspannen, met zijn arm over zijn voorhoofd geslagen, en ze hoorde het zachte, regelmatige geluid van zijn ademhaling.

Natasha sliep niet. Ze lag in een vreemde auto in een vreemd land en haar gedachten schoten heen en weer tussen haar verpeste carrière, een man in Londen die niet meer van haar hield, een meisje dat op dat moment daar ergens onder dezelfde hemel was, een web van ongelukkige gevoelens en eenzaamheid, met zichzelf in het midden daarvan. Ze kreeg het steeds kouder en had spijt van Macs jasje. Toen dacht ze aan een jongen die ze ooit had bijgestaan en die maandenlang op een parkeerplaats had geslapen. Ze had zijn zaak gewonnen, want daar had ze zich echt helemaal in vastgebeten, maar ze kon zich niet herinneren dat ze zich ooit had afgevraagd hoe dat voor hem moest zijn geweest.

En al die tijd lag de man met wie ze ooit de rest van haar leven hoopte door te brengen, de man van wie ze altijd zou blijven houden volgens haar huwelijksgelofte, de man met wie ze in een parallel universum in een bed zou liggen luisteren naar hun slapende kinderen, te draaien en mompelen op de stoel voorin, duizenden kilometers verderop. Misschien lag hij in zijn dromen wel te verlangen naar zijn geliefde met de lange benen die nu zo ver weg was. Natasha lag daar in het donker en tot haar verbazing begreep ze ineens dat er met een scheiding helemaal geen eind aan de pijn kwam.

'Linda, met Natasha.'

'Hoe gaat het? Heb je je... familieproblemen opgelost?'

Ze wisten het. Conor had waarschijnlijk alles verteld. Natasha bekeek haar gekreukte rok, haar panty, de ladders die inmiddels pijnlijk zichtbaar waren in het harde ochtendlicht. 'Nee. Nog niet.'

'Waar ben je? Wanneer ben je terug?'

Ze hadden uren geslapen en waren vlak na zonsopgang wakker geworden. Mac had zijn hand tussen de stoelen door gestoken en haar bij haar schouder geschud. Toen ze haar ogen opende, duurde het een paar seconden voor ze zich kon herinneren waar ze was. Ze gingen weer rijden en een paar zwijgzame, wazige uren later stopten ze bij een tankstation om zich wat op te frissen.

'Ik... weet het niet precies. Het duurt langer dan we dachten. Kan ik Ben even spreken?'

'Hij is weg. Met Richard.'

'Met Richard? Waarom is hij weg met Richard?'

'Heeft niemand je dan gebeld?'

'Nee, hoezo?'

'De Perseys. Ze hebben een schikking getroffen. Hun raadsman heeft vanochtend contact met ons gezocht en een nieuw bod op tafel gelegd. Meer dan ze had verwacht. En zij ging akkoord met een bezoekregeling. Of ze zich eraan gaat houden is zeer de vraag, zegt Richard, maar voorlopig zijn ze het eens.'

'Goddank.'

'Dus hij is het nu met haar aan het vieren. Hij heeft Michael Harrington en Ben meegenomen. Ze zitten in het Wolseley voor een champagneontbijt. Ze is nu al een compleet ander mens. Ik zei nog tegen Ben dat hij wel uit mocht kijken – ze kijkt naar hem als een hongerige leeuw naar een argeloze gnoe.'

Richard had niet eens de moeite genomen om haar te bellen. Haar blijdschap om het feit dat de zaak tot ieders tevredenheid was geschikt verdampte en werd getemperd door de wetenschap dat zij niet met de eer kon strijken. Wat Richard betrof hoorde zij er al niet meer bij.

Ze wist meteen dat ze geen partner zou worden. Dit jaar niet en misschien nog heel lang niet. 'Lin?' zei ze. 'Is...' Ze slaakte een zucht. 'Ach, laat maar.'

Ze voelde een doffe pijn aan haar slapen. Ze stond op de parkeerplaats van een Frans tankstation in kleren die ze al twee dagen aanhad, en wreef over haar hoofd terwijl ze de voertuigen als in een waas aan zich voorbij zag rijden. Hoe was ze ooit in deze situatie terechtgekomen? Waarom had ze niet gedaan wat ze elke stagiair altijd adviseerde: *zorg dat je niet te nauw bij je cliënt betrokken raakt*? Hoe kon ze nou weten dat de chaos van het leven van deze kinderen besmettelijk was?

'Hoe gaat het nou met je?'

'Met mij gaat het goed, hoor,' loog ze.

'We weten hier allemaal niet precies wat we er van moeten denken,' zei Linda voorzichtig. 'Je hebt te weinig openheid van zaken gegeven.'

'En daar moet ik nu voor boeten, hè?'

'Men vindt dat je het netter had kunnen regelen.'

Natasha sloot haar ogen. 'Ik moet hangen, Lin,' zei ze. 'Ik bel je later.'

Mac stak de parkeerplaats over. Dit was het vagevuur, dacht ze. Haar carrière in duigen, haar privéleven naar de haaien, zij en haar ex gedoemd om de rest van hun leven samen in een klein autootje te blijven rondrijden, terwijl ze al bekvechtend hun verkeerde beslissingen probeerden te rechtvaardigen.

'O! Natasha! Dat vergat ik nog bijna te zeggen. We hebben hier iemand op bezoek gehad, vanochtend vroeg. Je raadt nooit wie.'

Hij bleef staan om iets te zeggen tegen twee oudere dames die net uit een auto gestapt waren. Wat het ook maar was, ze moesten erom lachen en ze zag de brede glimlach die hij haar al niet meer had geschonken sinds hij uit huis getrokken was. Ze voelde iets in haar verkrampen.

'Hm?'

'Ali Ahmadi.'

Natasha wendde haar blik af. 'Wat zei je nou?'

'Ha! Ik wist wel dat je zo zou reageren. Ali Ahmadi.'

'Maar dat kan helemaal niet! Die zit in het huis van bewaring. Waarom is hij al vrijgelaten vóór zijn rechtszaak?'

Linda lachte. 'De jongen waar we over hebben gelezen was een heel ándere Ali Ahmadi. Wist jij dat Ahmadi een van de meest voorkomende achternamen in Iran is? Het is een soort Iraans voor John Smith. Maar goed, de Ali die jij hebt bijgestaan kwam langs om te vertellen dat hij een plek heeft op een hogere beroepsopleiding en dat hij daar in september begint. Lief joch. Hij kwam je een bos bloemen brengen. Ik heb ze in je kantoor gezet.'

Natasha ging zitten op een laag muurtje en drukte haar telefoon tegen haar oor. 'Maar...'

'Ik weet het. We hadden het moeten controleren. Wie had ooit gedacht dat het twee verschillende jongens waren? Maar wel aardig, toch? Krijg je toch weer vertrouwen in de mensheid. Ik kon me al niet voorstellen dat hij gewelddadig was. O, en ik hem heb die hanger van dat paard teruggegeven die we hem nog wilden terugsturen. Ik hoop niet dat je dat erg vindt. Hij was er blij mee.'

'Maar... maar hij heeft gelogen over hoe ver hij heeft moeten reizen. Dus hij heeft me wel nog steeds laten liegen.'

'Dat is precies wat ik tegen Ben zei. De tolk kwam langs, en toen hebben we het dossier erbij gehaald en ik heb haar gevraagd om nog eens goed te kijken naar de vertaling. En daarna kwam ze met iets interessants.'

Natasha zei niets.

'Ali heeft inderdaad gezegd dat hij vijftienhonderd kilometer in dertien dagen heeft afgelegd, maar niet dat hij dat te voet heeft gedaan. Daar gingen wij allemaal gewoon automatisch van uit – de tolk ook. Voor hij wegging vroeg Ben aan Ali – joh, je gelooft niet hoe goed zijn Engels inmiddels is! Maar enfin, Ben vroeg hem hoe het kon dat hij zo'n eind is gekomen. Hij legde uit dat hij een deel gelopen heeft en dat hij ook een stuk is meegelift met een vrachtwagen en toen hield hij dat paardje omhoog. Hij heeft ook een deel op een muilezel of zoiets gereden. Maar het punt is dus: hij heeft nooit tegen je gelogen.'

Natasha was de draad kwijt van wat Linda haar probeerde te vertellen, waar ze de bloemen precies had neergezet, wanneer ze weer zou bellen. Ze legde haar uitgeputte hoofd in haar handen en dacht aan een jongen die die handen in een oprecht gebaar van dankbaarheid had vastgepakt. Een jongen die vijftienhonderd kilometer had afgelegd in dertien dagen. Een jongen die steeds alleen maar de waarheid had verteld.

Toen ze opkeek stond Mac een paar meter bij haar vandaan, met twee plastic bekertjes in zijn hand. Hij wendde zijn blik abrupt af, alsof hij al een poosje zo naar haar had staan kijken. Ze stopte haar telefoon weg.

'Oké,' zei ze en ze nam de koffie van hem aan. 'Jij wint. Ga maar naar Saumur.'

Ze had een verkeerde afslag genomen. Ze staarde nog eens naar de kleine kaart, die al wat versleten was van het vele uit- en dichtvouwen en die maar niet duidelijk maakte waarom de route die haar langs Tours had moeten voeren en naar het paardenhotel dat Thom voor haar had geboekt, haar op de een of andere manier naar een industrieterrein had geleid waar geen eind aan kwam. Ze reed al kilometers langs een spoorlijn, maar aangezien op Thoms kaart geen spoorlijn te zien was, had ze geen idee of ze nu de juiste kant op reed of niet. Ze was op haar intuïtie afgegaan en had erop vertrouwd dat ze nu elk moment een bord richting Tours zou tegenkomen, of een ander herkenningspunt. Maar dat kwam niet, en het groene landschap was langzaam overgegaan in iets wat leek op de rand van Londen: een betonnen vlakte met enorme, leegstaande hallen, parkeerplaatsen met gigantische posters voor Monoprix of Super-U waarvan de hoekjes losgekomen waren en droevig flapperden in de wind. Af en toe kwam er een trein voorbijrazen, waardoor Boo ineenkromp, en dan was er weer stilte, die alleen zo nu en dan werd doorbroken door een passerende auto.

De zon was gaan zakken, net als de temperatuur, en ze had er zo langzamerhand steeds minder vertrouwen in dat ze de goede kant op reed. Er waren wolken voor de zon geschoven, zodat het moeilijker werd om te zien wat er in de schaduw gebeurde. Ze had honger en had spijt dat ze niet was gestopt bij een van de vriendelijk uitziende marktjes waar ze langsgekomen was. Ze wilde zo graag door. En ze was er zo zeker van dat ze de manege op tijd zou bereiken.

Het landschap werd somberder, met gebouwen die zo te zien al een poos leegstonden. Ze leek langs een rangeerterrein te lopen: het spoor was afgetakt in meerderde andere sporen, waar treinwagons in rijen opgesteld stonden, allemaal onder de graffiti. Boven haar was een web van elektriciteitspalen en -draden. Omdat ze zich er niet op haar gemak voelde, besloot Sarah om weer een eind terug te gaan. Ze slaakte een zucht en begon Boo te keren.

'Wat moet je hier?'

Ze draaide zich met een ruk om in haar zadel en zag vijf motoren en bromfietsen, waarvan twee met zijspan. Een paar berijders droegen helmen, de rest niet. Ze rookten en hadden harde koppen. Ze kende deze jongemannen zoals ze de jongens uit haar flat kende.

'Hé? Wat moet je hier?'

Ze wilde niets zeggen omdat uit haar accent meteen zou blijken dat ze Engels was. Ze keerde zich van hen af en stuurde Boo naar links. Iets zei haar dat ze niet tussen hen door moest rijden. Ze moest maar hopen dat ze hun interesse zouden verliezen en weggingen.

'Ben je je tong verloren, cowgirl?'

Haar benen sloten zich onwillekeurig om Boo's flanken. Een goed getraind paard voelt zelfs het kleinste beetje spanning bij zijn berijder en deze beweging, plus het feit dat ze net iets strakker aan de leidsels trok, trok Boo's aandacht.

'Hé!'

Een van hen kwam voorbij ronken. Ze hoorde de anderen achter zich joelen en dingen tegen elkaar zeggen. Ze bleef onbewogen voor zich uit kijken, maar besefte dat ze geen idee had of de weg waar ze op reed doodliep. Het was zo'n gigantisch industrieterrein, met al die enorme gebouwen en uitgestorven parkeerterreinen. De rood-met-zwarte graffiti op de muren spraken van leegstand en van gebrek aan hoop.

'Hé! Ik heb het tegen jou!'

Ze hoorde een van de bromfietsen gas geven en haar hart ging tekeer.

'*Eh!* Ik heb het tegen jou! *Putain!*'

'Ga toch weg,' zei ze en ze probeerde meer zelfvertrouwen uit te stralen dan ze voelde.

Ze begonnen te lachen. 'Ga toch weg,' papegaaide een van hen.

Het begon donker te worden en Sarah ging over in draf. Ze zat kaarsrecht en hoorde de brommers slippend achter zich aan komen. Voor haar waren meer lichten. Als ze nou maar terug was op de gewone weg, dan zouden ze haar wel alleen laten.

'*Putain!* Wie denk je wel dat je bent?'

Een van de motoren kwam naast haar rijden en minderde toen meteen vaart. Ze voelde de spanning van haar paard, zag zijn oren heen en weer bewegen, wachtend op een signaal dat nog niet was gegeven. Ze legde haar hand in zijn hals, wat haar vertrouwen gaf, en ze probeerde hem haar eigen toenemende paniek niet te laten merken. *Ze zijn zo weg,* zei ze in stilte tegen hem. *Het zal ze wel gaan vervelen en dan laten ze ons met rust.* Maar de motor reed ineens slippend voor haar. Boo stopte abrupt, liet zijn achterhand zakken en zijn hoofd schoot omhoog. Nog twee motoren reden naar voren, zodat er nu drie tegenover haar stonden. Ze had haar sjaal om haar gezicht gewikkeld en haar cap over haar ogen geduwd.

Iemand gooide een sigaret op de grond. Ze bleef doodstil zitten en aaide onbewust Boo's schouder.

'*Putain!* Weet je niet dat het onbeleefd is om mensen te negeren?' De jongen hield zijn hoofd schuin.

'Ik... ik moet naar Tours,' zei ze en ze probeerde de trilling uit haar stem te houden.

'Je moet naar Tours...' Hun gelach klonk akelig.

'Ik neem je wel mee naar Tours. Klim maar achterop.' Hij gaf een klopje op zijn zadel en iedereen moest lachen.

'Wat zit er in die rugzak?'

Ze keek van de een na de ander. 'Niks,' zei ze.

'Ja, hoor.' Een van de jongens, die een bleke huid had en een baseballpetje op zijn kaalgeschoren hoofd droeg, was van zijn motor afgestapt. Ze probeerde haar ademhaling onder controle te houden. *Het zijn gewoon net zulke jongens als thuis*, hield ze zichzelf voor, *ze doen stoer voor elkaar. Je moet ze laten zien dat je niet bang bent.*

De jongen liep langzaam haar kant op. Hij droeg een vuil kaki jack, met een pakje sigaretten in de borstzak. Hij bleef een meter of anderhalf voor haar staan, keek naar haar, en toen sprong hij zomaar ineens naar voren en schreeuwde: 'Wah!'

Boo snoof en sprong naar achteren. De jongens lachten. 'Rustig,' mompelde ze en ze drukte haar benen weer tegen hem aan. 'Rustig.' De jongen met de pet nam een hijs van zijn sigaret en kwam weer dichterbij. Ze vermoedde dat ze niet meer zouden stoppen. Ze hadden een nieuw spelletje bedacht, een nieuw slachtoffer gevonden om te treiteren. Zo onopvallend mogelijk keek ze naar de horizon en probeerde te zien wat de beste ontsnappingsroute was. Zij zouden dit gebied goed kennen, omdat ze hier eindeloos rondhingen om tijd te doden, wachtend op dingen om te plunderen en kapot te maken, uit frustratie en verveling.

'Wah!' Dit keer was ze voorbereid, Boo schrok wel, maar sprong niet op. Ze had hem stevig onder controle met haar benen en handen, dwong hem in stilte om zich niet te verroeren en bood hem niet de gelegenheid om angst te voelen. Maar hij was onzeker. Ze zag zijn oog naar achteren draaien, zijn rug aanspannen, en ze voelde zijn mond aan het eind van haar leidsels nerveus met het bit spelen. En terwijl de motoren weer op toeren kwamen, wist ze wat haar te doen stond.

'Kom op,' zei ze, 'laat me met rust.'

'Geef mij die rugzak en ik laat je met rust.' Hij gebaarde naar haar rugzak.

'Hé! *Putain!* Geef op, of we maken hondenvoer van je knol.' Dat was alle aanmoediging die ze nog nodig had. Met een rustige aansporing met haar benen gaf Sarah Boo een opdracht. Een paar seconden weigerde hij te luisteren, nog altijd doodsbang, maar toen deed hij wat ze hem had geleerd en begon hij gehoorzaam op de plaats te draven. Hij tilde zijn benen behoedzaam, ritmisch op, twee tegelijk, in een overdreven *piaffe*.

'Kijk dan! Een dansend paard!' De jongens begonnen te joelen, de motoren loeiden en kwamen steeds dichterbij, wat haar even afleidde van waar ze mee bezig was. Sarah verbeet haar angst en probeerde het lawaai te negeren terwijl ze zich concentreerde op het creëren van momentum met Boo, het bouwen aan een geheime bron van energie. Hij liet zijn hoofd op zijn borst zakken en tilde zijn benen steeds hoger op. Ze voelde zijn spanning en het raakte haar hoe hij haar vertrouwde, dat hij ondanks zijn angst bereid was te doen wat zij van hem vroeg. Ze hoorde een van de jongens nog iets schreeuwen, maar het lawaai kwam niet boven het suizen van het bloed in haar oren uit.

'Kijk nou, gaan we dansen?' De jongen kwam dichterbij. Hij had een harde, spottende grijns. Hij deed haar denken aan Sal de Maltees. Ze gebruikte haar rechterbeen om Boo ongezien iets bij hem vandaan te leiden. Boo, die overgegaan was in *terre à terre*, aangevuurd door haar toenemende aandrang, merkte de gespannen sfeer en ze moest haar uiterste best doen om hem onder controle te houden. Er bouwde zich een bepaald soort energie op onder de jongens; iets gevaarlijks, krachtigs. Ze voelde hun honger naar ellende en chaos. Ze kon hun gedachten bijna horen terwijl ze hun kansen bekeken. *Alsjeblieft*, zei ze tegen Boo. *Eén keer maar. Je hoeft dit maar één keer voor me te doen.*

'Kom eraf!' schreeuwde een van de jongens en hij gebaarde naar de anderen dat ze haar van Boo af moesten trekken. Ze voelde een hand naar haar been grijpen. Dat was genoeg. Ze zette haar hakken in Boo's flanken en zei hem met haar zit dat hij omhoog, nog hoger moest en ze riep: 'hup!' en daar ging hij, de lucht in. Hij torende met een ontzagwekkende sprong boven hen uit en schopte zijn achterbenen horizontaal naar achteren. *Capriole!* De wereld stond heel even stil en ze zag wat die mannen op de slagvelden van tweeduizend jaar geleden moesten hebben gezien – de van angst vervulde gezichten van hun tegenstanders terwijl de enorme dieren omhoogkwamen, de zwaartekracht tartend, en de lucht in gingen, hun benen, hun hele wezen een wapen.

Onder haar klonk een kreet van angst, van woede. Twee motoren vielen om en de jongen viel op zijn kont. Toen Boo's hoeven de grond weer raakten, stortte ze zich naar voren. 'Hu!' riep ze. 'Hu!' En het grote paard sprong tussen de motoren door, sloeg slippend de hoek om en vloog over de geasfalteerde weg, terug naar waar ze vandaan kwamen.

In een donkere ziekenhuiskamer, honderden kilometers verderop, werd Henri Lachapelle wakker. Zijn hoofd hing een beetje schuin naar één kant in de kussens waar de nachtzuster hem in gelegd had; zijn blik bleef hangen op de wazige afbeelding van het paard die naast hem hing terwijl hij wachtte tot hij het scherp kon zien. Het paard was op de een of andere manier dichterbij gekomen toen hij had geslapen en zijn veelkleurige ogen keken in de zijne op een vriendelijke, geruststellende manier en met schijnbaar oneindig geduld. Henri's eigen ogen, droog en pijnlijk, gingen een paar keer open en dicht, terwijl zijn verwarring steeds groter werd. En toen: *Gerontius*, riep hij dankbaar. Het paard liet zijn neus zakken alsof hij het wilde bevestigen en hij probeerde zich te herinneren hoe ze hier terechtgekomen waren. Er was zo veel onduidelijk. Het was gemakkelijk om zich te laten meevoeren op deze nieuwe golven, om te aanvaarden en zich niet meer te verzetten tegen de mensen die hem wilden helpen, de vreemde gezichten.

Hij voelde het strakke leer van de rijlaarzen om zijn kuiten, het zachte zwarte kamgaren van zijn kraag, hoorde in de verte de andere *écuyers* lachen. De geur van een houtvuur, gekarameliseerde suiker en warm leer drong zijn neus in, en hij voelde het zachte briesje van de Loire op zijn huid. En toen zat hij op zijn paard en reed door het rode gordijn, met de leren teugel losjes in zijn gehandschoende hand en zijn blik rustig op de vragende oren van zijn paard gericht. Hij voelde de lange, sterke benen van Gerontius onder zich, die precieze, elegante passen, hem even vertrouwd als zijn eigen loop, en hij werd overvallen door een intense vreugde, euforie. Gerontius zou hem niet in de steek laten; dit keer zou hij zich bewijzen. Dit keer zou hij een 'man op vleugels' zijn.

Want dit keer was het anders: hij hoefde zijn paard nauwelijks iets te vragen. Er was telepathie tussen hen, een soort begrijpen dat geen enkele *grand dieu* hem ooit had bijgebracht. Voor zijn sporen ook maar in de buurt kwamen van de flanken van zijn paard, voor hij zijn gewicht hoefde te verplaatsen of een woord hoefde te zeggen, wist Gerontius al wat hij bedoelde. Zo'n nobel dier, dacht Henri vol ontzag. Hoe heb ik hem zo lang alleen kunnen laten?

Het paard boog zijn hals, maakte zich in het midden van de ring op voor zijn sprong, zijn zijden vacht glanzend in de booglichten en zijn hoeven kwamen van de grond; samen gingen ze op in een kolk van verwachting – en toen, *woesj*, stond hij op zijn achterbenen, onwaarschijnlijk hoog in de lucht, zonder te wiebelen of te aarzelen, zijn trotse hoofd rustig opgeheven, uitkijkend over het publiek alsof het zijn goed recht was dat zij zich zouden verbazen om zijn prestatie. En daar zat Henri, iets achteroverhellend, zijn benen strak naar beneden, zijn rug kaarsrecht; hij slaakte een zucht van verrukking toen hij begreep dat het zover was: ze vlogen door de lucht en hij mocht voor eeuwig doorvliegen.

Dat was het moment waarop hij haar zag: het meisje in de gele jurk, dat voor hem opgestaan was, met haar slanke handen boven haar hoofd gestoken. Ze applaudisseerde en haar ogen vulden zich met tranen van trots, terwijl ze glimlachte van oor tot oor.

*Florence!* riep hij. *Florence!* Zijn oren en hart vulden zich met het applaus dat opsteeg in de ring en de lichten ontploften voor zijn ogen – *Florence* – waardoor alles zo licht werd dat het hem nog veel hoger opstuwde, en het schelle gerinkel van de machines, de dringende stemmen, de plotseling openklappende deur van de afdeling: hij hoorde het allemaal niet meer.

Mac klopte op de deur van haar kamer. 'Ben je klaar? Madame zei dat het eten om acht uur op tafel stond, weet je nog.' Natasha had de slecht passende broek en het dunne rode bloesje aangetrokken, het enige fatsoenlijke dat ze had kunnen vinden in de hypermarché, en zei vermoeid: 'Geef me nog vijf minuutjes. Ik kom zo naar beneden.'

Ze hoorde zijn voetstappen weergalmen in de gang, weerkaatsend tegen de houten lambrisering, en zocht in haar tas naar haar mascara of iets anders wat haar bleke, uitgeputte gezicht een beetje kleur zou geven.

Ze waren iets na vijven in het stadje aangekomen en waren direct naar de École nationale d'équitation gegaan, het onderkomen van le Cadre noir, maar de poort was gesloten. Er klonk een stem over de intercom die geïrriteerd leek omdat Mac maar bleef aanbellen en die hun vertelde dat de school pas twee weken na kerst weer open zou gaan voor het publiek. En nee, er had zich geen Engels meisje met een paard gemeld. Mac en Natasha spraken allebei niet al te best Frans, maar dat was ook niet nodig om de toon van spottend ongeloof in de stem te kunnen horen.

'Ze zou hier ook nooit eerder kunnen zijn dan wij,' zei Natasha. 'We kunnen maar beter een slaapplek zoeken en dan kijken we wel.' Volgens haar telefoon was de kaart sinds gisteravond niet meer gebruikt. Natasha wist niet of ze dat nu geruststellend of zorgwekkend moest vinden.

Het Château de Verrières lag in het centrum van het middeleeuwse stadje; het terrein eromheen grensde aan dat van de École de cavalerie. Het was een enorm chateau, barok, beeldschoon; het was zo'n plek waar ze in het begin van hun relatie naartoe gingen, toen ze elkaar nog iets te bewijzen hadden. Toen Mac nog aftershave droeg en haar complimenteerde met wat zij aanhad. Toen ze hetzelfde gedrag waar ze nog geen twee jaar later over zou klagen nog grappig of schattig vond.

'We kunnen net zo goed op een mooie plek logeren,' zei Mac. Hij probeerde monter te klinken, maar ze wist dat zijn angst al sinds ze op Franse bodem waren alleen maar toegenomen was, net als die van haar trouwens. Ze waren de afgelopen uren aardig voor elkaar geweest. Het was alsof de situatie zo groot geworden was dat er geen plaats meer was voor andere gevoelens. Misschien kwam het omdat ze geen van beiden nog zo veel vertrouwen in de goede afloop hadden als eerst.

Toen ze beneden kwam zat Mac voor een uitbundig haardvuur aan de eigenaresse van het chateau de situatie uit de doeken te doen. De Française hoorde het verhaal beleefd ongelovig aan. 'Dus u denkt dat het kind hier helemaal naartoe gereden is vanaf Calais?' herhaalde ze.

'We weten inmiddels dat ze op weg is naar le Cadre noir,' verklaarde Mac. 'We moeten alleen iemand te spreken krijgen van de school – om te vragen of ze er geweest is.'

'Monsieur, als een veertienjarig Engels meisje hier zonder begeleiding op een paard aangekomen was, dan zou heel Saumur dat weten. Denkt u echt dat ze zo ver kan komen?'

'We weten dat ze gisteravond iets voorbij Parijs geld opgenomen heeft.'

'Maar het is ruim vijfhonderd kilometer...'

'Het kan,' zei Natasha stellig, denkend aan Ali Ahmadi. 'We weten dat het mogelijk is.' Mac en zij wisselden een blik.

'Er is daar nu niemand,' zei de vrouw. 'Ik wil de gendarmes wel bellen, als u wilt, om te vragen of zij hier iets van hebben gehoord?'

'Dat zou ons erg helpen,' zei Mac. 'Dank u. We kunnen alle hulp goed gebruiken.' En toen, terwijl de *châtelaine* verdween om naar hun eten te kijken, vroeg hij: 'Is alles goed met jou?'

'Jawel.' Ze staarde uit het raam en wenste vurig dat het kind achter de bomen aan het eind van de laurierhaag tevoorschijn zou komen. Inmiddels zag ze Sarah overal: achter geparkeerde auto's, aan het eind van smalle weggetjes. *Ze komt wel.* Maar toen dacht ze weer aan Ali Ahmadi; niet aan de wilskracht die hem zover had gebracht, niet aan de bos bloemen die in haar kantoortje op haar wachtte, maar aan haar eigen falen. Misselijk van angst bedacht ze dat ze waarschijnlijk een kolossale fout had begaan.

Nu ze tegenover Mac aan tafel zat in deze romantische omgeving had ze helemaal geen trek en in plaats van te eten dronk ze. Ongemerkt sloeg ze drie, vier glazen achterover. Ze waren stilzwijgend overeengekomen om het niet over Sarah te hebben, maar ze had geen idee wat ze dan moest zeggen en waar ze moest kijken.

Haar blik werd getrokken naar Macs handen, zijn huid, zijn slordige bruine haar. Tegen zijn gewoonte in zei hij ook niet veel. Hij at als altijd gretig van zijn eten en maakte er goedkeurende geluidjes bij.

'Heerlijk, hè?' zei hij voor hij zag dat zij haar eten nog nauwelijks had aangeraakt.

'Geweldig, ja,' zei ze. Hij leek op zijn hoede, alsof hij niet wist wat hij verder moest zeggen, en zijn verlegenheid wakkerde de hare alleen nog maar verder aan, zodat ze, toen hij het toetje afsloeg en zei dat hij eens lekker lang in bad zou gaan, allebei een zucht van verlichting slaakten.

'Misschien loop ik nog een rondje over het terrein,' zei ze.

'Zeker weten? Het is koud, hoor.'

'Ik heb wat frisse lucht nodig.' Ze probeerde te glimlachen, maar het lukte niet.

De koude lucht benam Natasha de adem en ze trok haar jas stevig om zich heen. Er hing een lichte rookgeur. Rechts van haar zag ze de enorme, classicistische gevel van de academie en iets verder de brede, honingkleurige straatjes van Saumur.

Ze liep op een kastanjeboom af en toen ze daar was aangekomen keek ze door de elegante takken omhoog naar de enorme, inktzwarte hemel, niet aangetast door felle stadslichten, waarin een miljoen kleine lichtpuntjes glinsterden. Ze dacht niet meer aan haar baan, de zaak die ze verloren had, haar kapotte relatie. Aan Sarah en waar die kon zijn durfde ze niet te denken. In plaats daarvan dacht ze aan Ali Ahmadi, die niet tegen haar had gelogen. Ze schaamde zich ervoor hoe gemakkelijk ze haar mening over hem had bijgesteld.

Ze had geen idee hoelang ze daar al zo stond toen ze voetstappen op het grindpad hoorde. Het was Mac, haar hart maakte een sprongetje.

'Wat is er? Heb je iets van de politie gehoord?' vroeg ze, toen ze zag dat hij een telefoon in zijn hand hield. 'Hebben ze haar gevonden?'

Zijn haar was droog – hij was dus nog niet in bad geweest. 'Dat was Cowboy John.' Hij keek ernstig. 'De oude baas, Sarahs opa. Hij is vanavond overleden.'

Ze kon geen woord uitbrengen. Ze wachtte tot hij weer gewoon zou doen als Mac en zou zeggen dat het een foute grap van hem was, maar dat gebeurde niet. 'Jezus, Tash,' zei hij uiteindelijk, 'wat moeten we nu, in godsnaam?'

Ze hoorde het zachte kraken van de takken van een plataan en voelde de kou prikken in haar gezicht. 'We gaan haar zoeken,' zei ze, en haar stem klonk haar vreemd en schril in de oren. 'We moeten haar vinden. Ik zou niet weten wat we anders –'

Er kwam iets naar boven in haar borst, een afschuwelijk verstikkend gevoel dat ze niet kende en waardoor ze even in paniek raakte. Ze liep langs hem en holde toen naar het huis. Ze liep door de grote, elegante hal en ging de mahoniehouten trap op naar haar kamer. De tranen kwamen al nog voor ze op het grote bed neerviel, met haar gezicht op de dekens, haar armen boven haar hoofd. Ze liet ze door de sprei absorberen, zonder te weten waar ze precies om huilde: om het meisje, alleen in een vreemd land, wier laatste band met haar geliefde familie was doorgesneden, de verweesde jongen die ze zo verkeerd had ingeschat of de dramatische puinhoop die ze van haar eigen leven had gemaakt. Misschien ontketend door de alcohol en de onbekende omgeving, het verkeerde land, schokte Natasha van het snikken. Het leek van heel diep te komen. Ze huilde zonder geluid te maken en ze wist niet of ze ooit nog wel zou kunnen stoppen.

Ze hoorde de motoren achter zich. Ze was nu vol in galop en ademde oppervlakkig, in de greep van de angst. Boo ging voluit, met zijn hals kaarsrecht, en zijn hoeven vonkten onder haar in de donkere avond. Ze draaide haar hoofd naar rechts, terwijl ze op een weg af vloog, althans zo leek het, en met de piepende banden achter zich aan en het dreigende '*putain!*' zag ze dat ze op de parkeerplaats van een supermarkt was.

Ze galoppeerde over de parkeervakken, zich vaak bewust van de geschokte stelletjes achter hun boodschappenkarretjes en een bestuurder van een auto die achteruit aan het rijden was en abrupt op de remmen moest. De motoren en brommers hadden zich inmiddels verspreid. Ze probeerde Boo in te houden – als ze dicht bij de supermarkt bleef, waren er te veel mensen en dan zouden de jongens haar niks durven doen – maar hij hield zijn hals stijf en reageerde niet op haar. Boo was ook doodsbang en had zich teruggetrokken in zijn eigen wereld.

Ze leunde achterover en de markering op de weg vervaagde onder haar. 'Boo! Ho!' riep ze, maar tot haar ontzetting merkte ze dat ze niet in staat was hem in te houden. Ze wist dat ze geen keus had en in het zadel moest zien te blijven; ze sprong over een lage reling, een gat in het wegdek, en vloog over een enorm leeg stuk parkeerterrein en zag toen dat ze het eind van het industrieterrein had bereikt, en dat het zwarte niets achter het lage muurtje leeg landschap was. Ze ging in haar stijgbeugels staan en trok aan één leidsel, een oude truc waardoor hij in een klein kringetje moest gaan lopen, zodat hij zijn vaart wel moest minderen.

Maar ze had niet gezien hoe dicht ze bij de muur waren, hoe onmogelijk de hoek was waar ze hem in gemanoeuvreerd had. Noch zijzelf noch het paard had gezien dat de grond achter het muurtje veel lager was, dus hij zette af, nog altijd verblind van angst, en de fout drong pas tot zowel het paard als de ruiter door toen zijn voorbenen al door de lucht vlogen.

De geluiden van de motoren stierven weg. Sarah schoot door de donkere hemel en hoorde een kreet die misschien wel van haarzelf kwam. En toen viel Boo. Zijn hoofd verdween onder haar en Sarah viel. In een flits zag ze het verlichte wegdek, hoorde een verschrikkelijk gekraak, en toen werd alles zwart.

Toen er geen reactie kwam op zijn discrete klopje draaide Mac aan de deurknop, bang dat het misschien zou leiden tot nog meer strijd. Maar hij kon niet terug naar zijn kamer: ze zag er zo verloren uit, haar gezicht zag zo wit in het maanlicht, van haar gebruikelijke zelfbeheersing was niets over.

'Tash?' probeerde hij zachtjes. Hij zei het nog een keer en deed toen zachtjes de deur open.

Ze lag op het hemelbed, met haar armen boven haar hoofd. Heel even dacht hij dat ze misschien sliep. Maar toen hij net de deur weer dicht wilde trekken, zag hij haar schouders schokken en hoorde hij een gesmoorde snik. Hij bleef onbeweeglijk staan. Hij had Natasha al in geen jaren meer zien huilen. Nog lang nadat hij eindelijk weggegaan was, vijftien maanden geleden, moest hij steeds terugdenken aan hoe ze naar hem had gekeken, in de gang, met die vastberaden blik, dat volkomen onbewogen gezicht, terwijl ze in haar nette mantelpakje toekeek hoe hij zijn spullen naar de auto bracht.

Maar dat leek nu een eeuwigheid geleden.

Mac liep voorzichtig over de houten vloer. Ze schrok toen hij zijn hand op haar schouder legde. 'Tash?'

Ze bleef liggen en reageerde niet. Hij wist niet of het kwam doordat ze niet kon antwoorden of omdat ze wilde dat hij wegging.

'Wat is er?' vroeg hij. 'Wat is er aan de hand?'

Toen ze opkeek van de sprei zag ze bleek en vlekkerig van de tranen. Wat er nog van haar mascara over was, liep in strepen over haar gezicht en hij vocht tegen de neiging om ze weg te vegen.

'Wat nou als we haar niet vinden?' Haar ogen blonken.

Het schokte hem, de peilloosheid van haar verdriet; zo kende hij haar niet. Hij kon zijn ogen niet van haar af houden. 'We vinden haar wel.' Het was het enige wat hij kon zeggen. 'Tash, ik snap niet –'

Ze ging zitten, trok haar knieën onder haar kin en verstopte haar gezicht ertegen. Ze moest het twee keer herhalen voor hij kon verstaan wat ze zei.

'Hij vertrouwde ons.'

Hij ging naast haar op bed zitten. 'Ja, maar...'

'Je had gelijk. Het is allemaal mijn schuld.'

'Nee... nee...' zei hij zachtjes. 'Het was stom van me om dat te zeggen. Dat had ik nooit moeten doen. Het is helemaal niet jouw schuld.'

'Jawel,' hield ze vol, haar stem verwrongen van de tranen. 'Ik heb hem teleurgesteld. En haar. Ik heb helemaal niet goed voor haar gezorgd. Maar het was ook te...'

'Je hebt het prima gedaan. Zoals je zelf al zei, je hebt je best gedaan. We hebben allebei ons best gedaan. We konden ook niet weten dat dit zou gebeuren.'

Het verblufte hem dat iets wat hij had gezegd zo'n reactie bij haar kon losmaken. Het leek alsof Natasha allang niet meer te raken was door wat hij deed. 'Hé, kom op, ik zei maar wat... ik was kwaad...'

'Nee. Je had gelijk. Ik had nooit weg mogen gaan. Als ik was gebleven... misschien was ze dan wat opener geworden... Maar ik kon niet bij jou in de buurt zijn. Ik kon niet bij háár in de buurt zijn.'

Hij zag haar dunne armen in de rode blouse. De mouwen zaten onder de zwarte mascaravlekken. Hij wilde zijn hand naar haar uitsteken, maar hij was bang dat ze zich weer voor hem zou afsluiten. 'Je kon niet bij Sarah in de buurt zijn?' Zijn stem klonk zachtjes, voorzichtig.

Haar gezicht was nu kalm en het snikken werd minder. 'Ze liet me inzien dat ik het helemaal niet kon. Doordat Sarah er was zag ik in... dat er misschien een reden was waarom ik nooit kinderen heb gekregen.' Ze slikte moeizaam. 'En door wat er sindsdien allemaal is gebeurd weet ik dat dat echt zo is.' Haar stem brak en ze barstte weer in huilen uit en ze leek ineens zo klein.

Mac was verbijsterd om haar ineens zo veel verdriet te zien hebben over de kinderen die ze verloren hadden. 'Nee, Tash,' zei hij zachtjes en hij pakte nu toch haar hand. Haar vingers waren doornat. 'Nee... Nee, Tash. Dat is niet zo... Kom op...' protesteerde hij en zijn stem haperde. Hij trok haar dicht tegen zich aan, sloeg zijn armen om haar heen en wiegde haar, zonder precies te weten waar hij mee bezig was. 'God, nee... jij zou een fantastische moeder zijn geweest, dat weet ik zeker.'

Hij legde zijn gezicht boven op haar hoofd en ademde de vertrouwde geur van haar haar in en realiseerde zich dat de traan die over zijn wang liep van hemzelf was. En hij voelde de armen van zijn vrouw om zich heen kruipen en ze klampte zich aan hem vast, misschien omdat ze hem woordeloos wilde duidelijk maken dat ze hem nodig had en dat hij haar toch iets te bieden had. Ze zaten daar in het donker en hielden elkaar vast, rouwend, te laat, om de kinderen die ze kwijtgeraakt waren, het leven samen dat ze hadden opgegeven. 'Tash...' mompelde hij. 'Tash...'

Haar snikken hield op en maakte plaats voor een vraag die de ruimte om hen heen vulde. Hij nam haar gezicht in zijn handen, zag haar gezwollen oogleden, haar vochtige wangen, en probeerde te zien wat er in haar omging. En hij zag iets waardoor hij niet meer kon denken.

Mac bracht zijn gezicht naar Natasha toe en zachtjes stamelend kuste hij haar onderlip, terwijl hij zijn vingers over haar wangen liet glijden, die vreemd en toch vertrouwd aanvoelden. Hij voelde haar even aarzelen en ergens kwam ook bij hem de gedachte op – *Wat is dit? Moeten we hiermee stoppen?* – maar haar slanke vingers omklemden de zijne en er ontsnapten kleine dierlijke geluidjes aan haar lippen toen haar lippen de zijne zochten.

En Mac drukte haar naar beneden en hij slaakte een zucht van opluchting en verlangen. Hij kuste haar hals, haar haar, frunnikte aan de knoopjes van haar gekreukte blouse, snoof de geur van haar huid op en wilde haar zo graag dat hij er onhandig van werd. Hij voelde dat ze haar benen om zijn rug sloeg en een deel van hem dat nog wel kon denken registreerde dat hij haar nooit zo gekend had. Althans, de laatste jaren niet meer. En dat deze Natasha iemand anders was, daarover waren zijn gevoelens complexer dan hij nu aankon.

Hij deed zijn ogen open en keek hoe het licht door het raam op haar viel, haar mascaravlekken, haar ongewassen haar, het lichte pulseren van haar achterovergebogen bleke keel, en de tederheid die hij net nog voelde werd gesmoord door iets duisterders, iets mannelijkers. Het was iets wat hij haar tijdens hun huwelijk nooit had kunnen laten zien. Dit was geen vertrouwd terrein, hij herkende het totaal niet.

'Ik wil je.' Hij hoorde haar stem in zijn oor, ze klonk verrast en hees door iets gretigs en wanhopigs in haar. 'Ik wil je,' zei ze nog eens en Mac trok zijn overhemd over zijn hoofd en begreep dat hoewel het geen vraag was, er maar één antwoord mogelijk was.

# 25

‘*Als zijn paard iets overkomt, verkeert de ruiter zelf in groot gevaar.*’
Xenophon, *Over de rijkunst*

Er vloog een witte vogel boven haar in grote, trage cirkels, die een zeurend geluid maakte dat steeds meer aanzwol en weer afnam, net toen het niet meer te harden was. Sarah knipperde met haar ogen, niet in staat om hem te onderscheiden van het felle licht erachter. In stilte smeekte ze of het zachter kon.

Ze bleef heel stil liggen toen het lawaai weer aanzwol, en dit keer trilde de grond onder haar, zodat ze fronste, zich bewust van de pijn in haar hoofd en in haar rechterschouder. *Toe nou,* dacht ze, *hou op. Het is te hard.* Ze deed haar ogen stijf dicht om het buiten te sluiten, deze brute aanval op haar zintuigen. Toen het ondraaglijk werd, stopte het ineens. Ze was er dankbaar voor, maar werd al snel gestoord door een ander geluid. Een deur die dichtviel. Een kreet.

*Au*, dacht ze. *Mijn schouder*. En toen: *Ik heb het zo koud. Ik kan mijn voeten niet meer voelen*. Het licht werd gedimd en toen ze haar ogen een fractie opendeed zag ze een donkere gestalte over zich gebogen.

'*Ça va?*'

De paniek sloeg toe nog voor ze zich bewust was waarom. Er was iets heel, heel erg fout. Ze knipperde met haar ogen en vergat de pijn toen ze zag dat het een man was die naar haar stond te kijken. Ze ontdekte dat ze in een goot lag. Ze krabbelde overeind, maar viel achterover tot ze tegen een betonnen paal aan kwam.

*Mannen. Motoren. Angst.*

De boer stond vlak bij haar en keek bezorgd; zijn enorme gele landbouwmachine stond een eindje verderop, met de deur nog open waar hij net uit gesprongen was.

'Wat wil je?' zei hij.

Sarahs ogen weigerden om zich te focussen. Ze keek om zich heen en zag de enorme akker, de verre gebouwen van het industrieterrein. *Het industrieterrein. Een sprong in het duister.*

'Mijn paard,' zei ze, terwijl ze opsprong en onwillekeurig een kreet slaakte van pijn. 'Waar is mijn paard?'

De boer liep achteruit en gebaarde dat ze moest blijven staan. 'Ik ga de politie bellen,' zei hij. 'Oké?'

Ze strompelde al vooruit, de weg af, en probeerde om helder na te denken, haar zicht scherp te stellen. 'Boo!' schreeuwde ze. 'Boo!'

Ze zag niet dat de boer haar verdacht vond en dat zijn dikke, vierkante vingers aarzelden boven de toetsen van zijn mobiele telefoon. Als ze het wel had gezien, had ze geweten wat hij dacht. Drugs? Psychiatrische patiënt? Haar ene zij zat helemaal onder de modder en op haar gezicht zat een blauwe plek. Zat ze soms in de problemen?

'Heb je hulp nodig?' vroeg hij voorzichtig.

Ze hoorde hem niet.

'Boo!' riep ze terwijl ze op een betonnen paal klom, ineenkrimpend toen ze in balans probeerde te blijven. Haar lichaam deed pijn. Haar zicht werd maar niet scherper. Maar zelfs zo kon ze wel zien dat de akker leeg was, op een paar kraaien in de verte na, en de stoom van haar adem. Haar stem loste op in de stille ochtendlucht.

Ze draaide zich om naar de man. 'Een paard?' vroeg ze dringend. 'Een bruin paard? Een *Selle Français?*' Ze trilde; een mengeling van kou en angst. Dit kon toch niet waar zijn? Niet nu, na alles wat ze had meegemaakt. De angst schudde haar wakker en verlamde haar meteen: het was te erg. Te groot. Het vooruitzicht was te verschrikkelijk. Hij kon toch niet weg zijn? Natuurlijk kon hij niet weg zijn.

De boer stond nu bij de deur van zijn machine. 'Moet ik je ergens mee helpen?' vroeg hij nog eens, iets minder bereidwillig dit keer, alsof hij hoopte dat dit buitenlandse kind zou zeggen dat ze het wel zonder hem af kon.

Maar Sarah hinkte de weg af, al wist ze niet waar ze hem moest zoeken, en ze was te druk met het uitschreeuwen van de naam van haar paard om de boer te kunnen horen. De verblindende schok dat Boo weg was overstemde de pijn in haar schouder en het voortdurende gehamer in haar hoofd.

Ze liep bijna het hele omgeploegde veld door voor het tot haar doordrong dat haar paard niet het enige was wat weg was.

Bijna vijftig kilometer verderop werd Natasha wakker met een onverwacht gevoel dat er iets weg was. Zelfs voor ze doorhad dat wat ze had gehoord het geluid was van Mac die de badkamer in verdween, had ze het verlies gevoeld van zijn lichaam tegen het hare. Ze kon nog steeds het gewicht van zijn arm over haar heen voelen, de volle lengte van zijn been dat tegen de achterkant van haar eigen been drukte, zijn warme adem in haar hals. Zonder hem voelde ze zich onvast, alsof ze door de ruimte zweefde in plaats van warm in het enorme bed ingestopt te liggen. *Mac.*

Ze hoorde hem de toiletbril optillen en glimlachte even om dit kleine huiselijke detail. Ze begroef zich dieper onder de dekens, opgaand in de muffe lucht die sprak van urenlang genot, en gevoeld en beantwoord verlangen. Ze dacht aan hem, aan zijn mond op haar, zijn handen, zijn gewicht, de intense blik waarmee hij haar onderzoekend aankeek, alsof het hele voorgaande jaar niet weggespoeld was, maar niet meer ter zake deed door de kracht van hun gevoelens. Ze dacht aan wat ze zelf had gedaan, hoe ze hem verschrikkelijk nodig had, zo onverwacht, alsof ze totaal iemand anders was dan ze altijd had gedacht. Het was alsof hun strijdpunten uit het verleden, hun wreedheden, de dingen waardoor ze niet meer zichzelf konden zijn bij elkaar, alles alleen maar intenser hadden gemaakt. Ze had hem verbaasd, dat wist ze wel, maar ze had ook zichzelf verbaasd. Hoelang was het nu al geleden dat ze zich de betere versie van zichzelf had gevoeld in zijn ogen?

Ze rolde naar zijn kant van het bed en snoof de nog warme sporen van zijn huid op. Ze hoorde dat de wc doorgetrokken werd, het geluid van stromend water toen hij zijn handen waste. Zou het verkeerd zijn om zich nog een keer om hem heen te slaan voor ze weer aan hun zoektocht begonnen? Zou het verkeerd zijn om zijn lippen, zijn handen en zijn huid te gebruiken om zich te wapenen tegen de dag die ze voor zich hadden? Hoe zou het voelen om dat sterke, ingezeepte lijf voor zichzelf op te eisen in dat enorme bad op leeuwenpootjes, centimeter voor centimeter. *Ik hou van hem*, dacht ze, en die wetenschap voelde als een opluchting, alsof ze eindelijk haar worsteling kon opgeven door dat toe te geven.

Ze zuchtte tevreden. Ze wreef zich eens even flink in de ogen, zich bewust van de mascaravegen van de vorige avond, en probeerde haar haar glad te strijken dat tegen de achterkant van haar hoofd geplakt zat. Haar lichaam gloeide, prikte vol verwachting, en ze wenste dat hij opschoot. Ze wilde hem tegen zich aan voelen, om haar heen, in haar. Ze voelde een honger naar zijn fysieke aanwezigheid die ze dacht nooit meer te kunnen voelen. Zo was het met Conor nooit. Ja, met hem had ze ook wel een fysiek verlangen gevoeld, maar dat was iets heel anders dan dit duizelingwekkende, intense gevoel om de helft van een geheel te zijn, waarbij zelfs een tijdelijke afwezigheid als een amputatie voelde.

Op dat moment hoorde ze de stem. Eerst dacht ze dat het iemand op de gang was, maar toen ze zich inspande om te luisteren, realiseerde ze zich dat het Mac was. Ze stapte uit bed, sloeg de sprei om zich heen en trippelde op blote voeten naar de badkamerdeur, aarzelde even, en hield toen haar oor tegen de eiken deur.

'Liefje, we hebben het er later nog over. O – wat ben jij erg.' Hij lachte. 'Nee, dat doe ik niet… Maria, ik wil deze discussie nu niet voeren. Ik heb toch gezegd, ik ben nog op zoek. Ja, ik zie je de vijftiende… Ik ook.' Hij lachte weer. 'Ik moet nu hangen, Maria. Ik spreek je als ik weer thuis ben.'

Nog jaren later kon Natasha de geur van bijenwas niet losmaken van het gevoel dat er een ramp stond te gebeuren. Ze deinsde terug van de deur. Haar glimlach was verdwenen, de warme gloed transformeerde als door alchemie in ijs. Ze was net terug in bed toen hij de badkamer uit kwam. Ze dwong zichzelf langzamer te ademen, wreef in haar gezicht, en wist niet hoe ze zich moest gedragen.

'Je bent wakker,' merkte hij op. Ze voelde zijn ogen branden. Zijn stem was hees door het slaapgebrek.

'Hoe laat is het?' vroeg ze.

'Kwart over acht.'

Ze voelde haar hart onprettig hard kloppen. 'Dan moesten we maar eens gaan,' zei ze en ze keek op de grond waar haar kleren lagen. Hem keek ze niet aan.

'Wil je al opstaan dan?' Hij klonk verbaasd.

'Dat lijkt me een goed idee, ja. We moeten naar de politie, weet je nog. Madame... zou hen voor ons bellen.' Ze zag haar onderbroek onder de grote notenhouten ladekast liggen. Ze kreeg het warm bij het idee hoe die daar was beland.

'Tash?'

'Ja?' Ze trok hem aan, met haar rug naar hem toe, de sprei om zich heen om haar naaktheid voor hem te verhullen.

'Gaat het wel?'

'Ja, prima.' Ze hees de onderbroek met moeite om haar heupen en draaide zich naar hem om. Ze keek zo neutraal mogelijk, maar wenste hem een langzame, pijnlijke dood toe. 'Hoezo? Waarom zou het niet gaan?' Hij probeerde haar stemming te peilen. Hij glimlachte, haalde zijn schouders wat onzeker op. 'Ik vind gewoon dat we op moeten schieten,' vervolgde ze. 'Je weet toch nog wel wat we hier komen doen?' En voor hij verder nog iets kon zeggen, pakte ze haar spullen en liep naar de badkamer.

De gendarme had met de leiding van le Cadre noir gesproken voor hij naar het chateau kwam.

'Er is daar geen meisje geweest zoals u haar beschreef,' zei hij toen ze in de salon zaten met een kop koffie ingeschonken door madame, die zich discreet had teruggetrokken. 'Maar ze hebben me verzekerd dat ze het u laten weten als ze zich meldt. Blijft u intussen hier?'

Natasha en Mac keken elkaar aan.

'Ik denk het,' zei Mac. 'Dit is de enige plek waar Sarah naar toe zou willen. We blijven tot zij hier is.'

De rechercheur had dezelfde reactie op hun verhaal als madame: licht ongeloof, en de niet-gestelde vraag hoe mensen die zich als haar ouders opwierpen het zover hadden laten komen dat een kind zo ver in haar eentje op reis ging. 'Mag ik u vragen waarom u denkt dat ze juist naar le Cadre noir op weg is? Bent u zich er wel van bewust dat dat een academie is voor een elite?'

'Haar grootvader was hier lang geleden lid, of hoe u dat ook noemt. Hij vond kennelijk dat zij hier ook naartoe moest.'

Dat vond de rechercheur blijkbaar een bevredigend antwoord. Hij maakte nog wat aantekeningen in zijn opschrijfboekje.

'En ze heeft mijn creditcard gebruikt. We weten dat ze die *en route* hier in Frankrijk heeft gebruikt,' voegde Natasha eraan toe. 'Alles wijst erop dat ze deze kant op komt.'

Het gezicht van de rechercheur verraadde niets. 'We zullen de gendarmes binnen een straal van honderd kilometer waarschuwen. Als iemand haar ziet, stellen we u op de hoogte.' Hij haalde zijn schouders op. 'Maar het zal niet meevallen om haar te herkennen – u moet weten dat in de omgeving van Saumur heel veel mensen paardrijden.'

'Dat begrijpen we,' zei Natasha.

Toen de rechercheur weg was, vielen ze stil. Natasha keek om zich heen naar de zware gordijnen en de opgezette vogels onder glazen stolpen.

'Laten we maar wat gaan rondrijden,' zei Mac. 'Dat lijkt me beter dan de hele dag hier rondhangen. Madame zei dat ze ons zou bellen als er iets was.' Hij wilde haar arm aanraken, maar Natasha deed vlug alsof ze iets in haar tas zocht.

'Ik denk niet dat het zin heeft als we er samen opuit gaan,' zei ze. Ze kon hem wel slaan om zijn licht gekwetste blik. 'Ik ga wat rondlopen door de academie. Ga jij maar. We houden contact.'

'Dat slaat nergens op. Waarom zouden we ons nu ineens opsplitsen? Natasha, we gaan samen.'

Ze bleef even stil. Toen pakte ze haar spullen, maar keek hem niet aan. 'Goed dan,' zei ze uiteindelijk en ze liep de kamer uit.

Helemaal aan het eind van de akker waren hoefafdrukken. Toen ze die zag wilde ze verder rennen, maar een dikke laag plakkerige, zware modder had zich aan haar laarzen gehecht, zodat slechts de traagste beweging mogelijk was. Toen was ze de akker eindelijk over, maar na een paar modderkluiten op het asfalt was er geen spoor van Boo meer te zien.

Ze liep nog een uur zigzaggend door de velden, liep kreupelbosjes in en schreeuwde haar stem schor tot ze bij het volgende dorp aankwam. Inmiddels trilde ze onophoudelijk, haar lichaam verkleumd en leeg. Haar schouder deed pijn, haar maag was verkrampt van de honger. Er vlogen auto's aan haar voorbij, die haar niet zagen of niet in haar geïnteresseerd waren, en die af en toe toeterden als ze te ver de weg op gelopen was.

Toen ze het dorp in liep, zag ze een rijtje winkels. De geur van brood uit de *boulangerie* rook vol en troostrijk, en totaal buiten bereik. Ze stak haar hand in haar zak en dook drie muntjes op. Euro's. Ze kon zich niet herinneren hoe die daar kwamen: Thom had haar geld in een envelop in haar rugzak gestopt en die was nu weg. Kleingeld. Blijkbaar had ze de vorige dag iets gekocht. Ze staarde naar de muntjes, naar de *boulangerie*. Alles was weg: haar paspoort, Boo's papieren, haar geld, Natasha's creditcard.

Er was nog maar één persoon die haar kon helpen. Ze haalde de foto van *grand-père* uit haar binnenzak; hij was verkreukt en ze probeerde hem met haar duimen glad te strijken.

Moeizaam stak ze het plein over, ging de *bar tabac* in en vroeg om een telefoon. 'Ben je gevallen?' vroeg de vrouw achter de bar meelevend.

Sarah knikte, zich ineens bewust van haar kleren, de modder. 'Sorry,' zei ze en ze keek achterom om te zien of ze geen spoor had achtergelaten.

De vrouw staarde naar haar gezicht. '*Alors*, ga zitten, *chérie*. Wil je wat drinken?'

Sarah schudde haar hoofd. '*English*,' zei ze bijna fluisterend. 'Ik moet naar huis bellen.'

De vrouw keek naar de drie muntjes in Sarahs hand. Ze raakte Sarahs wang even aan. 'Maar je bent gewond aan je hoofd! Gérard!'

Een paar seconden later verscheen er een besnorde man, met twee flessen kersenkleurige siroop in zijn handen, die hij op de bar zette. De vrouw mompelde iets tegen hem en wees toen naar Sarah.

'Telefoon,' zei hij. Ze wilde naar de betaaltelefoon lopen maar hij schudde met zijn vinger. '*Non, non, non.* Daar. Kijk.' Ze aarzelde, niet zeker of het wel veilig was, maar besloot dat ze eigenlijk geen keus had. Hij tilde de bar voor haar op en leidde haar een donker gangetje in. Er stond een telefoon op een klein ladekastje. 'Hier kan je bellen,' zei hij. Toen ze haar muntjes ophield, schudde hij zijn hoofd. 'Niet nodig.'

Sarah probeerde zich te herinneren wat ook al weer de code voor Engeland was. Toen toetste ze het nummer in.

'Met de afdeling Neurologie.'

Het horen van een Engelse stem had een onverwacht effect: ineens sloeg de heimwee toe. 'Met Sarah Lachapelle,' kon ze met moeite uitbrengen. 'Ik moet mijn opa spreken.'

Het bleef even stil. 'Wacht even, Sarah.'

Ze hoorde gemompel, alsof iemand zijn hand voor de hoorn hield, en keek toen zenuwachtig naar de klok, want ze wilde deze Franse mensen niet te veel geld kosten. Door de deuropening zag ze dat de vrouw iemand koffie serveerde, waar ze geanimeerd mee in gesprek was. Waarschijnlijk hadden ze het over haar, dat Engelse meisje dat van haar paard gevallen was.

'Sarah?'

'John?' Ze schrok van zijn stem, omdat ze de zuster had verwacht.

'Waar ben je, meisje?'

Sarah verstijfde. Ze wist niet wat ze tegen hem moest zeggen. Zou *grand-père* het goedvinden als ze John zou zeggen waar ze was? Of zou hij liever willen dat ze doorging? Steeds als ze de waarheid zei, kwam dat haar duur te staan.

'Ik moet *grand-père* spreken,' zei ze. 'Wil je hem alsjeblieft even geven?'

'Sarah, je moet me vertellen waar je bent. Mensen zijn naar je op zoek.'

'Nee,' zei ze stellig. 'Ik wil niet met je praten. Ik moet *grand-père* spreken.'

'Sarah...'

'Het is heel belangrijk, John. Echt heel belangrijk. Alsjeblieft. Maak het nou niet zo moeilijk...' Ze was bijna in tranen.

'Het kan niet, lieverd.'

'Wel. Ik heb hem eergisteren nog gesproken. Als je de hoorn bij zijn oor houdt kan hij gewoon verstaan wat ik –'

'Sarah, kindje, je opa is er niet meer.'

Ze staarde naar de muur. In de bar had iemand de televisie aangezet en ze hoorde het opgewonden commentaar op een voetbalwedstijd. 'Waar is hij dan naartoe?'

Een lange stilte. 'Sarah, schatje, hij is er niet meer.'

Ze werd overspoeld door een golf kou.

Ze schudde haar hoofd.

'Nee,' zei ze.

'Liefje, je moet echt naar huis. Het is tijd om terug te komen.'

'Je liegt,' zei ze. Haar tanden klapperden.

'Ik vind het zo erg voor je, meisje.'

Ze smeet de hoorn op de haak. Haar hele lijf trilde nu en ze wilde gaan zitten. Heel zachtjes zakte ze op het linoleum en daar bleef ze zitten, terwijl alles om haar heen draaide.

'*Alors!*' Ze had geen idee hoeveel minuten er al voorbij waren, maar ze merkte ineens dat de vrouw haar man riep en dat twee paar handen haar omhoogtilden. Ze werd naar het zaaltje dat bij de bar hoorde gebracht, waar ze haar voorzichtig op een met rode skai bekleed bankje neerzette en waar de vrouw een dampende kop chocolademelk voor haar neerzette, waar ze suikerklontjes door roerde.

'Kijk dan!' zei een andere klant. 'Ze ziet zo bleek!'

Iemand anders mompelde iets van shock. Het was net of ze allemaal heel ver weg waren. Ze zag nog meer gezichten; vriendelijke gezichten. Iemand haalde haar cap van haar hoofd en ze schaamde zich voor haar vieze haar en de modder onder haar nagels. Ze had helemaal niets meer. *Grand-père* was dood. Boo was weg.

De vrouw wreef over haar hand en zei dat ze van de chocolademelk moest drinken. Ze nam beleefd een slokje en was bang dat ze moest overgeven.

'Ben je van je paard gevallen?' vroeg iemand, en haar hersens voelden zo vreemd dat het even duurde voor ze kon knikken.

'Wat voor kleur paard is het?'

'Bruin,' antwoordde ze wezenloos. Als ze haar hand loslieten, zou ze dan de lucht in drijven en verdwijnen? Waarom ook niet.

Hier op aarde had ze geen enkel anker meer, niemand die om haar gaf. Ze had geen doel meer en niets om naar terug te keren. Boo lag waarschijnlijk ergens dood in een greppel, zoals de greppel waar ze zelf in had gelegen. Die jongens hadden misschien wel kilometers achter hem aan gezeten. Of hij was gestolen, was aangereden, of opgeslokt door dit enorme landschap, om nooit meer te worden teruggevonden. En *grand-père... grand-père* was doodgegaan en zij was er niet bij geweest. Ze zou nooit meer zijn handen zien, zijn sterke oude rug als hij hun paard verzorgde, op en neer gaand met de borstel, met zo'n ingespannen blik. Ze zouden nooit meer samen voor de televisie zitten, commentaar leveren op het nieuws. Ze begreep het allemaal niet meer.

Ineens zag ze zichzelf als een piepkleine stip, volkomen alleen in het heelal. Er was voor haar geen plek meer, ze had geen familie meer, geen thuis. Dat plotselinge besef was zo overweldigend dat ze bang was dat ze flauw zou vallen. Toen drong het tot haar door dat die mensen nog steeds naar haar stonden te staren. Gingen ze maar weg. Ineens wilde ze op het bankje liggen om honderd jaar te slapen.

Er klonk bezorgd gemompel. Ze voelde haar oogleden dichtvallen en toen hield de vrouw de beker weer aan haar mond.

'Ze is in shock,' zei iemand die haar oogleden weer optilde om te controleren.

'Het gaat prima,' zei ze.

'Mademoiselle.' Een magere man met een sigaret kwam voor haar staan. 'Dat paard, is het een bruin paard?'

Sarah keek op.

'Hoe groot is hij? Zoiets?' Hij hield zijn hand ter hoogte van zijn schouder.

Ineens zag ze scherp. Ze knikte.

'Kom, kom,' zei hij. 'Kom mee, alsjeblieft.' Ze was blij dat de barmevrouw haar ondersteunde. Haar benen leken niet meer bij haar te horen. Ze voelden slap, als pijpenragers die bij het minste beetje druk ombuigen. Ze knipperde met haar ogen. Het ochtendlicht was te fel na die donkere bar. En toen stapte de vrouw samen met haar achter in een auto. De magere man ging voorin zitten. God weet waar ze me heen brengen, dacht Sarah. Ze deed alles wat ze juist niet mocht doen van *grand-père*. Maar ze kon de energie niet opbrengen om zich daar druk over te maken. *Want grand-père is er niet meer.* Ze liet die woorden door haar gedachten rollen, maar er gebeurde niets. Ik voel helemaal niks, dacht ze.

Een kilometer of drie verderop reden ze een boerenerf op, aan het eind van een oprijlaan die bezaaid lag met roestende ploegen en eggen. Er stonden torenhoge stapels strobalen die in glimmend zwart plastic verpakt waren. Een gans siste boos toen ze uitstapten en de magere man joeg hem weg.

Toen liepen ze een enorme schuur in en daar stond hij in een koeienstal, zijn zadel en hoofdstel keurig over het hek gehangen.

'Boo?' zei ze vol ongeloof en ze vergat de pijn in haar schouder.

'Is dit de jouwe?' vroeg de man.

Boo hinnikte alsof hij dat wilde bevestigen.

De boer had hem vanochtend gevonden, vertelde hij, verderop in het weiland. Hij beefde als een riet, had de boer gezegd.

Ze hoorde hem nauwelijks. Ze maakte zich los uit hun greep en vloog op hem af. Ze klom over het hek en viel half de stal in, gooide haar armen om zijn hals en drukte haar betraande gezicht tegen zijn huid.

Dat een meisje zo veel verdriet kon hebben om een paard, zeiden ze later in de *bar tabac*, lang nadat ze Sarah op pad hadden gestuurd na haar nog een warme chocolademelk en een halve baguette te hebben gegeven. Ze had dertig minuten lang aan één stuk gehuild terwijl ze de bebloede knieën van het arme dier met verband omwikkelde, hem aaide en zachtjes tegen hem praatte en weigerde om bij hem weg te gaan. Het was niet normaal, hoor, dat zo'n kind zo emotioneel deed om een dier.

'Ach. Je weet wel hoe dat gaat met die meisjes,' zei de vrouw achter de bar, terwijl ze een plumeau over de flessen haalde. 'Op die leeftijd houden ze hartstochtelijk veel van dieren. Ik was ook zo toen ik zo oud was.' Ze zweeg en knikte naar haar man, die afwezig opkeek van zijn krant. 'En ik ben natuurlijk nog steeds dol op beesten,' voegde ze er gniffelend aan toe, en terwijl haar klanten in de lach schoten, liep ze haar keuken in.

Mac wachtte tot Natasha ingestapt was voor hij de motor startte. Ze had de hele ochtend nauwelijks een woord tegen hem gesproken. Telkens als hij iets wilde zeggen over wat er was gebeurd, zette ze het gezicht op dat hij kende uit hun huwelijk: het gezicht waar opgekropte afkeur en onuitgesproken verwijten uit spraken. Hij had geen idee hoe hij erop moest reageren: gisteravond wilde ze hem – hij had zich niet bepaald aan haar hoeven opdringen. Waarom behandelde ze hem dan nu in godsnaam zo?

Mac wist dat het goed was geweest, maar het viel niet mee om de hartstochtelijke vrouw van vannacht te rijmen met de kille, gesloten vrouw die nu naast hem zat. Toen hij wakker werd, lag hij met zijn armen om haar heen en zijn lippen in haar nek, en zijn eerste gedachten waren die van opwinding: er was iets tussen hen opengebarsten, er was duidelijkheid. Misschien was het toch niet te laat, had hij gedacht. Het was niet alleen de seks, hoewel die verbluffend was. Het was alsof ze een laag van zich afgeschud had en ze hem iets had laten zien wat ze zo lang verborgen had gehouden. Na afloop had ze weer gehuild, vanwege de ontlading, dit keer, en hij had haar vastgehouden, tegen haar gefluisterd, en hij had het gevoel dat ze hem iets had geschonken. Hij vond het verbijsterend dat ze zo lang uit elkaar waren geweest.

*Ik wil je.*

Dus hoe viel die ochtend te verklaren? Mac wist dat hij hield van zijn ongrijpbare, gecompliceerde vrouw, maar hij wist niet of hij wel de energie had om iedere keer maar weer de muren af te breken die zij kennelijk zo graag tussen hen opwierp. *Je hebt gelijk*, zei hij in stilte tegen haar. *Mannen worden het inderdaad zat, hun 'moeilijke' vrouw, en ik zal je zeggen waarom: in het allermooiste vinden jullie nog het gif.*

'Heb je me soms aan de telefoon horen praten, vanochtend?' vroeg hij ineens.

Liegen was niet haar sterkste punt. Haar wangen kleurden. 'Nee,' zei ze.

'We hebben geen relatie, Maria en ik, als dat soms het probleem is. We zijn vrienden. We hadden vandaag samen een klus, en die moest ik afzeggen.'

Ze gebaarde met haar hand. 'Kijk, we zijn er.'

'Ze heeft een nieuwe vriend,' zei hij, maar ze was al uitgestapt.

Ze parkeerden voor de École nationale d'équitation en Mac liep achter haar aan naar het kantoorgebouw, waar een jonge vrouw met haar haar in een staartje en een stralende huid die sprak van een gezond buitenleven, hun de hand schudde. Ze verontschuldigde zich voor het misverstand van de vorige dag: ze hadden niet precies begrepen wat er aan de hand was, verklaarde ze, en ze wisten ook niet wat hun relatie met le Cadre noir was.

Terwijl Natasha de situatie verder uitlegde, nam Mac de tijd om de sepiakleurige foto's te bestuderen van paarden die in de lucht hingen in de meest onmogelijke hoeken, die bereden werden door mannen met petten en uniforms met tressen, die kalm voor zich uit keken, alsof het de normaalste zaak van de wereld was dat ze op een dier zaten dat op twee benen in een hoek van vijfenveertig graden stond. Verderop hing een zwarte erelijst met namen van de *écuyers* van le Cadre noir sinds het begin van de negentiende eeuw. Eentje sprong hem meteen in het oog: Lachapelle, 1956-69. Hij dacht aan de oude man, die waarschijnlijk nooit had geweten dat men zijn tijd hier op deze manier had vastgelegd, en het greep hem aan dat iemand die zijn leven had kunnen wijden aan schoonheid en topprestaties zijn laatste jaren zo had moeten slijten. Hij begreep nu wat beter dat de oude baas dit zo vurig had gewenst en dat hij Sarah zo streng had opgeleid. Wat kon je je kinderen beter wensen dan zo veel schoonheid en kunde? Wat was er mooier dan je daaraan te wijden?

'Kijk,' zei hij, en hij haalde een map met foto's tevoorschijn. 'Dit is Sarah op haar paard. Op deze foto kun je haar gezicht wat beter zien.'

De vrouw bekeek de foto's en knikte. 'Ze is een uitstekende ruiter.' Hij wist niet of ze dat zei om aardig te zijn.

'Haar grootvader heet Lachapelle. Dit is hij.' Hij wees naar de rol.

'Is hij hier nu ook? We organiseren vaak reünies. En we hebben een tijdschrift, *Les Amis du Cadre n–*'

'Hij is gisteravond overleden,' zei Natasha.

'Is dat de reden waarom ze weggelopen is?'

'Nee,' zei Natasha en ze keek even naar Mac. 'We denken dat ze het nog niet weet.'

De vrouw gaf de foto's weer terug aan Mac. 'Het spijt me dat ik niets voor u kan doen, maar als we iets horen, dan zullen we u dat uiteraard laten weten, *madame et monsieur*. Wilt u ondertussen misschien even rondkijken?'

Er werd een jongeman bij gehaald om hen rond te leiden en ze liepen de *carrière d'honneur* in, een gigantische bak waar een man met een zwarte pet aan het trainen was met een levendige vos, terwijl er een stuk of twaalf andere paarden toekeken vanuit smetteloos schone stallen. De ruiter reed in handgalop, eerst de ene kant op, toen de andere, en zijn paard brieste van inspanning. Onder het lopen begon de jongeman uit te leggen dat dit de stallen waren voor de showpaarden. Verderop stonden de dressuurpaarden en daar had je de show-jumpers. Alles bij elkaar waren het zo'n driehonderd dieren. Het was een wereld waar orde heerste en waar strenge normen werden opgelegd en gevolgd. Gek genoeg stelde het Mac gerust dat zoiets nog bestond.

'Waarom zijn we de toerist aan het uithangen?' mopperde Natasha af en toe, als ze door een bomenlaantje naar de volgende stallen liepen, en alweer een bak in gingen, een wereld die gewijd was aan een ambitie waar ze allebei niets van begrepen. Maar hij wist dat ze hetzelfde gevoel had als hij: wat konden ze anders? Op zijn minst kregen ze zo meer begrip voor wat Sarahs doel was. Ze waren honderden kilometers van huis, maar paradoxaal genoeg voelden ze zich dichter bij haar dan ooit.

Natasha pakte haar telefoon. 'Ik ga maar eens even bellen met de creditcardmaatschappij,' zei ze.

'Bent u hier op vakantie?' vroeg hun gids in het Engels, maar met een zwaar accent.

'Niet echt,' antwoordde Mac.

'Fotograaf,' zei de jongeman, en hij wees op Macs tas.

'Ja, maar ik ben hier niet voor mijn werk.'

'U zou le Carrousel moeten fotograferen. Dat is het optreden aan het eind van het schooljaar. Alle *écuyers* treden dan op.'

'Neem me niet kwalijk.' Zijn telefoon ging over.

'Wat is er?' zei Natasha, die haar eigen poging om te bellen staakte.

Hij draaide zich van haar weg en haalde zijn hand over zijn hoofd terwijl hij stond te luisteren. 'Jezus,' zei hij toen hij opgehangen had.

'Ze weet het,' zei Natasha. 'Ze weet dat hij dood is.'

Mac knikte.

Ze sloeg haar hand voor haar mond. 'Dan weet ze dus dat ze niets meer heeft.'

Mac vroeg zich af of hij even wit weggetrokken was als zij. Ze staarden elkaar aan en merkten niets meer van de paarden en de schoonheid van de setting. 'Laat die kaart blokkeren, Tash,' zei hij uiteindelijk. 'Als ze heeft besloten dat ze toch niet hiernaartoe wil, moeten we voorkomen dat ze ergens anders heen kan.'

'Maar dan loopt ze juist nog veel meer risico. We moeten ervoor zorgen dat ze genoeg geld heeft voor eten en onderdak. Het is 's nachts ijskoud.'

'Maar voor hetzelfde geld zitten we nog wekenlang achter haar aan door heel Frankrijk. Er zijn wel een miljoen plekken waar je een paard kunt stallen. We moeten hier een eind aan maken.'

'Dat weet ik wel, maar we kunnen haar niet haar enige bron van inkomsten afpakken.'

'Als we de kraan al in Engeland dichtgedraaid hadden, was ze nooit zo ver gekomen.' Het klonk alsof hij de schuld op haar schoof. Jammer dan.

'Dan had ze wel iets anders bedacht.'

'Maar we zoeken verdomme al twee dagen en twee nachten en nog steeds hebben we geen idee waar ze –'

'Monsieur?' De jonge gids hield zijn walkietalkie tegen zijn oor. '*Monsieur? Madame? Attendez, s'il vous plaît.*' Hij sprak in rap Frans. Toen zei hij: 'Er is hier een Engels meisje. Met een paard. Mademoiselle Fournier vroeg of u kwam.'

Dit was niet hoe ze het zich had voorgesteld, haar triomfantelijke aankomst. De eerste twee dagen van haar reis had ze het zich een paar keer ingebeeld, hoe blij ze zou zijn als ze aankwam bij de plek die zou voelen als haar tweede thuis. Dit was haar lot. Het zat in haar genen, zoals haar opa altijd zei.

De afgelopen tien kilometer had Sarah op die woorden moeten leunen als op een wandelstok, omdat ze anders niet meer verder kon. Zwoegend was ze door Saumur gelopen, zonder de elegante brede lanen, de honingkleurige gebouwen, de tijdloze schoonheid van de rivieroevers te zien. Boo, die doodop was, trok nieuwsgierige blikken met het verband om zijn knieën, en zo nu en dan maakten voorbijgangers misprijzende geluiden, alsof ze niet op een gewond dier hoorde te rijden. Ze wist dat ze er zelf ook vreemd uit moest zien, met haar gehavende gezicht en kleren die onder de modder zaten. Twaalf kilometer, acht kilometer, vier kilometer… Ze had hem gedwongen om door te lopen, en ze moest zich verbijten om niet te huilen van de pijn in haar schouder en de hoofdpijn die maar niet overging.

Toen ze de borden zag die naar de École de cavalerie verwezen en vervolgens de classicistische gevel van het gebouw zag, die de vorm had van een hoefijzer, lukte dat verbijten bijna niet meer. Maar toen zag ze dat er helemaal geen paarden waren en de mannen die er over de binnenplaats liepen droegen helemaal geen zwart uniform maar moderne camouflagepakken. 'Le Cadre noir?' had ze aan een van hen gevraagd, die de Place du Chardonnet overstak.

'*Non!*' Hij had haar aangekeken alsof ze niet goed snik was. 'Le Cadre noir zit hier al niet meer sinds 1984, dat zit aan Saint-Hilaire-Fontaine.' Hij wees naar een rotonde. 'Het is niet ver van hier… een kilometer of vijf, hooguit.' Ze dacht even dat ze niet meer kon. Maar toen zette ze zich schrap en volgde de aanwijzingen van de soldaat op, passeerde een aantal rotondes, liep een klein stadje door, en toen ze inmiddels zo ver was gereden dat ze vreesde dat ze weer verdwaald was, sloeg ze een pad tussen groen in, geflankeerd door weilanden vol met paarden,

En daar was het dan, groter dan ze had gedacht, en moderner om te zien. Dit was niet de elegante, ouderwetse school die ze kende van *grand-pères* foto's, met zijn binnenplaats vol mannen in uniform. Het terrein had een groot hekwerk en er waren zes ringen van olympische afmetingen, restaurants, een grote parkeerplaats en een souvenirwinkeltje voor toeristen. Ze reed door de toegangspoort zonder dat mensen al te veel acht op haar sloegen. Haar ogen vielen bijna dicht van uitputting, tot ze het bord met daarop GRAND MANÈGE DES ÉCUYERS zag, en ze wist dat ze het doel van haar reis had bereikt.

Ze liet Boo over de overdekte binnenplaats lopen, langs de vooringang, waar de komende optredens aangekondigd stonden met de prijzen van de kaartjes erbij. Ze liep helemaal door tot het eind, waar hoefafdrukken van zaagsel en een betonnen pad dat naar de stallen liep aangaven waar de paarden vandaan kwamen. Aan de andere kant van de enorme houten deuren hoorde ze een mannenstem. Ze ging iets rechter zitten, haalde diep adem, leunde pijnlijk voorover en bonsde een paar keer op de deur. Binnen bleef het even stil, totdat iemand 'hop!' riep. Sarah bonsde nog een keer stevig met haar vuist op de houten deur.

Ze hoorde dat er een grendel opzij werd geschoven en toen de deur openging zag ze een soort moderne kathedraal vol zand. Langs de rand stonden een paar paarden met ruiters in het opvallende zwart met gouden uniform dat ze al van jongs af aan kende. Het leek wel alsof ze met een generale repetitie bezig waren. Er hing een eerbiedige sfeer en de mannen waren geconcentreerd op de bewegingen van hun glanzende, gespierde dieren.

De man die de deur voor haar had geopend staarde naar haar en begon haar toen in het Frans te berispen, maar ze zei dwars door hem heen: 'Ik kom voor de *grand dieu*.' Haar stem was hees van vermoeidheid. 'Ik moet de *grand dieu* spreken.'

Er viel een korte, verblufte stilte, waar ze gebruik van maakte door langs hem te rijden. Boo stak zijn oren in de lucht.

'*Non! Non!*' Een man met een walkietalkie holde achter haar aan.

'Wat is er aan de hand?' Er kwam een oude man met een pet op hen af vanaf de andere kant van de bak. Zijn gezicht was gegroefd en ze kon zijn ogen niet zien. Hij droeg een smetteloos zwart uniform, gesteven, alsof het zijn lichaam overeind moest houden.

'*Pardon, monsieur*.' De jongere man had Sarahs leidsels te pakken en trok Boo in de richting van de uitgang. 'Ik weet niet hoe –'

'*Non!*' Sarah spoorde Boo aan door te lopen en sloeg de hand van de man weg. 'Laat hem los. Ik moet met de *grand dieu* praten.'

De oude man beende naar haar toe. Hij keek naar Boo's verbonden knieën en toen naar Sarah. 'Ik ben de *grand dieu*.'

Ze ging nog wat rechter zitten.

'Mademoiselle,' zei hij met een lage, ernstige stem. 'U kunt hier niet zomaar naar binnen. Dit is le Cadre noir. Dit is niet toegankelijk voor –'

'Maar ik moet voor u rijden,' onderbrak ze hem. Ze was zich ervan bewust dat de andere ruiters waren gestopt met hun oefeningen en dat alle ogen inmiddels op haar gericht waren. 'Ik kan niet meer terug. U moet me laten rijden.'

Hij stak een hand op en gebaarde haar dat ze weg moest. 'Mademoiselle, het spijt me, maar u hebt hier niets te zoeken. U en uw paard zijn absoluut niet in staat om in deze toestand...'

Ze zag nu een andere man in zijn walkietalkie praten. Misschien riep hij de bewaking erbij. In paniek haalde ze de foto van *grand-père* uit haar zak. 'Monsieur! Kijk dan! Dit is Henri Lachapelle. U kent hem. Hij is ook hier geweest.' Ze hield hem de foto voor, met een gestrekte arm en een trillende hand. 'U kent hem.'

Hij nam de foto van haar aan. De andere man was inmiddels druk aan het praten en gebaarde dat ze naar hem toe moest komen. 'Henri Lachapelle?' vroeg hij, en hij keek eens goed.

'Mijn grootvader.' Ze voelde een brok in haar keel. 'Toe. Alstublieft. Hij zei dat ik hiernaartoe moest gaan. Laat me alstublieft voor u rijden.'

De oude man keek achterom naar de andere ruiters en keek toen weer naar de foto. Terwijl hij daarnaar stond te staren, kwam de man met de walkietalkie met ferme passen door de bak op hen af. Hij mompelde iets in het oor van de oude man.

Toen keken beide mannen naar haar op.

De oude man bekeek haar eens goed. 'Je bent... je bent helemaal van Engeland naar hier gereden?' vroeg hij langzaam.

Ze knikte en durfde nauwelijks te ademen.

Hij schudde zijn hoofd, alsof hij het nauwelijks kon geloven. 'Henri Lachapelle,' mompelde hij. En toen liep hij langzaam bij haar weg, wolken van zand achterlatend met zijn glimmende zwarte laarzen. Sarah bleef heel stil op haar paard zitten en wist niet wat ze moest doen. Was dit zijn manier om te zeggen dat ze weg moest? Ze zag de man met de walkietalkie achter hem aan lopen. Toen zag ze dat hij de andere ruiters gebaarde om naar achteren te gaan en hij zette hen op een rij aan de zijkanten van de bak.

De *grand dieu* stond aan de andere kant van de gigantische ring. Hij bleef heel lang naar haar kijken en toen knikte hij. 'Begin maar.'

Er was wat verwarring over waar het meisje naartoe was: hun gids had het aanvankelijk verkeerd verstaan, en was met hen naar een van de niet-overdekte ringen gelopen, voor een dringende oproep hem rechtsomkeert liet maken. Natasha liep snel achter Mac aan, met blaren op haar voeten vanwege haar hoge hakken, en ze deed haar best zich niet door haar euforie te laten leiden. 'Misschien is ze het niet,' zei ze tegen hem.

Hij had zijn wenkbrauw opgetrokken. 'Hoeveel andere Engelse meisjes komen hier te paard naartoe, denk je?'

De gids gebaarde naar hen. Ze waren snel de binnenplaatsen overgestoken, langs lange rijen stallen gelopen, waar paarden vredig stonden te eten, en de frisse winterlucht in, tot ze bij een hoog wit gebouw aankwamen. Natasha herkende de vrouw met de paardenstaart die ze eerder hadden gesproken.

'Hier, *madame*,' zei ze en ze wenkte. 'Ze is in de *grand manège des écuyers*. De ring waar we onze opvoeringen doen.' Toen Natasha passeerde, had het meisje geglimlacht en verbaasd gekeken. 'Dus ze is echt helemaal uit Engeland komen rijden? In haar eentje? Ongelofelijk!'

'Ja,' zei Natasha. 'Het is inderdaad ongelofelijk.'

Ze stonden aan het eind van de voorste foyers, onder de fotogalerij en het bord met daarop in vergulde letters de namen van de ruiters uit het verleden. Er werd nog een deur opengedaan en ze zag dat Mac, die voor haar uit ging, ineens stokstijf bleef staan. Niemand zei iets. Het was een enorm groot gebouw, een monument voor de kunst van het paardrijden, en binnen in de ruimte zaten overal mannen in zwart uniform op hun paard. Het was alsof je in het schilderij van een Oude Meester stapte, dacht ze. Voor hetzelfde geld waren ze vijfhonderd jaar terug in de tijd. De man met de walkietalkie zei iets tegen het meisje, dat hen wenkte om haar te volgen naar de tribune.

Ze voelde dat Mac haar aan haar mouw trok. 'Tash, kijk,' zei hij zachtjes.

Natasha volgde zijn blik terwijl ze de trap af liep tot ze bij de zijkant van de ring aankwamen.

Sarah reed heel langzaam naar het midden van de ring. Haar paard, het onstuimige, glanzende dier dat in Kent nog zo blakend gezond was geweest, zat onder de schrammen en de modder. Om zijn knieën zaten twee enorme geïmproviseerde verbanden en er zaten klitten in zijn staart. Zijn ogen waren hol van uitputting. Maar ze zag vooral Sarah: het meisje zag zo bleek dat ze wel een geest leek, doorzichtig. Haar ene oog zat half dicht door een enorme zwelling. Op haar rug en rechterbeen zat een halve zandbak aan modder. Ze leek veel te klein voor het reusachtige paard en haar magere handen waren blauw van de kou. En van dat alles leek ze niets te merken: ze ging volledig op in waar ze mee bezig was.

Op een afstandje stond een oude man onnatuurlijk rechtop in zijn zwarte jas en rijbroek. Hij keek naar Sarah die Boo vroeg om in draf te gaan, in handgalop, en kleine, elegante cirkeltjes te draaien om de mannen die met hun eigen paarden stonden te wachten. Natasha kon haar ogen niet van haar af houden. Sarah leek wel een ander mens. Fragieler en veel ouder dan ze was. Het paard ging over in draf en bewoog zich toen over de diagonaal van de enorme bak, waar hij zijn hoeven met een balletachtige beweging naar voren schopte, alsof hij bij elke stap door de lucht tegengehouden werd. En toen hield hij in tot hij op de plaats bleef stappen en uitschoppen.

Sarahs gezicht was volledig geconcentreerd en de spanning was alleen zichtbaar aan de kringen onder haar ogen, de gespannen stand van haar kaak. Natasha zag de minieme bewegingen van haar hakken, de bijna onzichtbare commando's die ze door de leidsels stuurde. Ze zag het paard naar haar luisteren, aan haar gehoorzamen, al was het nog zo moe, en ook al wist ze niets van paarden, ze begreep dat ze keek naar iets van een grote schoonheid, iets wat je alleen kon bereiken met jaren niet-aflatende discipline en eindeloos veel training. Ze keek even naar Mac en wist dat hij het ook zag. Hij leunde voorover, zijn ogen strak op het meisje gericht, alsof hij haar met zijn blik wilde dwingen om het goed te doen.

De benen van het paard bewogen op en neer in een ritmische dans en hij hield zijn grote hoofd omlaag terwijl hij gehoorzaam zijn taak volbracht. De vlokjes spuug die uit zijn mond kwamen, waren het enige waaruit bleek hoe hij zich moest inspannen. En ineens danste hij in een cirkel rondom zijn achteras, een beheerste, vloeiende manoeuvre waar Natasha om wilde applaudisseren: zo elegant, zo onmogelijk leek hij. Sarah gaf Boo zachtjes een compliment en raakte hem even aan om hem te bedanken. Het was een gebaar dat Natasha diep ontroerde. En toen het dier plotseling op zijn achterbenen ging staan en helemaal opging in de strijd tegen de zwaartekracht, stroomden de tranen over haar wangen om dat eenzame kind en dat gehavende paard die alles gaven wat ze in zich hadden. Ze besefte dat ze zich plaatsvervangend trots voelde.

Ze voelde Macs hand om de hare glijden en gaf er een kneepje in, dankbaar om zijn warmte, zijn kracht, en ineens ook bang dat hij haar weer los zou laten. En toen reed Sarah in handgalop langs de rand van de ring, in een schitterend traag en beheerst tempo, zo langzaam dat het welhaast onmogelijk leek, haar eigen lichaam bewegingsloos als een standbeeld. Natasha keek naar de oude man en ze zag dat de andere ruiters hun petten afgedaan hadden en die met een formeel gebaar langs hun borst af lieten glijden, en dat ze een voor een achter haar aan reden, met gebogen hoofden, als eerbetoon aan wat ze hadden gezien.

Mac liet haar hand vallen, greep zijn camera en drukte af. Terwijl ze naar een zakdoekje zocht, besefte Natasha hoe blij ze was. Wat Sarah had gedaan was fantastisch. Dat moest echt door iemand vastgelegd worden.

Het paard ging over in stap. De mannen zetten hun pet weer op en keken elkaar aan alsof het hen ook verbaasde wat ze hadden gedaan. Terwijl het meisje terugreed naar het midden van de ring en tegenover de oude man ging staan, reden ze allemaal terug naar de zijkanten om te kijken. Sarah, nu grauw van inspanning, liet haar paard stilstaan, met alle vier zijn benen loodrecht onder hem. Zijn schouders waren klam van het zweet door de inspanning en de uitputting.

'Ze heeft het hem geflikt,' fluisterde Mac. 'Sarah, geweldig kind dat je bent, je hebt het hem echt geflikt.'

Het meisje boog hijgend haar hoofd als saluut aan de oude man, een krijger die terugkomt van het slagveld. De oude man zette zijn eigen pet af en knikte. Natasha kon zien hoe gespannen het meisje naar hem keek en dat ze met elke cel zijn reactie afwachtte. Ze hield zelf haar adem in en pakte Mac weer bij de hand.

De *grand dieu* deed een stap naar voren. Hij keek Sarah aan alsof hij iets in haar probeerde te zien wat hij niet allang gezien had. Zijn gezicht stond ernstig, zijn ogen waren vriendelijk.

'*Non*,' zei hij. 'Het spijt me, jongedame, maar *non*.' Hij stak een hand uit en aaide het paard over zijn hals.

Sarah keek volslagen ongelovig. Ze greep zich vast aan Boo's manen en keek toen naar de tribune, waar ze Natasha en Mac misschien nu pas zag staan. En toen, met een nauwelijks merkbare zucht, gleed ze van haar paard en viel flauw.

# 26

*'Overmatig treuren om de doden is niet goed; want het beschadigt de levenden, en de doden zullen het niet merken.'*
Xenophon, *Over de rijkunst*

Tijdens de korte terugrit naar het chateau was Sarah stil. Zonder tegenstribbelen accepteerde ze Natasha's hand om de hare, die misschien bedoeld was als geruststelling, maar misschien ook om ervoor te zorgen dat ze er niet weer vandoor ging. Ze pushten haar niet; het was hun wel duidelijk dat dit niet het moment was om vragen te stellen.

Toen ze bij het chateau aankwamen nam Natasha Sarah mee naar boven, kleedde haar uit alsof ze een klein kind was en stopte haar in het grote bed. Ze trok de deken om de smalle schouders van het meisje, dat haar ogen dichtdeed en meteen insliep. Natasha ging naast haar zitten, met een hand op haar slapende rug, alsof dat kleine beetje menselijk contact haar misschien troost kon bieden. Ze had nog nooit meegemaakt dat iemand zo bleek, zo uitgehold was. Nu ze de gedachten toeliet aan wat Sarah allemaal had doorstaan, was ze diep geraakt.

Vlak nadat de *grand dieu* zijn oordeel had geveld, was er chaos uitgebroken. Toen Sarah in het zand viel waren zij en Mac meteen de bak in gerend en raapte Mac het schijnbaar levenloze lichaam op terwijl de *grand dieu* het paard vastpakte. Mademoiselle Fournier, die de kreten had gehoord, sloeg haar handen voor haar gezicht toen Mac langs haar liep, en Natasha herinnerde zich hoe verbaasd ze was dat hij Sarah zo moeiteloos kon optillen, alsof ze niets woog, en hoe geroerd ze was door de beschermende manier waarop hij haar tegen zich aan drukte. Een paar minuten later, toen Sarah langzaam weer bijkwam in een van de kantoortjes, waren ze allebei naast haar gaan zitten en Natasha had haar gezicht in haar handen genomen. Door de heroïsche reis die ze had afgelegd was ze ineens even iemand die ver van hen af stond en ze wisten allebei niet hoe ze met haar moesten omgaan.

En toen had Sarah opgekeken naar Mac, niet-begrijpend, en ze had haar ogen weer gesloten, alsof het haar te veel was wat ze zag.

'Het is oké, Sarah,' hoorde Natasha zichzelf zeggen terwijl ze het meisje over haar bezwete, viezige haar aaide. 'Je bent niet alleen. Je bent nu niet meer alleen.' Maar het meisje leek haar niet te horen.

De arts van de École nationale was erbij gehaald en die had vastgesteld dat ze een gebroken sleutelbeen had en ernstige kneuzingen; hij had gezegd dat Sarah vooral veel rust nodig had. Er werd thee gebracht. Orangina. Koekjes. Ze drongen erop aan dat ze wat at en dronk. Sarah gaf gehoor aan hun verzoek, maar niet van harte. Er werd druk gepraat in het Frans. Natasha volgde het nauwelijks. Ze hield het meisje vast dat zichzelf niet meer overeind leek te kunnen houden. Wat had ze haar graag moed en kracht willen geven. Haar excuses willen aanbieden voor hoe verschrikkelijk ze haar tekort had gedaan.

*Ongelofelijk*. Het verhaal had zich als een lopend vuurtje door de École nationale verspreid en er kwamen groepjes mensen langs, sommigen in rijbroek en met een pet op, om dat jonge Engelse meisje dat half Frankrijk door gereden had met eigen ogen te zien.

*Ongelofelijk*. Natasha hoorde het hen fluisteren terwijl Mac met Sarah naar de auto liep. Ze merkte ook dat de blikken die ze zelf kregen minder bewonderend waren. Alsof Sarahs triomf ongetwijfeld alleen mogelijk was geweest door een tekortkoming van Mac en haar. Ze had daar geen probleem mee; in feite hadden ze gelijk, vond ze.

Boo werd naar de veearts gebracht om zijn wonden te laten verzorgen en hij zou de nacht in de manege doorbrengen. Dat was, zoals de *grand dieu* opmerkte, wel het minste wat ze voor zo'n dier konden doen. Achteraf zei Mac dat hij een poosje over de staldeur had staan staren terwijl Boo, die gegeten en gedronken had en schoon verband om had gekregen, ging liggen en met een kreun van genot omrolde over het dikke, goudkleurige stro.

'*Alors*,' had de oude man gezegd, zonder Mac aan te kijken. 'Telkens als ik denk dat ik alles weet over paarden, is er weer eentje die me weet te verbazen.'

'Datzelfde heb ik met mensen,' zei Mac.

De *grand dieu* legde een hand op zijn schouder. 'We praten morgen,' zei hij. 'Kom om tien uur bij me. Ze verdient een verklaring.'

En nu lag Sarah eindelijk te slapen en Natasha zat bij haar alsof ze haar alleen bij zich kon houden als ze eeuwig zou waken. De namiddag ging over in de avond, de hemel werd langzaam zwart. Natasha had een reep chocola gegeten, een flesje water gedronken uit de minibar en een paar bladzijden gelezen in een boek dat een andere gast had achtergelaten. Sarah verroerde zich niet. Ze lag er zo roerloos bij, dat Natasha af en toe over haar heen hing om te controleren of ze nog wel ademde.

Toen ze iets na achten de gang op liep, zat Mac daar op haar te wachten. Zo te zien zat hij daar al een poosje. Hij had rimpels in zijn gezicht die er eerst nog niet zaten, zag ze; de spanning van de afgelopen dagen had duidelijk haar sporen nagelaten. Ze trok de deur zachtjes achter zich dicht. Hij stond op. 'Het gaat goed,' zei ze. 'Ze slaapt als een os. Wil je haar even –'

Hij schudde zijn hoofd. Toen slaakte hij een heel diepe zucht en probeerde te glimlachen. 'We hebben haar gevonden,' zei hij.

'Ja.' Ze vroeg zich af waarom ze dan toch geen van beiden zo blij waren als ze hadden gedacht.

'Ik denk steeds maar…' Hij maakte zijn zin niet af. 'Hoe ze eruitzag… wat er had kunnen gebeuren…'

'Ik weet het.'

Ze stonden er roerloos bij. De gang rook naar oude boenwas; de eeuwenoude vloerkleden verstomden elk geluid. Ze kon haar ogen niet van hem af houden.

Hij kwam een stap dichterbij en gebaarde met zijn hoofd naar zijn kamer. 'Wil je bij mij slapen? Ik bedoel, als zij in jouw bed ligt, kan je nergens...'

*Er komt altijd weer een nieuwe Maria.*

Toen ze antwoordde, klonk haar stem neutraal, zakelijk. 'Ik – ik wil haar niet alleen laten,' zei ze. 'Ik slaap daar wel in de stoel. Ik vind het niet –'

'Je hebt gelijk.'

'Dat denk ik ook.'

'Ik ben hiernaast, mocht je me nodig hebben.' Hij probeerde te glimlachen, maar het verdriet was van hem af te lezen; de triomf en de rampspoed waren allebei zo dichtbij geweest. En heel even kon ze zich niet beheersen: haar vingers raakten de nieuwe groeven onder zijn ogen aan. 'Jij moet ook uitrusten,' zei ze zachtjes.

De blik die hij haar toen schonk deed haar beseffen wat ze kwijt was. Al die kwetsbaarheid, die liefde... er schoof een stalen deur open en ze zag wat ze dacht voor altijd kwijt te zijn.

En toen was het weer weg. Hij staarde naar zijn voeten. Rommelde wat in zijn zakken. 'Met mij komt het wel goed, hoor,' zei hij zonder haar aan te kijken. 'Gaan jullie maar lekker slapen. En roep me morgenochtend.'

Sarah sliep zo diep dat het haar toen ze eenmaal wakker werd een paar minuten kostte voor ze wist waar ze was. Ze tilde haar hoofd op van het kussen, haar ogen nog halfdicht, en uit het hoge raam zag ze een kastanjeboom staan in de verte. Er kwam een auto voorbij en van het geluid was ze in één klap echt wakker.

Ze duwde zich overeind, zich bewust van haar ongewassen geur. Toen zag ze Natasha met haar benen opgetrokken onder een deken in een leunstoel. Haar blote voeten staken onder de deken uit. Sarah kon zich nog vaag herinneren dat ze iemand over haar hoofd had voelen aaien en ze dacht aan de vreemde mengeling van angst en opluchting in haar stem toen Natasha haar naam noemde. En toen dacht ze weer aan de ring en de treurige blik in de ogen van de *grand dieu* toen hij *non* zei.

Ze voelde iets pijnlijks in haar borst. Ze ging weer liggen in de zachte witte kussens en keek op naar het hoge plafond, de enige zichtbare barrière tussen haar en een grote, lege wereld.

*Non*, had hij gezegd.

*Non*.

'Als ze niet wil praten, moeten we haar, denk ik, niet pushen.' Natasha stond in de grote hal terwijl Mac de rekening betaalde.

Ze keek naar de auto, waar Sarah achterin zat te wachten, met haar slaap tegen de autoruit. Ze leek in het niets te staren.

'Het punt is niet dat ze niet wil praten over haar opa, Mac. Ze wil helemaal niet praten.'

De politie had haar paspoort met de lege envelop en nog wat spullen langs de weg naar Blois gevonden. Zelfs toen ze haar geliefde, stukgelezen Xenophon-boek weer terugkreeg, gaf ze geen enkele reactie.

Mac nam zijn creditcard aan, bedankte madame, die wat eten voor het meisje had meegegeven. Iedereen drong erop aan dat Sarah at, dacht Natasha, alsof voedsel de enorme gaten die in haar leven waren gevallen kon opslokken.

'Ze is uitgeput,' zei hij. 'Ze wordt al God weet hoelang, langer dan we misschien weten, gedreven door deze ambitie en ze heeft net te horen gekregen dat het niet gaat gebeuren. Haar opa is dood. Ze heeft ruim achthonderd kilometer gereden. Ze is in shock, doodmoe en diep teleurgesteld. En ze is een puber. Volgens mij staat er in het handboek dat ze sowieso niet genegen zijn om al te veel tegen je te zeggen.'

Natasha sloeg haar armen om zich heen. 'Je hebt gelijk.'

De zon kwam maar af en toe tevoorschijn, alsof hij een kat-en-muisspelletje speelde met de zware, grijze wolken, en geen van hen zag hoe schilderachtig de korte rit van het chateau naar le Cadre noir was. De portier verwachtte hen al. Natasha zag hem een nieuwsgierige blik op de achterbank werpen toen ze passeerden.

Mademoiselle Fournier stond hen op te wachten bij het grote stallenblok. Ze begroette hen met kussen, alsof ze vertrouwd met elkaar waren door wat ze hadden meegemaakt. Toen pakte ze Sarah bij de schouders en vroeg stralend: 'Hoe voel je je vandaag, Sarah? Je zal je slaap best nodig hebben gehad.'

'Het gaat prima,' mompelde Sarah.

'Wil je even bij je paard kijken terwijl we wachten op meneer Varjus? Baucher heeft een heerlijke nacht gehad. Hij lijkt ons een heel sterk paard. Daar is hij...'

Ze wilde met hen naar de stal lopen, toen Sarah zei: 'Nee.'

Er viel even een ongemakkelijke stilte.

'Ik wil niet. Niet nu.'

Macs stem klonk verontschuldigend: 'Ik vermoed dat Sarah erg graag de *grand dieu* wil spreken.'

Het kantoor hing vol met foto's, diploma's en medailles. Natasha keek naar Mac, die alles van dichtbij inspecteerde.

Monsieur Varjus kwam binnen alsof hij net van een andere belangrijke bespreking kwam. Hij had een andere man bij zich, die hij aan hen voorstelde als monsieur Guinot, en die iets te maken had met het bestuur van de opleiding. Sarah zat tussen haar en Mac in. Natasha vond dat het leek alsof Sarah kleiner geworden was, alsof ze had besloten om minder ruimte in te nemen in de wereld. Natasha's hand bewoog haar kant op, maar stopte toen. Sinds ze die ochtend wakker geworden was, had Sarah de muur om zich heen weer opgetrokken. De kwetsbaarheid van gisteren was helemaal weg.

De *grand dieu* droeg zijn zwarte uniform, glanzend gepoetste laarzen, en uit het feit dat zijn haar plat zat konden ze afleiden dat hij de afgelopen uren had gereden. Hij nam plaats achter zijn bureau, keek even naar Sarah, alsof het hem verbaasde dat een kind zo klein als zij verantwoordelijk kon zijn voor wat hij de dag ervoor had gezien. Met een zwaar Frans accent legde hij uit dat le Cadre noir hooguit vijf nieuwe leden per jaar aannam, maar dat het er meestal maar een of twee waren. Er moest een examen worden afgelegd onder supervisie van een aantal van de hoogst geplaatste ruiters in het land, en de minimumleeftijd om dat examen af te leggen was achttien. Bovendien moest je de Franse nationaliteit bezitten.

'Sarah is in Frankrijk geboren,' merkte Natasha op.

Sarah zei niets.

'Maar los van dat alles moet ik u zeggen, mademoiselle, dat wat u deed geweldig was. U en uw paard. "Met een goed paard zijn de mijlen korter." Weet u wie dat heeft gezegd? George Eliot, jullie Engelse schrijfster.' De oude man leunde over zijn bureau. 'Als u aan alle eisen van ons systeem kunt voldoen is er geen enkele reden waarom u en uw paard hier niet over een paar jaar kunnen terugkomen. Jullie hebben allebei genoeg talent en genoeg moed. Om te kunnen wat u al hebt bereikt op deze leeftijd, dat is...' hij schudde zijn hoofd, '...dat is iets wat ik maar moeilijk kan bevatten.'

Hij keek naar zijn handen. 'Ik wil u ook graag vertellen dat uw grootvader een uitstekende ruiter was. Het heeft me altijd zeer gespeten dat hij weggegaan is. Ik vind dat hij een *maître écuyer* had moeten worden. Hij zou heel trots zijn op wat u hebt gepresteerd.'

'Maar u neemt me niet aan.'

'Mademoiselle, ik kan onmogelijk een meisje van veertien toelaten. Dat moet u toch inzien.'

Sarah wendde haar blik af en beet op haar lip.

Mac nam het woord: 'Sarah, je hebt gehoord wat *monsieur le grand dieu* heeft gezegd. Hij vindt dat je veel talent hebt. Misschien kunnen we afspreken hoe jullie het best kunnen blijven trainen, en misschien kun je hier dan ooit weer terugkomen. Tash en ik willen je graag helpen.'

Sarah staarde naar haar intens witte gymschoenen, die Mac die ochtend had gekocht, met wat schone kleren. Het bleef heel lang stil.

Buiten hoorde Natasha hoeven op beton en ergens hinnikte een paard. *Zeg alsjeblieft iets, Sarah.*

Sarah keek op naar de *grand dieu.* 'Wilt u mijn paard hier houden?' vroeg ze.

'Pardon?' De oude man keek verbaasd.

'Wilt u mijn paard hier houden? Baucher?'

Natasha keek Mac aan en zag haar verwarring weerspiegeld in zijn gezicht. 'Sarah, je kunt Boo niet weggeven.'

'Ik heb het niet tegen jou,' zei ze stellig. 'Ik heb het tegen hem. Wilt u hem hebben?'

De oude man keek even snel naar Natasha. 'Ik weet niet of dit nu wel zo'n goed moment is om –'

'Vindt u dat hij talent heeft? Vind u hem goed?'

'*Mais oui*. En hij is ook heel moedig, dat is duidelijk.'

'Dan geef ik hem aan u. Ik wil hem niet meer.'

Het viel stil in de kamer. De man van het bestuur fluisterde iets in het oor van de *grand dieu*.

Natasha neeg naar hen toe. 'Heren, ik denk dat Sarah nog heel erg moe is – ik geloof niet dat ze –'

'Hou op, ik weet heel goed wat ik zeg!' Haar stem vulde de kleine ruimte. 'Ik zeg dat ik hem niet meer wil. Monsieur mag hem hebben. Neemt u hem?' Haar stem klonk gebiedend.

De *grand dieu* keek Sarah indringend aan alsof hij wilde inschatten in hoeverre ze dit meende. Hij fronste. 'Dat wilt u oprecht? U wilt hem aan le Cadre noir geven?'

'Ja.'

'In dat geval aanvaard ik dat aanbod met alle plezier, mademoiselle. Het is duidelijk een zeer begenadigd paard.'

Sarah leek te ontspannen. Ze had haar kaak zo aangespannen dat Natasha de spieren in haar wang kon zien lopen. Sarah rechtte haar schouders en zei tegen haar: 'Oké. Kunnen we dan nu weg?'

Het was alsof iedereen verlamd was. Macs mond hing open. Natasha was ineens misselijk. 'Sarah... dit is een enorme beslissing. Je houdt van dat paard. Je hebt iets verschrikkelijks –'

'Nee. Dit is helemaal geen enorme beslissing. Ik wil gewoon dat iemand eindelijk eens een keer naar me luistert. Boo blijft hier. Dus als we weer naar huis teruggaan, dan wil ik nu meteen. Nú,' zei ze toen niemand zich verroerde. 'Anders ga ik wel alleen.'

Daarmee was de zaak beklonken. Als één man stonden ze op, Mac schonk de oude man een vragende blik terwijl hij achter Sarah aan de zon in liep.

'Madame,' zei de *grand dieu*, toen Sarah buiten gehoorsafstand was. Hij pakte haar hand met twee handen vast. 'Als ze hem wil bezoeken, of als ze ooit van gedachten verandert, dan is dat prima. Ze is nog jong. Er is veel gebeurd...'

'Dank u,' zei Natasha. Ze had nog meer willen zeggen, maar er was een brok in haar keel geschoten.

Hij keek uit het raam naar Sarah die in de zon stond, met haar armen over elkaar, schoppend tegen een steentje. 'Het is precies haar grootvader,' zei hij.

Vlak nadat ze uit Saumur weggereden waren kwam de regen met bakken uit de hemel, en de donkere wolken pakten zich dreigend samen aan de horizon, om vervolgens hun kant op te jagen. Niemand zei iets en Mac moest zijn volle aandacht op de weg houden vanwege al het water.

Natasha was bijna jaloers op hem: de stilte in het autootje was beklemmend geworden, en ze vond het onprettig om al die tijd alleen te zijn met haar gedachten. Af en toe keek ze in het spiegeltje van haar zonneklep naar het magere figuurtje op de achterbank dat naar het voorbijschietende landschap zat te kijken. Sarahs gezicht leek onbewogen, maar het verdriet dat om haar heen hing was zo overweldigend dat het de hele auto in beslag nam. Natasha had al twee keer geprobeerd om Sarah duidelijk te maken dat het niet te laat was, dat ze nog terug konden om het paard te halen, maar de eerste keer had Sarah haar helemaal genegeerd en de tweede keer had ze haar handen voor haar oren gehouden. Natasha was daar zo van geschrokken dat haar stem weggestorven was.

*Geef haar de tijd*, hield ze zichzelf voor. *Stel je voor dat je in haar schoenen stond. Ze is haar opa kwijt, haar thuis.* Maar toch begreep ze er niets van: waarom zou een meisje dat zo hard had gevochten om haar paard te mogen houden, het enige wat ze nog overhad, haar link met het verleden en misschien haar toekomst, datzelfde paard ineens zo achteloos opgeven?

Ze dacht terug aan de laatste ogenblikken van hun bezoek aan le Cadre noir. De *grand dieu* was met hen meegelopen naar de stallen. 'Ik wil graag dat je nog even bij je paard gaat kijken voor je vertrekt, Sarah,' zei hij. 'Je moet even controleren of het goed met hem gaat.'

Natasha kon wel raden naar zijn bedoeling: hij dacht dat ze van gedachten zou veranderen als ze Boo zou zien. Dat het haar zou dwingen om stil te staan bij de implicaties van haar beslissing.

Maar ze was met enige tegenzin naar de stal gelopen en bleef op een paar meter afstand staan. Te ver weg om over de hoge staldeur te kunnen kijken. 'Toe,' drong hij aan. 'Kijk eens hoeveel beter hij er vanochtend uitziet. En kijk even wat onze dierenarts aan zijn verwondingen heeft gedaan.'

*Toe nou, Sarah*, had Natasha stilzwijgend aangedrongen. *Word wakker. Besef nou wat je aan het doen bent.* Zelf had ze al geen enkel bezwaar meer om de verantwoordelijkheid voor Boo op zich te nemen. Op dat moment wilde ze alles, echt alles doen om te zorgen dat het meisje minder hoefde te lijden. Maar Sarah wierp alleen een snelle blik op het werk van dierenarts. Zelfs toen het paard zijn hoofd over de deur had gestoken en een geluid maakte om zijn baasje te begroeten, een geluid dat diep uit zijn buik leek te komen, was ze niet naar hem toe gegaan. Haar schouders verstrakten, ze stak haar handen nog wat dieper in haar zakken, en toen, met een nauwelijks merkbaar knikje naar de *grand dieu*, was ze omgedraaid en naar de auto gelopen, terwijl het paard haar met opgerichte oren nakeek.

En Sarah, en alles wat ze verloren had, was niet het enige wat Natasha bezighield. Terwijl de regen op de auto ratelde en de remlichten van de auto's voor hen onzichtbaar maakte en de weg camoufleerde, merkte ze dat ze steeds vaker naar Macs handen zat te kijken naarmate ze dichter bij Calais kwamen. Als ze straks in Engeland uit deze auto zouden stappen, was zijzelf ook alles kwijt. Dan zouden ze weer in onderhandeling moeten over wie die laatste weken in het huis mochten blijven en nog wat gesprekken hebben over de financiële aspecten. En dan zou hij naar zijn nieuwe huis gaan en zij zou alleen achterblijven met wat er nog over was van haar leven. Ze had helemaal niets. Ze was haar geliefde huis kwijt, had haar carrière op het spel gezet, en ze had een mogelijke relatie verpest. De man van wie ze hield was ze kwijt. Het was een verschrikkelijke ontdekking als ze zag dat je het leven dat je voor je had helemaal niet wilde.

Ze deed haar ogen dicht. Toen ze ze weer opendeed en naar het stadje onder de snelweg staarde, ving ze een glimp op van een meisje dat voorovergebogen over het stuur van haar fiets door de stille straat reed met een zekere kalme gratie die helemaal niet paste bij het weer. Ineens dacht ze aan die treinreis, maanden geleden, toen ze een meisje op een steigerend paard had gezien, in een achterafstraatje in Londen. Het was niet de onwaarschijnlijkheid van dat beeld dat haar toen zo opgevallen was, maar hoe kalm het eruitzag, en hoe duidelijk het meisje en het dier in harmonie samenwerkten. Dat was zelfs in die flits al duidelijk.

En toen kwam een stem bij haar op: de gespannen, hoge tonen van Constance Devlin, haar getuige: *Lucy kan zomaar het verkeerde pad kiezen. Het enige wat daarvoor nodig is, is dat u niet meer naar haar luistert.*

'Mac, zet de auto stil,' zei ze ineens.

'Wat?' zei Mac.

'Zet de auto stil.' Ze wist dat ze de reis zo niet kon voortzetten. Mac parkeerde de auto ergens en terwijl hij verbaasd toekeek, stapte ze uit en deed het achterportier open. 'Kom,' zei ze tegen Sarah. 'Jij en ik moeten praten.'

Het meisje dook bij haar weg alsof ze gek was.

'Nee,' zei Natasha zonder te weten waar de woorden vandaan kwamen. 'We gaan pas weer verder als jij en ik hebben gepraat, Sarah. Kom mee.'

Ze pakte haar hand en trok haar de auto uit, de regen door, tot ze onder de luifel van een wegrestaurant stonden. Ze hoorde Mac protesteren, en ze hoorde hoe vastberaden ze klonk toen ze tegen hem zei dat hij hen even met rust moest laten.

'Oké.' Natasha pakte een stoel en ging zitten. Er waren geen andere klanten; ze wist niet eens of de zaak wel open was. Nu ze hier met Sarah was, had ze niet precies voor ogen wat ze wilde zeggen. Ze wist alleen dat ze zo niet verder kon in die auto, omgeven door golven pijn en stil lijden zonder iets te dóén.

Sarah keek haar met intens wantrouwen aan en ging naast haar zitten.

'Oké. Sarah. Ik ben advocaat. Ik doe mijn hele leven niet anders dan kijken naar wat voor spelletjes mensen spelen, en proberen om ze een stap voor te zijn. Ik weet mensen behoorlijk goed in te schatten. Meestal snap ik wel wat hun motieven zijn, maar hier begrijp ik helemaal niets van.'

Sarah staarde naar de tafel.

'Ik begrijp maar niet waarom een meisje dat bereid is om te liegen, te stelen en mensen te bedriegen om een paard te kunnen houden, een meisje dat maar één doel in het leven had, een doel dat alleen maar draaide om dat paard, dat allemaal wil weggooien.'

Sarah zei niets. Ze wendde zich van Natasha af, met haar handen op haar knieën.

'Is het uit een soort bokkigheid? Denk je soms dat als jij het allemaal zo moeilijk maakt iemand ineens de regels voor jou gaat aanpassen? Want als dat zo is, dan kan ik zeggen dat ze geen enkele regel zullen aanpassen. De lui werken volgens de principes die al driehonderd jaar gelden. Die gaan ze echt niet veranderen voor jou.'

'Ik heb ze nooit gevraagd iets voor mij te veranderen,' zei Sarah fel.

'Oké. Dan denk je zeker dat zij liegen als ze zeggen dat je op een dag goed genoeg zal zijn? Of wil je het niet eens proberen?'

Ze gaf geen antwoord.

'Gaat dit om je opa? Ben je soms bang dat je niet voor het paard kunt zorgen zonder zijn hulp? Want wij kunnen je toch helpen, Sarah. Ik weet best dat we niet zo'n beste start hebben gehad, jij en ik – maar dat kwam omdat we niet eerlijk tegen elkaar waren. En ik denk dat dat best anders kan.'

Natasha wachtte af. Ze wist wel dat ze dezelfde toon had aangeslagen die ze altijd bij haar cliënten gebruikte, maar ze kon er niets aan doen. Dat is nu eenmaal mijn stem, zei ze bij zichzelf.

Maar Sarah zat daar maar. 'Kunnen we nu naar huis?' vroeg ze.

Natasha kneep haar ogen dicht. 'Wat? Dit was het? Meer ga je niet zeggen?'

'Ik wil gewoon gaan.'

Natasha voelde vertrouwde woede de kop opsteken. *Waarom moet je het zo moeilijk maken, Sarah?* Ze kon het wel uitschreeuwen. *Waarom wil je jezelf per se zo tegenwerken?* Maar in plaats daarvan haalde ze diep adem en zei kalm: 'Nee. Zo gaan we het niet doen.'

'Wat niet?'

'Ik weet precies wanneer iemand liegt en dus weet ik dat jij nu tegen me zit te liegen. Dus nee, we gaan nergens naartoe totdat jij me vertelt wat er aan de hand is.'

'Dus je wilt de waarheid horen?'

'Ja.'

'Jíj wilt van míj dat ik eerlijk ben.' Ze lachte verbitterd.

'Inderdaad.'

'Want jij bent zelf altijd zo eerlijk.' Ze zei het spottend.

'Wat bedoel je daar nou weer mee?'

'Nou… dat je nog steeds verliefd bent op Mac, maar dat je dat niet tegen hem zegt, bijvoorbeeld?' Ze knikte in de richting van de auto, waar Mac net zichtbaar was door het natte raam. Hij zat over een kaart gebogen. 'Het ligt er zo dik bovenop. Gewoon te sneu voor woorden. Zelfs in de auto weet je niet hoe je je moet gedragen met hem naast je. Ik zie je de hele tijd stiekem naar hem loeren. En dat jullie elkaar steeds per ongeluk aanraken. Maar nee, zeg het vooral niet tegen hem.'

Natasha slikte. 'Het ligt nogal moeilijk.'

'Ja, het ligt nogal moeilijk. Alles is nogal moeilijk. Want jij weet net zo goed als ik –' haar stem brak, 'jij weet net zo goed als ik dat het soms alleen maar erger wordt in plaats van beter als je de waarheid zegt.'

Natasha staarde naar Mac. 'Je hebt gelijk,' zei ze uiteindelijk. 'Nou goed? Je hebt gelijk. Maar ik kan leven met wat ik voor Mac voel. Als ik jou zie, Sarah, dan zie ik iemand die een reddingsboei van zich wegsmijt. Ik zie iemand die alleen zichzelf maar meer pijn doet.' Ze helde naar haar over. 'Waarom doe je dat, Sarah? Waarom doe je jezelf dat aan?'

'Omdat het moest.'

'Nee, dat moest helemaal niet. Die man vond dat je zo goed was dat je over een paar jaar misschien –'

'Over een paar jaar.'

'Ja, over een paar jaar. Ik weet wel dat dat eindeloos lijkt als je jong bent, maar de tijd vliegt.'

'Hou er nou over op! Waarom vertrouw je er niet gewoon op dat ik de juiste beslissing heb genomen?'

'Omdat het niet de juiste beslissing is. Je verwoest je eigen toekomst.'

'Je begrijpt het niet.'

'Ik begrijp dat het niet nodig is om iedereen buiten te sluiten omdat je nu toevallig pijn hebt.'

'Je begrijpt er niks van.'
'Nou, geloof me, dat begrijp ik maar al te goed.'
'Ik moest hem wel laten gaan.'
'Nee, dat hoefde helemaal niet. Dat probeer ik je juist duidelijk te maken. Godsamme! Wat was je opa's grootste wens voor jou? Wat zou hij zeggen als hij dit wist?'
Sarah draaide haar hoofd met een ruk om en keek haar woedend aan. 'Hij zou het begrijpen!' zei ze woedend.
'Ik weet wel zeker van ni–'
'Ik móést hem daar wel laten. Het was de enige manier waarop ik hem kon beschermen!'
Het viel stil. Natasha verroerde zich niet. 'Hem beschermen?'
Het meisje slikte. En toen zag Natasha een glinstering in Sarahs ooghoek, het beven van haar witte knokkels. Met zachte stem vroeg ze: 'Wat is er gebeurd, Sarah?'
En ineens begon ze te huilen. Ze huilde zoals Natasha anderhalve dag daarvoor had gehuild, met verschrikkelijke, intens verdrietige uithalen. Natasha aarzelde nauwelijks en trok het meisje tegen zich aan, sloeg haar armen stevig om haar heen en fluisterde troostende woorden. 'Het komt goed, Sarah,' zei ze. 'Het komt goed.' Maar toen het snikken langzaam overging en Sarah haar met horten en stoten haar verhaal van eenzaamheid, geheimen, schulden, angst en het duistere pad dat ze bijna was ingeslagen vertelde, was het Natasha wier ogen zich met tranen vulden.

Door het waas op zijn voorruit zag Mac dat Natasha Sarah heel stevig en vastberaden vasthield. Ze praatte, en knikte, en wat ze ook zei, het meisje leek ermee akkoord te gaan. Hij wist niet wat hij moest doen; het leek duidelijk dat Natasha een actieplan had. Als het haar was gelukt om het meisje iets van een verklaring te ontlokken over de afgelopen drie dagen, wilde hij hen liever niet storen.
Dus bleef hij in de auto zitten kijken, en wachten, en hopen dat ze iets had bedacht waardoor alles beter zou worden. Want zelf had hij absoluut geen idee.
Er kwam een vrouw naar het tafeltje toe. Waarschijnlijk de eigenaar van het restaurant. Natasha bestelde iets en terwijl hij zat te

kijken, draaide ze zich zijn kant op. Ze vingen elkaars blik en ze wenkte hem om naar hen toe te komen.

Hij stapte uit de auto, sloot hem af en liep naar het tafeltje onder de luifel. Ze zaten allebei verlegen te lachen, alsof ze zich schaamden dat ze zo dicht bij elkaar zaten. Zijn vrouw, dacht hij, bijna-ex-vrouw, was prachtig. Bijna triomfantelijk. Het deed hem pijn.

'Mac,' zei ze, 'we hebben een ander plan.'

Hij keek naar Sarah, die aan het mandje brood dat op tafel stond aan het pulken was. 'En dat andere plan, gaat dat soms over een paard?'

'Dat gaat absoluut over een paard.'

Mac ging zitten. Achter hen begon de lucht op te klaren. 'Godzijdank.'

De hele terugweg naar Engeland zat Natasha met Sarah achter in de auto zachtjes te praten, en soms wat harder, als ze Mac bij hun gesprek wilden betrekken. Ze zouden vandaag niet meer teruggaan naar Saumur; Sarah kende een man die ze vertrouwde, vertelde ze, en die kon Boo terughalen. Ze hadden le Cadre noir gebeld, en tot Sarahs zichtbare opluchting hadden ze daar al op hun telefoontje zitten wachten. Het ging goed met het paard. Hij mocht daar rustig blijven staan totdat iemand hem zou komen halen. Nee, zei Natasha, ze dacht niet dat Sarah zelf mee zou komen – 'Ik vrees dat we een begrafenis moeten regelen,' zei ze zachtjes.

Af en toe keek Mac naar de twee hoofden op de achterbank die elkaar kennelijk helemaal gevonden hadden. Sarah zou bij Natasha blijven. Ze overwogen alle mogelijke opties: kostschool – Natasha belde haar zusje, dat zei dat ze er eentje kende waar ook paarden gehouden konden worden – of maneges ver weg van haar oude manege in Londen. Van Sal zou ze voortaan geen last meer hebben, zei Natasha. Aangezien Sarah niet had getekend voor zijn algemene voorwaarden had zijn claim op het paard geen enkele waarde, en ze zou hem een juridisch schrijven sturen met die mededeling en met een waarschuwing om bij haar uit de buurt te blijven. En Boo zou ergens worden neergezet waar hij veilig was. En waar hij door de groene weilanden kon draven.

Natasha was in haar element, dacht Mac. Organiseren was haar grote kracht. Als de naam van Henri Lachapelle viel, moest Sarah af en toe een beetje huilen, en dan gaf Natasha haar een kneepje in haar hand, of alleen een schouderklopje. Kleine blijken van vriendschap om haar er steeds maar weer op te wijzen dat ze niet alleen was.

Mac zag dit allemaal aan via de achteruitkijkspiegel, maar zijn dankbaarheid werd getemperd doordat hij zich gek genoeg een beetje buitengesloten voelde. Hij wist wel dat Natasha het niet expres deed en dat Sarah ook deel zou blijven uitmaken van zijn leven door wat er tussen hen was gebeurd. Misschien was dit wel Natasha's voorzichtige manier om hem duidelijk te maken dat hun nacht samen een vergissing was en dat ze, nu de intense sfeer van hun zoektocht voorbij was, een stabieler bestaan wilde opbouwen met Conor. En wat was het ook eigenlijk geweest? Een soort zwanenzang? Een afronding? Hij durfde er niet naar te vragen. Hij hield zichzelf voor dat daden soms meer zeiden dan woorden, en dat ze in die zin genoeg had gezegd.

Toen ze bij Calais waren, belde Sarah met de man die haar paard weer terug kon brengen naar Engeland. Ze pakte Natasha's telefoon en liep er een poosje mee over het asfalt heen en weer, alsof ze meer privacy nodig had. Het had Mac verbluft dat ze Boo zomaar had willen achterlaten in een ander land, tot het tot hem doordrong dat er geen enkele plek was waar hij wat haar betrof beter kon zijn, als hij niet meer bij haar kon zijn.

'Wat ben je stil?' zei Natasha toen Sarah een eindje bij hen vandaan gelopen was, tussen de auto's die in de rij stonden voor de veerboot.

'Ik hoef niks te zeggen,' zei hij. 'Jullie hebben het al helemaal met zijn tweetjes uitgeknobbeld.' Ze keek hem verwonderd aan. Misschien had ze zijn scherpe toon gehoord.

'Hier,' zei Sarah toen ze terugkwam voor ze verder nog iets konden zeggen. 'Thom wil jullie spreken.' Ze bleef vlak naast Natasha staan toen die de telefoon overnam, alsof de afstand tussen hen overbrugd was.

Hij zag Natasha praten, en er schoten zo veel verschillende gedachten door zijn hoofd dat hij niet goed luisterde naar wat ze zei.

Ze was ineens zo anders, haar gezicht was zachter, blijer. Ze kon zelf geen moeder worden, maar het was alsof ze een nieuw doel had gevonden. Hij wendde zich af, zich bewust van het feit dat hij zijn gevoelens niet verborgen kon houden.

'Nee, dat is echt niet... Weet je het zeker?' zei ze en toen, na een korte stilte: 'Ja. Ja, ik weet het.'

Hij keerde zich weer om toen ze ophing. Ze keek naar Sarah. 'Hij wil er geen geld voor hebben,' zei ze. 'Hij wilde er niets van horen. Hij zei dat hij er rond woensdag naartoe rijdt, en dat hij Boo dan zou ophalen.'

Uit Sarahs glimlach bleek dat ze al even verbaasd was over deze genereuze daad als Natasha.

'Maar hij heeft er wel een voorwaarde aan verbonden,' zei Natasha. 'Hij zei dat je hem in ruil hiervoor moet uitnodigen voor je eerste optreden.'

Het mooie van jonge mensen, dacht Mac achteraf, was dat je ze zo snel weer hoop kon geven. Soms waren er maar een paar woorden voor nodig om ze het vertrouwen te geven dat de toekomst geweldig zou worden, in plaats van een aaneenschakeling van obstakels en teleurstellingen.

'Dat lijkt me een redelijke deal,' zei Natasha.

Sarah knikte.

Wat zou het mooi zijn als dat ook voor volwassen gold, dacht Mac, terwijl hij terugliep naar de auto.

Natasha stak de sleutel in het slot en deed de voordeur open. Ze deed het licht aan in de donkere hal. Het was iets over enen, 's nachts, en Sarah, die tolde van de slaap, liep op de automatische piloot naar boven, alsof ze thuis was. Natasha volgde haar, trok haar deken recht, gaf haar een schone handdoek, en toen ze er zeker van was dat het meisje zou gaan slapen, liep ze langzaam de trap af.

Het was voor het eerst in twee dagen dat ze er vertrouwen in had dat Sarah niet weer zou weglopen. Er was iets veranderd; er had een enorme omslag tussen hen plaatsgevonden. Ze besefte dat ze, ondanks de verantwoordelijkheid die ze op zich had genomen, en ondanks het feit dat ze wist dat ze voor een paar jaar een behoorlijke financiële verplichting aanging en in een emotionele achtbaan stapte, blijer was – diep vanbinnen – dan ze in jaren was geweest.

Mac zat op de bank in de slaapkamer met zijn lange benen uitgestrekt, voeten op de met linnen beklede hocker, zijn autosleutels nog in de hand. Hij had zijn ogen dichtgedaan, en ze keek een poosje naar zijn gekreukte kleren, en zijn ontegenzeggelijke mannelijkheid. Ze moest zichzelf dwingen om zich van hem af te keren. Blijven kijken was je reinste zelfkwelling.

Hij geeuwde, duwde zich omhoog, en Natasha deed snel alsof ze iets aan het doen was, bang dat hij haar had betrapt. Ze zag dat de houten vloer bezaaid lag met foto's. Eindeloze rijen kleine afdrukken. Die moest hij daar een paar dagen eerder hebben laten liggen, op de ochtend dat hij erachter kwam dat Sarah weg was. Terwijl ze haar blik over de zwart-witfoto's liet glijden, de warme, sluwe oude kop van Cowboy John, de beelden die Mac zijn enthousiasme voor zijn vak weer teruggegeven hadden, viel haar oog ineens op één specifieke foto.

Het was een vrouw die aan het telefoneren was. Ze glimlachte, zich niet bewust van de aandacht van de camera. Ze stond tussen de takken in een tuin, het licht zacht en gedempt in haar rug. Zelf was ze ook mooi: de winterzon weerkaatste van haar gezicht en ze had een zachte blik, alsof ze een binnenpretje had. De blik van de camera was geen koele, toevallige afdruk: het was een intiem portret, het resultaat van een geheim verbond met de vrouw.

Ze stond er al een paar seconden naar te staren voor het tot haar doordrong dat zij die vrouw was. Het leek een geïdealiseerde versie van zichzelf, iemand die ze allang uit het oog verloren was, iemand die ten onder gegaan was aan hun bittere scheiding. Ze voelde iets in zich aanspannen en breken. 'Wanneer heb je deze genomen?'

Hij deed zijn ogen open. 'Een paar weken geleden. In Kent.'

Ze kon haar ogen er niet van af houden. 'Mac?' vroeg ze. 'Is dit hoe je me ziet?'

Eindelijk durfde ze hem weer aan te kijken. De man die ze voor zich zag had een door verdriet gegroefd gezicht. Hij zag grauw van vermoeidheid en had zijn lippen samengeperst alsof hij zijn teleurstelling had aanvaard. Hij knikte.

Haar hart begon te bonzen. Ze dacht aan Henri, aan Florence, aan Sarah, die zo dapper de waarheid had verteld, ergens op een verregende, onbekende plek. 'Mac,' zei ze, en ze keek weer naar de foto. 'Ik moet je iets zeggen. Ik moet je iets zeggen, ook al is dit het stomste, meest vernederende wat ik ooit heb gedaan.' Ze haalde diep adem. 'Ik hou van je. Ik heb altijd van je gehouden, en ook al is het te laat voor ons, je moet weten dat het me spijt. Je moet weten dat het feit dat ik jou moet laten gaan altijd de grootste fout van mijn leven zal zijn.'

Haar stem begon te trillen en ze had moeite met ademen. Ze hield de foto in haar trillende handen. 'Dus, dan weet je dat. En als je niet van mij houdt, dan is dat oké. Want ik heb je nu de waarheid verteld. Ik weet nu dat ik er alles aan gedaan heb, en dat ik je echt nooit op andere gedachten had kunnen brengen als jij niet van mij houdt.' Ze zweeg.

'Het is helemaal niet oké, eigenlijk,' zei ze ineens. 'Ik denk eerlijk gezegd dat ik er dan behoorlijk aan onderdoor ga. Maar ik moest het je hoe dan ook zeggen.'

Zijn gebruikelijke relaxte charme was verdwenen. 'En Conor dan?' zei hij bijna bits.

'Dat is voorbij. Het was nooit...'

'Fuck,' zei hij. Toen stond hij op. 'Fuck.'

'Wat is er?' Ze schrok van zijn uitbarsting, dit was niks voor hem. 'Wat ga je –'

'Tash,' zei hij en hij stapte over zijn foto's heen die overal op de grond lagen. Hij stond nu vlak voor haar. Ze hield haar adem in. *Niet nee zeggen*, smeekte ze in stilte. *Geen gruwelijke grap maken, en je diplomatiek uit de voeten maken. Ik trek dit niet nog een keer.*

'Tash.' Hij nam haar gezicht in zijn handen. Zijn stem was zacht, haperend. 'Mijn vrouw.'

'Bedoel je –'

'Sluit me nooit meer buiten.' Zijn woorden klonken bijna boos. 'Sluit me alsjeblieft nooit meer buiten.' Ze begon zich te verontschuldigen, maar de woorden gingen verloren in hun kussen, hun tranen. Hij tilde haar op en ze sloeg haar benen om hem heen, haar huid tegen de zijne, haar gezicht verstopt in zijn hals.

'We moeten wel van ver komen,' zei ze veel later, toen ze de trap op liepen naar hun slaapkamer. Ze hield twee van zijn vingers vast. ‘Denk je echt dat we weer…’

‘Eén stap tegelijk, Tash.’ Hij gebaarde naar waar het meisje boven hen lag te slapen. ‘We weten nu dat het kan. En dat is al heel wat.’

# Epiloog

*'Een paard is iets van grote schoonheid… Geen mens raakt er ooit op uitgekeken als hij zich in al zijn glorie toont.'*
Xenophon, *Over de rijkunst*

De rit van het huis dat Mac had gebouwd naar het kleine zijstraatje achter Gray's Inn Road duurde overdag drie kwartier, en als je in de spits ging nog een halfuur langer. Natasha wierp een blik op de klok en zag dat ze nog maar een paar minuten had om haar werk af te ronden voor ze weg moest.

'Wil je de drukte voor zijn?' Linda kwam binnen met een stapel documenten voor pro-Deozaken die getekend moesten worden.

'Dat gaat waarschijnlijk niet lukken,' zei Natasha. 'Het is vrijdag.'

'Nou ja, in elk geval een heel fijn weekend. En niet vergeten dat die nieuwe jongen er maandag om negen uur is. Die immigratiespecialist.'

Natasha stond op en pakte haar tas in. 'Ik was het niet vergeten. En jij niet te lang blijven, hè?'

'Ik ga nog heel even door. Ik wil het archief nog even afronden. Die uitzendkracht van verleden week heeft mijn hele systeem overhoopgegooid.'

Macauley & Partners had een moeilijke start gekend, maar nu, bijna anderhalf jaar later, begon Natasha het gevoel te krijgen dat voor zichzelf beginnen de juiste keus was geweest. Het had geen zin meer om bij Davison Briscoe te blijven; niet alleen omdat Conor zo geschokt was door het nieuws – hij dacht waarschijnlijk dat zij en Mac al veel langer weer bij elkaar waren – maar de littekens van de Persey-zaak waren duidelijk aanwezig. Wat Richard betrof was ze geen partnermateriaal meer. Sterker nog, vanaf de dag dat ze weer terug was leek hij haar überhaupt niet meer te beschouwen als een waardevolle medewerker. Toen ze erachter kwam dat hij vaker met Ben uit lunchen ging dan dat hij haar sprak, wist ze dat het tijd was om op te stappen.

En goddank had ze Linda. Het feit dat haar trouwe assistente het schip met haar wilde verlaten om haar officemanager te worden had haar op de been gehouden, niet alleen zakelijk maar ook emotioneel. Ze vermoedde dat Davison Briscoe Linda Blyth-Smith nog meer miste dan Natasha zelf.

'Fijn weekend, Lin.' Ze gooide haar jas over haar arm, klaar om de trap af te hollen.

'Jij ook. Ik hoop dat het allemaal goed gaat.'

Het was al flink druk op Gray's Inn Road en de files slingerden helemaal tot het West End. Het duurde een paar minuten voor ze hem zag inparkeren aan de andere kant van de straat. Ze keek naar rechts en naar links, en holde toen tussen de langzaam rijdende auto's door met haar stapeltje documenten tegen zich aan geklemd.

'Precies op tijd,' zei Mac en ze gaf hem een kus. 'Wat een service, vind je ook niet?'

'Je bent geweldig.' Ze dumpte haar werk op de grond. 'En jij dan?' zei ze, terwijl ze langs hem naar de baby keek die daar in zijn autostoeltje zat te stalen. 'Jij hebt papa's jasje weer helemaal onder de banaan gesmeerd.'

'Ah, nee hè,' zei Mac met een blik achterom. 'Hoe kon je dat nou doen, man?'

‘Ze zal zo trots op ons zijn.’ Natasha grinnikte, maakte haar stoelriem vast en keek om zich heen in de vuilnisbak op wielen die moest doorgaan voor Macs auto.

Het was een vast grapje, hoe Mac en Natasha er bij dit soort gelegenheden uitzagen. Ze arriveerden altijd in Macs steeds meer gebutste auto, met epauletten van babyspuug of licht riekend naar een luier die onderweg was ontploft. Tussen de glimmende jeeps en enorme Mercedessen van de andere ouders voelden zij zich altijd een stel stoute schoolkinderen. De dag dat ze Cowboy John meegenomen hadden (geen wiet, hadden ze hem laten beloven, en nee, zelfs niet één stickie), had Mac er veel genoegen in geschept om hem voor te stellen aan de vrouw van de directeur als ‘Sarahs vorige trainer’.

‘Leren jullie die kinderen hier ook veel circustrucjes?’ had Cowboy John onschuldig gevraagd. En toen de vrouw hem niet-begrijpend aanstaarde zei hij: ‘Dame, kan ik u soms een keer verblijden met een partij topkwaliteit avocado’s?’

John woonde op een uur rijden van Sarahs school, in een witte cottage, samen met zijn twee bejaarde paarden, die vlakbij in een weiland stonden; hij verkocht nog steeds groente en fruit van dubieuze oorsprong aan voorbijgangers. Toen Sarah weer terugkwam, had hij haar zijn verontschuldigingen aangeboden, voor zijn doen heel verlegen, en gezegd dat hij haar in de steek had gelaten. Dat hij de Captain in de steek had gelaten. Hij begreep nog steeds niet wat Sal in vredesnaam had uitgespookt. John had de schuld van de Captain namelijk gewoon afbetaald, en dat wist Sal donders goed. Sarah had Natasha aangekeken. ‘Ik had het tegen jou moeten zeggen,’ zei ze zachtjes. Ze waren stilzwijgend overeengekomen om het nooit meer over de manege aan Sparepenny Lane te hebben.

‘Waar gingen we ook weer precies naartoe?’ vroeg Mac. Het verkeer stroomde langzaam over de Westway Londen uit, in de richting van de groene buitenwijken, en verder.

‘Het is een…’ Natasha zocht in de tekst van de brief waar het in stond, ‘… eindejaarsceremonie ter ere van getalenteerde leerlingen. Dus we moeten straks luisteren naar een stel kinderen die een muziekinstrument bespelen of een gedicht voorlezen.’ Mac kreunde even. 'En Sarah gaat zingen. Geintje,' zei ze toen hij verbaasd opzijkeek. 'Nee, Sarah...'

'... doet wat ze altijd doet. Die ziet ons niet eens staan,' zei Mac terwijl hij afsloeg. 'Zodra ze bij Boo in de buurt is, zit dat kind ergens met haar hoofd in de wolken.'

Iedereen kende het eeuwige liedje van werkende moeders en hoe moeilijk het was om de zorg voor je kinderen te combineren met je baan, dacht Natasha terwijl ze langzaam door de stad reden. Maar je kon onmogelijk weten wat voor hoofdpijn veroorzakende jongleeract het was tot je er zelf middenin zat. En in haar geval had ze binnen negen maanden ineens twee kinderen en een paard. De ironie was dat ze na al die jaren het advies te hebben gekregen om iets aan haar stressniveau te doen, minder te drinken, positief te denken en op tijd te seksen, zwanger was geworden tijdens de drie meest stressvolle dagen van haar leven, toen ze ook nog flink gedronken had.

Maar dat was juist zo mooi, vonden ze altijd, als ze elk aan een kant van hem lagen te staren naar zijn dikke beentjes, zijn wangetjes, dat Mac-achtige haar van hem. Hij was gekomen omdat het zo moest zijn.

Het huis in Kent had ze allang niet meer. Inmiddels huurden ze een andere cottage. En het huis in Londen hadden ze meteen van de markt gehaald. Mac, Natasha en de baby waren daar doordeweeks, als Sarah op haar exclusieve kostschool zat vlak achter het noordwestelijke puntje van de M25. Het was een van de weinige scholen in het land die niet alleen plek bood voor paarden, maar ook training gaf op het niveau dat Sarah nodig had. Het kostte handenvol geld, zelfs met haar beurs. 'Maar weet je,' zei Mac altijd als de factuur op de deurmat viel en ze er een beetje geschrokken naar keken, aan hun keukentafel, 'niemand heeft ooit beweerd dat het goedkoop was om een gezin te beginnen.'

Ze vonden het het geld waard. Sarah was opgebloeid op die school, waar ze helemaal niet opviel tussen andere pubers die ouders hadden die om wat voor reden dan ook afwezig waren. En hoewel ze nooit een studiebol zou worden werkte ze hard, sloot vriendschappen, en wat nog het belangrijkste was: je kon je niet aan de indruk onttrekken dat ze gelukkig was.

In de weekenden, als ze naar hun cottage reden, tien kilometer bij de school vandaan, en als ze bij hen logeerde, werden haar gesprekken niet alleen gedomineerd door hoe Boo het deed in de ring, zijn vele prestaties of de dingen waar ze een beetje teleurgesteld in was, maar ook steeds vaker over de dingen die ze met haar vriendinnen deed. Ze zou nooit een supersociaal meisje worden, maar ze had toch al een paar van hen mee naar huis genomen. Leuke meiden, beleefd, gefocust, al druk bezig met hun leven na school.

Ze zou ook nooit een heel open of knuffelig iemand worden: ze was van nature afstandelijk, en als ze zich ongelukkig of onzeker voelde, verschool ze zich al snel achter haar muur. Maar in hun kleine cottage voelde ze zich thuis, en kletste ze over David en Helen en Sophie en het paard van die-en-die dat nooit in de trailer wilde als ze naar een wedstrijd in Evesham moesten, en dan wisselden Natasha en Mac een tevreden blik over de keukentafel. Het ging goed, met hen allemaal.

De speelvelden bij school stonden vol met auto's waarvan de glanzende carrosserieën een kleurige lappendeken vormden aan de ene kant van het cricketveld. Ouders liepen over het gras, de vrouwen op hoge hakken lachend en zich vastgrijpend aan hun echtgenoten omdat ze wegzakten in de grond. Sarah had ze al gezien nog voor de steward een parkeerplaats voor Mac had aangewezen. Ze kwam op hen af gerend, in haar smetteloze rijbroek en schone witte bloes. 'Jullie zijn er,' zei ze toen Natasha uitstapte en haar rok tegen de achterkant van haar benen voelde plakken.

'Je denkt toch niet dat we dit hadden willen missen?' zei Mac en hij gaf haar een zoen op haar wang. 'Hoe gaat het, lieverd?'

Maar Sarah was al bezig het achterportier open te maken. 'Hallo, Henry, kleine held van me! Kijk nou!' Ze morrelde aan zijn stoelriem, en toen had ze hem los en hield hem grijnzend voor zich uit toen hij haar haar wilde pakken. 'Hij is alweer gegroeid!'

'Zo krijg je nog banaan over je blouse. Hallo, meisje.' Natasha kuste haar, en zag dat de baby niet de enige was die gegroeid was. Elke week dat ze haar zagen was Sarah een beetje meer vrouw aan het worden. Er was weinig over van dat magere kind dat ze eerst was. Ze was al groter dan Natasha en even solide en stralend als haar paard. 'Ben je er klaar voor?'

'Yep. Boo doet het geweldig. O, wat heb ik jou gemist! Ja, kleine man!' Sarah knuffelde Henry en hij slaakte hetzelfde blije kreetje dat hij altijd slaakte als ze dat deed.

Henry was het cement van hun nieuwe gezin, dacht Natasha zoals zo vaak. Toen ze aan Sarah hadden verteld dat Natasha zwanger was, een paar weken nadat ze zelf van de schrik waren bekomen, hadden de mensen van Jeugdzorg gezegd dat ze bang waren dat Sarah zich misschien buitengesloten zou voelen, en dat het haar gevoel van instabiliteit zou vergroten. Maar Natasha en Mac vermoedden dat het tegendeel zou gebeuren, en ze hadden gelijk. Het was zo veel gemakkelijker nu er een klein mensje was waar ze onvoorwaardelijk van kon houden.

Ze gingen op weg naar de ring, waar de tribune al volliep. Een jongen in uniform overhandigde hun het programma voor die avond. Sarahs interpretatie van le Carrousel was de hoofdact, zag Natasha vol trots.

'Willen jullie dat ik oppas, dit weekend?' vroeg Sarah terwijl ze Henry's vingers handig losmaakte uit haar haren. 'Ik vind het niet erg. Ik heb verder geen plannen.'

'Ik dacht dat je een feestje had.' Natasha zocht in haar tas naar een babydoekje. Sarahs schouder zat al onder de vegen banaan. 'Ging je niet ergens naartoe met die meisjes uit de examenklas?'

Het was maar een heel korte blik, maar Mac had het gezien. 'Wacht eens even. Wat is er aan de hand?'

'Hoezo? Kan ik niet gewoon aanbieden dat ik wil oppassen?'

Zogenaamd streng zei Mac: 'Jij voert iets in je schild, jongedame.'

'Ik heb goeie stoelen voor jullie vrijgehouden. Kijk. Niet voor Henry, maar ik dacht dat die gewoon op schoot zou zitten. Hier kan je alles goed zien.'

Mac wachtte even. 'Kom op. Wat is er nou?' Hij had haar altijd beter door dan Natasha.

Ze probeerde niet te verlegen te kijken, maar ze straalde. 'Ik ben toegelaten voor de cursus.'

'Welke cursus?'

'In Saumur. Het is een zomertraining. Zes weken opleiding van meneer Varjus. Ik heb vanochtend een brief gekregen.'

'Maar Sarah, dat is fantastisch!' Natasha omhelsde haar. 'Wat een prestatie. En jij maar denken dat je geen schijn van kans had.'

'De trainers hier hebben een dvd van ons gestuurd en een brief met een aanbeveling. Monsieur Varjus schreef dat hij absoluut vooruitgang zag. Hij heeft me echt zelf geschreven.'

'Dat is echt ontzettend aardig van hem.'

'Vind ik ook.' Ze aarzelde. 'Het is alleen wel heel erg duur.' Fluisterend noemde ze het bedrag.

Mac floot. 'Daar moet je inderdaad heel erg veel voor babysitten.'

'Maar ik moet er echt heen. Als ik dit goed doe, dan heb ik daar veel aan bij mijn aanmelding. Please! Ik doe alles voor jullie!'

Natasha zag de stationcar voor zich waar Mac en zij vorige week in de showroom naar hadden gekeken, en zag die droom vervliegen. 'Het komt wel goed, hoor. Maak je maar geen zorgen. Misschien is er nog wat over van het geld van je *grand-père*...'

'Echt waar? Echt?' Iemand riep haar over het publiek heen. Ze keek achterom, wierp een blik op haar horloge en vloekte zachtjes.

'Ga maar.'

Het orkest begon de instrumenten te stemmen. Sarah gaf Henry gauw over aan Natasha, stamelde een verontschuldiging en holde naar de stallen. 'Bedankt!' riep ze, zwaaiend over de hoofden van de andere toeschouwers. 'Ontzettend bedankt! Ik betaal jullie een keer terug! Echt!'

Natasha drukte haar zoon tegen zich aan en keek haar na. 'Dat heb je allang gedaan,' zei ze zachtjes.

Sarah trok de singel aan en liet haar hand over de keurige vlechtjes glijden die ze die ochtend in Boo's manen had gemaakt. Vanaf hier, achter de geïmproviseerde schermen, zag ze het publiek zijn plaats innemen, en ze kon nog net zien dat Natasha Henry aan Mac gaf, en toen in haar tas dook. Toen *grand-père* overleden was, had Mac alle oude foto's meegenomen die ze in de flat in Sandown hadden gevonden, foto's van haar en oma, oude bruinige foto's van *grand-père* op Gerontius, en daar had hij kopieën van gemaakt, en er iets slim digitaals mee gedaan zodat de afbeeldingen duidelijker en groter waren en je *grand-pères* gezicht beter kon zien. Op de dag van de begrafenis hadden Natasha en hij er een paar ingelijst en op haar kamer gezet. Ze vond ze toen ze terugkwamen. 'We weten wel dat wij niet jouw echte familie zijn,' hadden ze die avond tegen haar gezegd, 'maar we willen wel graag je tweede familie zijn.'

Ze had nooit gevraagd waarom ze de baby Henry hadden genoemd, maar ze kon het wel raden. Hij bracht de twee delen van haar leven bij elkaar. Soms dacht ze zelfs dat ze *grand-père* een beetje in hem herkende. Ook al kon dat natuurlijk helemaal niet. Nog steeds zag ze *grand-père* overal – in de dingen die Boo moest leren; ze hoorde zijn stem altijd als ze paardreed. Kijk dan, *grand-père*, zei ze zachtjes tegen hem.

De lucht rook naar pas gemaaid gras en de aardbeien uit de theetent die achter de ring was neergezet. Mensen maanden elkaar tot stilte toen het orkest de vioolmuziek begon te spelen waar ze weken op hadden geoefend. Ze zag dat Boo zijn oren omhoogstak toen hij het geluid herkende, en voelde dat hij zijn gewicht verplaatste terwijl hij zich opmaakte voor de taak die hij zou moeten volbrengen.

Vanavond zouden ze waarschijnlijk weer een afhaalmaaltijd eten in de kleine cottage aan de andere kant van het dorp. Mac zou haar pesten over jongens, en Natasha zou haar vragen of ze wilde helpen om Henry in bad te doen. Ze deed altijd alsof Sarah haar daar een enorm plezier mee deed, al wisten ze allebei best dat ze het geweldig vond om te doen. En over twee maanden ging ze naar Frankijk.

Ineens had ze het gevoel dat het... misschien niet zozeer dat het zo had moeten zijn, maar wel dat ze op haar plek was. Meer kon je eigenlijk niet wensen.

Ze keek even naar meneer Warburton, haar instructeur, die zachtjes de maat prevelde terwijl hij Boo's teugel vasthield.

'Klaar?' vroeg hij, en hij keek omhoog. 'Onthoud wat ik heb gezegd. Kalm naar voren, rechtop en licht.'
Sarah ging iets rechter zitten, legde haar benen tegen haar paard en reed de ring in.

# Dankwoord

Dit boek was niet mogelijk geweest zonder de vakkundige hulp en steun van een aantal mensen. Ik wil vooral Nicola McCahill en advocaat John Bolch bedanken. Eventuele juridische onjuistheden zijn allemaal van mijn hand, ook al omdat ik soms dingen heb aangepast omdat dat beter uitkwam in het verhaal.

Verder ben ik dank verschuldigd aan Yolaine en Thierry Auger van Château de Verrières in Saumur, fotografen Mark Molloy en Andrew Buurman, Sheila Crowley van Curtis Brown, Carolyn Mays, Auriol Bishop, Eleni Fostiropoulos en Lucy Hale van Hachette UK, en Linda Shaughnessy en Rob Kraitt van AP Watt.

Ook bedank ik Annabel Robinson van FMCM, Hazel Orme en Francesca Best. Cathy Runciman voor de Franse vertalingen, glazen wijn en eindeloze vriendschap, en Hannah Mays, Chris Luckley en Sonya Penney voor alle informatie die ze me gaven tijdens mijn eerste bezoek aan le Cadre noir.

Verder bedank ik Drew Hazell, Cathy Scotland en Jeannie Brice, Barbara Ralph en John Alexander.

De schrijvers van Writersblock: jullie weten wie ik bedoel.

Dank ook aan Simon en Charlotte Kelvin, die een gulle schenking aan een goed doel hebben gedaan, wat betekent dat ze in een of andere vorm zullen terugkomen in een toekomstige roman.

En tot slot bedank ik mijn familie, Lizzie en Brian Sanders en Jim Moyes, en vooral Charles, Saskia, Harry en Lockie. Paardrijden is research. Ik zweer het.

In 2007 las ik een artikel in het tijdschrift *Philadelphia Weekly* van de hand van Steve Volk over een veertienjarig meisje genaamd Mecca Harris. Als ze niet op school zat, zat ze altijd in een van de stadsmaneges in Philadelphia, waar ze haar liefde voor paarden ontwikkelde, en leerde rijden van The Philadelphia Black Cowboys, een organisatie die kinderen uit achterstandswijken de kans op een ander leven biedt door middel van paarden.

Ze had aanleg en werkte hard, en ze werd uitverkoren om polo te spelen tegen Yale met het all-black Work to Ride-team. In de herfst van 2003 kreeg ze de inschrijfformulieren thuis voor een prestigieuze poloschool in Californië, maar ze heeft ze nooit kunnen invullen.

Want op 15 oktober 2003 werden Mecca Harris, haar moeder en de vriend van de moeder vermoord aangetroffen in hun huis. Ze waren slachtoffer geworden van een drugsbende.

Dit verhaal kon ik niet van me af zetten, niet alleen vanwege de onweerstaanbare foto's van Mecca, de magere kleine jockey met haar vlechtjes die onder de cap uitstaken. Het was ook omdat er in mijn leven weliswaar geen sprake was van achterstand zoals in het hare, maar ik toch dat meisje had kunnen zijn. Mijn puberteit bracht ik door in de stadsmaneges in Londense achterafstraatjes. De parken in de buurt waren mijn ring. Dankzij de paarden bleef ik op het rechte pad (hoewel mijn ouders het daar misschien niet mee eens zijn) en ze zijn al dertig jaar mijn passie.

Inmiddels woon ik op een boerderij. Ik ben zo gelukkig dat ik een paard in een groene weide mag houden in plaats van onder een spoorboog. Mecca Harris had ook een groene weide moeten krijgen. Dit boek is opgedragen aan haar en aan kinderen zoals zij, voor wie paarden een uitweg kunnen zijn.

Lees ook deze schitterende roman van Jojo Moyes:

Terwijl de Eerste Wereldoorlog Frankrijk verscheurt en haar grote liefde Édouard vecht aan het front, is Sophie de steun en toeverlaat van haar familie. Wanneer in 1916 de Duitsers hun intrek nemen in het familiehotel dat Sophie runt met haar zus, raakt de *Kommandant* gefascineerd door Sophie en door het schilderij dat Édouard van haar maakte vóór de oorlog. Maar de aandacht van een *Kommandant* zet Sophies leven en reputatie op het spel…

Bijna een eeuw later krijgt Liv een schilderij van haar man David, kort voor zijn plotselinge dood. Het betekent alles voor haar, want dit portret van een jonge vrouw is een herinnering aan hun gelukkige, korte samenzijn. Maar dan komt de donkere en door passie verscheurde geschiedenis van het schilderij aan het licht, en opeens dreigt Liv opnieuw alles kwijt te raken…

Paperback met flappen, 432 pagina's
ISBN 9789026137587 | ISBN e-book 9789026137594

Sla om voor een leesfragment uit
*Portret van een vrouw*

# 1

*St.-Péronne*
*Oktober 1916*

Ik droomde over eten. Knapperige baguettes, het hart van het brood maagdelijk wit, nog dampend van de oven, en kaas die naar de rand van je bord kroop, zo rijp. Druiven en pruimen, hoog opgetast in schalen, donker van kleur en geurig. Ik wilde er net eentje pakken, toen mijn zus me tegenhield. 'Ga weg,' mompelde ik, 'ik heb honger.'

'Sophie, wakker worden.'

Ik kon die kaas proeven. Ik zou een stukje reblochon nemen en dat uitsmeren op een homp van het warme brood, en daarna zou ik een druif in mijn mond stoppen. Ik kon de intense zoetheid proeven en rook het rijke aroma.

Maar daar was de hand van mijn zusje om mijn pols, om me tegen te houden. De borden verdwenen, de geuren vervlogen. Ik stak mijn hand uit, maar alles spatte uiteen als een zeepbel.

'Sophie.'

'Wat ís er?'

'Ze hebben Aurélien!'

Ik draaide me op mijn zij en knipperde met mijn ogen. Mijn zusje droeg een katoenen slaapmuts, net als ik, voor de warmte. Zelfs in het zwakke licht van haar kaars zag je dat alle kleur uit haar gezicht was getrokken, haar ogen groot van schrik. 'Ze hebben Aurélien. Beneden.'

Ik begon weer helder te denken. Onder ons hoorden we het geluid van schreeuwende mannen, wier stemmen van de stenen muren om de binnenplaats kaatsten, en het gekakel van de kippen. In het aardedonker trilde de lucht griezelig doelgericht. Ik zat rechtop in bed, trok mijn nachthemd om me heen en probeerde de kaars op mijn nachtkastje aan te steken.

Ik strompelde langs haar naar het raam en keek naar de binnenplaats. De aanwezigheid van de *Kommandant* deed vermoeden dat het niet gewoon een stel dronken soldaten waren die hun frustratie botvierden door hier en daar een bedreiging en wat tikken uit te delen: we hadden een probleem. Zijn aanwezigheid hield in dat we een overtreding hadden begaan en dat het ons zwaar werd aangerekend.

'Ze vinden het vast, Sophie. Het kost ze hooguit een paar minuten. En dan…' Hélènes stem sloeg in paniek over.

Mijn gedachten gingen op zwart. Ik deed mijn ogen dicht. En toen weer open. 'Ga naar beneden,' zei ik. 'Zeg dat je nergens iets van afweet. Vraag hem wat Aurélien heeft misdaan. Praat met hem, leid hem af. Zorg ervoor dat ik nog wat tijd heb voor ze het huis binnenkomen.'

'Wat ga je dan doen?'

Ik greep mijn zus bij de arm. 'Ga. Maar vertel ze niets, hoor je? Ontken álles.'

Mijn zusje aarzelde en holde toen naar de gang, haar nachtjapon achter haar opbollend. Ik geloof niet dat ik me ooit zo eenzaam had gevoeld als in die paar seconden waarin de angst me naar de keel greep en ik het gewicht van mijn families lot op me voelde drukken. Ik holde vaders studeerkamer in en graaide in de lades van het grote bureau, waarbij ik de inhoud – oude pennen, snippers papier, stukken van kapotte klokken en oude rekeningen – op de grond gooide, God dankend dat ik toen eindelijk vond wat ik zocht. Toen holde ik naar beneden, deed de kelderdeur open en schoot over de koude stenen trap, inmiddels zo zeker mijn weg vindend door het donker dat ik de flakkerende kaars nauwelijks nodig had. Ik tilde de zware grendel van de achterste kelderdeur op, naar de ruimte waar ooit de biervaten en flessen goede wijn tot het plafond opgestapeld lagen, rolde een leeg vat opzij en opende de deur van de oude, gietijzeren broodoven.

Het biggetje, nog maar half volgroeid, knipperde slaperig met zijn ogen. Hij ging op zijn pootjes staan, gluurde naar me vanaf zijn bedje van stro en knorde. Ik had je toch al over het varkentje verteld? Dat hadden we bevrijd toen de boerderij van monsieur Girard in beslag genomen werd. Als een godsgeschenk was het weggelopen van de chaos, weg van de rest van de biggetjes, die in de laadbak van een Duitse vrachtwagen geladen werden, en al snel werd het opgeslokt door de stevige, wijde rokken van madame Poilâne. We hadden hem wekenlang vetgemest met eikels en kliekjes, in de hoop dat hij zo groot werd dat hij genoeg vlees zou opleveren voor ons allemaal. De gedachte aan die knapperig gebakken huid, dat malse varkensvlees, had de bewoners van Le Coq Rouge de afgelopen maanden op de been gehouden.

Buiten hoorde ik mijn broer weer gillen, gevolgd door mijn zusjes stem, snel en dringend, onderbroken door de strenge toon van een Duitse officier. Het varkentje keek me aan met intelligente, begripvolle ogen, alsof het zijn lot al kende.

'Het spijt me zo, *mon petit*,' fluisterde ik, 'maar er zit echt niets anders op.' En ik bracht mijn hand omlaag.

Een paar tellen later was ik ook buiten. Ik had Mimi wakker gemaakt en tegen haar gezegd dat ze mee moest komen, maar dat ze zich stil moest houden – het kind had de afgelopen maanden zo veel meegemaakt dat ze gehoorzaamde zonder vragen te stellen. Ze keek op en zag dat ik haar kleine broertje in mijn armen had, gleed uit bed en legde een handje in de mijne.

De lucht prikte van de naderende winter en de geur van brandend hout hing nog in de lucht van ons korte haardvuurtje van eerder op de avond. Ik zag de *Kommandant* door de stenen boog van de achterdeur en aarzelde. Het was niet *Herr* Becker, die we kenden en verachtten. Dat was een slankere man, gladgeschoren, met een onbewogen gezicht. Zelfs in het donker zag ik intelligentie in plaats van brute domheid, en dat boezemde me angst in.

Deze nieuwe *Kommandant* staarde veelbetekenend omhoog, naar onze ramen, en overwoog misschien dat dit gebouw geschikter was als kwartier dan de boerderij van Fourrier, waar de hogere Duitse officieren sliepen. Ik vermoedde dat hij wist dat onze hogergelegen woning hem uitzicht zou bieden over het stadje. Er waren stallen voor paarden en tien slaapkamers, nog uit de tijd dat ons huis een goedlopend hotel was.

Hélène zat op de keien en schermde Aurélien met haar armen af.

Een van zijn mannen had zijn geweer geheven, maar de *Kommandant* stak zijn hand op. 'Sta op,' commandeerde hij. Hélène kroop naar achteren, bij hem weg. In een flits zag ik haar van angst vertrokken gezicht.

Ik voelde Mimi's handje om de mijne verstrakken toen ze haar moeder zag, en ik gaf er een kneepje in, ook al zat mijn hart in mijn keel. En ik beende naar buiten. 'Wat is hier in godsnaam aan de hand?' schalde mijn stem over de binnenplaats.

De *Kommandant* keek mijn kant op, verrast door mijn toon: een jonge vrouw die voor de gebogen toegangspoort de binnenplaats op liep, met een duimzuigend kind aan haar rokken en nog een kind ingezwachteld tegen haar borst gedrukt. Mijn slaapmuts was wat scheefgezakt, en mijn witkatoenen nachtjapon was zo sleets dat mijn huid nauwelijks voelde dat er stof tegenaan zat. Ik bad dat hij het luide bonzen van mijn hart niet kon horen.

Ik sprak hem rechtstreeks aan: 'En voor welk zogenaamd vergrijp komen uw mannen ons nu weer straffen?'

Vermoedelijk had er sinds hij tijdens zijn laatste verlof thuis geweest was nooit meer een vrouw zo tegen hem gesproken. De stilte die over de binnenplaats neerdaalde was doortrokken van de schok. Mijn broer en zus, die op de grond zaten, draaiden zich om om mij beter te kunnen zien, zich er maar al te zeer van bewust waar dit soort insubordinatie toe zou kunnen leiden.

'En u bent?'

'Madame Lefèvre.'

Ik zag dat hij keek of ik een trouwring droeg. Die moeite had hij zich kunnen besparen: zoals de meeste vrouwen in deze streek had ik die allang verkocht voor eten.

'Madame. Volgens onze informatie hebt u illegaal vee in huis.' Zijn Frans kon ermee door, wat erop wees dat hij eerder een post had gehad in bezet gebied, en zijn stem klonk kalm. Dit was niet zo'n man die zich in het nauw gedreven voelde door het onverwachte.

'Vee?'

'Wij hebben uit betrouwbare bron vernomen dat u een varken in huis houdt. U bent zich er waarschijnlijk wel van bewust dat er onder de regelgeving een gevangenisstraf staat op het niet melden van vee bij de autoriteiten.'

Ik hield zijn blik vast. 'En ik weet precies wie u zulke dingen op de mouw speldt. Het is monsieur Suel, *non?*' Mijn wangen waren vuurrood; mijn haar, dat in een lange vlecht over mijn schouder hing, voelde alsof het onder stroom stond. Het prikte onder in mijn hals.

De *Kommandant* draaide zich om naar een van zijn onderdanen. De man keek weg, wat hem zei dat het klopte.

'Monsieur Suel, *Herr Kommandant*, komt hier minstens tweemaal per maand om ons ervan te overtuigen dat wij in afwezigheid van onze echtgenoten behoefte hebben aan de specifieke vorm van troost die hij te bieden heeft. Omdat wij verkiezen geen gebruik te maken van zijn zogenaamde barmhartigheid, neemt hij wraak door geruchten te verspreiden en ons te bedreigen.'

'De autoriteiten zouden niet in actie komen als de bron niet geloofwaardig was.'

'Ik zou zeggen, *Herr Kommandant*, dat uw bezoek het tegendeel bewijst.'

Hij schonk me een ondoorgrondelijke blik. Hij draaide zich om en liep naar de voordeur van het huis. Ik liep achter hem aan, half struikelend over mijn rok in mijn poging hem bij te houden. Ik wist dat alleen al het feit dat ik zo brutaal tegen hem was geweest als een misdrijf kon worden beschouwd. En toch was ik op dat moment niet bang meer.

'Kijkt u dan eens goed naar ons, *Kommandant*. Zien we eruit als mensen die zich te goed doen aan rundvlees, lamsbout, varkensfilet?' Hij keerde zich om, waarbij zijn ogen naar mijn magere polsen schoten, net zichtbaar onder de mouwen van mijn nachthemd. Ik was alleen al het afgelopen jaar vijf centimeter van mijn buikomvang kwijtgeraakt. 'Zijn wij dan zo belachelijk volgevreten van de overdaad in ons hotel? We hebben nog maar drie van de ruim twintig kippen over. Drie kippen die wij mogen houden en voeren om hun eieren. Ondertussen leven wij zelf van wat de Duitse autoriteiten kennelijk normale voeding vinden – steeds kleinere rantsoenen vlees en bloem, en brood gemaakt van zulk armzalig graan en zemelen dat we het nog niet aan het vee zouden geven.'

Hij stond in het achterste deel van de gang en zijn hakken weerklonken op de stenen vloer. Hij aarzelde, maar liep toen door naar de bar, waar hij een bevel uitschreeuwde. Vanuit het niets dook een soldaat op die hem een lamp overhandigde.

'We hebben geen melk voor onze baby's, onze kinderen huilen van de honger, we worden ziek van ondervoeding. En toch komt u hier in het holst van de nacht om twee vrouwen de stuipen op het lijf te jagen en een onschuldig jongetje grof te behandelen, om ons te slaan en te bedreigen, omdat u een gerucht hebt gehoord verspreid door een verdorven man dat wij hier *feestmalen* aanrichten?'

Mijn handen trilden. Hij zag de baby urmen, en ik realiseerde me dat ik hem te stevig vasthield. Ik deed een stap naar achteren, trok de sjaal recht en kirde wat tegen hem. Toen keek ik op. Ik kon de verbittering en woede in mijn stem niet onderdrukken.

'Doorzoek ons huis dan maar, *Kommandant*. Keer alles ondersteboven en verwoest het kleine beetje dat nog niet verwoest is. En doorzoek vooral ook de bijgebouwen, voor zover uw mannen die niet al hebben leeggehaald voor hun eigen benodigdheden. En als u dan uw mythische varken hebt gevonden, hoop ik dat u er allemaal lekker van eet.'

Ik hield zijn blik net wat langer vast dan hij waarschijnlijk had verwacht. Door het raam zag ik mijn zusje Auréliens wond met haar rok afvegen, in een poging het bloeden te stelpen. Er stonden drie Duitse soldaten over hen heen gebogen.

Mijn ogen waren inmiddels aan het donker gewend, en ik zag dat de *Kommandant* zich even geen raad wist. Zijn manschappen stonden met een onzekere blik in hun ogen te wachten op zijn orders. Hij zou hun kunnen opdragen om ons huis van kelder tot zolder overhoop te halen en ons allemaal te arresteren wegens mijn ongehoorde uitbarsting. Maar ik wist dat hij aan Suel dacht, en of die hem misschien misleid had. Hij leek me niet een man die graag op die manier te kijk werd gezet.

Als Édouard en ik vroeger samen poker speelden, moest hij altijd lachen omdat hij me een onmogelijke tegenstander vond, want hij kon nooit aan mijn gezicht aflezen wat ik werkelijk dacht. Ik maande mijzelf die woorden in gedachten te houden: dit was het belangrijkste spelletje dat ik ooit zou spelen. We staarden elkaar aan, de *Kommandant* en ik. Ik voelde de wereld om ons heen heel even stilstaan: ik hoorde het verre gerommel van de kanonnen aan het front, het hoesten van mijn zusje, het gescharrel van onze miserabele, magere kippen die in hun hok gestoord werden. Het stierf allemaal weg tot alleen hij en ik elkaar nog aankeken, ieder gissend naar de waarheid. Ik zweer dat ik mijn hartslag kon horen.

'Wat is dit?'

'Wat?'

Hij hield de lamp op en het werd bijgelicht door flets goudkleurig licht: het portret dat Édouard van mij had geschilderd toen we pas getrouwd waren. Daar stond ik, in dat eerste jaar, mijn haar dik en glanzend over mijn schouders, mijn huid smetteloos blozend, in mijn blik die rust die mensen hebben als ze zich geliefd weten. Ik had het een paar weken daarvoor uit zijn schuilplaats gehaald, waarbij ik mijn zusje voorhield dat ik me niet door die Duitsers liet voorschrijven waar ik wel en niet naar mocht kijken in mijn eigen huis. Hij hield de lamp nog wat hoger, zodat hij het beter kon zien.

'Hang het nu niet daar op, Sophie,' had Hélène gewaarschuwd. 'Daar komt ellende van.'

Toen hij mij eindelijk aankeek, leek het alsof hij zijn blik er met geweld van moest afwenden. Hij bekeek mijn gezicht, en toen keek hij weer naar het schilderij. 'Dat heeft mijn man geschilderd.' Ik weet niet waarom ik hem dat zo nodig moest vertellen.

Misschien kwam het doordat ik me zo oprecht verontwaardigd voelde. Misschien kwam het door het overduidelijke verschil tussen het meisje op het schilderij en het meisje dat hij nu voor zich had. Misschien was het het huilende blonde kind aan mijn voeten. Het zou kunnen dat zelfs *Kommandanten*, nu deze bezetting al twee jaar duurde, er genoeg van hadden om ons lastig te vallen om onze onbeduidende overtredingen.

Hij keek nog even naar het schilderij, en keek toen naar de grond.

'Ik denk dat we ons punt hebben gemaakt, madame. Ons gesprek is nog niet ten einde. Maar ik zal u vannacht niet verder storen.'

Lees verder in
*Portret van een vrouw*

Lees meer over Sophie en Liv…

Een heerlijke korte roman over Sophie en Liv, de hoofdrolspelers uit *Portret van een vrouw*. Twee vrouwen beleven een eeuw na elkaar hun wittebroodsweken in Parijs – maar hun tijd daar blijkt niet zo romantisch als de setting zou doen vermoeden…

In het Parijs van de belle époque brengt Sophie de eerste romantische weken na hun trouwen door met haar geliefde, de schilder Édouard Lefèvre. Het is een opwindende tijd, hoewel het leven aan de zijde van een arme kunstenaar ook zijn schaduwkanten kent...

Meer dan een eeuw later komen Liv en David aan in Parijs voor hun huwelijksreis. De stad is prachtig, maar de romantiek is ver te zoeken, vooral doordat Liv steeds alleen is omdat David de ene zakelijke afspraak na de andere heeft. Heeft Liv de fout van haar leven gemaakt?

Voor iedereen die genoot van *Voor jou, De laatste liefdesbrief* en *Vier plus één* is deze novelle de perfecte manier om de voorgeschiedenis van de gebeurtenissen in *Portret van een vrouw* te ontdekken!

Gebonden, 112 blz. | ISBN 978 90 261 3882 9
ISBN e-book 978 90 261 3883 6

Lees het verhaal van Lou en Will:

Louisa's wereld is klein. Ze werkt in een café om de hoek en woont nog bij haar ouders, en hoewel ze ergens wel weet dat haar vriend Patrick niet de liefde van haar leven is, passen ze goed genoeg bij elkaar. Lekker overzichtelijk.

Wills wereld is ook klein. Vroeger had hij alles wat hij zich kon wensen – een goede baan, avontuurlijke vakanties, een mooie vriendin – maar door een ongeluk zit hij in een rolstoel, verlamd vanaf zijn nek. Door de chronische pijn en zijn wanhoop ziet hij maar één uitweg.

Wanneer Louisa haar baan kwijtraakt, gaat ze aan de slag als Wills verzorger, en het duurt niet lang voor de tegenpolen botsen. Als ze ontdekt wat Will voor ogen heeft, besluit Louisa alles op alles te zetten om hem van gedachten te doen veranderen. Maar hoe overtuig je iemand dat er nog zo veel avonturen te beleven zijn, als je zelf de wereld niet durft te ontdekken?

*Voor jou* is de internationale bestseller die harten over de hele wereld verovert. Deze roman is voor iedereen die geraakt werd door *Intouchables* en *Mar adentro*.

Paperback, 432 blz. | ISBN 978 90 261 4146 1
ISBN e-book 978 90 325 1429 7

Lees hoe het verhaal van Lou verder gaat:

Na zes heftige maanden met Will geleefd te hebben, is Louisa Clark niet langer een doorsneepersoon met een doorsneeleven. Maar als een bizar ongeluk haar dwingt tijdelijk bij haar familie in te trekken, heeft ze het gevoel dat ze weer net zo vastgeroest zit als vóór Will haar wereld overhoophaalde.

In een poging zichzelf te dwingen uit haar veilige wereldje te stappen, meldt Lou zich aan voor een groepscursus rouwverwerking. Haar medecursisten – en vooral de aantrekkelijke ambulancebroeder Sam – helpen haar een nieuw perspectief te vinden. Tot iemand uit Wills verleden haar leven binnenstormt en wederom alles anders blijkt dan ze dacht.

Kan Lou zichzelf opnieuw uitvinden terwijl het lijkt of de hele wereld zijn best doet haar vast te houden in het verleden?

Paperback met flappen, 400 blz. | ISBN 978 90 261 3955 0
ISBN e-book 978 90 261 3956 7

Lees ook van Jojo Moyes:

Jess is een alleenstaande moeder van twee kinderen. Haar dochtertje Tanzie is briljant als het op cijfers aankomt, maar komt op de openbare school waar ze nu zit niet verder. Haar stiefzoon Nicky wordt genadeloos afgestraft door de pestkoppen in de buurt omdat hij anders is. Hoezeer Jess ook probeert de eindjes aan elkaar te knopen, het lukt elke keer net niet.

Ed had alles goed voor elkaar. Een goedlopend bedrijf samen met zijn beste vriend, twee huizen en een garage vol auto's. Maar als hij in een situatie verzeild raakt die hem boven het hoofd groeit, adviseren zijn advocaten hem om zich voorlopig schuil te houden voor de pers. Na twee weken gedwongen 'rust' vliegt hij tegen de muren op.

Als Tanzie mee mag doen aan een wiskundewedstrijd met een behoorlijke prijzenpot, grijpt Jess de mogelijkheid om haar daarmee naar een betere school te sturen met beide handen aan. Maar als hun auto het begeeft, lijkt ook die kans verkeken. Tot Ed langsrijdt, en stopt, en hun een lift aanbiedt.

*Vier plus één* is een heerlijke roman over hoe de kleinste keuzes het grootste verschil kunnen maken.

Paperback, 400 blz. | ISBN 978 90 261 3857 7
ISBN e-book 978 90 325 1472 3

Lees ook deze heerlijke roman van Jojo Moyes:

Wanneer journaliste Ellie door de archieven van de krant snuffelt op zoek naar een goed verhaal, stuit ze op een brief uit 1960, waarin een man aan zijn geliefde vraagt om haar echtgenoot voor hem te verlaten. Het raakt een gevoelige snaar bij Ellie, die zelf verwikkeld is in een relatie met een getrouwde man, en ze gaat op zoek naar het verhaal achter deze brief.

In 1960 wordt Jennifer wakker in een ziekenhuis. Ze heeft een ongeluk gehad en kan zich niets herinneren van haar man, haar vrienden, wie ze was. Als ze thuiskomt ontdekt ze een verborgen liefdesbrief en ze begint een zoektocht naar de man voor wie ze alles wilde opofferen…

*De laatste liefdesbrief* is een hartverwarmende roman over verloren en hervonden liefde, en combineert hedendaagse liefdesperikelen met de glamour van de jaren zestig.

'Een fantastisch romantisch verhaal waardoor je zin krijgt om zelf liefdesbrieven te schrijven.' *Glamour*

Paperback, 480 blz. | ISBN 978 90 261 3802 7
ISBN e-book 978 90 325 1282 8